Praxisleitfaden

EU-Datenschutz-Grundverordnung im Unternehmen

von

Tim Wybitul

Rechtsanwalt, Frankfurt a. M.

unter Mitwirkung von

Jana Bruns,
Dr. Lukas Ströbel,
Lukas von Gierke

Rechtsreferendare, Frankfurt a. M.

Fachmedien Recht und Wirtschaft | dfv Mediengruppe | Frankfurt am Main

Bibliografische Information der Deutschen Nationalbibliothek

Die Deutsche Nationalbibliothek verzeichnet diese Publikation in der Deutschen Nationalbibliografie; detaillierte bibliografische Daten sind im Internet über http://dnb.de abrufbar.

ISBN 978-3-8005-1634-6

© 2016 Deutscher Fachverlag GmbH, Fachmedien Recht und Wirtschaft, Frankfurt am Main

Satzkonvertierung: Lichtsatz Michael Glaese GmbH, 69502 Hemsbach

Druck und Verarbeitung: Medienhaus PLUMP GmbH, Rolandsecker Weg 33, 53619 Rheinbreitbach

Printed in Germany

Vorwort von Jan Philipp Albrecht, MdEP*

Mit der Datenschutz-Grundverordnung der Europäischen Union ist im Frühjahr 2016 nicht nur eine umfassende EU-weit einheitliche Neuregelung des Datenschutzrechts verabschiedet worden. In schwierigen politischen Zeiten in Europa und der Welt ist sie ein wichtiger Schritt in eine globalisierte und digitalisierte Lebens- und Marktrealität, die uns alle bereits heute umgibt. Die rasante Vernetzung und die umfassende Digitalisierung in allen Wirtschaftszweigen stellen dabei nicht nur eine große Chance für Innovation und Wachstum dar. Sie werfen auch grundlegende Fragen der Regulierung in einem immer stärker grenzüberschreitend funktionierenden Markt auf. Die fragmentierte Rechtslage im digitalen Markt sorgt dabei nicht nur für Bürokratiekosten und Rechtsunsicherheit auf Seiten der Unternehmen. Auch Verbraucherinnen und Verbraucher verlieren zunehmend das Vertrauen in die Gültigkeit und Durchsetzbarkeit ihrer Rechte und Interessen. Dieser Vertrauensverlust trifft alle Marktteilnehmer, auch jene, die bereits heute einen hohen Standard befolgen. Dies gilt insbesondere beim Datenschutz, dem im Leben der Menschen eine immer größere Bedeutung zukommt. An der Schwelle zur Kompletterfassung ihres Alltags wollen sie darauf vertrauen können, dass ihre persönlichen Daten nicht zweckentfremdet werden oder zu einer negativen Ungleichbehandlung führen. Es ist daher entscheidend, dass alle Unternehmen in Zukunft den gleichen Regelsatz zum Datenschutz auf dem Binnenmarkt der EU befolgen und je nach ihrer wirtschaftlichen Bedeutung auch mit entsprechend scharfen Sanktionen bei Regelverletzungen rechnen müssen. Und zwar ganz gleich, wo ein Unternehmen seinen Sitz hat.

Immer häufiger sorgt das bisherige, fragmentierte Datenschutzrecht auch für Wettbewerbsverzerrungen. Können oder wollen doch nicht alle Unternehmen von heute auf morgen ihren Unternehmenssitz nach Irland oder Großbritannien verlegen, wo der Datenschutz lockerer geregelt und die Aufsichtsbehörden zurückhaltender sind. Hiermit wird die Datenschutz-Grundverordnung nun Schluss machen. Sie sorgt nicht nur für einheitliche unmittelbar anwendbare Bestimmungen zum Datenschutz, sondern schafft auch einen vollständig neuen Durchsetzungsmechanismus. Künftig werden die Aufsichtsbehörden aller EU-Mitgliedstaaten gemeinsam über grenzübergreifende (Streit-)Fragen des Datenschutzrechts entscheiden. Vor allem bei der Durchsetzung des Datenschutzes wird hierdurch eine höhere Kohärenz und Rechtssicherheit im gesamten Binnenmarkt der EU geschaffen. Das ist der große Erfolg der Neuregelung, die ohne Zweifel auch ein Kompromiss war. Denn 28 noch immer unterschiedliche

---

* Verhandlungsführer des Europäischen Parlaments für die Datenschutz-Grundverordnung.

Rechtsordnungen und -kulturen durch einen einheitlichen, verbindlichen Rechtskatalog – sowohl bei den Rechten und Pflichten zum Datenschutz als auch bei der Durchsetzung durch Behörden und Gerichte – zu ersetzen, ist eine Mammutaufgabe und erfordert von allen Beteiligten, dass sie sich von ihrem gewohnten Umfeld lösen und auf ein komplett neues Terrain einlassen müssen. Dementsprechend wird die Datenschutz-Grundverordnung auch für den Anwender – also insbesondere für die Unternehmen – neues Terrain sein. Sie sind im Zuge des Verantwortlichkeitsprinzips erster Adressat der neuen Datenschutzregeln. Hierfür werden sie Orientierung brauchen. Genau diese bringt ihnen auf kompakte und verständliche Weise das vorliegende Buch als Einführung und Praxisleitfaden.

Es wird nun von entscheidender Bedeutung für den Erfolg eines Unternehmens im digitalen Markt der Zukunft sein, dass es sich zügig und umfassend auf die neuen Datenschutzregeln der EU einstellt. Als größter gemeinsamer Binnenmarkt der Welt wird die Europäische Union ihre über Jahre gewachsenen Vorstellungen des Datenschutzes auch im globalen Marktumfeld durchsetzen wollen und können. Sie setzt damit aus Sicht der Verbraucherinnen und Verbraucher, aber auch im Sinne ihrer eigenen digitalen Wirtschaft einen Datenschutz-Goldstandard für den Weltmarkt. Wer diesen bereits jetzt ins Zentrum seiner unternehmerischen Grundsätze rückt und auf einen starken Datenschutz im Unternehmen als Wettbewerbsfaktor baut, wird bereits in wenigen Jahren zur Spitzengruppe im digitalisierten Markt der Zukunft gehören. Denn Datenschutz und Innovation schließen sich keineswegs aus: Sie sind auf absehbare Zeit zwei Seiten derselben Medaille. Schon heute findet ein Wettlauf um neue Technologien statt, die einen starken Datenschutz und ein hohes Maß an Verbraucherkontrolle mit den Möglichkeiten von Big Data-Anwendungen und dem Internet der Dinge verknüpfen. Der Datenschutz gehört mit der neuen EU-Verordnung nicht nur wegen der drohenden, hohen Sanktionen ins Kerngeschäft des Unternehmensmanagements. Er wird – auch durch die gestärkte Rolle des Verbrauchers beim Datenschutz – zukünftig ein entscheidender Marktfaktor werden. Die neuen Regeln sind dabei keine Belastung. Unnötige Bürokratie wie die Vorabkontrolle wird durch sie abgeschafft und aus 28 unterschiedlichen Regeln im selben Markt wird ein einziger Standard. Es ist also genau das Gegenteil: Die Datenschutz-Grundverordnung ist eine große Chance für Unternehmen, sich im digitalisierten Markt von morgen zu positionieren.

Hamburg/Brüssel, den 11.8.2016

Jan Philipp Albrecht, MdEP

Inhaltsverzeichnis und Gliederung

Abkürzungsverzeichnis

Abl.	Amtsblatt
Abs.	Absatz
ADV	Auftragsdatenverarbeitung
a. E.	am Ende
AEUV	Vertrag über die Arbeitsweise der europäischen Union
a. G.	auf Gegenseitigkeit
AG	Aktiengesellschaft
AGB	allgemeine Geschäftsbedingungen
AO	Abgabenordnung
Art.	Artikel
Aufl.	Auflage
BAG	Bundesarbeitsgericht
BB	Betriebsberater (Zeitschrift)
BCM	Business Continuity Management (englisch, = Betriebliches Kontinuitätsmanagement)
BCR	Binding Corporate Rule (englisch, = Verbindliche Unternehmensregel)
BDSG	Bundesdatenschutzgesetz
BEM	Betriebliches Eingliederungsmanagement
BetrVG	Betriebsverfassungsgesetz
BGB	Bürgerliches Gesetzbuch
BGH	Bundesgerichtshof
BKM	Betriebliches Kontinuitätsmanagement
BSI	Bundesamt für Sicherheit in der Informationstechnik
BT-Drucks.	Bundestagsdrucksache
BZRG	Bundeszentralregistergesetz
Bzw.	beziehungsweise
C2C	Controller-to-Controller (englisch, = Verantwortlicher zu Verantwortlichem)
C2P	Controller-to-Processor (englisch, = Verantwortlicher zu Verarbeiter)
CB	Compliance Berater (Zeitschrift)
CERT	Computer Emergency Response Team (englisch, = Informationssicherheit-Krisenreaktionsteam
CMS	Compliance Management System
DB	Der Betrieb (Zeitschrift)
d. h.	das heißt
DIN	Deutsche Industrie Normen ?

DLP	data loss leakage (detection and) prevention (englisch, = Datenverlustprävention)
DMS	Datenschutz Management System
DÖV	Die Öffentliche Verwaltung (Zeitschrift)
DPA 1998	Data Protection Act 1998
DPMS	(data) privacy management system (englisch, = Datenschutz Management System)
Dr.	Doktor
DSB	Datenschutzbeauftragter
DSGVO	Datenschutzgrundverordnung
DViA	Auftragsdatenverarbeitung
EFTA	Europäische Freihandelsassoziation
EG	Europäische Gemeinschaft
EGMR	Europäischer Gerichtshof für Menschenrechte
Engl.	Englisch
EU	Europäische Union
EuGH	Europäischer Gerichtshof
EuZW	Europäische Zeitschrift für Wirtschaftsrecht
evtl.	eventuell
EWR	Europäischer Wirtschaftsraum
f.	folgend
ff.	folgende
FISA	Foreign Intelligence Surveillance Act (englisch, = Gesetz zur Überwachung in der Auslandsaufklärung)
FTC	Federal Trade Commission (englisch, = Bundeshandelskommission)
GG	Grundgesetz
ggf.	gegebenenfalls
GmbH	Gesellschaft mit beschränkter Haftung
HaagBewÜbK	Haager Beweisüberkommen
HGB	Handelsgesetzbuch
Hrsg.	Herausgeber
i. S. d.	im Sinne des/der
i. V. m.	in Verbindung mit
ICC	International Chambers of Commerce (englisch, = internationale Handelskammer)
IDW	Institut der Wirtschaftsprüfer in Deutschland
IKT	Informations- und Kommunikationstechnologie
IP	Internetprotokoll
ISO	Internationale Organisation für Normierung
IT	Informationtechnik
KVP	Kontinuierlicher Verbesserungsprozess
LAG	Landesarbeitsgericht

lit.	litera (lateinisch, = Buchstabe)
LLP	Limited Liability Partnership
NJW	Neue Juristische Wochenschrift (Zeitschrift)
Nr.	Nummer
NVwZ	Neue Zeitschrift für Verwaltungsrecht
NZA	Neue Zeitschrift für Arbeitsrecht
OECD	Organisation für wirtschaftliche Zusammenarbeit und Entwicklung
OWiG	Ordnungswidrigkeitengesetz
PERT	Privacy Emergency Response Team (englisch, = Datenschutz-Krisenreaktionsteam)
PIA	Privacy Impact Assessment (englisch, = Datenschutz-Folgenabschätzung)
PKPI	Privacy Key Performance Indicators (englisch, = Datenschutzleistungskennzahlen)
PKRI	Privacy Key Risk Indicators (englisch, = Datenschutzrisikoindikatoren)
PM	Pressemitteilung
PRE	Privacy Risk Exposure (englisch, = Datenschutzgefährdungsmaßstab)
PS	Prüfungsstandard (z. B. des IDW)
RDV	Recht der Datenverarbeitung (Zeitschrift)
RL	Richtlinie
Rn.	Randnummer
ROI	Return of Investment (englisch, = Kapitalrendite)
ROPI	return on (Privacy) Investments (englisch, = Rentabilität der Datenschutzinvestitionen)
ROSI	Returns on Security Investments (englisch, = Rentabilität der Sicherheitsinvestitionen)
Rs.	Rechtssache
S.	Seite
SCC	EU Standard Contractual Clauses (englisch, = EU-Standardvertragsklauseln)
SLA	Service Level Agreement (englisch, = Dienstgütevereinbarung)
sog.	sogenannt
StGB	Strafgesetzbuch
TKG	Telekommunikationsgesetz
TOM	technische und organisatorische Maßnahmen
u. U.	unter Umständen
UAbs.	Unterabsatz
Urt.	Urteil
US	United States (of America)

USA	United States of America (englisch, = Vereinigte Staaten von Amerika)
v.	von/vom
Vgl.	Vergleiche
VIP	Very important persons (englisch, = sehr wichtige Personen)
WP	working papers
z. B.	zum Beispiel
ZD	Zeitschrift für Datenschutz
ZD-Aktuell	Newsdienst. ZD aktuell

Einleitung

Ab dem 25.5.2018 regelt die Datenschutz-Grundverordnung (DSGVO)[1] die **1**
Verarbeitung personenbezogener Daten einheitlich für die gesamte Europäische
Union. Das neue europäische Datenschutzrecht bringt eine Reihe neuer Anforderungen mit sich. Viele Unternehmen haben erkannt, dass die verbleibende
Zeit bis zur verbindlichen Anwendung der DSGVO eher knapp bemessen ist,
und haben damit begonnen, erste Schritte zur Umsetzung der Vorgaben der Verordnung einzuführen. Dieses Buch fasst bisherige Erfahrungen aus der Implementierung der Verordnung[2] bei einer Reihe von Wirtschaftsunternehmen
zusammen. Es beschreibt die für Unternehmen relevanten Anforderungen des
Datenschutzes an die Verarbeitung personenbezogener Daten in klarer und einfacher Sprache. Zur besseren Verständlichkeit bietet das Buch viele Beispiele,
Schaubilder und Praxistipps. Dabei werden viele in der DSGVO vorgesehene
Prozesse und Strukturen durch Checklisten oder Ablaufpläne anschaulich beschrieben. Ein abschließender Teil dieses Buches beschreibt die erforderlichen
Projektschritte zur Umsetzung der Vorgaben der DSGVO und fasst diese Pla-
nungsschritte in Form einer Checkliste zusammen. Das Buch enthält auch einen
Praktiker-Glossar zur DSGVO, der anhand von Stichworten wichtige Begriffe
und Zusammenhänge aus der Datenschutz-Praxis erläutert. Dabei werden auch
Besonderheiten beziehungsweise Veränderungen durch die DSGVO beschrieben. Die praktische Arbeit mit dem vorliegenden Buch soll dadurch weiter erleichtert werden, dass auch die Artikel der Verordnung abgedruckt sind. Der Leser kann einzelne Vorschriften der DSGVO so nachschlagen, ohne ein weiteres
Buch zur Hand nehmen zu müssen. Auf den Abdruck der Erwägungsgründe
wird dagegen aus Platzgründen verzichtet. Teilweise werden für die Praxis
wichtige Passagen aus den Erwägungsgründen allerdings in den Fußnoten wie-
dergegeben, sofern dies für die Anwendung der Verordnung hilfreich ist.

Die vorliegende Einführung in den kommenden EU-Datenschutz ist eine an den **2**
Bedürfnissen der Wirtschaft orientierte Gebrauchsanweisung für einen einfachen Einstieg in die DSGVO – und für die praktische Umsetzung der Anfor-

---

1 Verordnung (EU) 2016/679 des europäischen Parlaments und des Rates vom 27.4.2016 zum
  Schutz natürlicher Personen bei der Verarbeitung personenbezogener Daten, zum freien Datenverkehr und zur Aufhebung der Richtlinie 95/46/EG (Datenschutz-Grundverordnung) im
  Amtsblatt der Europäischen Union, Abl. L 119/1.
2 Soweit in diesem Buch von der „Verordnung" die Rede ist, bezieht sich dies ebenso wie die
  Abkürzung „DSGVO" auf die Verordnung (EU) 2016/679 des europäischen Parlaments und
  des Rates vom 27.4.2016 zum Schutz natürlicher Personen bei der Verarbeitung personenbezogener Daten, zum freien Datenverkehr und zur Aufhebung der Richtlinie 95/46/EG (Datenschutz-Grundverordnung) im Amtsblatt der Europäischen Union, Abl. L 119/1.

derungen des neuen Datenschutzrechts. Dieses Buch soll dem Leser einen unkomplizierten Überblick über die ab Mai 2018 geltende EU-Verordnung zum Datenschutz geben. Es richtet sich an den Praktiker im Unternehmen und verzichtet dabei bewusst auf eine wissenschaftliche Bewertung der Regelungskomplexe der Verordnung. Für die Praxis wichtige Fragen wie die Auswirkungen des zwischen der EU-Kommission und den USA vereinbarten Privacy Shield oder die datenschutzrechtlichen Folgen des Brexit werden in knapper Form dargestellt.

3 Diese Einführung enthält Checklisten, Beispiele, Ablaufpläne, Schaubilder und Praxistipps, die die konkrete Anwendung des neuen Datenschutzrechts erleichtern. Dabei steht die praktische Umsetzung der DSGVO im Unternehmen im Vordergrund.

4 Dieses Buch ist nicht allein das Ergebnis meiner eigenen Arbeit. Auch Jana Bruns, Dr. Lukas Ströbel und Lukas von Gierke, alle Hogan Lovells International LLP, haben daran intensiv mitgewirkt. Daher möchte ich ihnen, aber auch Dr. Wolf-Tassilo Böhm, Marlien Telöken und vielen anderen Anwälten des deutschen Arbeitsrechtsteams und auch des globalen Datenschutzteams unserer Sozietät danken. Sie haben mich mit Rat und wertvollen Anregungen unterstützt. Insbesondere der stetige Austausch mit meinen Partnern Harriet Pearson, Christopher Wolf, Eduardo Ustaran, Julie Brill, Tim Tobin, Winston Maxwell und Scott Loughlin war bei der täglichen Arbeit im internationalen Datenschutz enorm hilfreich. Dr. Jyn Schultze-Melling und Thorsten Sörup danke ich für ihre Mitarbeit an dem Praktiker-Glossar und den stets wertvollen Austausch und Rat zu aktuellen Fragen des Datenschutzes. Auch Dr. Stefan Brink, Philipp Zikesch und Dr. Oliver Draf haben wertvolle Denkanstöße und Ideen beigesteuert. Gerade Dr. Oliver Draf und Juliane Kraska verdanke ich auch ausgesprochen hilfreiche Hinweise zur Planung von Implementierung von Umsetzungsprojekten zur DSGVO. Abschließend danke ich Frau Anja Eiserfey für die professionelle, geduldige und unermüdliche Koordination unserer Arbeit an diesem Buch.

I. Ziele, Umsetzung und Anwendung der DSGVO

Am 4.5.2016 veröffentlichte die Europäische Union (EU) die Endfassung der 5
seit 2012 verhandelten DSGVO.[3] Sie gilt nach einer gut zweijährigen Über-
gangsfrist ab dem 25.5.2018 und hebt die Richtlinie 95/46/EG[4] (Datenschutzrichtlinie) auf.[5] Die DSGVO wirkt dann in der gesamten Europäischen Union
unmittelbar und direkt. Anders als bei einer EU-Richtlinie ist eine Umsetzung
in das nationale Recht der Mitgliedstaaten nicht mehr erforderlich. Dies soll zu
einer erheblichen Vereinheitlichung beim Datenschutz in der EU führen und
einheitliche Wirtschaftsbedingungen schaffen, die den Binnenmarkt stärken
sollen.[6]

Für Unternehmen hat die Verordnung[7] gravierende Folgen: Neben Schadenser- 6
satzklagen drohen bei Fehlern Bußgelder von bis zu vier Prozent des globalen
(Konzern-)Umsatzes. Beteiligte Manager, Datenschützer und sonstige Entscheidungsträger müssen bei Verstößen mit Geldbußen bis zu 20 Millionen
Euro rechnen. Zudem sind die inhaltlichen Anforderungen beim neuen Datenschutz sehr hoch. Sie betreffen viele Unternehmensbereiche, etwa IT, Personal,
Compliance, interne Revision und Vertrieb.

Dieser Teil des Buches zeigt, welche Ziele der EU-Gesetzgeber mit der Einfüh- 7
rung der DSGVO verfolgt. Es beschreibt zudem, für welche Anwendungsfälle
das neue Datenschutzrecht gilt. Der Schwerpunkt liegt dabei auf der Frage, bei
welchen Datenverarbeitungen Unternehmen[8] die Vorgaben der Verordnung beachten müssen.

---

3 Verordnung (EU) 2016/679 des europäischen Parlaments und des Rates vom 27.4.2016 zum
   Schutz natürlicher Personen bei der Verarbeitung personenbezogener Daten, zum freien Datenverkehr und zur Aufhebung der Richtlinie 95/46/EG (Datenschutz-Grundverordnung) im
   Amtsblatt der Europäischen Union, Abl. L 119/1.
4 Richtlinie 95/46/EG des Europäischen Parlaments und des Rates vom 24.10.1995 zum
   Schutz natürlicher Personen bei der Verarbeitung personenbezogener Daten und zum freien
   Datenverkehr.
5 Art. 94 Abs. 1 DSGVO.
6 Vgl. Erwägungsgrund 7.
7 Soweit in der vorliegenden Einführung die Begriffe „Verordnung" oder „DSGVO" in Bezug
   genommen werden, bezieht sich dies auf die deutsche Endfassung der EU-Datenschutz-
   Grundverordnung, abrufbar etwa unter http://eur-lex.europa.eu/legal-content/DE/TXT/
   PDF/?uri=CELEX:32016R0679&from=EN.
8 Vgl. zum Begriff des Unternehmens Art. 4 Nr. 18 DSGVO.

1. Ziele der Verordnung

8   Die Verordnung soll das Datenschutzrecht EU-weit vereinheitlichen.[9] Das Schutzniveau für die Rechte und Freiheiten von natürlichen Personen bei der Verarbeitung ihrer personenbezogenen Daten soll in der gesamten Union gleichmäßig hoch und einheitlich sein.[10] Die Anwendung einer einzigen EU-Verordnung zum Datenschutz soll es Unternehmen ermöglichen, die Datenverarbeitung in allen 28 Mitgliedstaaten gleich zu regeln. Diese Vereinheitlichung soll auch den Binnenmarkt in der Union stärken.[11]

9   Allerdings enthält die Verordnung auch eine Reihe von sogenannten „Öffnungsklauseln". Diese Vorschriften erlauben es den Mitgliedstaaten, in gewissen Umfang für einzelne Datenverarbeitungen oder Anforderungen nationale Spezialgesetze zu schaffen, etwa beim Beschäftigtendatenschutz gemäß Art. 88 DSGVO. Dabei legt Erwägungsgrund 155 fest, dass diese Öffnungsklausel es den Mitgliedstaaten vor allem erlaubt, Vorschriften über die Bedingungen vorzusehen, unter denen personenbezogene Daten im Beschäftigungsverhältnis auf der Einwilligung[12] eines Beschäftigten verarbeitet werden dürfen.[13]

10   Solche Ausnahmevorschriften müssen aber den grundsätzlichen Vorgaben der DSGVO entsprechen.[14] Im Ergebnis beschränken die Öffnungsklauseln das Maß an EU-weiter Vereinheitlichung. Daher bleibt in vielen Bereichen abzuwarten, ob und in welcher Form die Mitgliedstaaten nationale Regelungen zum Beschäftigtendatenschutz erlassen werden – und welchen Spielraum der Europäische Gerichtshof (EuGH) ihnen hierfür letztlich zubilligen wird.[15] Allerdings legt Erwägungsgrund 8 nahe, dass einzelstaatliche Regelungen nur in eingeschränktem Umfang möglich sind: „Wenn in dieser Verordnung Präzisierungen oder Einschränkungen ihrer Vorschriften durch das Recht der Mitgliedstaaten vorgesehen sind, können die Mitgliedstaaten Teile dieser Verordnung in ihr nationales Recht aufnehmen, soweit dies erforderlich ist, um die Kohärenz zu wahren und die nationalen Rechtsvorschriften für die Personen, für die sie gelten, verständlicher zu machen."

---

9 Vgl. Erwägungsgründe 10 ff.

10 Vgl. Erwägungsgrund 10.

11 Vgl. Erwägungsgründe 2 und 13.

12 Vgl. zum Begriff der Einwilligung Art. 4 Nr. 11 DSGVO.

13 Vgl. auch *Kort*, DB 2016, 711, 715.

14 Vgl. zum Regelungsrahmen bei Präzisierungen zum Beschäftigtendatenschutz etwa Art. 88 Abs. 2 DSGVO. Ausführlich hierzu auch Rn. 308 ff.

15 Vgl. Erwägungsgrund 8, der lediglich „Präzisierungen oder Einschränkungen (…) durch das Recht der Mitgliedstaaten" erlaubt.

2. Inkrafttreten der DSGVO

Die DSGVO wurde am 14.5.2016 vom EU-Parlament verabschiedet. Die Ver- **11** ordnung wurde am 4.5.2016 im Amtsblatt der Europäischen Union veröffentlicht und trat am 20. Tag nach der Veröffentlichung in Kraft.[16] Nach einer zweijährigen Umsetzungsfrist wird die DSGVO ab dem 25.5.2018 geltendes Recht.[17] Sie hebt die EU-Datenschutzrichtlinie 95/46/EG auf.[18] Die DSGVO verdrängt die deckungsgleichen Vorschriften des Bundesdatenschutzgesetzes (BDSG). Der Verordnung kommt ein sogenannter „Anwendungsvorrang"[19] zu.

Die Anforderungen der Verordnung gehen in einigen Bereichen weit über die **12** Vorgaben des BDSG hinaus. Zudem erfordern sie zahlreiche neue Prozesse, welche die Unternehmen erst implementieren müssen. Gerade die Vorschriften zur Information betroffener Personen, zur Dokumentation von Datenschutzprozessen, zur Datenübertragbarkeit, zur Datenlöschung, zum Datenschutz durch Technik und durch datenschutzfreundliche Voreinstellungen oder zur Datenschutz-Folgenabschätzung erfordern einigen Umsetzungsaufwand.

Das Bundesinnenministerium plant derzeit ein Ausführungsgesetz zur DSGVO. **13** Ob und in welcher Form das geplante Gesetz Änderungen für die Wirtschaft mit sich bringen wird, ist noch offen. Die laufende Legislaturperiode dauert nur noch bis September 2017 an. Es besteht Handlungsbedarf. Ein mögliches Ausführungsgesetz sollte im Hinblick auf den nach bisherigem Stand dann beginnenden Wahlkampf jedenfalls bis Mitte 2017 ausgearbeitet und beschlossen sein.[20]

Praxistipp: Die Umsetzungsfrist von zwei Jahren ist für eine effektive Imple- **14** mentierung der notwendigen Prozesse und Strukturen zur Umsetzung der DSGVO knapp bemessen. Gerade die für den Datenschutz verantwortlichen Unternehmensfunktionen sollten möglichst bald einen Ist-Soll-Vergleich beginnen. Zudem sollten sie auch zügig mit den erforderlichen Budget-Planungen beginnen.

In diesem Zusammenhang kann eine zeitige und gut vorbereitete Unterrichtung des Managements über die neuen Anforderungen und Haftungsrisiken durch die Vorordnung zweckmäßig sein. Auch viele andere Unternehmensfunktionen außerhalb des Datenschutzes sind von den Anforderungen der DSGVO in erheblicher Weise betroffen. Unternehmen sollten grundsätzlich prüfen, welche

---

16 Vgl. Art. 99 Abs. 1 DSGVO.
17 Vgl. Art. 99 Abs. 2 DSGVO.
18 Vgl. Art. 94 Abs. 1 DSGVO.
19 Vgl. Art. 288 Abs. 2 AEUV.
20 Vgl. hierzu etwa *Kühling/Martini*, EuZW 2016, 448, 450.

> Folgen das neue EU-Datenschutzrecht für ihre Arbeit hat und wie sie die neuen Anforderungen effektiv und ohne unnötige Risiken und Aufwände umsetzen. Kapitel VI dieses Buchs gibt dem Leser einen an den Bedürfnissen der Praxis orientierten Überblick über erforderliche Projektschritte zur Umsetzung der Vorgaben der DSGVO.

3. Von der DSGVO verwendete Begriffe

15   Die DSGVO verwendet grundsätzlich sehr ähnliche Begriffe wie das BDSG. Allerdings gibt es einige Unterschiede, die der Anwender kennen sollte, um die Verordnung rechtssicher anwenden zu können.

16   Der für die „Verarbeitung personenbezogener Daten Verantwortliche"[21] (oder kurz: „Verantwortlicher") ist diejenige Stelle, die die Entscheidung über die Verarbeitung von personenbezogenen Daten trifft.[22] Bei einem Unternehmen ist dies die rechtliche Person, mittels derer das Unternehmen betrieben wird, z.B. eine GmbH oder Aktiengesellschaft. Dies entspricht der bereits aus § 3 Abs. 7 BDSG bekannten Definition der „verantwortlichen Stelle".

17   Ebenso wie das BDSG definiert die DSGVO den Begriff der „personenbezogenen Daten".[23] Die Verordnung bezeichnet damit alle Informationen, die sich auf eine bestimmte oder bestimmbare natürliche Person beziehen.[24] Diese Person bezeichnet die DSGVO als „betroffene Person". Dieser Begriff entspricht weitgehend dem aus § 3 Abs. 1 BDSG bekannten „Betroffenen".

18   An Stelle der aus dem BDSG bekannten „Erhebung, Verarbeitung oder Nutzung"[25] personenbezogener Daten tritt im Rahmen der DSGVO die „Verarbeitung". Diese bezieht sich auf jede Verwendung personenbezogener Daten.[26] Beide Begriffe sind im Wesentlichen deckungsgleich. Allerdings ist die sprachliche Vereinfachung gegenüber der „Erhebung, Verarbeitung und Nutzung per-

---

21 Auch als „Verantwortlicher" bezeichnet.
22 Vgl. Art. 4 Nr. 7 DSGVO.
23 Siehe ausführlich zur Definition der „personenbezogenen Daten": *Herbst*, NVwZ 2016, 902; sowie das Schlussplädoyer des Generalanwalts am EuGH, Manuel Campos Sánchez-Bordona, im Vorabentscheidungsverfahren Patrick Breyer/ Bundesrepublik Deutschland (Rs. C-582/2014), *Knoke*, ZD-Aktuell 2016, 05206, der dynamische IP-Adressen als personenbezogene Daten qualifiziert.
24 Vgl. Art. 4 Nr. 1 DSGVO.
25 Vgl. § 3 Abs. 2 bis 5 BDSG.
26 Vgl. Art. 4 Nr. 2 DSGVO.

sonenbezogener Daten"[27] nach dem BDSG zu begrüßen. Als Verarbeitung bestimmt Art. 4 Nr. 2 DSGVO jeden mit oder ohne Hilfe automatisierter Verfahren ausgeführten Vorgang oder jede solche Vorgangsreihe im Zusammenhang mit personenbezogenen Daten.

An Stelle des „Auftragsdatenverarbeiters" nach § 11 BDSG tritt der in Art. 4 **19** Nr. 8 DSGVO näher bestimmte „Auftragsverarbeiter".[28] Dieser bezeichnet jede natürliche oder juristische Person, Behörde, Einrichtung oder jede andere Stelle, die personenbezogene Daten im Auftrag des für die Verarbeitung Verantwortlichen verarbeitet.[29]

4. Anwendungsbereich der DSGVO

Die Verordnung gilt zunächst für die Verarbeitung personenbezogener Daten **20** durch Verantwortliche und Auftragsverarbeiter, die im Rahmen von Tätigkeiten von Niederlassungen in der EU erfolgen.[30] Zudem finden die Vorschriften der DSGVO in bestimmten Fällen auch auf Verantwortliche oder Auftragsverarbeiter außerhalb der Union[31] Anwendung.[32]

a) Sachlicher Anwendungsbereich: Welche Datenverarbeitungen sind betroffen?

Die Verordnung gilt in sachlicher Hinsicht für die automatisierte Verarbeitung **21** personenbezogener Daten, Art. 2 Abs. 1 DSGVO. Hierbei ist es unerheblich, ob die Verarbeitung vollständig oder nur teilweise automatisiert stattfindet.[33] Zu-

---

27 Vgl. etwa § 3 Abs. 2 Satz 1 BDSG.
28 Vgl. zu den Anforderungen an Auftragsverarbeiter auch Erwägungsgrund 81.
29 Vgl. zu den Einzelheiten der Auftragsverarbeitung nach der Verordnung Art. 28 f. DSGVO.
30 Vgl. Art. 3 Abs. 1 DSGVO.
31 Soweit in der vorliegenden Einführung von der „Union" oder der „EU" die Rede ist, bezieht sich dies auf die Europäische Union und den Europäischen Wirtschaftsraum (EWR). Von einer jeweils gesonderten Nennung des EWR sieht die vorliegende Darstellung aus Gründen der sprachlichen Vereinfachung bewusst ab.
32 Vgl. das in Art. 3 Abs. 2 DSGVO geregelte sog. „Marktortprinzip".
33 So der Wortlaut von Art. 2 Abs. 1 DSGVO. Vgl. auch Erwägungsgrund 15: „Um ein ernsthaftes Risiko einer Umgehung der Vorschriften zu vermeiden, sollte der Schutz natürlicher Personen technologieneutral sein und nicht von den verwendeten Techniken abhängen. Der Schutz natürlicher Personen sollte für die automatisierte Verarbeitung personenbezogener Daten ebenso gelten wie für die manuelle Verarbeitung von personenbezogenen Daten, wenn die personenbezogenen Daten in einem Dateisystem gespeichert sind oder gespeichert werden sollen. Akten oder Aktensammlungen sowie ihre Deckblätter, die nicht nach bestimmten Kriterien geordnet sind, sollten nicht in den Anwendungsbereich dieser Verordnung fallen."

dem findet die Verordnung auf die nichtautomatisierte Verarbeitung von personenbezogenen Daten Anwendung, die bereits in einer Datei gespeichert sind oder noch gespeichert werden sollen.

22   Damit ist der sachliche Anwendungsbereich der Verordnung in der Praxis weit gefasst. Unternehmen werden selten Daten erheben, die sie nicht im Anschluss speichern oder in sonstiger Weise weiterverarbeiten. Selbst eine zunächst nicht automatisierte Datenerhebung (z. B. durch Beobachten, Befragen, Mithören oder andere nicht technikgestützte Wahrnehmungsvorgänge) wird bei wirtschaftlich relevanten Vorgängen erfahrungsgemäß schnell Gegenstand einer späteren Speicherung.

23   Art. 2 Abs. 2 DSGVO regelt einige Ausnahmen, bei deren Vorliegen die Verordnung keine Anwendung findet. Für die Unternehmenspraxis relevant kann vor allem Art. 2 Abs. 2 lit. (c) DSGVO sein. Danach findet die Verordnung keine Anwendung, wenn natürliche Personen personenbezogene Daten ausschließlich zur Ausübung persönlicher oder familiärer Tätigkeiten erheben. Im Vergleich zum BDSG ändert sich der sachliche Geltungsbereich für Unternehmen insofern nicht wesentlich. Dies gilt auch in Bezug auf Daten, die erst später gespeichert werden sollen. Bereits im bisherigen Recht sieht § 29 Abs. 1 Satz 1 BDSG vor, dass die Vorgaben dieses Gesetzes auch gelten, soweit personenbezogene Daten für den Einsatz in Datenverarbeitungsanlagen erhoben werden sollen.

24   **Beispiel 1:** Wenn ein Unternehmen Mitarbeiter befragt und die Ergebnisse dieser Befragungen im Anschluss mit einem Textverarbeitungsprogramm dokumentiert oder auch nur in einer E-Mail zusammenfasst, ist der sachliche Geltungsbereich der Verordnung nach Art. 2 Abs. 1 Alt. 2 DSGVO eröffnet.

Beispiel 2: Wenn ein Vorgesetzter auf der Arbeit einen Mitarbeiter zur Begrüßung fragt, wie es diesem Mitarbeiter geht, wird dies nicht als ausschließlich persönlicher Vorgang zu bewerten sein. Denn der Vorgesetzte stellt diese Frage erkennbar in einem Kontext zum Beschäftigungsverhältnis. Allerdings bleibt die Frage nach dem Wohlbefinden auch am Arbeitsplatz richtigerweise nach Art. 9 Abs. 2 lit. (b) oder lit. (h) DSGVO zulässig.

b) Räumlicher Anwendungsbereich: Wo gilt die Verordnung?

25   Die Verordnung gilt nach Art. 3 Abs. 1 DSGVO für die Datenverarbeitung im Rahmen der Tätigkeit einer Niederlassung eines Verantwortlichen oder Auftragsverarbeiters in der EU. Dabei ist unerheblich, ob die Verarbeitung in der Union stattfindet oder nicht. Entscheidend ist zunächst, ob sich die Niederlassung des Verantwortlichen oder Auftragsverarbeiters in der EU befindet (sogenanntes „Niederlassungsprinzip").

Zudem kann die Verordnung nach Art. 3 Abs. 2 DSGVO auch für Verantwortliche oder Auftragsverarbeiter außerhalb der EU gelten (sogenanntes „Marktortprinzip"). Dies ist zum einen der Fall, wenn die Datenverarbeitung dazu dient, betroffenen Personen in der Union Waren oder Dienstleistungen anzubieten.[34] Ob dies entgeltlich oder unentgeltlich geschieht, ist unerheblich. Die Verordnung gilt zudem auch dann, wenn Verantwortliche oder Auftragsverarbeiter das Verhalten betroffener Personen in der EU beobachten.[35] **26**

Praxistipp: Der erweiterte räumliche Anwendungsbereich der Verordnung ist eine der wesentlichen Änderungen gegenüber dem bisherigen Recht. Sofern ausländische Datenverarbeitungen „in die EU hineinreichen", gelten die hohen Anforderungen der DSGVO. In diesem Fall müssen auch Unternehmen ohne Niederlassung in der Union die Grundprinzipien der DSGVO beachten und prüfen, ob eine Datenverarbeitung nach Art. 6 DSGVO erlaubt ist. Zudem müssen sie in Bezug auf solche grenzüberschreitend wirkenden Datenverarbeitungen[36] nach Art. 3 Abs. 2 DSGVO unter anderem auch sicherstellen, dass sie die in Art. 12 bis Art. 39 DSGVO vorgeschriebenen Anforderungen und Prozesse umsetzen. Sofern in solchen Fallkonstellationen Daten in der EU erhoben und in einem Drittstaat gespeichert werden, können zudem die Vorgaben für die Übermittlung personenbezogener Daten in Drittländer nach Art. 44 ff. DSGVO einschlägig sein. Entscheidungsträger in Unternehmen sollten genau beobachten, wie sich europäische Aufsichtsbehörden und Gerichte zu diesen Fragen künftig positionieren. **27**

International operierende Unternehmen sollten genau prüfen, ob und in welchem Umfang sie auch bei Verarbeitungen im Rahmen von Niederlassungen außerhalb der EU gemäß Art. 3 Abs. 2 DSGVO den Vorgaben der Verordnung unterliegen. Gegebenenfalls können Haftungsrisiken und andere Nachteile auch durch getrennte Datenverarbeitungen vermieden werden.

---

34 Vgl. Art. 3 Abs. 2 lit. (a) DSGVO.
35 Vgl. Art. 3 Abs. 2 lit. (b) DSGVO.
36 Vgl. zum Begriff der (innerhalb der EU) grenzüberschreitenden Verarbeitung Art. 4 Nr. 23 DSGVO.

28   Fazit:

- **EU-weite Vereinheitlichung des Datenschutzrechts bei Öffnungs-klauseln.**
- **Kurze Umsetzungsfrist von nur zwei Jahren.**
- **Verbindliche Geltung der DSGVO ab dem 25.5.2018.**
- **DSGVO verwendet ähnliche Begriffe wie das BDSG.**
- **Weiter sachlicher Anwendungsbereich der Verordnung.**
- **Exterritoriale Wirkung der DSGVO.**

II. Überblick über die Vorschriften der DSGVO – Was steht wo?

Dieses Kapitel soll dem Leser vor allem den ersten Einstieg in die DSGVO er- **29** leichtern. Es gibt einen Überblick darüber, welche Regelungen an welcher Stelle in der Verordnung zu finden sind. Die neuen Vorschriften zum EU-weiten Datenschutzrecht sind teilweise schwer verständlich formuliert. Auch die Struktur der DSGVO ist nicht gerade übersichtlich. Umso wichtiger ist es für den Anwender, sich zunächst ein Bild darüber zu verschaffen, welche Vorgaben der Verordnung in welchen Abschnitten und in welchen Artikeln zu finden sind.

Abbildung 1: Struktur der DSGVO

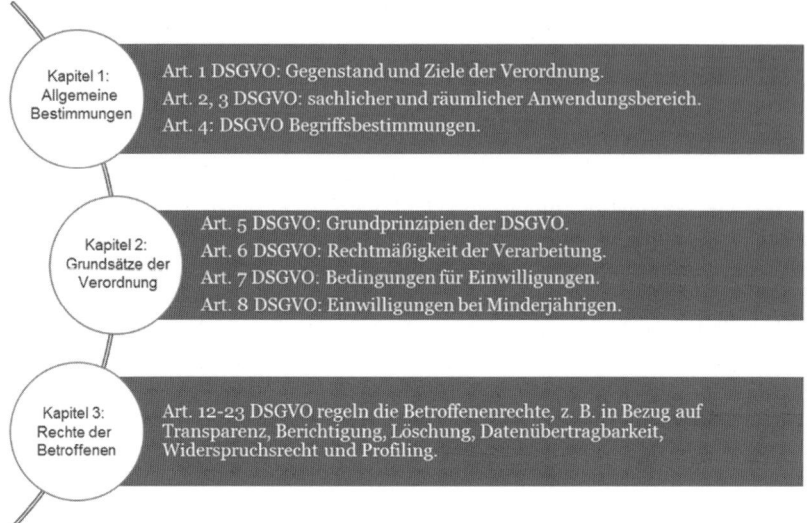

Abbildung 2: Überblick und Aufbau der DSGVO (Kap. 1–3)

30 **Praxistipp**: Wer sich die Grundstrukturen der Verordnung verdeutlichen möchte, kann anhand des vorstehenden Schaubilds die einzelnen Kapitel der DSGVO nachschlagen und sich einen ersten Überblick über die Gliederung der jeweiligen Kapitel verschaffen. In einem zweiten Schritt kann man dann den nachstehenden Überblick durchgehen und die einzelnen genannten Artikel nachschlagen.

1. Allgemeine Bestimmungen, Kapitel 1, Art. 1 bis Art. 4 DSGVO

31 Das erste Kapitel der Verordnung regelt Gegenstand und Ziele sowie den sachlichen und räumlichen Anwendungsbereich der DSGVO. Es enthält auch die wesentlichen Begriffsbestimmungen.

32 Art. 1 DSGVO bestimmt Gegenstand und Ziele des neuen EU-Datenschutzrechts.[37] Die Verordnung soll das Recht natürlicher Personen auf den Schutz

---

37 Vgl. zu den Zielen der DSGVO Rn. 8 ff.

ihrer personenbezogenen Daten umsetzen, ohne dabei den freien Verkehr personenbezogener Daten in der EU übermäßig einzuschränken.

Art. 2 und 3 DSGVO regeln den sachlichen und räumlichen Anwendungsbe   **33** reich der Verordnung.[38] Sie gilt für die automatisierte Verarbeitung personenbezogener Daten sowie für die nichtautomatisierte Verarbeitung personenbezogener Daten, die noch in Dateien gespeichert werden sollen. Die DSGVO gilt zunächst für Datenverarbeitungen im Rahmen der Tätigkeiten von Niederlassungen in der EU.[39] Zudem gilt sie für Datenverarbeitungen in Bezug auf Personen in der EU durch nicht in der EU niedergelassene Verantwortliche, wenn diese betroffenen Personen in der EU Waren oder Dienstleistungen anbieten oder deren Verhalten beobachten.[40]

Art. 4 DSGVO enthält die wichtigsten Begriffsbestimmungen für die Anwen   **34** dung der Verordnung.[41]

2. Grundsätze der Verordnung, Kapitel 2, Art. 5 bis Art. 11 DSGVO

Art. 5 DSGVO regelt die wichtigsten Grundsätze der Verordnung.[42] Die Vor   **35** schrift enthält die wesentlichsten inhaltlichen Vorgaben der DSGVO. Sie ist damit vor allem für die Auslegung der unbestimmten Rechtsbegriffe der Verordnung maßgeblich, etwa für das unter anderem in Art. 6 und Art. 9 DSGVO vorausgesetzte Kriterium der Erforderlichkeit.

Art. 5 DSGVO gibt folgende Prinzipien vor: **36**

- Rechtmäßigkeit (Verbot mit Erlaubnisvorbehalt),
- Treu und Glauben (Verhältnismäßigkeit),
- Transparenz,
- Zweckbindung,
- Datenminimierung,
- Richtigkeit,
- Speicherbegrenzung,
- Integrität und Vertraulichkeit,
- Rechenschaftspflicht.

Art. 6 DSGVO erlaubt den Umgang mit personenbezogenen Daten nur, wenn   **37** diese oder eine andere anwendbare Rechtsvorschrift dies vorsieht. Art. 6 DSGVO enthält die wichtigsten allgemeinen Erlaubnistatbestände der Verord-

---

38 Vgl. zum sachlichen und räumlichen Anwendungsbereich der DSGVO Rn. 21 ff.
39 Vgl. Art. 3 Abs. 1 DSGVO.
40 Vgl. Art. 3 Abs. 2 lit. (a) und (b) DSGVO.
41 Vgl. zu den Begriffsbestimmungen der DSGVO Rn. 15 ff.
42 Vgl. zu den Grundsätzen der Verordnung Rn. 61 ff.

nung.[43] Die Regelung nimmt damit eine ähnliche Stellung ein wie § 28 BDSG im bisherigen deutschen Recht.

38 Art. 9 DSGVO ist eine Sondervorschrift zur Verarbeitung besonderer Kategorien personenbezogener Daten.[44] Dabei ist der Katalog solcher sensitiver Daten weiter formuliert als der bislang geltende § 3 Abs. 9 BDSG. Er umfasst auch ausdrücklich genetische[45] und biometrische[46] Daten.

39 Art. 7 DSGVO regelt die Bedingungen für Einwilligungen als Rechtsgrundlage für Datenverarbeitungen.[47] Danach muss der für die Verarbeitung Verantwortliche nachweisen können, dass die betroffene Person ihre Einwilligung abgegeben hat.[48] Die Einwilligung muss ohne Zwang abgegeben werden. Sie kann jederzeit widerrufen werden. Die betroffene Person muss vor der Abgabe ihrer Einwilligung von der Möglichkeit zum Widerruf in Kenntnis gesetzt werden.[49] Bei der Einwilligung von Kindern bis zum vollendeten 16. Lebensjahr gelten nach Art. 8 DSGVO zusätzliche Anforderungen.

3. Rechte der betroffenen Person, Kapitel 3, Art. 12 bis Art. 23 DSGVO

40 Das dritte Kapitel der DSGVO regelt in Art. 12 bis Art. 23 die Betroffenenrechte.[50] Dabei gehen vor allem die neuen Transparenz- und Informationspflichten deutlich über die bisherigen Regelungen des BDSG hinaus.

41 Das Kapitel regelt unter anderem:

- transparente Information und Kommunikation gegenüber betroffenen Personen (Art. 12 DSGVO),
- Informationspflichten bei Datenerhebung (Art. 13 und Art. 14 DSGVO),
- Auskunftsrechte betroffener Personen (Art. 15 DSGVO),
- das Recht auf Berichtigung (Art. 16 DSGVO),
- das Recht auf Löschung (Art. 17 DSGVO),
- das Recht auf Einschränkung der Verarbeitung[51] (Art. 18 DSGVO),
- das Recht auf Datenübertragbarkeit (Art. 20 DSGVO),
- Widerspruchsrechte (Art. 21 DSGVO),

---

43 Vgl. zu den Erlaubnistatbeständen der Verordnung Rn. 242 ff.
44 Vgl. zur Verarbeitung besonderer Kategorien von Daten Rn. 295 ff.
45 Vgl. zum Begriff der genetischen Daten Art. 4 Nr. 13 DSGVO.
46 Vgl. zum Begriff der biometrischen Daten Art. 4 Nr. 14 DSGVO.
47 Vgl. zur Einwilligung Rn. 281 ff.
48 Vgl. auch Art. 5 Abs. 2 und Art. 24 Abs. 1 DSGVO zur Rechenschaftspflicht.
49 Vgl. Art. 7 Abs. 3 Satz 3 DSGVO.
50 Vgl. zu den Betroffenenrechten Rn. 161 ff.
51 Vgl. zum Begriff der Einschränkung der Verarbeitung Art. 4 Nr. 3 DSGVO.

- Profiling[52] und andere automatisierte Einzelentscheidungen (Art. 22 DSGVO),
- die Möglichkeit der Beschränkung der Betroffenenrechte durch Rechtsvorschriften der Union oder der Mitgliedstaaten (Art. 23 DSGVO).

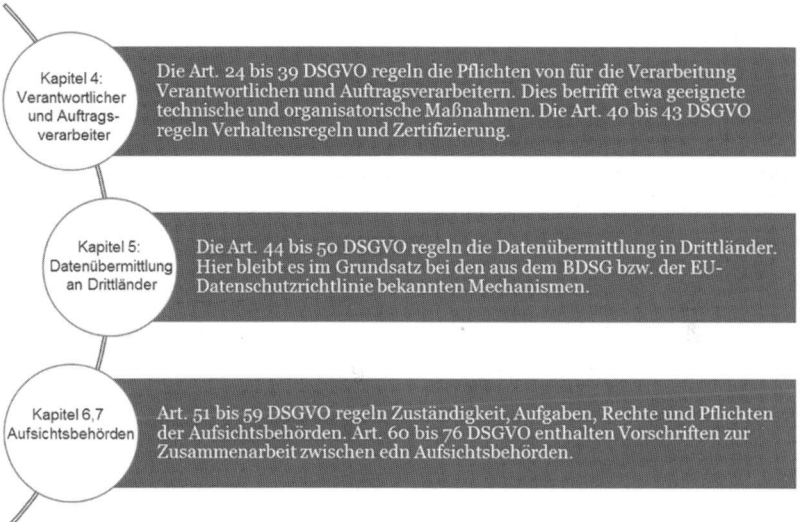

| Kapitel 4: Verantwortlicher und Auftragsverarbeiter | Die Art. 24 bis 39 DSGVO regeln die Pflichten von für die Verarbeitung Verantwortlichen und Auftragsverarbeitern. Dies betrifft etwa geeignete technische und organisatorische Maßnahmen. Die Art. 40 bis 43 DSGVO regeln Verhaltensregeln und Zertifizierung. |

| Kapitel 5: Datenübermittlung an Drittländer | Die Art. 44 bis 50 DSGVO regeln die Datenübermittlung in Drittländer. Hier bleibt es im Grundsatz bei den aus dem BDSG bzw. der EU-Datenschutzrichtlinie bekannten Mechanismen. |

| Kapitel 6,7 Aufsichtsbehörden | Art. 51 bis 59 DSGVO regeln Zuständigkeit, Aufgaben, Rechte und Pflichten der Aufsichtsbehörden. Art. 60 bis 76 DSGVO enthalten Vorschriften zur Zusammenarbeit zwischen edn Aufsichtsbehörden. |

Abbildung 3: Überblick und Aufbau der DSGVO (Kap. 4–7)

4. Verantwortlicher und Auftragsverarbeiter, Kapitel 4, Art. 24 bis Art. 43 DSGVO

Die Art. 24 bis 39 DSGVO normieren die Pflichten der für die Verarbeitung Verantwortlichen und der Auftragsverarbeiter. Geregelt sind etwa: **42**

- die Sicherstellung geeigneter technischer und organisatorischer Maßnahmen (Art. 24 DSGVO),[53]

---

52 Vgl. zum Begriff des Profiling Art. 4 Nr. 4 DSGVO.
53 Vgl. zur Sicherstellung geeigneter technischer und organisatorischer Maßnahmen Rn. 100 ff.

- Datenschutz durch Technik und datenschutzfreundliche Voreinstellungen (Art. 25 DSGVO),[54]
- die Organisation der Pflichtenaufteilung bei gemeinsam für Verarbeitungen Verantwortlichen (Art. 26 DSGVO)[55] sowie die
- Auftragsverarbeitung (Art. 28 bis Art. 31 DSGVO).[56]

43 Zudem umfasst das vierte Kapitel der Verordnung die folgenden Anforderungen:

- Datensicherheit (Art. 32 DSGVO),[57]
- Meldungen an Aufsichtsbehörden (Art. 33 DSGVO)[58] sowie
- Meldungen an betroffene Personen (Art. 34 DSGVO).[59]

44 Von besonderer Bedeutung für die Praxis ist dabei die in Art. 35 DSGVO vorgesehene Datenschutz-Folgenabschätzung.[60] Kann man bei einer Verarbeitung hohe Risiken für betroffene Personen nicht vermeiden oder eindämmen, muss der Verantwortliche nach Art. 36 DSGVO die zuständige Aufsichtsbehörde konsultieren.

45 Die Bestellung sowie die Rechte und Pflichten des betrieblichen Datenschutzbeauftragten sind in Art. 37 bis Art. 39 DSGVO geregelt.[61]

46 Die Art. 40 bis Art. 43 DSGVO regeln Verhaltensregeln und Zertifizierung.

5. Übermittlung personenbezogener Daten in Drittländer, Kapitel 5, Art. 44 bis Art. 50 DSGVO

47 Die Art. 44 bis Art. 50 DSGVO regeln die Datenübermittlung in Drittländer.[62] Hier bleibt es im Grundsatz bei den aus dem BDSG bzw. der EU-Datenschutzrichtlinie bekannten Mechanismen. Die Übermittlung personenbezogener Daten in Drittländer (oder an internationale Organisationen[63]) ist nur dann zuläs-

---

54 Vgl. zum Datenschutz durch Technik und datenschutzfreundliche Voreinstellungen Rn. 134 ff.
55 Vgl. zur Organisation der Pflichtenaufteilung bei gemeinsam für Verarbeitungen Verantwortlichen Rn. 192 ff.
56 Vgl. zur Auftragsverarbeitung Rn. 201 ff.
57 Vgl. zur Datensicherheit Rn. 145 ff.
58 Vgl. zum Begriff der Aufsichtsbehörden Art. 4 Nr. 21 DSGVO.
59 Vgl. zu den Meldepflichten nach Art. 33 und 34 DSGVO Rn. 128 ff.
60 Vgl. zur Datenschutz-Folgenabschätzung Rn. 118 ff.
61 Vgl. zu den Rechten und Pflichten des Datenschutzbeauftragten Rn. 151 ff.
62 Vgl. zur Übermittlung personenbezogener Daten in Drittländer Rn. 210 ff.
63 Vgl. zum Begriff der internationalen Organisation Art. 4 Nr. 26 DSGVO.

sig, wenn der Verantwortliche die in Kapitel 5 der DSGVO niedergelegten Bestimmungen einhält.[64]

Nach Art. 45 DSGVO können Angemessenheitsbeschlüsse (sogenannte „Adä-   **48**
quanzentscheidungen") der EU-Kommission das Vorliegen eines angemessenen Schutzniveaus bestätigen, sodass eine Übermittlung personenbezogener Daten in die entsprechenden Drittstaaten zulässig ist. Diese Übermittlungen bedürfen dann keiner besonderen Genehmigung.

Art. 46 DSGVO sieht vor, dass Datenübermittlungen auch auf der Basis geeig-   **49**
neter Garantien zulässig sein können, etwa aufgrund von verbindlichen unternehmensinternen Datenschutzvorschriften[65] (Binding Corporate Rules – sogenannte „BCRs"[66]) oder Standarddatenschutzklauseln, die von der Kommission gemäß dem Prüfverfahren nach Art. 93 Abs. 2 DSGVO erlassen werden können.[67]

Art. 49 DSGVO regelt Ausnahmen für Sonderfälle. Die Vorschrift übernimmt   **50**
damit im Wesentlichen die Funktion des bisherigen § 4c Abs. 1 BDSG.

6. Aufsichtsbehörden, Kapitel 6 und 7, Art. 51 bis 76 DSGVO

Art. 51 bis Art. 59 DSGVO regeln Zuständigkeit, Aufgaben sowie Rechte und   **51**
Pflichten der Aufsichtsbehörden.[68]

Art. 60 bis Art. 76 DSGVO enthalten Regelungen zur Zusammenarbeit zwi-   **52**
schen den Aufsichtsbehörden. Dabei soll dem neu zu gründenden Europäischen Datenschutzausschuss insbesondere bei der Vereinheitlichung der Anwendung der DSGVO eine besondere Rolle zukommen. In der Praxis sind dabei vor allem auch die Befugnisse der Aufsichtsbehörden gegenüber Unternehmen maßgeblich. Darunter fällt auch die Zuständigkeit, Geldbußen nach Art. 83 DSGVO zu verhängen.

7. Rechtsbehelfe, Haftung, Sanktionen, Kapitel 8, Art. 77 bis Art. 84 DSGVO

Art. 77 DSGVO regelt das Recht betroffener Personen, sich bei einer Aufsichts-   **53**
behörde zu beschweren. Entscheidungen der Aufsichtsbehörde über solche Beschwerden können nach Art. 78 DSGVO gerichtlich überprüft werden. Auch

---

64 Vgl. Art. 44 DSGVO.
65 Vgl. zum Begriff der verbindlichen internen Datenschutzvorschriften Art. 4 Nr. 20 DSGVO.
66 Vgl. Art. 47 DSGVO.
67 Vgl. Art. 46 Abs. 2 lit. (c) DSGVO.
68 Vgl. zu den Aufsichtsbehörden Rn. 234 ff.

gegen Verantwortliche und Auftragsverarbeiter steht der Rechtsweg offen, Art. 79 DSGVO.

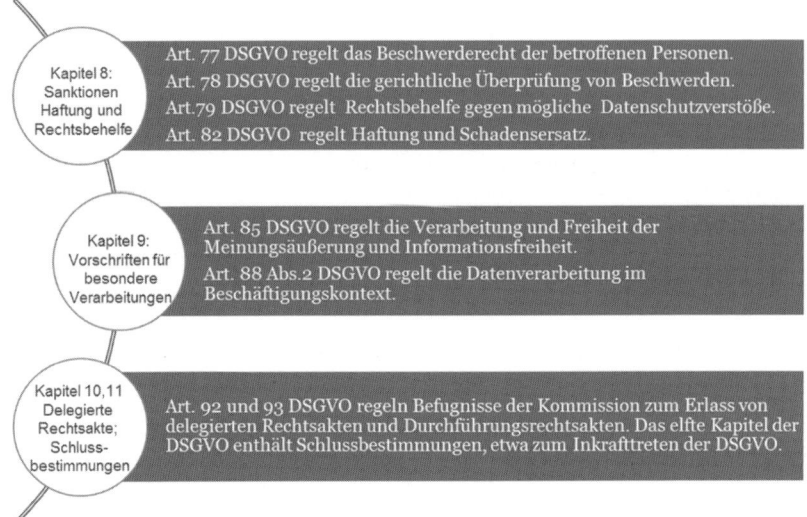

Abbildung 4: Überblick und Aufbau der DSGVO (Kap. 8–11)

54   Art. 80 DSGVO sieht für mögliche Datenschutzverstöße ein Verbandsklagerecht vor. Haftung und Schadensersatz sind in Art. 82 DSGVO geregelt.[69]

55   Art. 83 DSGVO sieht für an Verstößen gegen die Verordnung beteiligte Personen Bußgelder von bis zu 20 Millionen Euro vor.[70] Für Unternehmen ist der Bußgeldrahmen sogar noch höher. Es drohen bis zu vier Prozent des globalen konzernweiten Umsatzes des Vorjahres.[71] Dabei sind anders als in § 43 BDSG Verstöße gegen ausgesprochen viele Vorschriften der DSGVO sanktionsbewehrt.[72]

8. Besondere Datenverarbeitungssituationen, Kapitel 9, Art. 85 bis Art. 91 DSGVO

56   Das neunte Kapitel der DSGVO enthält Vorschriften für besondere Verarbeitungssituationen, etwa zur Verarbeitung personenbezogener Daten und zur Frei-

---

69 Vgl. zu Haftung und Schadensersatz Rn. 91 ff.
70 Vgl. zu den Bußgeldern Rn. 94 ff.
71 Vgl. *Faust/Spittka/Wybitul*, ZD 2016, 105 ff.
72 Vgl. hierzu Art. 83 Abs. 4 bis 6 DSGVO.

heit der Meinungsäußerung sowie der Informationsfreiheit gemäß Art. 85 DSGVO, oder für den Zugang der Öffentlichkeit zu amtlichen Dokumenten, Art. 86 DSGVO.

Für die Praxis dürfte dabei die Öffnungsklausel des Art. 88 DSGVO besonders   57
maßgeblich sein.[73] Sie erlaubt es den einzelnen Mitgliedstaaten, den Datenschutz im Beschäftigungsverhältnis durch einzelstaatliches Recht zu regeln (wie etwa durch den derzeit bereits geltenden § 32 Abs. 1 BDSG).[74] Auch Betriebsvereinbarungen und andere Kollektivvereinbarungen, etwa Tarifverträge, können danach den Umgang mit personenbezogenen Daten im Beschäftigungskontext erlauben, wenn sie geeignete und besondere Maßnahmen zur Wahrung der menschlichen Würde, der berechtigten Interessen und der Grundrechte der betroffenen Person umfassen, Art. 88 Abs. 2 DSGVO.

9. Delegierte Rechtsakte und Durchführungsrechtsakte, Kapitel 10, Art. 92 und 93 DSGVO

Art. 92 und Art. 93 DSGVO regeln Befugnisse der Kommission zum Erlass de-   58
legierter Rechtsakte und von Durchführungsrechtsakten. Dieser Teil der Verordnung betrifft die Rechte der EU-Kommission und ist für die praktische Umsetzung der DSGVO im Unternehmen noch nicht relevant.

10. Schlussbestimmungen, Kapitel 11, Art 94 bis Art. 99 DSGVO

Das elfte Kapitel der DSGVO enthält Schlussbestimmungen, wie zur Aufhe-   59
bung der Datenschutzrichtlinie gemäß Art. 91 DSGVO oder zum Zeitpunkt des Inkrafttretens der Verordnung, Art. 99 DSGVO. Für den Praktiker ist dabei wichtig, dass die DSGVO ab dem 25.5.2018 verbindlich gilt. Bis spätestens dahin müssen Unternehmen die Anforderungen der Verordnung vollständig umgesetzt haben.

Fazit: 60

- **Umfang der DSGVO:**
  - ○ **99 Artikel,**
  - ○ **11 Kapitel,**
  - ○ **173 Erwägungsgründe.**
- **Viele neue strukturelle, prozessuale und rechtliche Anforderungen für Unternehmen.**

---

73 Vgl. zum Beschäftigtendatenschutz Rn. 308 ff.
74 Vgl. *Wybitul/Pötters*, RDV 2016, 10 ff.; *Gola/Pötters/Thüsing*, RDV 2016, 55 ff.

III. Grundsätze der DSGVO

61 Dieses Kapitel beschreibt die wesentlichen Prinzipien der DSGVO. Es zeigt auch, warum gerade die Kenntnis dieser Prinzipien für den Anwender in der Praxis ausgesprochen wichtig ist. Zudem ist die Kenntnis der hier beschriebenen Grundsätze des Art. 5 DSGVO eine wichtige Basis für das Verständnis der wesentlichen Strukturen und Anforderungen der Verordnung.

1. Bedeutung der Grundsätze der DSGVO für die Praxis

62 Die wesentlichen Grundsätze des neuen EU-Datenschutzrechts sind in Art. 5 DSGVO geregelt. Ein klares Verständnis der in Art. 5 DSGVO normierten Vorgaben ist für die Auslegung und Anwendung der Vorschriften der gesamten Verordnung notwendig.

63 Art. 5 DSGVO gibt die folgenden Grundsätze vor:

- **Rechtmäßigkeit** (Verbot mit Erlaubnisvorbehalt),[75]
- Verarbeitung nach **Treu und Glauben** (Verhältnismäßigkeitsgrundsatz),[76]
- **Transparenz**,[77]
- **Zweckbindung**,[78]

---

75 Vgl. Art. 5 Abs. 1 lit. (a) DSGVO.
76 Vgl. Art. 5 Abs. 1 lit. (a) DSGVO sowie Erwägungsgrund 4.
77 Vgl. Art. 5 Abs. 1 lit. (a) DSGVO. Vgl. Erwägungsgrund 39: „Für natürliche Personen sollte Transparenz dahingehend bestehen, dass sie betreffende personenbezogene Daten erhoben, verwendet, eingesehen oder anderweitig verarbeitet werden und in welchem Umfang die personenbezogenen Daten verarbeitet werden und künftig noch verarbeitet werden. Der Grundsatz der Transparenz setzt voraus, dass alle Informationen und Mitteilungen zur Verarbeitung dieser personenbezogenen Daten leicht zugänglich und verständlich und in klarer und einfacher Sprache abgefasst sind. Dieser Grundsatz betrifft insbesondere die Informationen über die Identität des Verantwortlichen und die Zwecke der Verarbeitung und sonstige Informationen, die eine faire und transparente Verarbeitung im Hinblick auf die betroffenen natürlichen Personen gewährleisten, sowie deren Recht, eine Bestätigung und Auskunft darüber zu erhalten, welche sie betreffende personenbezogene Daten verarbeitet werden. Natürliche Personen sollten über die Risiken, Vorschriften, Garantien und Rechte im Zusammenhang mit der Verarbeitung personenbezogener Daten informiert und darüber aufgeklärt werden, wie sie ihre diesbezüglichen Rechte geltend machen können."
78 Vgl. Art. 5 Abs. 1 lit. (b) DSGVO. Vgl. Erwägungsgrund 39: „Insbesondere sollten die bestimmten Zwecke, zu denen die personenbezogenen Daten verarbeitet werden, eindeutig und rechtmäßig sein und zum Zeitpunkt der Erhebung der personenbezogenen Daten feststehen. Die personenbezogenen Daten sollten für die Zwecke, zu denen sie verarbeitet werden, angemessen und erheblich sowie auf das für die Zwecke ihrer Verarbeitung notwendige Maß beschränkt sein. Dies erfordert insbesondere, dass die Speicherfrist für personenbezogene Daten auf das unbedingt erforderliche Mindestmaß beschränkt bleibt."

- **Datenminimierung,**[79]
- **Richtigkeit,**[80]
- **Speicherbegrenzung,**[81]
- **Integrität und Vertraulichkeit,**[82]
- **Rechenschaftspflicht.**[83]

Nach Art. 83 Abs. 5 lit. (a) DSGVO drohen bei der fehlenden oder mangelhaf-   **64** ten Umsetzung der Grundprinzipien der DSGVO Bußgelder von bis zu vier Prozent des globalen Umsatzes des Konzerns bzw. des Unternehmens. Daher sind die Grundprinzipien der Verordnung etwa auch aus Compliance-Sicht eine maßgebliche Anforderung an Unternehmen.

2. Die einzelnen Prinzipien der DSGVO

Die in Art. 5 Abs. 1 DSGVO geregelten Grundsätze fassen nicht nur die allge-   **65** meine Programmatik der Verordnung zusammen. Richtigerweise sind sie darüber hinaus auch zur Auslegung der unbestimmten Rechtsbegriffe der DSGVO heranzuziehen. Dies gilt insbesondere für die nähere Bestimmung des etwa in Art. 6 und Art. 9 DSGVO vorausgesetzten Kriteriums der Erforderlichkeit.

a) Rechtmäßigkeit (Verbot mit Erlaubnisvorbehalt), Art. 5 Abs. 1 lit. (a) DSGVO

Die Verarbeitung personenbezogener Daten muss rechtmäßig sein, Art. 5   **66** Abs. 1 lit. (a) DSGVO. Nach Art. 6 Abs. 1 DSGVO ist eine Verarbeitung nur dann rechtmäßig, wenn die Voraussetzungen eines der nach der Verordnung zulässigen Erlaubnistatbestände vorliegen. Beispielsweise enthalten Art. 6 und Art. 9 DSGVO eine Reihe von Erlaubnistatbeständen. Ebenso wie bislang nach § 4 Abs. 1 BDSG ist die Verarbeitung personenbezogener Daten verboten, wenn nicht die Voraussetzungen einer Erlaubnisnorm erfüllt sind. An dem Grundprinzip dieses „Verbots mit Erlaubnisvorbehalt" ändert die Verordnung somit nichts.

---

79 Vgl. Art. 5 Abs. 1 lit. (c) DSGVO. Vgl. Erwägungsgrund 39: „Personenbezogene Daten sollten nur verarbeitet werden dürfen, wenn der Zweck der Verarbeitung nicht in zumutbarer Weise durch andere Mittel erreicht werden kann."
80 Vgl. Art. 5 Abs. 1 lit. (d) DSGVO.
81 Vgl. Art. 5 Abs. 1 lit. (e) DSGVO. Vgl. Erwägungsgrund 39: „Um sicherzustellen, dass die personenbezogenen Daten nicht länger als nötig gespeichert werden, sollte der Verantwortliche Fristen für ihre Löschung oder regelmäßige Überprüfung vorsehen. Es sollten alle vertretbaren Schritte unternommen werden, damit unrichtige personenbezogene Daten gelöscht oder berichtigt werden."
82 Vgl. Art. 5 Abs. 1 lit. (f) DSGVO.
83 Vgl. Art. 5 Abs. 2 DSGVO.

b) Treu und Glauben (Verhältnismäßigkeit), Art. 5 Abs. 1 lit. (a) DSGVO

67 Verantwortliche müssen personenbezogene Daten nach Treu und Glauben verarbeiten, Art. 5 Abs. 1 DSGVO. Hiermit ist nicht der deutsche, in § 242 BGB festgeschriebene, zivilrechtliche Grundsatz von Treu und Glauben gemeint. Die englische Fassung der DSGVO spricht an dieser Stelle vom Grundsatz der „Fairness". Der datenschutzrechtliche Grundsatz von Treu und Glauben entspricht unter anderem dem bereits bislang im BDSG maßgeblichen Verhältnismäßigkeitsgrundsatz. Danach muss die Verarbeitung personenbezogener Daten zunächst zur Verwirklichung eines legitimen Zwecks geeignet sein.[84] Die Verarbeitung muss ferner das mildeste aller gleich effektiven Mittel zur Verwirklichung dieses Zwecks darstellen.[85] Zudem muss die Verarbeitung auf der Basis einer angemessenen Interessenabwägung zwischen dem verfolgten Zweck und den mit der Verarbeitung verbundenen Folgen für die betroffene Person stehen. Das Prinzip von Treu und Glauben steht somit auch in einem engen Zusammenhang mit dem Grundsatz der Datenminimierung des Art. 5 Abs. 1 lit. (c) DSGVO.[86]

c) Transparenz, Art. 5 Abs. 1 lit. (a) DSGVO

68 Personenbezogene Daten müssen in einer für die betroffene Person nachvollziehbaren Weise verarbeitet werden, Art. 5 Abs. 1 lit. (a) DSGVO. Diese Person soll nach Möglichkeit wissen, wie und von wem ihre personenbezogenen Daten verarbeitet werden. Für die betroffene Person sollte erkennbar sein, dass die betreffenden personenbezogenen Daten erhoben, verwendet, eingesehen oder anderweitig verarbeitet werden sowie in welchem Umfang die Daten verarbeitet werden und künftig noch verarbeitet werden sollen.[87] Dieser Transparenzgrundsatz prägt insbesondere die Vorschriften zur Information gegenüber der betroffenen Person in Art. 12 ff. DSGVO. Beispielsweise sehen Art. 13 und Art. 14 DSGVO umfassende Informationspflichten bei der Erhebung personenbezogener Daten vor.

69 **Praxistipp**: Datenschützer in Unternehmen sollten die Informationspflichten Verantwortlicher und die Auskunftsrechte Betroffener gut kennen. Dies hat mehrere Gründe: Zunächst gehen die Anforderungen der Verordnung an die vom Verantwortlichen zu gewährleistende Transparenz deutlich über die bisherigen Vorgaben des BDSG hinaus. Zudem werden Verstöße gegen die Transpa-

---

84 Sogenannter Zweckbindungsgrundsatz nach Art. 5 Abs. 1 lit. (b) DSGVO.
85 Vgl. Art. 5 Abs. 1 lit. (c) DSGVO.
86 Vgl. hierzu Erwägungsgrund 4, der auf das Erfordernis der Verhältnismäßigkeit ausdrücklich Bezug nimmt.
87 Vgl. Erwägungsgrund 39.

renzvorschriften nach Art. 83 Abs. 5 DSGVO mit Bußgeldern von bis zu vier Prozent des Unternehmensumsatzes geahndet. Vor allem aber müssen Unternehmen bis zur unmittelbaren Geltung der Verordnung Prozesse und Verantwortlichkeiten so aufgesetzt haben, dass sie die Informationspflichten der DSGVO erfüllen.

d) Zweckbindung, Art. 5 Abs. 1 lit. (b) DSGVO

Personenbezogene Daten dürfen nur für festgelegte, eindeutige und rechtmäßige Zwecke verwendet werden, Art. 5 Abs. 1 lit. (b) DSGVO. Der vom Verantwortlichen verfolgte Zweck einer Verarbeitung personenbezogener Daten entscheidet über die Zulässigkeit dieser Datenverarbeitung. Unter anderem setzt eine zulässige Verarbeitung somit eine Bewertung der Zweck-Mittel-Relation voraus, die zugunsten der Interessen des für die Verarbeitung Verantwortlichen ausfällt. Zudem dürfen personenbezogene Daten grundsätzlich nur für diejenigen Zwecke verwendet werden, für die sie erhoben wurden. Eine Verarbeitung dieser Daten für einen anderen Zweck (sogenannte „Zweckänderung") ist nur unter engen Voraussetzungen zulässig, vgl. Art. 6 Abs. 4 DSGVO. **70**

e) Datenminimierung, Art. 5 Abs. 1 lit. (c) DSGVO

Personenbezogene Daten müssen dem Zweck angemessen und sachlich relevant sein. Zudem muss die Datenverarbeitung auf das für den Zweck der Verarbeitung notwendige Maß beschränkt sein, Art. 5 Abs. 1 lit. (c) DSGVO. Unternehmen dürfen somit nur so viele Daten verarbeiten, wie es der Zweck der jeweiligen Datenverarbeitung erfordert. Auch die Intensität der Datenverarbeitung muss auf das für die Zweckerreichung notwendige Maß beschränkt sein. **71**

f) Richtigkeit, Art. 5 Abs. 1 lit. (d) DSGVO

Personenbezogene Daten müssen sachlich richtig und erforderlichenfalls auf dem neuesten Stand sein, Art. 5 Abs. 1 lit. (d) DSGVO. Wenn personenbezogene Daten unrichtig oder veraltet sind, muss der Verantwortliche alle angemessenen Maßnahmen ergreifen, um diese Daten zu korrigieren beziehungsweise zu aktualisieren oder zu löschen. **72**

g) Speicherbegrenzung, Art. 5 Abs. 1 lit. (e) DSGVO

Verantwortliche dürfen personenbezogene Daten nur verarbeiten, solange dies für die Verwirklichung der mit ihrer Verarbeitung verfolgten Zwecke erforder- **73** lich ist, Art. 5 Abs. 1 lit. (e) DSGVO. Dieser Grundsatz der Speicherbegrenzung wird insbesondere durch die in Art. 17 DSGVO festgelegten Löschpflichten noch konkretisiert. Dabei müssen Unternehmen den Grundsatz der Richtigkeit beachten und Daten auch dann löschen (oder korrigieren), wenn sie unrichtig oder veraltet sind. Um sicherzustellen, dass die Daten nicht länger als nötig gespeichert werden, sollte der Verantwortliche Fristen beziehungsweise Prozesse für ihre regelmäßige Überprüfung oder Löschung vorsehen.

h) Integrität und Vertraulichkeit, Art. 5 Abs. 1 lit. (f) DSGVO

74 Verantwortliche und Auftragsverarbeiter müssen personenbezogene Daten in einer Weise verarbeiten, die einen angemessenen Schutz der Daten gewährleistet. Die im Rahmen von Art. 5 Abs. 1 lit. (f) DSGVO vorgeschriebene Datensicherheit umfasst auch den Schutz vor unbefugter oder unrechtmäßiger Verarbeitung, zufälligem Verlust, zufälliger Zerstörung oder Schädigung durch geeignete technische und organisatorische Maßnahmen. Der Grundsatz der Vertraulichkeit und Integrität der Datenverarbeitung wird zunächst durch die in Art. 32 DSGVO vorgeschriebene Datensicherheit konkretisiert. Daneben regeln Art. 33 und Art. 34 DSGVO noch Melde- und Benachrichtigungspflichten bei Verletzungen des Schutzes personenbezogener Daten.

75 Die Vorgaben von Art. 5 Abs. 1 lit. (f) und Art. 32 DSGVO treten an Stelle der bislang in § 9 BDSG und der Anlage zu § 9 Satz 1 BDSG geregelten technischen und organisatorischen Maßnahmen.

i) Rechenschaftspflicht, Art. 5 Abs. 2 DSGVO

76 Der für die Verarbeitung Verantwortliche ist für die Einhaltung der Prinzipien des Art. 5 Abs. 1 DSGVO verantwortlich und muss deren Einhaltung nachweisen können. Das in Art. 5 Abs. 2 DSGVO geregelte Rechenschaftsprinzip ist eine wesentliche Veränderung gegenüber der bisherigen Rechtslage. Der Grundsatz der Rechenschaftspflicht wird durch die Regelung des Art. 24 Abs. 1 Satz 1 DSGVO ergänzt. Nach dieser Vorschrift muss der Verantwortliche nicht nur sicherstellen, dass er personenbezogene Daten in Übereinstimmung mit der Verordnung verarbeitet, sondern er muss auch den Nachweis hierfür erbringen können.

77 **Praxistipp**: Im Ergebnis führt der Grundsatz der Rechenschaftspflicht zu erheblichen zusätzlichen Dokumentations- und Nachweispflichten in der Praxis. Unternehmen müssen nicht nur sicherstellen, die einzelnen Anforderungen der DSGVO zu erfüllen, sondern dies jeweils auch nachweisen können. Bei der Planung von Prozessen und Strukturen zum Erfüllen der Anforderungen der Verordnung sollte die entsprechende Dokumentation gleich mit geplant werden. Andernfalls drohen Bußgelder oder verlorene Zivilprozesse. Es ist beispielweise durchaus wahrscheinlich, dass Arbeitsgerichte bei fehlender Datenschutzdokumentation künftig Beweisverwertungsverbote annehmen werden, wenn Arbeitgeber nicht darlegen können, dass sie Beweismittel datenschutzkonform erhoben haben.

Fazit: **78**

Art. 5 Abs. 1 DSGVO als Zentralnorm mit Auflistung folgender Grundprinzipien:

- **Rechtmäßigkeit (Verbot mit Erlaubnisvorbehalt),**
- **Treu und Glauben (Verhältnismäßigkeit),**
- **Transparenz,**
- **Zweckbindung,**
- **Datenminimierung,**
- **Richtigkeit,**
- **Speicherbegrenzung,**
- **Integrität und Vertraulichkeit,**
- **Rechenschaftspflicht.**

IV. Praktische Folgen – Wichtige Änderungen auf einen Blick

79 Dieses Kapitel fasst wichtige Veränderungen der DSGVO gegenüber der bisherigen Rechtslage nach dem BDSG zusammen. So können Sie sich einen schnellen Überblick darüber verschaffen, an welchen Stellen und Prozessen im Unternehmen Anpassungen gegenüber den bisherigen Datenschutz-Strukturen erforderlich sind.[88] Verweise auf die maßgeblichen Artikel der DSGVO erleichtern dabei den Einstieg in einzelne Regelungsbereiche der Verordnung.

80 Insgesamt bringt die DSGVO für Wirtschaftsunternehmen einen erheblichen Mehraufwand mit sich. Zwar sind sich die DSGVO und das BDSG in Aufbau und Systematik durchaus ähnlich. Unternehmen müssen aber umfassende neue Strukturen und Prozesse schaffen, um den Vorgaben der DSGVO zu entsprechen. Den zusätzlichen Anforderungen stehen erhebliche Bußgelder, Schadensersatzforderungen und sonstige Haftungsrisiken gegenüber. Hier sind die Verschärfungen gegenüber dem bisherigen Recht besonders gravierend.[89]

81 Die folgenden Abschnitte beschreiben einzelne Regelungen der DSGVO, die sich wesentlich von den bisherigen Vorgaben des BDSG unterscheiden.

1. Grundlagen der DSGVO

82 Dieses Kapitel fasst die wichtigsten Grundlagen der DSGVO zusammen. Diese wirken sich auf die Anwendung und Auslegung der gesamten Verordnung aus. Die folgenden Abschnitte orientieren sich dabei an den spezifischen Anforderungen an Unternehmen. Sie betrachten die für die Wirtschaft wichtigsten Änderungen der Neuregelung des Datenschutzrechts.

a) Vorrang der DSGVO vor anderen Rechtsvorschriften der Mitgliedstaaten

83 Die DSGVO wirkt nach Art. 288 Abs. 2 AEUV unmittelbar und direkt, ohne dass es ihrer innerstaatlichen Umsetzung durch nationale Gesetze bedarf. Als EU-Verordnung geht sie Rechtsvorschriften der einzelnen Mitgliedstaaten vor. Sie löst die bis dahin geltende Datenschutzrichtlinie 95/46/EG ab.[90]

---

88 Vgl. zu den Folgen der DSGVO der gelungene Überblick von *Gierschmann*, ZD 2016, 51 ff.; vgl. hierzu auch die überzeugenden Ausführungen von *Kraska*, ZD-Aktuell 2016, 04173.

89 Vgl. zu den künftigen Bußgeldrisiken auch *Faust/Spittka/Wybitul*, ZD 2016, 120 ff.; sowie zu Compliance-Risiken nach der DSGVO *Wybitul*, ZD 2016, 105 f.

90 Vgl. Art. 94 Abs. 1 DSGVO.

Sofern die DSGVO keine ausdrücklichen Möglichkeiten für einzelstaatliche   84
Regelungen vorsieht, verdrängt die Verordnung die aufgrund der Datenschutzrichtlinie erlassenen Vorschriften der Mitgliedstaaten zur Datenverarbeitung.
Die DSGVO ist anders als das BDSG kein Auffanggesetz,[91] sondern eine Vor-
rangregelung.

> **Praxistipp**: Unternehmen sollten die Folgen des grundsätzlichen Vorrangs der   85
> DSGVO vor anderen Rechtsvorschriften nicht unterschätzen. Künftig müssen
> Verantwortliche, Behörden und Gerichte bei der Rechtsanwendung genau prü-
> fen, welche Gesetze oder sonstigen nationalen Vorschriften von der DSGVO in
> welchem Umfang verdrängt werden.

b) Globale Anwendung der DSGVO

Die Verordnung erweitert den räumlichen Anwendungsbereich des EU-Daten-   86
schutzrechts massiv. Die DSGVO gilt zunächst für die Datenverarbeitung im
Rahmen von Tätigkeiten einer Niederlassung eines Verantwortlichen oder Auftragsverarbeiters in der Union, Art. 3 Abs. 1 DSGVO. Entscheidend ist dabei
der Ort der Niederlassung und nicht der Ort der Datenverarbeitung. Damit entfällt künftig die Frage, an welchem Standort Server stehen.[92]

> **Beispiel**: Wenn ein Unternehmen mit einer Niederlassung in einem Mitglied-   87
> staat der EU personenbezogene Daten unter Nutzung der Dienste eines Cloud-
> Providers verarbeitet, gilt hierfür grundsätzlich die DSGVO.[93]

Das Niederlassungsprinzip der Verordnung wird durch das sogenannte „Markt-   88
ortprinzip" des Art. 3 Abs. 2 DSGVO erweitert. Nach dieser Vorschrift kann die
Verordnung auch auf Verantwortliche oder Auftragsverarbeiter ohne Niederlassung in der EU Anwendung finden.[94]

Dies gilt zum einen für Datenverarbeitungen, die dazu dienen, betroffenen Per-   89
sonen in der EU Waren oder Dienstleistungen anzubieten, Art. 3 Abs. 2 lit. (a)

---

91 Vgl. zur Subsidiarität nach § 1 Abs. 3 BDSG und der Kritik am Begriff des Auffanggeset-
   zes etwa *Dix*, in: Simitis (Hrsg.), BDSG, 8. Aufl. 2014, § 1 Rn. 158 ff.
92 Diese in der Vergangenheit häufig gestellte Frage war indes in der Praxis oft wenig hilfreich, da der Begriff der verantwortlichen Stelle im Sinne von § 3 Abs. 7 BDSG ohnehin
   entscheidend davon geprägt war, wo die wesentlichen Entscheidungen über Datenverarbeitungen getroffen werden, und nicht davon, wo sich einzelne Server befanden.
93 Vgl. zu den Ausnahmen von der Anwendung der Verordnung Art. 2 Abs. 2 DSGVO.
94 Die Einführung des Marktortprinzips wird teilweise sogar als wichtigste Neuerung durch
   die DSGVO angesehen. Siehe: *Kühling/Martini*, EuZW 2018, 448, 450.

DSGVO.[95] Hierbei ist unerheblich, ob für die angebotenen Waren oder Dienste eine Zahlung zu leisten ist. Zum anderen findet die Verordnung auch auf Datenverarbeitungen Anwendung, die der Beobachtung von betroffenen Personen in der Europäischen Union dienen, Art. 3 Abs. 2 lit. (b) DSGVO.[96]

90   **Praxistipp:** Gerade für global tätige Unternehmen mit vernetzten Datenstrukturen kann die extraterritoriale Wirkung des Art. 3 Abs. 2 DSGVO bedeuten, dass sie die Vorgaben der DSGVO künftig nicht nur in der Union, sondern auch in einer Vielzahl von Drittstaaten umsetzen müssen. Auch Unternehmen ohne Niederlassung in der EU sollten daher gründlich prüfen, ob und in welchem Umfang sie personenbezogene Daten verarbeiten, um betroffenen Personen in der Union Waren oder Dienstleistungen anzubieten oder um deren Verhalten zu beobachten. Solche Datenverarbeitungen im Sinne von Art. 3 Abs. 2 DSGVO sollten dann gegebenenfalls von Datenverarbeitungen getrennt werden, die personenbezogene Daten von Bürgern in Drittstaaten betreffen.

c) Erweiterte Haftung für Verantwortliche und Auftragsverarbeiter

91   Im Vergleich zum bislang geltenden Recht des BDSG sieht die Verordnung in Art. 82 DSGVO deutlich weitergehende Schadensersatzansprüche vor. Damit steigen die Risiken zivilrechtlicher Haftung wegen tatsächlicher oder behaupteter Datenschutzverstöße.

92   Nach Art. 82 Abs. 1 DSGVO sind materielle und immaterielle Schäden zu erstatten, die auf Verstößen gegen die Verordnung beruhen. Die ausdrückliche Nennung immaterieller Schäden dürfte in der Praxis zu einer erheblichen Veränderung gegenüber der bisherigen deutschen Rechtslage nach § 7 BDSG führen. Demnach haben deutsche Gerichte betroffenen Personen in der Vergangenheit nur in absoluten Ausnahmefällen wegen Datenschutzverstößen nennenswerte Schadensersatzzahlungen zugesprochen.[97] Hier dürften Gerichte künftig auf der Grundlage der Verordnung neue Maßstäbe anlegen. Eine weitere Neuerung ist die ausdrückliche Erweiterung der Haftung auf Auftragsverarbeiter, Art. 82 Abs. 1 DSGVO.

---

95   Vgl. Erwägungsgrund 23.
96   Vgl. Erwägungsgrund 24.
97   Spektakuläre Fälle der letzten Jahre waren z. B. die Verhängung von Bußgeldern in Höhe von 1,46 Millionen Euro gegen 35 Lidl-Vertriebsgesellschaften, 1,3 Millionen Euro gegen die Debeka-Krankenversicherungsverein a.G. und 1,12 Millionen Euro gegen die Deutsche Bahn AG.

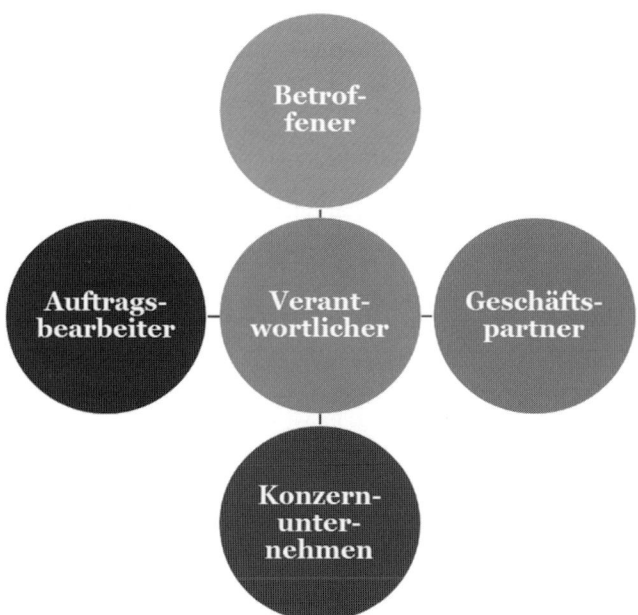

Abbildung 5: Pflichten für Verantwortliche und Auftragsverarbeiter

Zudem zählen zu den zivilrechtlichen Haftungsrisiken künftig auch Verbands- **93** klagen, welche nach Maßgabe des Art. 80 DSGVO möglich sind.[98]

d) Höhere Bußgelder

Art. 83 DSGVO sieht für Unternehmen Bußgelder von bis zu vier Prozent des **94** globalen Umsatzes vor.[99] An Verstößen gegen die DSGVO beteiligte natürliche Personen müssen mit Geldbußen von bis zu 20 Millionen Euro rechnen.

Damit verschärft sich der Bußgeldrahmen gegenüber dem bisherigen Recht **95** drastisch. Bislang sah § 43 BDSG Bußgelder von maximal 300.000 Euro vor. Die höchste Sanktionszahlung, die ein Unternehmen in Deutschland bisher aufgrund von BDSG-Verletzungen entrichten musste, war ein Betrag von 1,9 Mil-

---

98 Vgl. zu Verbandsklagen und Datenschutz auch *Spindler*, ZD 2016, 114 ff.
99 Präziser formuliert drohen Unternehmen Bußgelder entweder von bis zu vier Prozent des Umsatzes oder von bis zu 20 Millionen Euro, je nachdem, was höher ist. Dies ist bis zu einem Jahresumsatz von 500 Millionen Euro relevant. Ab dieser Schwelle können Maximalbußgelder anfallen, die den Betrag von 20 Millionen Euro auch übersteigen.

lionen Euro.[100] Der künftige umsatzbasierte Bußgeldrahmen ermöglicht Sanktionen, die bei großen Unternehmen ohne weiteres dreistellige Millionenbeträge erreichen können. Die Aufsichtsbehörden sollen sicherstellen, dass die Geldbußen für Verstöße gegen die Verordnung „in jedem Einzelfall wirksam, verhältnismäßig und abschreckend"[101] sind.

96 Bezüglich dieser erheblichen Änderung bestand von Beginn des Gesetzgebungsverfahrens an wenig Einigkeit. Die Beteiligten stritten vor allem über die Berechnungsgrundlage der Sanktionen. Die einen plädierten dafür, als Berechnungsgrundlage lediglich den Umsatz des verantwortlichen Unternehmens heranzuziehen, andere wiederum forderten härtere Sanktionen und sahen als Basis der Berechnung den Umsatz der gesamten Unternehmensgruppe[102] als angemessen an. Dieser zweite Ansatz setzte sich schließlich durch. Erwägungsgrund 150 verweist auf Art. 101 und 102 AEUV und legt damit die Unternehmensgruppe als maßgebliche Berechnungsgrundlage fest. Es ist sehr zweifelhaft, ob der Gesetzgeber eine derart gravierende Verschärfung des Bußgeldrahmens zulässigerweise in einem Erwägungsgrund regeln durfte.[103] Es bleibt abzuwarten, wie sich die künftige Bußgeldpraxis in Deutschland entwickeln wird. Auch mit dem neuen Bußgeldrahmen haben die Datenschutzbehörden bei der Verhängung von Sanktionen den Verhältnismäßigkeitsgrundsatz zu wahren. Im Ergebnis wird es zu höheren Bußgeldern kommen als bislang. Dies wird zu einem Anstieg der Arbeitsbelastung der zuständigen Gerichte führen, da Unternehmen sich wohl gegen hohe Bußgelder vor Gericht wehren werden. Auch werden Unternehmen künftig gegebenenfalls etwaige Ansprüche gegen intern Verantwortliche prüfen, um bei diesen gegebenenfalls Regress zu nehmen zu können.

97 **Praxistipp:** Art. 83 Abs. 2 DSGVO enthält einen Katalog von Kriterien zur Bußgeldbemessung. Beispielsweise wird eine Zusammenarbeit mit der Aufsichtsbehörde zur Minderung möglicher nachteiliger Auswirkungen von Verstößen als strafmildernd bewertet. An diesen Vorgaben zur Bußgeldbemessung können sich Unternehmen orientieren, um Strukturen und Prozesse zu schaffen, die sicherstellen, dass sie bei Fehlern möglichst geringen Risiken ausgesetzt sind. Die in Art. 83 Abs. 2 DSGVO geregelten Inhalte kann man dabei als eine Art Negativkatalog heranziehen. Weiterhin sollten große Unternehmen in der Zukunft in ihrer Gefährdungsanalyse insbesondere die ihnen bei Verstößen konkret drohenden Bußgelder berücksichtigen, um die eigene Gefährdungssituation angemessen beurteilen zu können.

---

100 Siehe z. B. *Landesbeauftragte für den Datenschutz und die Informationsfreiheit Rheinland-Pfalz*, PM v. 29.12.2014 zum Verfahren gegen Debeka.
101 Art. 83 Abs. 1 DSGVO.
102 Vgl. zum Begriff der Unternehmensgruppe Art. 4 Nr. 19 DSGVO.
103 Vgl. *Faust/Spittka/Wybitul*, ZD 2016, 120 ff.

Checkliste: Kriterien für die Bußgeldbemessung

- **Umstände**: Art, Schwere und Dauer des Verstoßes.
- **Verarbeitungsart**: Art, Umfang und Zweck der den Verstoß betreffenden Verarbeitung.
- **Schadensumfang**: Zahl der von der Verarbeitung betroffenen Personen und Ausmaß des von ihnen erlittenen Schadens.
- **Verschulden**: Vorsätzlichkeit oder Fahrlässigkeit des Verstoßes.
- **Schadensminderung**: Maßnahmen zur Minderung von den betroffenen Personen entstandenen Schäden.
- **Technische Maßnahmen**: Grad der Verantwortung des Verantwortlichen oder des Auftragsverarbeiters unter Berücksichtigung der von ihnen gemäß den Art. 25 und Art. 32 DSGVO getroffenen technischen und organisatorischen Maßnahmen.
- **Frühere Verstöße**: etwaige einschlägige frühere Datenschutzverstöße des Verantwortlichen oder des Auftragsverarbeiters.
- **Schadensminderung**: Umfang der Zusammenarbeit mit Aufsichtsbehörden, um dem Verstoß abzuhelfen und seine möglichen nachteiligen Auswirkungen zu mindern.
- **Betroffene Datenkategorien**: Kategorien personenbezogener Daten, die von dem Verstoß betroffen sind; insbesondere ist zu prüfen, ob der Verstoß auch besondere Kategorien personenbezogener Daten betrifft.
- **Bekanntwerden des Verstoßes**: Art und Weise, wie der Verstoß der Aufsichtsbehörde bekannt wurde, insbesondere ob und gegebenenfalls in welchem Umfang der Verantwortliche oder der Auftragsverarbeiter den Verstoß mitgeteilt hat; eine selbst veranlasste Offenlegung gegenüber der Aufsichtsbehörde ist bußgeldmindernd zu berücksichtigen.
- **Befolgung früherer Anordnungen der Aufsichtsbehörde**: Die Aufsichtsbehörde prüft bei der Bestimmung eines Bußgeldes auch, ob der Verantwortliche oder Auftragsverarbeiter bereits nach Art. 58 Abs. 2 DSGVO in Bezug auf denselben Gegenstand angeordnete Maßnahmen umgesetzt hat, wenn solche Maßnahmen bereits angeordnet wurden.
- **Befolgung von Verfahrensregeln und Zertifizierungsverfahren**: Einhaltung von genehmigten Verhaltensregeln nach Art. 40 DSGVO oder von genehmigten Zertifizierungsverfahren nach Art. 42 DSGVO.
- **Wirtschaftliche Folgen**: Unmittelbar oder mittelbar durch den Verstoß erlangte finanzielle Vorteile oder vermiedene Verluste; im deutschen Recht ist hierbei auch die in § 17 Abs. 4 OWiG geregelte Möglichkeit zu beachten, wirtschaftliche Vorteile abzuschöpfen.[104]
- **Sonstige Umstände**: Andere erschwerende oder mildernde Umstände im jeweiligen Fall.

---

104 § 17 Abs. 4 OWiG: „Die Geldbuße soll den wirtschaftlichen Vorteil, den der Täter aus der Ordnungswidrigkeit gezogen hat, übersteigen. Reicht das gesetzliche Höchstmaß hierzu nicht aus, so kann es überschritten werden."

2. Neue Pflichten für Unternehmen

99   Die DSGVO bringt umfangreiche neue Anforderungen für Unternehmen. Der folgende Abschnitt fasst wichtige Erfordernisse für Unternehmen zusammen. Zudem zeigt er Lösungsansätze, wie Unternehmen die neuen Anforderungen erfüllen und damit nachteilige Folgen von Verstößen gegen die Verordnung vermeiden oder verringern können.

a) Erweiterte Dokumentations- und Nachweispflichten

100   Die DSGVO sieht für Verantwortliche und Auftragsverarbeiter deutlich erweiterte Nachweispflichten vor (sogenannte „Accountability"). Art. 5 Abs. 2 DSGVO schreibt vor, dass der für die Verarbeitung Verantwortliche nachweisen können muss, dass er die in Art. 5 Abs. 1 DSGVO geregelten Datenschutzgrundsätze einhält. Verstößt ein verantwortliches Unternehmen gegen die Grundsätze des Art. 5 DSGVO, drohen Bußgelder von bis zu vier Prozent des Umsatzes.[105]

101   Auch nach Art. 24 Abs. 1 DSGVO muss der für die Verarbeitung Verantwortliche nachweisen können, dass er personenbezogene Daten in Übereinstimmung mit der Verordnung verarbeitet. Auftragsverarbeiter müssen dem Verantwortlichen alle erforderlichen Informationen zur Verfügung stellen, damit dieser nachweisen kann, dass er seine in Art. 32 bis Art. 36 DSGVO geregelten Pflichten erfüllt.[106]

102   **Praxistipp:** Im Ergebnis müssen Unternehmen künftig in Streitfällen beweisen können, dass sie die Anforderungen der DSGVO umsetzen. Dies dürfte in Gerichtsverfahren oftmals dazu führen, dass Verantwortliche beweisen müssen, dass sie die Verordnung richtig umgesetzt haben. Das betrifft zum einen Auseinandersetzungen über datenschutzrechtliche Fragen, etwa auf Beschwerden von betroffenen Personen hin oder bei der Abwehr von Schadensersatzforderungen nach Art. 82 DSGVO. Zum anderen dürfte es künftig in Gerichtsverfahren noch häufiger als bislang um die Frage gehen, ob eine Partei die von ihr vorgebrachten Beweismittel auch datenschutzkonform erhoben hat. Dies dürfte die bereits jetzt erkennbare Tendenz deutscher Gerichte erhöhen, bei möglichen Datenschutzverstößen Beweisvortragsverbote anzunehmen.[107]

---

105 Vgl. Art. 83 Abs. 5 lit. (a) DSGVO.
106 Vgl. Art. 28 Abs. 3 lit. (f) DSGVO.
107 Vgl. hierzu „Spindurteil" des BAG, ZD 2014, 260 m. Anm. *Wybitul/Astor*; *Wybitul/Pötters*, BB 2014, 437 ff.; *Brink/Wybitul*, ZD 2015, 225 ff.

b) Risikobasierter Datenschutz

An vielen Stellen in der DSGVO stehen die von der Verordnung geforderten 103
Maßnahmen in direkter Abhängigkeit zu den Risiken, die eine Datenverarbeitung für die persönlichen Rechte und Freiheiten betroffener Personen mit sich
bringt.[108] Dieser risikobasierte Ansatz beim Datenschutz ist gerade im Hinblick
auf den Verhältnismäßigkeitsgrundsatz im Rahmen einer Verarbeitung nach
Treu und Glauben folgerichtig, vgl. Art. 5 Abs. 1 DSGVO. Ein solches risiko-
basiertes Vorgehen ist bereits bei sogenannten „Compliance Management Systemen" (CMS)[109] üblich und zweckmäßig.

Praxistipp: Gerade die erheblich gestiegenen Bußgeldrisiken, aber auch die 104
Anforderungen des Art. 24 DSGVO legen es nahe, Datenschutz-Management-
Systeme[110] nach dem Vorbild entsprechender Compliance-Strukturen zu etab-
lieren.[111]

c) Informationspflichten des Verantwortlichen bei Datenerhebung

Künftig müssen Unternehmen betroffene Personen deutlich umfassender als 105
bislang und in einer nachvollziehbaren Weise darüber informieren, ob und wie
sie deren Daten verarbeiten. Nach Art. 5 Abs. 1 DSGVO zählt der Transparenzgrundsatz zu den wesentlichen Prinzipien der Verordnung. Sowohl Verstöße gegen Art. 5 DSGVO als auch gegen die Transparenzvorschriften der Art. 12 bis
Art. 15 DSGVO werden mit dem erhöhten Bußgeldrahmen von bis zu vier Prozent des Umsatzes geahndet.[112]

Grundsätzlich muss der Verantwortliche betroffene Personen von der Verarbei- 106
tung ihrer personenbezogenen Daten „in präziser, transparenter, verständlicher
und leicht zugänglicher Form in einer einfachen und klaren Sprache"[113] unter-

---

108 Vgl. hierzu den instruktiven Überblick von *Kraska*, ZD-Aktuell 2016, 04173.
109 Compliance-Management-Systeme umfassen die Gesamtheit von Prozessen und Struktu-
    ren, die eine effektive Einhaltung von Compliance-Vorgaben sicherstellen sollen. Hierbei
    handelt es sich um vorwiegend prozessorientierte Vorgaben sowie Verantwortlichkeiten
    und nicht um das bloße „Ausrollen" von Richtlinien.
110 Unter einem Datenschutz-Management-System ist die Gesamtheit aller Strukturen und
    Prozesse zur Umsetzung der datenschutzrechtlichen und sonstigen Vorgaben an Verarbei-
    tungsprozesse und sonstiger i. S. d. DSGVO relevanter Abläufe im Unternehmen zu ver-
    stehen.
111 Vgl. hierzu den sehr gelungenen Überblick von *Fladung*, CB 2015, 364 ff.
112 Vgl. Art. 83 Abs. 5 lit. (a) und (b) DSGVO.
113 Art. 12 Abs. 1 DSGVO.

richten.[114] Dabei sehen vor allem Art. 12 bis Art. 15 DSGVO umfangreiche Unterrichtungsrechte betroffener Personen und Auskunftspflichten Verantwortlicher vor.

107 **Praxistipp:** Macht eine betroffene Person ihr Auskunftsrecht darüber geltend, ob und welche personenbezogenen Daten ein Verantwortlicher von ihr verarbeitet, muss ihr der Verantwortliche unter anderem eine Kopie der von dieser Person bereitgestellten personenbezogenen Daten zur Verfügung stellen.[115] Um diese Anforderung überhaupt erfüllen zu können, müssen verantwortliche Unternehmen die erforderlichen Schritte beziehungsweise Anpassungen an bestehenden IT-Strukturen vornehmen. So könnten sie zeitnah Kopien erstellen und der betroffenen Person zur Verfügung stellen. Erst ab der zweiten angeforderten Kopie ihrer Daten durch eine betroffene Person darf der Verantwortliche ein angemessenes Entgelt für die entstehenden Verwaltungskosten verlangen. Im Arbeitsverhältnis gelten hier einige Besonderheiten. So hat der Arbeitnehmer nach § 83 BetrVG zudem das Recht, Einsicht in die über ihn geführten Personalakten zu nehmen. Da es sich bei einer Einsichtnahme um etwas anderes als um die Zurverfügungstellung einer Kopie handelt, dürfte das BetrVG hier trotz Art. 288 Abs. 2 AEUV nicht verdrängt werden.

108 Die Informationspflichten nach Art. 13 und Art. 14 DSGVO gehen deutlich über die Vorgaben der bislang geltenden § 4 Abs. 3 und § 33 BDSG hinaus.[116] Sie sind insbesondere notwendig, um eine faire und transparente Verarbeitung zu gewährleisten, und konkretisieren somit den Transparenzgrundsatz des Art. 5 Abs. 1 lit. (a) DSGVO. Je nachdem, ob die Erhebung der personenbezogenen Daten bei der betroffenen Person stattfindet oder nicht, findet Art. 13 oder Art. 14 DSGVO Anwendung.

aa) Informationspflichten bei Datenerhebung beim Betroffenen, Art. 13 DSGVO

109 Die nachstehende Checkliste fasst zusammen, welche Inhalte der Verantwortliche der betroffenen Person zum Zeitpunkt der Erhebung dieser Daten gemäß Art. 13 DSGVO mitteilen muss, wenn die Erhebung der personenbezogenen Daten bei der betroffenen Person selbst erfolgt.

---

114 Dies bezieht sich nach dem Wortlaut von Art. 12 Abs. 1 DSGVO insbesondere auf alle Informationen gemäß den Art. 13 und Art. 14 DSGVO sowie alle Mitteilungen nach den Art. 15 bis Art. 22 und Art. 34 DSGVO.
115 Vgl. Art. 15 Abs. 3 DSGVO.
116 Vgl. Erwägungsgründe 58 ff.

Checkliste: Inhalt der Informationspflichten nach Art. 13 DSGVO 110

☐ **Kontaktdaten**: Der Verantwortliche teilt der betroffenen Person den Namen und die Kontaktdaten des Verantwortlichen sowie gegebenenfalls seines Vertreters[117] und gegebenenfalls des Datenschutzbeauftragten mit.[118]

☐ **Zwecke und Rechtsgrundlage**: Die betroffene Person ist zudem über die Zwecke der Verarbeitung sowie deren Rechtsgrundlage zu informieren.[119]

☐ **Berechtigte Interessen**: Beruht die Verarbeitung auf Art. 6 Abs. 1 lit. (f) DSGVO, so sind zusätzlich die berechtigten Interessen des Verantwortlichen oder eines Dritten zu nennen.[120]

☐ **Empfänger**: Sofern die personenbezogenen Daten an Empfänger[121] übermittelt werden sollen, sind diese Empfänger oder Kategorien von Empfängern der betroffenen Person mitzuteilen.[122]

☐ **Übermittlung in Drittländer**: Der Betroffene ist über die Absicht des Verantwortlichen zu informieren, die personenbezogenen Daten an ein Drittland oder eine internationale Organisation zu übermitteln. Er ist über das Vorhandensein oder Fehlen eines Angemessenheitsbeschlusses der Kommission zu unterrichten.[123]

☐ **Dauer der Speicherung**: Die betroffene Person ist über die Dauer der Speicherung zu informieren bzw. über die Kriterien zur Festlegung der Dauer, sofern Ersteres nicht möglich ist.[124]

☐ **Betroffenenrechte**: Der Verantwortliche muss die betroffene Person bei der Erhebung ihrer Daten nach Art. 13 Abs. 2 lit. (b) bis lit. (d) DSGVO umfassend über die folgenden Rechte nach der Verordnung aufklären:

    ☐ Recht auf Auskunft (Art. 15 DSGVO),

    ☐ Recht auf Berichtigung (Art. 16 DSGVO),

    ☐ Recht auf Löschung (Art. 17 DSGVO),

    ☐ Recht auf Einschränkung der Verarbeitung (Art. 18 DSGVO),

---

117 Vgl. zum Begriff des Vertreters Art. 4 Nr. 17 DSGVO.
118 Vgl. Art. 13 Abs. 1 lit. (a) und (b) DSGVO.
119 Vgl. Art. 13 Abs. 1 lit. (c) DSGVO.
120 Vgl. Art. 13 Abs. 1 lit. (d) DSGVO.
121 Vgl. zum Begriff des Empfängers Art. 4 Nr. 9 DSGVO.
122 Vgl. Art. 13 Abs. 1 lit. (e) DSGVO.
123 Vgl. Art. 13 Abs. 1 lit. (f) DSGVO. Im Fall von Übermittlungen aufgrund geeigneter Garantien (Art. 46 DSGVO), verbindlicher interner Datenschutzvorschriften (Art. 47 DSGVO) oder ausnahmsweise erlaubter Datenübermittlung (Art. 49 Abs. 1 UAbs. 2 DSGVO) ist zudem ein Verweis auf die geeigneten Garantien und die Möglichkeit, wie eine Kopie davon zu erhalten ist oder wo sie verfügbar sind, erforderlich.
124 Vgl. Art. 13 Abs. 2 lit. (a) DSGVO.

- ☐ Recht auf Widerspruch gegen die Verarbeitung (Art. 21 DSGVO),
- ☐ Recht auf Datenübertragbarkeit (Art. 20 DSGVO),
- ☐ Recht auf Beschwerde bei den Aufsichtsbehörden (Art. 77 DSGVO),
- ☐ Recht auf Widerruf der Einwilligung (Art. 7 Abs. 3 DSGVO).
- ☐ **Hintergründe der Bereitstellung**: Der Betroffene muss darüber informiert werden, ob die Bereitstellung der personenbezogenen Daten gesetzlich oder vertraglich vorgeschrieben ist, für einen Vertragsschluss erforderlich ist oder eine Verpflichtung zur Bereitstellung der Daten besteht. Ebenso muss über die möglichen Folgen informiert werden, wenn die Daten nicht bereitgestellt werden.[125]
- ☐ **Automatisierte Entscheidungsfindung**: Setzt der Verantwortliche eine automatisierte Entscheidungsfindung (einschließlich Profiling) im Sinne von Art. 22 DSGVO ein, muss er die betroffene Person aussagekräftig darüber informieren.[126]
- ☐ **Zweckänderung**: Beabsichtigt der Verantwortliche, die personenbezogenen Daten für einen anderen Zweck weiterzuverarbeiten als den, für den sie erhoben wurden, so hat er der betroffenen Person vor dieser Weiterverarbeitung nach Art. 13 Abs. 3 DSGVO Informationen über diesen anderen Zweck und alle weiteren maßgeblichen Informationen zur Verfügung zu stellen.[127]

111 Die Unterrichtungspflichten nach Art. 13 DSGVO bei Datenerhebung beim Betroffenen entfallen nur, wenn und soweit die betroffene Person bereits über die fragliche Information verfügt, Art. 13 Abs. 4 DSGVO.

112 **Praxistipp**: Gerade für die Erfüllung der Informationspflichten der Verordnung müssen Unternehmen Prozesse schaffen, die sicherstellen, dass sie den weitreichenden Anforderungen der DSGVO ordnungsgemäß nachkommen. Hierfür sollten die betroffenen Unternehmensfunktionen, wie etwa Projektplanung und Projektsteuerung, IT und Datenschutz eng zusammenarbeiten.

bb) Informationspflichten bei Datenerhebung bei Dritten, Art. 14 DSGVO

113 Die Informationspflichten im Fall einer Datenerhebung, die nicht bei der betroffenen Person erfolgt, entsprechen weitgehend den soeben vorgestellten Informationspflichten. Eine Besonderheit liegt in Art. 14 Abs. 3 DSGVO. Danach

---

125 Art. 13 Abs. 2 lit. (e) DSGVO.
126 Vgl. Art. 13 Abs. 2 lit. (f) DSGVO.
127 Vgl. Art. 13 Abs. 3 DSGVO.

gelten für die Informationspflichten des Art. 14 Abs. 1, 2 und 4 DSGVO besondere zeitliche Bestimmungen. Nach Art. 14 Abs. 3 lit. (a) DSGVO muss der Verantwortliche die Informationen innerhalb einer der Verarbeitung angemessen Frist übermitteln, längstens jedoch innerhalb eines Monats. Für den Fall, dass die personenbezogenen Daten zur Kommunikation mit der betroffenen Person verwendet werden sollen, müssen die Informationen spätestens mit der ersten Mitteilung an die Person erfolgen.[128] Ist eine Offenlegung an einen anderen Empfänger beabsichtigt, müssen die Informationen spätestens zum Zeitpunkt der ersten Offenlegung erteilt sein.[129]

Die nachfolgende Checkliste enthält die Informationspflichten im Falle einer **114** Datenerhebung nach Art. 14 DSGVO.

Checkliste: Inhalt der Informationspflichten nach Art. 14 DSGVO   **115**

☐ **Kontaktdaten:** Der Verantwortliche teilt der betroffenen Person den Namen und die Kontaktdaten des Verantwortlichen, gegebenenfalls seines Vertreters sowie zusätzlich die Kontaktdaten des Datenschutzbeauftragten mit.[130]

☐ **Zwecke und Rechtsgrundlage:** Die betroffene Person ist zudem über die Zwecke der Verarbeitung sowie über deren Rechtsgrundlage zu informieren.[131]

☐ **Kategorien personenbezogener Daten:** Der Verantwortliche hat die Kategorien der personenbezogenen Daten, die verarbeitet werden, mitzuteilen.[132]

☐ **Empfänger:** Sofern die erhobenen personenbezogenen Daten übermittelt werden sollen, muss der Verantwortliche der betroffenen Person diese Empfänger oder Kategorien von Empfängern mitteilen.[133]

☐ **Übermittlung in Drittländer:** Der Betroffene ist über die Absicht des Verantwortlichen zu informieren, die personenbezogenen Daten an ein Drittland oder eine internationale Organisation zu übermitteln. Er ist über das Vorhandensein oder Fehlen eines Angemessenheitsbeschlusses der Kommission zu informieren.[134]

---

128 Vgl. Art. 14 Abs. 3 lit. (b) DSGVO.
129 Vgl. Art. 14 Abs. 3 lit. (c) DSGVO.
130 Vgl. Art. 14 Abs. 1 lit. (a) und (b) DSGVO.
131 Vgl. Art. 14 Abs. 1 lit. (c) DSGVO.
132 Vgl. Art. 14 Abs. 1 lit. (d) DSGVO.
133 Vgl. Art. 14 Abs. 1 lit. (e) DSGVO.
134 Vgl. Art. 14 Abs. 1 lit. (f) DSGVO. Im Fall von Übermittlungen aufgrund geeigneter Garantien (Art. 46 DSGVO), verbindlicher interner Datenschutzvorschriften (Art. 47 DSGVO) oder ausnahmsweise erlaubter Datenübermittlung (Art. 49 Abs. 1 UAbs. 2

- **Dauer der Speicherung**: Die betroffene Person ist über die Dauer der Speicherung zu informieren bzw. über die Kriterien zur Festlegung der Dauer, sofern ersteres nicht möglich ist.[135]
- **Berechtigte Interessen**: Beruht die Verarbeitung auf Art. 6 Abs. 1 lit. (f) DSGVO, so sind zusätzlich die berechtigten Interessen des Verantwortlichen oder eines Dritten zu nennen.[136]
- **Betroffenenrechte**: Der Verantwortliche muss die betroffene Person bei der Erhebung ihrer Daten nach Art. 14 Abs. 2 lit. (c) bis lit. (e) DSGVO umfassend über ihre Rechte nach der Verordnung aufklären.[137]
- **Nennung der Herkunft personenbezogener Daten**: Der Verantwortliche hat die betroffene Person darüber zu informieren, aus welcher Quelle die personenbezogenen Daten stammen und gegebenenfalls ob sie aus öffentlich zugänglichen Quellen stammen.[138]
- **Automatisierte Entscheidungsfindung**: Setzt der Verantwortliche eine automatisierte Entscheidungsfindung (einschließlich Profiling) im Sinne von Art. 22 Abs. 1 und Abs. 4 DSGVO ein, muss er die betroffene Person aussagekräftig darüber informieren.[139]
- **Zweckänderung**: Beabsichtigt der Verantwortliche, die personenbezogenen Daten für einen anderen Zweck weiterzuverarbeiten als den, für den sie erhoben wurden, so hat er der betroffenen Person vor dieser Weiterverarbeitung nach Art. 13 Abs. 3 DSGVO Informationen über diesen anderen Zweck und alle weiteren maßgeblichen Informationen gemäß Art. 14 Abs. 4 DSGVO zur Verfügung zu stellen.

116 Anders als bei den Informationspflichten nach Art. 13 DSGVO sind bei den Informationspflichten nach Art. 14 DSGVO weitergehende Ausnahmeregelungen von den Informationspflichten geregelt, vgl. Art. 14 Abs. 5 DSGVO. Ist eine dieser Ausnahmeregelungen einschlägig, entfallen die Informationspflichten insoweit. Die nachfolgende Checkliste fasst die Ausnahmen von den Informationspflichten nach Art. 14 Abs. 5 DSGVO zusammen.

DSGVO) ist zudem ein Verweis auf die geeigneten Garantien und die Möglichkeit, wie eine Kopie davon zu erhalten ist oder wo sie verfügbar sind, erforderlich.

135 Vgl. Art. 14 Abs. 2 lit. (a) DSGVO.
136 Vgl. Art. 14 Abs. 2 lit. (b) DSGVO.
137 Siehe zu den maßgeblichen Betroffenenrechten die vorhergehende Checkliste (Rn. 110).
138 Vgl. Art. 14 Abs. 2 lit (f) DSGVO.
139 Vgl. Art. 14 Abs. 2 lit. (g) DSGVO.

Checkliste: Ausnahmen von den Informationspflichten des Art. 14 DSGVO 117

- ☐ **Vorhandene Information**: Die Informationspflicht entfällt, soweit die betroffene Person bereits über die Information verfügt.[140]
- ☐ **Unmöglichkeit oder unverhältnismäßiger Aufwand**: Erweist sich die Erteilung der Information als unmöglich oder würde diese einen unverhältnismäßigen Aufwand erfordern, erübrigt sich die Informationsverpflichtung soweit, Art. 14 Abs. 5 lit. (b) DSGVO.[141] Weiterhin kann von den Informationsverpflichtungen des Art. 14 Abs. 1 DSGVO abgesehen werden, wenn diese die Verwirklichung der Ziele der Verarbeitung unmöglich machen oder ernsthaft beeinträchtigen würde. In jedem Fall sind geeignete Maßnahmen zum Schutz der betroffenen Person zu ergreifen.
- ☐ **Gesetzliche Regelungen**: Unterliegt der Verantwortliche Rechtsvorschriften der Union oder der Mitgliedstaaten, die die Erlangung oder Offenlegung der Informationen ausdrücklich regeln und geeignete Maßnahmen zum Schutz der berechtigten Interessen der betroffenen Person vorsehen, entfällt die Informationspflicht.[142]
- ☐ **Berufsgeheimnis und Geheimhaltungspflicht**: Unterfallen die personenbezogenen Daten gemäß dem Unionsrecht oder gemäß dem Recht der Mitgliedstaaten dem Berufsgeheimnis, einschließlich einer satzungsmäßigen Geheimhaltungspflicht, besteht keine Informationsverpflichtung.[143]

d) Datenschutz-Folgenabschätzung

Hat eine Datenverarbeitung voraussichtlich hohe Risiken für die persönlichen 118
Rechte und Freiheiten der davon betroffenen Personen zur Folge, so muss der Verantwortliche eine Datenschutz-Folgenabschätzung nach Art. 35 DSGVO durchführen. Hierbei soll der Verantwortliche insbesondere die Eintrittswahrscheinlichkeit und Schwere des möglichen Risikos bewerten. Das Unternehmen soll dabei Art, Umfang, Umstände, verfolgte Zwecke sowie Ursachen möglicher Risiken für Rechte und Freiheiten betroffener Personen bewerten. Dabei soll es auch Maßnahmen, Garantien und Verfahren prüfen, mit denen Unterneh-

---

140 Vgl. Art. 14 Abs. 5 lit. (a) DSGVO.
141 Dies gilt insbesondere bei der Verarbeitung für im öffentlichen Interesse liegende Archivzwecke, für wissenschaftliche oder historische Forschungszwecke oder statistische Zwecke. Bei Vorliegen dieser Zwecke müssen weiterhin die Bedingungen und Garantien des Art. 89 Abs. 1 DSGVO erfüllt sein.
142 Vgl. Art. 14 Abs. 5 lit (c) DSGVO.
143 Vgl. Art. 14 Abs. 5 lit. (d) DSGVO.

men bestehende Risiken eindämmen und die sonstigen Vorgaben der Verordnung einhalten können.[144]

119 Sofern die Datenschutz-Folgenabschätzung ergibt, dass die geplante Datenverarbeitung tatsächlich ein hohes Risiko zur Folge hätte, muss der Verantwortliche nach Art. 36 DSGVO die zuständige Aufsichtsbehörde zu Rate ziehen, sofern er keine Maßnahmen zur Eindämmung des Risikos trifft.

120 Unterlässt ein Verantwortlicher eine vorgeschriebene Datenschutz-Folgenabschätzung oder führt diese nicht korrekt durch, kann die zuständige Aufsichtsbehörde dies mit Bußgeldern von bis zu zwei Prozent des Umsatzes ahnden.[145]

121 Die nachstehenden Checklisten fassen die Indizien für die Erforderlichkeit einer Datenschutz-Folgenabschätzung sowie deren Mindestinhalte nach Art. 35 DSGVO zusammen. Dabei sollten Unternehmen berücksichtigen, dass sie auch im Rahmen der Durchführung von Datenschutz-Folgenabschätzungen einen risikobasierten Ansatz verfolgen müssen. Je risikobehafteter Verarbeitungen sind, desto umfassender und genauer sollten sie die jeweilige Datenschutz-Folgenabschätzung durchführen.

122 **Checkliste: Indizien für die Erforderlichkeit einer Datenschutz-Folgenabschätzung**

☐ **Neue Technologien**: Verfahren mit neuen Technologien, zu denen der Verantwortliche noch keine Datenschutz-Folgenabschätzung durchgeführt hat.[146]

☐ **Neue Verarbeitungen**: Neuartige Verarbeitungsvorgänge, zu denen der Verantwortliche noch keine Datenschutz-Folgenabschätzung durchgeführt hat.

☐ **Verarbeitung großer Datenmengen**: Umfangreiche Verarbeitungsvorgänge, die dazu dienen, große Mengen personenbezogener Daten auf regionaler, nationaler oder übernationaler Ebene zu verarbeiten.

☐ **Personenanzahl**: Verarbeitung von Daten einer großen Anzahl betroffener Personen.

☐ **Sensibilität**: Verarbeitung besonderer Kategorien personenbezogener Daten, biometrischer Daten oder Daten über Straftaten oder strafrechtliche Verurteilungen sowie damit zusammenhängender Sicherungsmaßregeln.[147]

---

144 Vgl. Erwägungsgrund 84.
145 Vgl. Art. 83 Abs. 4 lit. (a) DSGVO.
146 Vgl. zu diesen und den nachstehenden Punkten Erwägungsgrund 91.
147 Vgl. Art. 35 Abs. 3 lit. (b) DSGVO.

☐ **Profiling**: Verarbeitungsvorgänge, in denen die Daten für Entscheidungen im Anschluss an eine systematische und eingehende Bewertung natürlicher Personen auf der Grundlage eines Profilings verwendet werden.[148]

☐ **Erschwerte Rechtsausübung**: Verarbeitungsvorgänge, die betroffenen Personen die Ausübung ihrer Rechte erschweren.[149]

☐ **Systematische Verarbeitungen**: Verarbeitungen, die systematisch in großem Umfang durchgeführt werden.[150]

☐ **Öffentliche Überwachung**: Weiträumige Überwachung öffentlicher Bereiche, insbesondere per Videoanlagen.[151]

Die Vorgaben, in welchen Fällen der Verantwortliche eine Datenschutz-Folgenabschätzung zwingend durchführen muss, sind in der Verordnung bislang eher unscharf geregelt. Insofern empfiehlt es sich für Unternehmen, entsprechende Stellungnahmen und Vorgaben der Aufsichtsbehörden abzuwarten.[152] Allerdings sind Folgenabschätzungen auch ein geeignetes Mittel zur Erfüllung von Dokumentationspflichten und zur Gefährdungsbewertung. Daher sollten Unternehmen sich in Zweifelsfällen eher dazu entscheiden, Datenschutz-Folgenabschätzungen vor der Inbetriebnahme einer Verarbeitung durchzuführen. **123**

Checkliste: Durchführung einer Datenschutz-Folgenabschätzung **124**

☐ **Prüfung der Erforderlichkeit einer Datenschutz-Folgenabschätzung**: Hat eine Datenverarbeitung voraussichtlich ein hohes Risiko für die Rechte und Freiheiten betroffener Personen zur Folge, führt der Verantwortliche vorab eine Datenschutz-Folgenabschätzung durch. Dies gilt etwa bei der systematischen und umfassenden automatisierten Bewertung persönlicher Aspekte natürlicher Personen, sofern die Bewertung Rechtswirkungen gegenüber natürlichen Personen entfaltet oder diese in ähnlicher Weise beeinträchtigt.[153]

☐ **Vorgaben der Aufsichtsbehörden**: Die Aufsichtsbehörden sollen verbindliche Negativlisten oder Positivlisten für Verarbeitungen veröffentlichen, bei denen Datenschutz-Folgenabschätzungen typischerweise

---

148 Vgl. Art. 35 Abs. 3 lit. (a) DSGVO.
149 Vgl. Art. 35 Abs. 3 lit. (a) DSGVO.
150 Vgl. Art. 35 Abs. 3 lit. (a) DSGVO.
151 Vgl. Art. 35 Abs. 3 lit. (c) DSGVO.
152 Vgl. Art. 35 Abs. 4 bis Abs. 6 DSGVO zu Positivlisten und Negativlisten mit Sachverhalten, in denen Folgenabschätzungen stets oder grundsätzlich nicht vorgeschrieben sind.
153 Vgl. zur Erforderlichkeit einer Datenschutz-Folgenabschätzung vorhergehende Checkliste (Rn. 122).

durchzuführen sind. Sofern die für den Verantwortlichen zuständigen Aufsichtsbehörden entsprechende Vorgaben gemacht haben, sind diese zu berücksichtigen.[154]

☐ **Ähnliche Verarbeitungsvorgänge**: Für die Untersuchung mehrerer ähnlicher Verarbeitungsvorgänge mit ähnlich hohen Risiken kann eine einzige Datenschutz-Folgenabschätzung vorgenommen werden.[155]

☐ **Beteiligung Datenschutzbeauftragter**: Sofern ein Datenschutzbeauftragter benannt ist, holt der Verantwortliche dessen Rat bei der Durchführung der Datenschutz-Folgenabschätzung ein.[156]

☐ **Beschreibung**: Die Datenschutz-Folgenabschätzung umfasst zumindest eine systematische Beschreibung der geplanten Verarbeitungsvorgänge und der Zwecke der Verarbeitung, gegebenenfalls einschließlich der vom Verantwortlichen verfolgten Interessen.[157]

☐ **Verhältnismäßigkeitsprüfung**: Im Rahmen einer Datenschutz-Folgenabschätzung bewertet der Verantwortliche unter anderem auch die Notwendigkeit und Verhältnismäßigkeit der geplanten Verarbeitungsvorgänge in Bezug auf den vom Verantwortlichen verfolgten Zweck.[158]

☐ **Maßnahmen zur Risikoverringerung**: Eine Datenschutz-Folgenabschätzung umfasst auch die Dokumentation und Bewertung der zur Bewältigung von Datenschutzrisiken geplanten Abhilfemaßnahmen, z. B. Garantien, Sicherheitsvorkehrungen und Verfahren zum Schutz personenbezogener Daten und zum Nachweis, dass die Bestimmungen der DSGVO eingehalten werden.[159]

☐ **Abstimmung mit betroffenen Personen**: Gegebenenfalls soll der Verantwortliche den Standpunkt betroffener Personen oder ihrer Vertreter zu der geplanten Verarbeitung einholen; der Schutz gewerblicher bzw. öffentlicher Interessen oder der Sicherheit der Datenverarbeitung soll hierbei nicht eingeschränkt werden.[160]

☐ **Feststellung zu späteren Überprüfungen**: Soweit erforderlich, führt der Verantwortliche später weitere Überprüfungen durch, um zu bewerten, ob die Verarbeitung im Einklang mit der Datenschutz-Folgenabschätzung durchgeführt wird, insbesondere wenn bezüglich der Risiken der Datenverarbeitung Veränderungen eingetreten sind.[161]

---

154 Vgl. Art. 35 Abs. 4 und 5 DSGVO.
155 Vgl. Art. 35 Abs. 1 DSGVO.
156 Vgl. Art. 35 Abs. 2 DSGVO.
157 Vgl. Art. 35 Abs. 7 lit. (a) DSGVO.
158 Vgl. Art. 35 Abs. 7 lit. (b) DSGVO.
159 Vgl. Art. 35 Abs. 7 lit. (c) und (d) DSGVO.
160 Vgl. Art. 35 Abs. 9 DSGVO.
161 Vgl. Art. 35 Abs. 11 DSGVO.

☐ **Abschließende Risikobewertung:** Der Verantwortliche stellt fest, ob die geplante Verarbeitung nach der Datenschutz-Folgenabschätzung hohe Risiken für die Rechte und berechtigten Interessen der betroffenen Personen zur Folge hätte.

☐ **Feststellung zu Konsultationspflicht:** Sofern die Datenschutz-Folgenabschätzung ergibt, dass die geplante Verarbeitung hohe Risiken zur Folge hätte, leitet sie das nach Art. 36 DSGVO vorgeschriebene Konsultationsverfahren mit der Aufsichtsbehörde ein.[162]

☐ **Ökonomische Gesichtspunkte:** Unter gewissen Umständen kann es zweckmäßig sein, eine Datenschutz-Folgenabschätzung thematisch breiter anzulegen, anstatt sie lediglich auf ein bestimmtes Projekt zu beziehen, z. B. wenn mehrere Verantwortliche eine gemeinsame Anwendung oder Verarbeitungsumgebung für einen gesamten Wirtschaftssektor oder ein bestimmtes Marktsegment einführen wollen.[163]

☐ **Dokumentation:** Der Verantwortliche sollte im Hinblick auf das in Art. 5 Abs. 2 DSGVO vorgegebene Rechenschaftsprinzip stets dafür Sorge tragen, dass er die durchgeführte Folgenabschätzung rechtssicher dokumentiert.

Praxistipp: Die Datenschutz-Folgenabschätzung ist ein wichtiges Mittel, um die Dokumentationspflichten von Unternehmen nach Art. 24 Abs. 1 DSGVO zu erfüllen und um Risiken in Bezug auf den Datenschutz effektiv bewerten zu können. Auch aus diesem Grund sollten Unternehmen zeitnah Strukturen und Prozesse schaffen, um die detaillierten Anforderungen von Art. 35 DSGVO spätestens bis zum Inkrafttreten der DSGVO zu erfüllen.   **125**

e) Striktere Löschpflichten und Recht auf Vergessenwerden

Die Verordnung sieht umfassendere Löschpflichten vor als bislang § 35 BDSG.   **126**
Künftig regelt Art. 17 DSGVO das Recht auf Löschung personenbezogener Daten. Der Verantwortliche muss personenbezogene Daten ohne unangemessene Verzögerung löschen, sofern einer der in Art. 17 Abs. 1 DSGVO genannten Gründe zutrifft.[164] Wenn ein Verantwortlicher zu löschende personenbezogene Daten öffentlich gemacht hat, muss er andere Verantwortliche, die diese Daten verarbeiten, nach Art. 17 Abs. 2 DSGVO darüber informieren, dass eine betroffene Person von ihnen die Löschung aller Links zu oder aller Kopien oder Repli-

---

162 Vgl. auch Erwägungsgrund 94.
163 Vgl. Erwägungsgrund 92.
164 Siehe ausführlich zu den Löschpflichten nach Art. 17 Abs. 1 DSGVO Rn. 171 ff.

kationen von diesen personenbezogenen Daten verlangt hat, sogenanntes „Recht auf Vergessenwerden".[165] Fehler bei der Verpflichtung zum Löschen von personenbezogenen Daten werden mit Bußgeldern von bis zu vier Prozent des weltweiten Umsatzes geahndet.[166]

127 **Praxistipp**: Unternehmen sollten die veränderten Anforderungen bei den Löschpflichten in ihren Löschkonzepten bzw. „data retention policies" präzise abbilden, um künftig nachweisen zu können, dass sie die Vorgaben der Verordnung einhalten.[167]

f) Erhebliche Melde- und Benachrichtigungspflichten bei Datenschutzverletzungen

128 Die Verordnung sieht in Art. 33 und Art. 34 DSGVO umfassendere Meldepflichten gegenüber der Aufsichtsbehörde sowie Benachrichtigungspflichten gegenüber den betroffenen Personen vor als die bisherige Regelung in § 42a BDSG.

129 Wesentliche Voraussetzung für eine mögliche Melde- beziehungsweise Benachrichtigungspflicht ist eine Datenschutzverletzung. Nach Art. 4 Nr. 12 DSGVO ist eine „Verletzung des Schutzes personenbezogener Daten" eine „Verletzung der Sicherheit, die zur Vernichtung, zum Verlust oder zur Veränderung, ob zufällig oder unrechtmäßig, oder zur unbefugten Weitergabe von beziehungsweise zum unbefugten Zugang zu personenbezogenen Daten führt, die übermittelt, gespeichert oder auf sonstige Weise verarbeitet wurden". Diese Definition ist deutlich weiter als die bislang in § 42a BDSG geregelten Tatbestandsmerkmale.

130 Grundsätzlich muss das verantwortliche Unternehmen der Aufsichtsbehörde jede Datenschutzverletzung unverzüglich und möglichst innerhalb von 72 Stunden melden, nachdem dem Verantwortlichen die Verletzung bekannt wurde. Ausnahmsweise besteht keine Pflicht zur Meldung bei der Aufsichtsbehörde, wenn die Verletzung voraussichtlich nicht zu einem Risiko für die persönlichen Rechte und Freiheiten der von der Datenschutzverletzung betroffenen Personen führt.[168]

---

165 Siehe ausführlich zum „Recht auf Vergessenwerden" nach Art. 17 Abs. 2 DSGVO Rn. 175 ff.
166 Vgl. Art. 83 Abs. 5 lit. (b) DSGVO.
167 Vgl. zur Nachweispflicht Art. 24 Abs. 1 DSGVO.
168 Vgl. Art. 33 Abs. 1 DSGVO.

Hat eine Datenschutzverletzung darüber hinaus voraussichtlich ein hohes Risi- **131** ko für die persönlichen Rechte und Freiheiten betroffener Personen zur Folge, muss der Verantwortliche grundsätzlich die hiervon betroffenen Personen ohne unangemessene Verzögerung benachrichtigen, Art. 34 Abs. 1 DSGVO. Ausnahmsweise kann der Verantwortliche von der Benachrichtigung absehen, wenn er Risiken für die betroffenen Personen durch geeignete technische und organisatorische Sicherheitsvorkehrungen oder durch nachfolgende Maßnahmen ausgeschlossen hat, vgl. Art. 34 Abs. 3 DSGVO.

Fehler bei der Umsetzung der Melde- und Benachrichtigungspflichten bei Da- **132** tenschutzverletzungen werden mit Bußgeldern von bis zu zwei Prozent des weltweiten Umsatzes geahndet.[169]

Praxistipp: Spätestens mit Inkrafttreten der DSGVO sollten Unternehmen **133** Strukturen und Prozesse eingeführt haben, die Datenschutzverletzungen möglichst vermeiden und sicherstellen, dass die Beteiligten bei dennoch eingetretenen Verletzungen des Datenschutzes schnell und richtig reagieren.

g) Datenschutz durch Technik und datenschutzrechtliche Voreinstellungen

Art. 25 Abs. 1 DSGVO regelt den Grundsatz des „privacy by design". Art. 25 **134** Abs. 2 DSGVO die Anforderung „privacy by default". Unternehmen müssen ihre IT-Systeme nach Art. 25 Abs. 1 DSGVO grundsätzlich so ausgestalten, dass sie die Datenschutzgrundsätze des Art. 5 DSGVO wirksam umsetzen, insbesondere das Gebot der Datenminimierung – sie sollen also gerade so viele Daten erheben, wie zur Erfüllung des verfolgten Zwecks erforderlich sind.

Zudem sollen IT-Systeme so „voreingestellt" sein, dass sie grundsätzlich nur **135** solche personenbezogene Daten verarbeiten, deren Verarbeitung für den jeweils verfolgten Zweck erforderlich ist, Art. 25 Abs. 2 DSGVO. Maßnahmen zur Umsetzung dieser Anforderungen sollen etwa darin liegen, dass Verantwortliche personenbezogene Daten minimieren und Daten so schnell wie möglich pseudonymisieren.[170] Das Recht auf Datenschutz soll bereits bei der Entwicklung und Ausgestaltung von IT-Produkten, Diensten oder Anwendungen berücksichtigt werden.

Verstöße gegen das Gebot, Datenschutz durch Technik und datenschutzfreund- **136** liche Voreinstellungen zu gewährleisten, können mit Bußgeldern von bis zu zwei Prozent des Umsatzes des Unternehmens geahndet werden.[171] Nach

---

169 Vgl. Art. 83 Abs. 4 lit. (a) DSGVO.
170 Vgl. zum Begriff der Pseudonymisierung Art. 4 Nr. 5 DSGVO.
171 Vgl. Art. 83 Abs. 4 lit. (a) DSGVO.

Art. 33 Abs. 1 DSGVO sind Unternehmen dazu verpflichtet, Verletzungen des Schutzes personenbezogener Daten unverzüglich und möglichst binnen 72 Stunden der zuständigen Aufsichtsbehörde zu melden. Eine Ausnahme von dieser Meldepflicht gilt, wenn die Verletzung des Schutzes personenbezogener Daten voraussichtlich nicht zu einem Risiko für die Rechte und Freiheiten natürlicher Personen führt. Kommen Unternehmen ihrer Meldepflicht nach Art. 33 Abs. 1 DSGVO nicht nach, so drohen bereits hierfür Bußgelder von bis zu zwei Prozent des gesamten weltweit erzielten Jahresumsatzes.[172] Hinzu kommt, dass in solchen Fällen erfahrungsgemäß die Aufsichtsbehörden auch Kenntnis durch Beschwerden von Betroffenen erhalten.

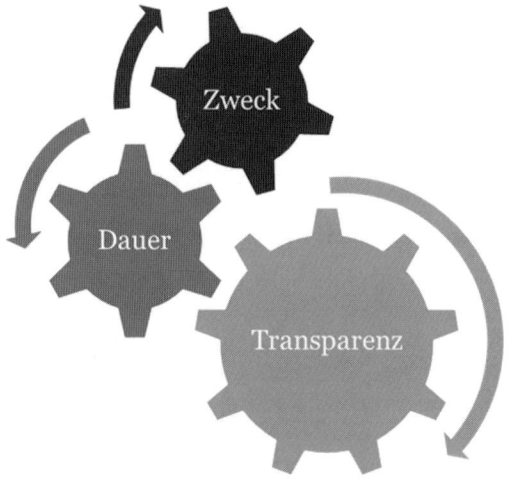

Abbildung 6: Zweck, Dauer, Transparenz

h) Verzeichnis von Verarbeitungstätigkeiten

137 Art. 30 DSGVO schreibt vor, dass der Verantwortliche ein umfassendes Verzeichnis aller Verarbeitungstätigkeiten führt. Dieses Verarbeitungsverzeichnis ist eines der zentralen Instrumente zur Umsetzung der Dokumentationspflichten nach Art. 24 Abs. 1 DSGVO. Es ersetzt das in § 4g Abs. 2 BDSG geregelte Verfahrensverzeichnis.

138 Das Verarbeitungsverzeichnis ermöglicht es den Aufsichtsbehörden, effektiv zu kontrollieren, ob Unternehmen ihren Pflichten nach der DSGVO nachkom-

---

172 Vgl. Art. 83 Abs. 4 lit. (a) DSGVO.

men. Es ist davon auszugehen, dass Aufsichtsbehörden künftig bei Beschwerden von betroffenen Personen oder bei Kontrollmaßnahmen grundsätzlich die Vorlage des Verarbeitungsverzeichnisses fordern werden. Fehler bei der Erstellung des Verarbeitungsverzeichnisses werden mit Geldbußen von bis zu zwei Prozent des Vorjahresumsatzes geahndet.[173] Unternehmen, die weniger als 250 Mitarbeiter beschäftigen, müssen grundsätzlich nicht alle Verarbeitungstätigkeiten in einem Verarbeitungsverzeichnis aufführen.[174]

Das Verarbeitungsverzeichnis ist schriftlich oder in elektronischer Form zu führen, Art. 30 Abs. 3 DSGVO. Auf Anforderung der Aufsichtsbehörde muss der Verantwortliche sein Verarbeitungsverzeichnis vorlegen, Art. 30 Abs. 4 DSGVO. Welche Angaben Verantwortliche im Verarbeitungsverzeichnis aufführen müssen, ist in Art. 30 Abs. 1 DSGVO geregelt. Art. 30 Abs. 2 DSGVO gibt vor, welche Angaben Auftragsverarbeiter im Verarbeitungsprozess dokumentieren müssen. **139**

Praxistipp: Unternehmen sollten prüfen, ob und in welchem Umfang sie Informationen im Verarbeitungsverzeichnis dokumentieren sollten, um ihren Pflichten nach Art. 24 Abs. 1 DSGVO nachzukommen. Eine möglichst effektive Dokumentation datenschutzrelevanter Vorgänge kann das Risiko von Bußgeldern und anderer Nachteile erheblich verringern. **140**

Die nachstehende Checkliste fasst die im Rahmen des Verarbeitungsverzeichnisses von Verantwortlichen zu dokumentierenden Informationen nach Art. 30 Abs. 1 lit. (a) bis lit. (g) DSGVO knapp zusammen. **141**

Checkliste: Verarbeitungsverzeichnis Verantwortlicher **142**

☐ **Namen und Kontaktdaten**: Das Verarbeitungsverzeichnis muss zunächst die Namen und die Kontaktdaten des Verantwortlichen sowie etwaiger gemeinsam Verantwortlicher nach Art. 26 DSGVO, des etwaigen Vertreters nach Art. 27 DSGVO sowie des Datenschutzbeauftragten nach Art. 37 DSGVO aufführen.[175]

☐ **Zweckfestlegung**: Der Verantwortliche muss dokumentieren, welche konkreten Zwecke er mit der jeweiligen Verarbeitungstätigkeit verfolgt.[176]

---

173 Vgl. Art. 83 Abs. 4 lit. (a) DSGVO.
174 Vgl. Art. 39 Abs. 5 DSGVO.
175 Vgl. Art. 30 Abs. 1 lit. (a) DSGVO.
176 Vgl. Art. 30 Abs. 1 lit. (b) DSGVO.

□ **Betroffene Personen**: Eine Beschreibung der Kategorien von betroffenen Personen ist anzufertigen.[177]

□ **Personenbezogene Daten**: Zudem ist eine Beschreibung der Kategorien von verarbeiteten personenbezogenen Daten erforderlich.[178]

□ **Datenempfänger**: Das Verarbeitungsverzeichnis muss überdies eine Beschreibung der Kategorien von Empfängern, an die personenbezogene Daten weitergegeben wurden bzw. werden, einschließlich Empfänger in Drittländern, enthalten.[179]

□ **Übermittlungen in Drittländer**: Bei der Weitergabe personenbezogener Daten an Empfänger in Drittländern müssen auch die jeweiligen Drittländer dokumentiert werden; bei Übermittlungen in Sonderfällen nach Art. 49 Abs. 1 UAbs. 2 DSGVO sind auch die dort geforderten Garantien zu dokumentieren.[180]

□ **Löschfristen**: Wenn möglich, sollen Verantwortliche vorgesehene Löschfristen für unterschiedliche Datenkategorien dokumentieren.[181]

□ **Datensicherheit**: Das Verarbeitungsverzeichnis soll, wenn möglich, eine allgemeine Beschreibung der technischen und organisatorischen Maßnahmen nach Art. 32 Abs. 1 DSGVO enthalten.[182]

143 Auch Auftragsverarbeiter müssen die von ihnen im Auftrag von Verantwortlichen vorgenommenen Verarbeitungen in einem Verarbeitungsverzeichnis dokumentieren. Die nachstehende Checkliste fasst die im Rahmen des Verarbeitungsverzeichnisses von Auftragsverarbeitern zu dokumentierenden Angaben nach Art. 30 Abs. 2 lit. (a) bis lit. (d) DSGVO zusammen.

144 **Checkliste: Verarbeitungsverzeichnis Auftragsverarbeiter**

□ **Namen und Kontaktdaten:** Das Verarbeitungsverzeichnis muss zunächst die Namen und die Kontaktdaten des Auftragsverarbeiters, des Verantwortlichen sowie etwaiger gemeinsam Verantwortlicher nach Art. 26 DSGVO, des etwaigen Vertreters nach Art. 27 DSGVO sowie des Datenschutzbeauftragten nach Art. 37 DSGVO nennen.[183]

---

177 Vgl. Art. 30 Abs. 1 lit. (c) DSGVO.
178 Vgl. Art. 30 Abs. 1 lit. (c) DSGVO.
179 Vgl. Art. 30 Abs. 1 lit. (d) DSGVO.
180 Vgl. Art. 30 Abs. 1 lit. (e) DSGVO.
181 Vgl. Art. 30 Abs. 1 lit. (f) DSGVO.
182 Vgl. Art. 30 Abs. 1 lit. (g) DSGVO.
183 Vgl. Art. 30 Abs. 2 lit. (a) DSGVO.

☐ **Personenbezogene Daten**: Beschreibung der Kategorien von verarbeiteten personenbezogenen Daten, die im Auftrag jedes Verantwortlichen verarbeitet werden.[184]

☐ **Übermittlungen in Drittländer**: Bei der Weitergabe personenbezogener Daten an Empfänger in Drittländern müssen auch die Drittländer dokumentiert werden; bei Übermittlungen in Sonderfällen nach Art. 49 Abs. 1 UAbs. 2 DSGVO sind auch die dort geforderten Garantien zu dokumentieren.[185]

☐ **Datensicherheit**: Das Verarbeitungsverzeichnis soll, wenn möglich, eine allgemeine Beschreibung der technischen und organisatorischen Maßnahmen nach Art. 32 Abs. 1 DSGVO enthalten.[186]

i) Datensicherheit

Eine weitere für die Praxis wesentliche Änderung ist das Bußgeldrisiko bei unzureichender Datensicherheit. Bislang waren Verstöße gegen die Vorgaben zur Datensicherheit beziehungsweise zu den technischen und organisatorischen Maßnahmen nach § 9 BDSG nicht bußgeldbewehrt.[187] Dies ändert sich mit der Verordnung grundlegend. Art. 32 DSGVO regelt die künftigen Vorgaben zur Datensicherheit. Verstöße gegen diese Vorschrift werden nach der Verordnung mit Bußgeldern von bis zu zwei Prozent des Umsatzes geahndet.[188] Aufgrund der in Art. 24 Abs. 1 DSGVO geregelten Beweislast des Verantwortlichen dürften betroffene Personen künftig auch zivilrechtliche Ansprüche häufiger geltend machen. **145**

Praxistipp: Gerade vor dem Hintergrund der erweiterten Haftung wird es für Verantwortliche und Auftragsverarbeiter umso wichtiger, Datenschutzmaßnahmen umfassend zu dokumentieren. Nur so können sich Unternehmen trotz der massiv erweiterten Beweislast nach Art. 24 Abs. 1 DSGVO effektiv gegen Schadensersatzforderungen verteidigen. **146**

Die nachstehende Checkliste gibt einen Überblick über die in Art. 32 DSGVO beispielhaft genannten Maßnahmen, um die Sicherheit der Verarbeitung zu gewährleisten. **147**

---

184 Vgl. Art. 30 Abs. 2 lit. (b) DSGVO.
185 Vgl. Art. 30 Abs. 2 lit. (c) DSGVO.
186 Vgl. Art. 30 Abs. 2 lit. (d) DSGVO.
187 Vgl. § 43 Abs. 1 und Abs. 2 BDSG.
188 Art. 83 Abs. 4 DSGVO.

148 **Checkliste: Prozesse zur Gewährleistung der Datensicherheit:**

☐ **Risikoanalyse:**[189] In einem ersten Schritt sind die mit der Datenverarbeitung einhergehenden Risiken zu analysieren. Hierbei sind insbesondere Risiken durch Vernichtung, Verlust oder Veränderung sowie durch unbefugten Zugang oder Weitergabe der Daten[190] festzustellen.

☐ **Risikobewertung:** Die Risiken sind in einem zweiten Schritt zu bewerten. Dabei sind sowohl die Eintrittswahrscheinlichkeit als auch die Schwere des Risikos für die Rechte und Freiheiten betroffener Personen zu bestimmen.

☐ **Maßnahmen:** Der Verantwortliche muss die im Einzelfall für die jeweilige Datenverarbeitung geeigneten technischen und organisatorischen Maßnahmen festsetzen. Diese sollen ein dem jeweiligen Risiko angemessenes Schutzniveau gewährleisten. Bei der Bestimmung des angemessenen Schutzniveaus sind der Stand der Technik, die Implementierungskosten sowie Zwecke, Art, Umfang und Umstände der Verarbeitung zu berücksichtigen. Einzelne Maßnahmen können sein:

    o die Pseudonymisierung und Verschlüsselung der Daten,[191]

    o die Festlegung von Maßnahmen zur Wiederherstellung der Verfügbarkeit der Daten nach einem physischen oder technischen Zwischenfall (Recovery),[192]

    o die Einführung von Verfahren zur regelmäßigen Überprüfung und Bewertung der Wirksamkeit der getroffenen technischen und organisatorischen Maßnahmen zur Gewährleistung der Datensicherheit.[193]

149 Gerade im Bereich der Datensicherheit sollten Unternehmen neben den rechtlichen Anforderungen stets auch die wirtschaftlichen Folgen unzureichender Schutzmaßnahmen bei der IT-Sicherheit im Auge behalten. Dies gilt etwa für erhebliche Nachteile durch den Abfluss von Betriebs- oder Geschäftsgeheimnissen, aber auch für Folgekosten durch mögliche Schadensersatzforderungen betroffener Personen, deren personenbezogene Daten beispielsweise bei einer Datenpanne Dritten zugänglich werden.

---

189 Vgl. zu diesem Punkt und den nachstehenden auch Erwägungsgrund 83.
190 Vgl. Art. 32 Abs. 2 DSGVO.
191 Vgl. Art. 32 Abs. 1 lit. (a) DSGVO.
192 Vgl. Art. 32 Abs. 1 lit. (c) DSGVO.
193 Vgl. Art. 32 Abs. 1 lit. (d) DSGVO.

Praxistipp: Art. 32 DSGVO enthält eher vage Vorgaben zu konkret erforderlichen Maßnahmen, um die Datensicherheit zu gewährleisten. Bis es von Seiten der Datenschutzaufsichtsbehörden klare Vorgaben hierzu gibt, sind Unternehmen gut beraten, sich an den entsprechenden ISO-Normen oder den Vorgaben des Bundesamts für Sicherheit in der Informationstechnik (BSI) zu orientieren.[194]

150

j) Zusätzliche Verantwortung für Datenschutzbeauftragte

Datenschutzbeauftragte dürfen sich künftig über eine wichtigere Stellung im Unternehmen freuen. Andererseits müssen sie sich jedoch auch auf einen schärferen Haftungsmaßstab einstellen.[195]

151

Grundsätzlich sieht die Verordnung eine Pflicht zur Bestellung eines Datenschutzbeauftragten zwar gemäß Art. 37 Abs. 1 DSGVO nur unter engen Voraussetzungen vor.[196] Falls aber das Recht eines Mitgliedstaates eine Bestellung vorschreibt, müssen Unternehmen zwingend einen Datenschutzbeauftragten bestellen, Art. 37 Abs. 4 DSGVO. Sofern der deutsche Gesetzgeber § 4f BDSG nicht aufhebt oder durch eine andere Regelung ersetzt, bleibt es bei den dort genannten Voraussetzungen.[197]

152

Die DSGVO legt nicht ausdrücklich fest, inwieweit die Art. 37 bis Art. 39 DSGVO den § 4f Abs. 3 BDSG verdrängen, welcher insbesondere den Kündigungsschutz, das Benachteiligungsverbot und den Schutz vor Widerruf der Bestellung regelt. Gegebenenfalls handelt es sich hier um weiterhin geltende flankierende einzelstaatliche Regelungen zur DSGVO.

153

Zu den Aufgaben des Datenschutzbeauftragten zählen unter anderem die Unterrichtung und Beratung des Verantwortlichen oder des Auftragsverarbeiters und der Beschäftigten beim Datenschutz. Er überwacht die Einhaltung der DSGVO und anderer Datenschutzvorschriften sowie der Strategien für den Schutz personenbezogener Daten einschließlich der Zuweisung von Zuständigkeiten, Schulungen und Überprüfungen. Zudem berät er auf Anfrage zu der Datenschutz-Folgenabschätzung und der Überwachung ihrer Durchführung, arbeitet mit der Aufsichtsbehörde zusammen und ist deren Ansprechpartner, Art. 39 Abs. 1 DSGVO.[198]

154

---

194 Vgl. hierzu den Internetauftritt des BSI unter www.bsi.bund.de.
195 Ausführlich zum Datenschutzbeauftragten nach der DSGVO: *Klug*, ZD 2016, 315.
196 Kritisch zu diesen engen Voraussetzungen: *Damann*, ZD 2016, 307, 308.
197 Vgl. hierzu etwa *Scheja*, in: Taeger/Gabel (Hrsg.), BDSG, 2. Aufl. 2013, § 4f Rn. 18 ff.
198 Vgl. ausführlich zu den Aufgaben des Datenschutzbeauftragten: *Klug*, ZD 2016, 315, 318 f.

155   Nach dem bislang maßgeblichen § 4f Abs. 1 Satz 1 BDSG „wirkt der Datenschutzbeauftragte auf die Einhaltung" der Vorschriften über den Datenschutz hin. Danach hat er bislang vor allem eine beratende und unterstützende Funktion und übernimmt keine Gewähr dafür, dass die verantwortliche Stelle alle datenschutzrechtlichen Standards umsetzt.[199] Anders als nach dem bisherigen Recht sieht Art. 39 Abs. 1 lit. (b) DSGVO nun umfassende Überwachungspflichten vor. Diese gehen ihrem Wortlaut nach über ein bloßes „Hinwirken" deutlich hinaus.[200] Es bleibt daher abzuwarten, ob und in welchem Umfang Gerichte und Behörden Datenschutzbeauftragte künftig im Rahmen einer straf- und ordnungswidrigkeitsrechtlichen Verantwortlichkeit als „Überwachergaranten"[201] einordnen werden. Hinzu kommt auch die Möglichkeit zivilrechtlicher Haftung, die in der Praxis durch die in Art. 24 Abs. 1 DSGVO geregelte Beweislast des Verantwortlichen beziehungsweise des Auftragsverarbeiters deutlich erweitert wird.

156   Die nachstehende Checkliste gibt einen Überblick über die gesetzlich festgelegten Mindestpflichten des Datenschutzbeauftragten. Daneben können der Verantwortliche und der Datenschutzbeauftragte natürlich noch weitere bzw. konkretere Pflichten regeln, etwa im Arbeitsvertrag oder in Zusatzvereinbarungen.

157   **Checkliste: Mindestpflichten Datenschutzbeauftragter**

☐ **Information und Beratung**: Der Datenschutzbeauftragte muss den Verantwortlichen oder den Auftragsverarbeiter sowie die Beschäftigten, die personenbezogene Daten verarbeiten, über ihre Pflichten in Bezug auf den Datenschutz unterrichten und beraten.[202]

☐ **Überwachung**: Der Datenschutzbeauftragte überwacht die Einhaltung der Vorgaben der DSGVO und anderer Vorschriften der Union oder der Mitgliedstaaten zum Datenschutz sowie die Datenschutzstrategien einschließlich der Zuweisung von Zuständigkeiten, der Sensibilisierung und Schulung der Mitarbeiter sowie die diesbezüglichen Überprüfungen.[203]

☐ **Datenschutz-Folgenabschätzung**: Auf Anfrage des Verantwortlichen berät der Datenschutzbeauftragte diesen im Zusammenhang mit Datenschutz-Folgenabschätzungen und überwacht deren Durchführung.[204]

---

199 Vgl. *Scheja*, in: Taeger/Gabel (Hrsg.), BDSG, 2. Aufl. 2013, § 4g Rn. 8 ff.
200 Vgl. zum Haftungsmaßstab des Datenschutzbeauftragten nach dem bisherigen Recht: *Bongers/Krupna*, ZD 2013, 594 ff.
201 Vgl. zur strafrechtlichen Haftung des Überwachergaranten etwa BGH NJW 2003, 525 ff.
202 Vgl. Art. 39 Abs. 1 lit. (a) DSGVO.
203 Vgl. Art. 39 Abs. 1 lit. (b) DSGVO.
204 Vgl. Art. 39 Abs. 1 lit. (d) i. V. m. Art. 35 Abs. 2 DSGVO.

☐ **Zusammenarbeit mit Aufsichtsbehörden**: Der Datenschutzbeauftragte arbeitet mit der Aufsichtsbehörde zusammen. Er wird als Ansprechpartner für die Aufsichtsbehörde in Fragen tätig, die mit der Verarbeitung zusammenhängen. Er steht der Aufsichtsbehörde auch für Beratungen zu allen sonstigen Fragen zur Verfügung.[205]

☐ **Risikobeurteilung**: Bei der Erfüllung seiner Aufgaben trägt der Datenschutzbeauftragte den mit den Verarbeitungen verbundenen Risiken gebührend Rechnung. Dabei berücksichtigt er Art, Umstände und Zwecke der Verarbeitung.[206]

☐ **Erreichbarkeit**: Ein gemeinsam bestellter Datenschutzbeauftragter einer Unternehmensgruppe muss von jeder Niederlassung aus leicht erreichbar sein.[207]

Die nachstehende Checkliste fasst die wesentlichen Vorgaben zur Stellung des Datenschutzbeauftragten im Unternehmen zusammen. **158**

Checkliste: Stellung des Datenschutzbeauftragten **159**

☐ **Anforderungen**: Der Verantwortliche benennt den Datenschutzbeauftragten auf der Grundlage geeigneter beruflicher Qualifikationen. Das erforderliche Fachwissen richtet sich insbesondere nach der Art der durchgeführten Datenverarbeitungen und dem erforderlichen Schutz der verarbeiteten personenbezogenen Daten.[208]

☐ **Vor- und Weiterbildung**: Umfassendes Fachwissen ist insbesondere auf dem Gebiet des Datenschutzrechts und der Datenschutzpraxis erforderlich.[209]

☐ **Aufgabenerfüllung**: Der Datenschutzbeauftragte muss die Fähigkeiten zur Erfüllung der in Art. 39 DSGVO genannten Aufgaben besitzen. Der Verantwortliche muss dies nach Art. 24 Abs. 1 DSGVO nachweisen können.

☐ **Interner oder externer Datenschutzbeauftragter**: Der Datenschutzbeauftragte kann Beschäftigter des Verantwortlichen oder des Auftragsverarbeiters sein oder seine Aufgaben als externer Beauftragter auf der Grundlage eines Dienstleistungsvertrags erfüllen.[210]

---

205 Vgl. Art. 39 Abs. 1 lit. (d) und (e) DSGVO.
206 Vgl. Art. 39 Abs. 2 DSGVO.
207 Vgl. Art. 37 Abs. 2 DSGVO.
208 Vgl. Art. 37 Abs. 5 DSGVO.
209 Vgl. Art. 37 Abs. 5 DSGVO.
210 Vgl. Art. 37 Abs. 6 DSGVO.

☐ **Gemeinsamer Datenschutzbeauftragter**: Unternehmensgruppen dürfen einen gemeinsamen Datenschutzbeauftragten bestellen, sofern dieser von jeder Niederlassung aus leicht erreicht werden kann.[211] Eine telefonische Erreichbarkeit oder die Möglichkeit zur Kontaktaufnahme per E-Mail dürfte daher ausreichen.

☐ **Veröffentlichung von Kontaktdaten**: Der Verantwortliche oder der Auftragsverarbeiter veröffentlicht die Kontaktdaten des Datenschutzbeauftragten. Der Verantwortliche teilt diese Daten zudem auch der Aufsichtsbehörde mit.[212]

☐ **Beteiligung des Datenschutzbeauftragten**: Der Verantwortliche oder der Auftragsverarbeiter stellt sicher, dass der Datenschutzbeauftragte ordnungsgemäß und frühzeitig in alle mit dem Schutz personenbezogener Daten zusammenhängenden Fragen eingebunden wird.[213]

☐ **Unterstützung des Datenschutzbeauftragten**: Der Verantwortliche oder der Auftragsverarbeiter unterstützt den Datenschutzbeauftragten bei der Erfüllung seiner Aufgaben nach Art. 39 DSGVO.[214]

☐ **Ressourcen**: Der Verantwortliche oder der Auftragsverarbeiter stellt dem Datenschutzbeauftragten die für die Erfüllung seiner Aufgaben und die Erhaltung seines Fachwissens erforderlichen Ressourcen zur Verfügung.[215]

☐ **Zugang zu Datenverarbeitungen**: Der Verantwortliche oder der Auftragsverarbeiter ermöglicht dem Datenschutzbeauftragten den für die Erfüllung seiner Aufgaben erforderlichen Zugang zu personenbezogenen Daten und Verarbeitungsvorgängen.[216]

☐ **Unabhängigkeit**: Verantwortlicher und Auftragsverarbeiter stellen sicher, dass der Datenschutzbeauftragte bei der Erfüllung seiner Aufgaben keine Anweisungen bezüglich der Ausübung dieser Aufgaben erhält. Der Datenschutzbeauftragte darf von dem Verantwortlichen oder dem Auftragsverarbeiter wegen der Erfüllung seiner Aufgaben nicht abberufen oder benachteiligt werden.[217]

---

211 Vgl. Art. 37 Abs. 2 DSGVO.
212 Vgl. Art. 37 Abs. 7 DSGVO.
213 Vgl. Art. 38 Abs. 1 DSGVO.
214 Vgl. Art. 38 Abs. 2 DSGVO.
215 Vgl. Art. 38 Abs. 2 DSGVO.
216 Vgl. Art. 38 Abs. 2 DSGVO.
217 Vgl. Art. 38 Abs. 3 DSGVO.

☐ **Beratung**: Betroffene Personen können den Datenschutzbeauftragten zu allen Fragen zu Rate ziehen, die mit der Verarbeitung ihrer personenbezogenen Daten oder ihrer Rechte nach der DSGVO im Zusammenhang stehen.[218]

Praxistipp: Gerade vor dem Hintergrund der Bußgeldrisiken von bis zu 20 Millionen Euro für natürliche Personen sind die umfassenden Überwachungspflichten für Datenschutzbeauftragte kritisch. Allerdings dürfte eine ordnungswidrigkeiten- oder zivilrechtliche Haftung praktisch weitgehend ausgeschlossen sein, wenn der Datenschutzbeauftragte nachweisen kann, dass er seine Aufgaben pflichtgemäß erfüllt hat. Die in Art. 24 Abs. 1 DSGVO geregelte Nachweispflicht ist somit nicht nur für das Unternehmen, sondern auch für den Datenschutzbeauftragten von ganz erheblicher Bedeutung. Dennoch kann man davon ausgehen, dass Haftpflichtversicherungen für Datenschutzbeauftragte vor dem Hintergrund des erweiterten Haftungsmaßstabs und der höheren Haftungsrisiken künftig deutlich teurer werden. **160**

3. Betroffenenrechte (Art. 15 ff. DSGVO)

Neben den erweiterten Pflichten der Unternehmen nach Art. 12 bis Art. 13 **161** DSGVO regelt die Verordnung in den Art. 15 ff. DSGVO weitere umfangreiche Rechte für betroffene Personen.[219] Diese sind im Folgenden aufgeführt. Der Schwerpunkt der vorliegenden Darstellung liegt dabei auf den Neuerungen zur bisherigen Rechtslage nach dem BDSG.

a) Recht auf Auskunft, Art. 15 DSGVO

Zu den Betroffenenrechten zählt unter anderem das Recht auf Auskunft nach **162** Art. 15 DSGVO. Die Vorschrift hat eine ähnliche Funktion wie bislang § 34 BDSG. Allerdings muss der Verantwortliche nach Art. 15 DSGVO weitergehende Informationen zur Verfügung stellen als nach dem bisherigen Recht. Betroffene Personen sollen ein umfassendes Auskunftsrecht in Bezug auf die sie betreffenden personenbezogenen Daten haben. Dieses Recht sollen sie pro-

---

218 Vgl. Art. 38 Abs. 4 DSGVO.
219 Anders als die in Art. 12 bis Art. 14 DSGVO geregelten Pflichten des Verantwortlichen, die bei jeder Datenerhebung durch den Verantwortlichen gelten, treten die in Art. 15 ff. DSGVO geregelten Betroffenenrechte überwiegend erst dann ein, wenn die betroffene Person diese Rechte geltend macht. Eine Ausnahme hiervon stellen die Löschpflichten gem. Art. 17 Abs. 1 lit. (a), lit. (d) bis lit. (f) DSGVO dar, die auch ohne eine ausdrückliche Geltendmachung der betroffenen Person gelten.

blemlos und in angemessenen Abständen wahrnehmen können.[220] So soll die Verarbeitung der personenbezogenen Daten betroffener Personen transparent werden. Zudem können betroffene Personen so die Rechtmäßigkeit der Verarbeitung ihrer personenbezogenen Daten überprüfen.[221]

aa) Umfang der Auskunft, Art. 15 Abs. 1 DSGVO

163 Verlangt eine betroffene Person Auskunft darüber, welche ihrer personenbezogenen Daten ein Verantwortlicher verarbeitet, muss dieser Verantwortliche sie darüber informieren, ob er Daten dieser betroffenen Person verarbeitet. Ist dies der Fall, muss der Verantwortliche die betroffene Person zudem über folgende Punkte informieren:

- **Zwecke**: Beschreibung der Zwecke der Verarbeitung.[222]

- **Verarbeitete Daten**: Aufzählung der Kategorien personenbezogener Daten, die verarbeitet werden.[223]

- **Empfänger**: Nennung von Empfängern oder von Kategorien von Empfängern, gegenüber denen der Verantwortliche personenbezogene Daten der betroffenen Person offenlegt oder voraussichtlich noch offenlegen wird.[224]

- **Speicherdauer**: Die geplante Dauer, für die der Verantwortliche die personenbezogenen Daten der betroffenen Person speichert. Falls die genaue Festlegung der Dauer nicht möglich ist, soll der Verantwortliche die Kriterien für die Dauer der Speicherung offenlegen (Löschkonzept).[225]

- **Betroffenenrechte**: Hinweis auf Bestehen der Rechte auf Berichtigung (Art. 16 DSGVO), Löschung (Art. 17 DSGVO), Einschränkung (Art. 18 DSGVO) und Widerspruch (Art. 21 DSGVO) sowie auf das Recht auf Beschwerde bei einer Aufsichtsbehörde (Art. 77 DSGVO).[226]

- **Herkunft der Daten**: Hat der Verantwortliche die personenbezogenen Daten der betroffenen Person nicht direkt bei dieser Person erhoben, so muss der Verantwortliche der Person alle verfügbaren Informationen über die Herkunft dieser Daten zur Verfügung stellen.[227]

---

220 Erwägungsgrund 63.
221 Erwägungsgrund 63.
222 Vgl. Art. 15 Abs. 1 lit. (a) DSGVO.
223 Vgl. Art. 15 Abs. 1 lit. (b) DSGVO.
224 Vgl. Art. 15 Abs. 1 lit. (c) DSGVO.
225 Vgl. Art. 15 Abs. 1 lit. (d) DSGVO.
226 Vgl. Art. 15 Abs. 1 lit. (e) und (f) DSGVO.
227 Vgl. Art. 15 Abs. 1 lit. (g) DSGVO.

- **Automatisierte Entscheidungsfindung**: Verarbeitet der Verantwortliche personenbezogene Daten der betroffenen Person im Rahmen einer automatisierten Entscheidungsfindung nach Art 22 Abs. 1 und Abs. 4 DSGVO (z. B. Profiling), muss er dieser Person aussagekräftige Informationen über die Logik dieser Entscheidungsfindung sowie die Tragweite der Entscheidungsfindung und die angestrebte Auswirkung der Entscheidungsfindung mitteilen.[228]

- **Übermittlung in Drittländer**: Übermittelt der Verantwortliche personenbezogene Daten einer betroffenen Person in ein Drittland,[229] so muss er dieser Person mitteilen, welche geeigneten Garantien zum Schutz dieser personenbezogenen Daten gemäß Art. 46 DSGVO bestehen, insbesondere auf welcher Rechtsgrundlage er die Daten an den Empfänger in einem Drittland übermittelt.[230]

- **Dokumentation**: Nach Erteilung der Auskunft nach Art. 15 DSGVO sollte der Verantwortliche diesen Vorgang im Hinblick auf Art. 24 Abs. 1 DSGVO angemessen dokumentieren.

Nach Erwägungsgrund 63 sollte der Verantwortliche nach Möglichkeit sogar **164** einen Fernzugang zu einem sicheren System bereitstellen können, welches der betroffenen Person einen direkten Zugang zu ihren personenbezogenen Daten ermöglichen würde. Verarbeitet der Verantwortliche eine große Menge von Informationen über die betroffene Person, so kann er allerdings verlangen, dass die betroffene Person präzisiert, auf welche Information oder welche Verarbeitungsvorgänge sich ihr Auskunftsersuchen bezieht, bevor der Verantwortliche ihr die geforderten Auskünfte erteilt.

(1) Recht auf Überlassung einer Kopie der verarbeiteter Daten, Art. 15 Abs. 3 DSGVO

Der Verantwortliche muss der betroffenen Person auch eine Kopie der perso- **165** nenbezogenen Daten, die Gegenstand der Verarbeitung sind, zur Verfügung stellen.[231] Die erste Überlassung einer solchen Kopie ist unentgeltlich. Beantragt die betroffene Person weitere Kopien, so kann der Verantwortliche ein angemessenes Entgelt auf der Grundlage der dadurch entstehenden Verwaltungskosten verlangen.[232] Stellt die betroffene Person den Antrag auf Auskunft in elektronischer Form, so soll der Verantwortliche die Informationen nach

---

228 Vgl. Art. 15 Abs. 1 lit. (h) DSGVO; vgl. hierzu auch Erwägungsgrund 63.
229 Oder an eine internationale Organisation im Sinne von Art. 4 Nr. 26 DSGVO.
230 Vgl. Art. 15 Abs. 2 DSGVO.
231 Vgl. Art. 15 Abs. 3 DSGVO.
232 Vgl. Art. 15 Abs. 3 Satz 2 DSGVO.

Art. 15 Abs. 1 und Abs. 2 DSGVO in einem gängigen elektronischen Format zur Verfügung stellen, sofern die betroffene Person nichts anderes angibt.[233]

166 In Bezug auf den Umfang der zu kopierenden Daten ist der genaue Wortlaut von Art. 15 Abs. 3 DSGVO zu beachten. Er bezieht sich auf „Daten, die Gegenstand der Verarbeitung sind". Dies legt nahe, dass der Verantwortliche im Wesentlichen die verarbeiteten Stammdaten oder Stammakten der betroffenen Person zur Verfügung stellen muss, nicht aber etwa die gesamte mit der betroffenen Person geführte E-Mail-Korrespondenz oder Kopien sämtlicher mit der betroffenen Person getätigten geschäftlichen Vorgänge. Eine weitergehende Pflicht des Verantwortlichen zur Überlassung einer Kopie wäre im Hinblick auf die damit verbundenen Kosten und den entstehenden Aufwand zudem auch unverhältnismäßig.

167 **Beispiel:** Erwägungsgrund 63 enthält eine Reihe von Beispielen für Angaben, die Verantwortliche im Rahmen von Art. 15 DSGVO bereitstellen müssen. Dies betrifft etwa Patientenakten, die Informationen wie beispielsweise Diagnosen, Untersuchungsergebnisse, Befunde behandelnder Ärzte und Angaben zu Behandlungen oder Eingriffen enthalten.

168 Das Recht auf Erhalt einer Kopie darf die Rechte und Freiheiten anderer Personen nicht beeinträchtigen.[234] Der Verantwortliche soll demnach die im Rahmen einer Kopie zur Verfügung gestellten Daten grundsätzlich auf diejenige Person begrenzen, die ihr Recht nach Art. 15 DSGVO geltend macht.[235]

(2) Praxisfolgen von Art. 15 DSGVO

169 Das Auskunftsrecht nach Art. 15 DSGVO ist sehr weitgehend. Die Vorschrift sieht insbesondere auch keine Einschränkungen für den Fall vor, dass der betroffenen Person die zu erteilenden Auskünfte bereits vorliegen. Auch die in Art. 15 Abs. 3 DSGVO geregelte Pflicht zur Überlassung einer Kopie der personenbezogenen Daten, die Gegenstand der Verarbeitung sind, führt zu erheblichem Aufwand und Kosten. Die Erfüllung dieser Pflicht setzt entsprechende Prozesse und Strukturen im Unternehmen voraus, welche bis zum Inkrafttreten der Verordnung implementiert sein müssen.

---

233 Vgl. Art. 15 Abs. 3 Satz 3 DSGVO.
234 Vgl. Art. 15 Abs. 4 DSGVO; vgl. auch Erwägungsgrund 63: „Dieses Recht sollte die Rechte und Freiheiten anderer Personen, etwa Geschäftsgeheimnisse oder Rechte des geistigen Eigentums und insbesondere das Urheberrecht an Software, nicht beeinträchtigen. Dies darf jedoch nicht dazu führen, dass der betroffenen Person jegliche Auskunft verweigert wird."
235 Vgl. Erwägungsgrund 64.

b) Recht auf Berichtigung, Art. 16 DSGVO

Verarbeitet ein Verantwortlicher unrichtige personenbezogene Daten einer be-   **170**
troffenen Person, so kann diese betroffene Person deren unverzügliche Berichtigung verlangen.[236] Die betroffene Person kann auch die Vervollständigung unvollständiger personenbezogener Daten verlangen, soweit dies im Hinblick auf
die jeweiligen Verarbeitungszwecke angemessen ist. Die betroffene Person
kann dem Verantwortlichen zu vervollständigende Daten auch im Rahmen er-
gänzender Erklärungen zur Verfügung stellen.

c) Pflicht zur Löschung von Daten, Art. 17 DSGVO

Ähnlich wie bislang § 35 BDSG sieht Art. 17 DSGVO umfassende Lösch-   **171**
pflichten vor. Dabei sind die Pflichten Verantwortlicher nach Art. 17 DSGVO
im Ergebnis weitgehender als nach dem bislang geltenden Recht. Eine betroffene Person kann von einem Verantwortlichen, der ihre personenbezogenen Daten
verarbeitet, deren Löschung verlangt.

Sofern und soweit einer der in Art. 17 Abs. 1 lit. (a) bis lit. (f) DSGVO genann-   **172**
ten Löschgründe vorliegt, muss der Verantwortliche die davon betroffenen personenbezogenen Daten unverzüglich löschen. Von dieser grundsätzlichen
Löschpflicht sieht Art. 17 Abs. 3 DSGVO allerdings eine Reihe von Ausnahmen vor, bei deren Vorliegen der Verantwortliche die personenbezogenen Daten
der betroffenen Person weiter verarbeiten darf.[237]

Eine grundsätzliche Löschpflicht des Verantwortlichen besteht, wenn und so-   **173**
weit einer der in Art. 17 Abs. 1 lit. (a) bis lit. (f) DSGVO geregelten Gründe für
eine Löschung vorliegen:

- **Erledigung des Zwecks**: Die personenbezogenen Daten sind für die Zwecke, für die sie erhoben oder in sonstiger Weise verarbeitet wurden, nicht
  mehr notwendig.[238]

- **Widerruf einer Einwilligung**: Wenn der Verantwortliche die Verarbeitung
  auf eine Einwilligung nach Art. 6 Abs. 1 lit. (a) DSGVO oder auf Art. 9
  Abs. 2 lit. (a) DSGVO stützt und die betroffene Person ihre Einwilligung

---

236 In der deutschen Fassung heißt es zwar, die betroffene Person könne „unverzüglich die
     Berichtigung sie betreffender unrichtiger personenbezogener Daten" verlangen. Tatsäch-
     lich bezieht sich die Zeitbestimmung „unverzüglich" allerdings auf die Berichtigung und
     nicht auf das Geltendmachen des Verlangens nach Berichtigung. Dies wird beim Blick in
     die englische Sprachfassung deutlich: „The data subject shall have the right to obtain
     from the controller without undue delay the rectification of inaccurate personal data con-
     cerning him or her."
237 Vgl. Erwägungsgrund 65.
238 Vgl. Art. 17 Abs. 1 lit. (a) DSGVO.

nach Art. 7 Abs. 3 DSGVO widerruft, muss der Verantwortliche die auf der Grundlage dieser Einwilligung verarbeiteten Daten löschen. Eine Ausnahme von dieser Löschpflicht wegen Widerrufs gilt allerdings dann, wenn auch eine andere Rechtsgrundlage für die Verarbeitung dieser Daten vorliegt, etwa nach Art. 6 Abs. 1 lit. (f) DSGVO.[239]

- **Widerspruch**: Wenn die betroffene Person nach Art. 21 Abs. 1 DSGVO Widerspruch gegen die weitere Verarbeitung ihrer personenbezogenen Daten einlegt, muss der Verantwortliche diese Daten löschen, falls keine vorrangigen Gründe für die Verarbeitung vorliegen.[240] Legt eine betroffene Person nach Art. 21 Abs. 2 DSGVO Widerspruch dagegen ein, dass ein Verantwortlicher ihre Daten für Zwecke der Direktwerbung verarbeitet, so muss der Verantwortliche deren personenbezogene Daten unabhängig davon löschen, ob vorrangige Gründe vorliegen oder nicht.[241]

- **Unrechtmäßige Verarbeitung**: Wenn ein Verantwortlicher personenbezogene Daten unrechtmäßig verarbeitet, muss er diese Daten auf einen Widerspruch des Betroffenen hin löschen.[242]

- **Rechtliche Verpflichtung zum Löschen**: Wenn der Verantwortliche einer entsprechenden rechtlichen Verpflichtung nach dem Unionsrecht oder dem Recht des Mitgliedstaats[243] zum Löschen von Daten unterliegt, muss er die von dieser Verpflichtung betroffenen personenbezogenen Daten ebenfalls löschen.[244]

- **Dienste der Informationsgesellschaft**: Wenn der Verantwortliche oder ein Dritter[245] personenbezogene Daten in Bezug auf Dienste der Informationsgesellschaft im Sinne von Art. 4 Nr. 25 DSGVO erhoben hat, so muss er diese Daten auf einen Widerspruch der betroffenen Person hin löschen.[246]

174 Die Löschpflicht nach Art. 17 Abs. 1 DSGVO und das Recht auf Vergessenwerden nach Art. 17 Abs. 2 DSGVO gelten nicht ausnahmslos. Vielmehr sieht Art. 17 Abs. 3 DSGVO eine Reihe von Konstellationen vor, bei denen der Verantwortliche die betroffenen personenbezogenen Daten trotz des Vorliegens eines Löschungsgrundes nach Art. 17 Abs. 1 DSGVO nicht löschen muss. Diese Ausnahmen betreffen folgende Fälle:

---

239 Vgl. Art. 17 Abs. 1 lit. (b) DSGVO.
240 Vgl. Art. 17 Abs. 1 lit. (c) DSGVO.
241 Vgl. Art. 21 Abs. 3 DSGVO.
242 Vgl. Art. 17 Abs. 1 lit. (d) DSGVO.
243 Maßgeblich ist der Mitgliedstaat, dessen Recht der Verantwortliche unterliegt.
244 Vgl. Art. 17 Abs. 1 lit. (e) DSGVO.
245 Vgl. zum Begriff des Dritten Art. 4 Nr. 10 DSGVO.
246 Vgl. Art. 17 Abs. 1 lit. (f) DSGVO.

- **Freie Meinungsäußerung und Information**: Soweit die Verarbeitung zur Ausübung des Rechts auf freie Meinungsäußerung und Information erforderlich ist, entfällt eine grundsätzlich bestehende Löschpflicht.[247]

- **Rechtliche Verpflichtung**: Eine Pflicht zum Löschen entfällt auch, soweit die weitere Verarbeitung zur Erfüllung einer rechtlichen Verpflichtung[248] erforderlich ist.[249]

- **Öffentliches Interesse**: Sofern die Verarbeitung zur Wahrnehmung einer Aufgabe erforderlich ist, die im öffentlichen Interesse liegt oder in Ausübung öffentlicher Gewalt erfolgt, die dem Verantwortlichen übertragen wurde, entfällt die Löschpflicht.[250]

- **Öffentliche Gesundheit**: Die Pflicht zum Löschen kommt auch insofern nicht zum Tragen, soweit dies aus Gründen des öffentlichen Interesses im Bereich der öffentlichen Gesundheit gemäß Art. 9 Abs. 2 lit. (h) und lit. (i) DSGVO sowie gemäß Art. 9 Abs. 3 DSGVO erforderlich ist.[251]

- **Archiv-, Forschungs- oder Statistikzwecke**: Ist die Verarbeitung für im öffentlichen Interesse liegende Archivzwecke, wissenschaftliche oder historische Forschungszwecke oder für statistische Zwecke gemäß Art. 89 Abs. 1 erforderlich, müssen die betroffenen personenbezogenen Daten nicht gelöscht werden, soweit die in Art. 17 Abs. 1 DSGVO geregelte Löschpflicht voraussichtlich die Verwirklichung der Ziele dieser Verarbeitung unmöglich macht oder ernsthaft beeinträchtigt.[252]

- **Rechtsansprüche**: Auch bei der Speicherung oder sonstigen Verarbeitung personenbezogener Daten für Zwecke der Geltendmachung, Ausübung oder Verteidigung von Rechtsansprüchen entfällt die Pflicht zum Löschen der davon betroffenen personenbezogenen Daten.[253]

d) Recht auf Vergessenwerden, Art. 17 Abs. 2 DSGVO

Hat ein Verantwortlicher personenbezogene Daten öffentlich gemacht, unterliegt er beim Vorliegen der in Art. 17 Abs. 1 DSGVO geregelten Voraussetzungen zusätzlichen Pflichten. Ist ein solcher Verantwortlicher zur Löschung **175**

---

247 Vgl. Art. 17 Abs. 3 lit. (a) DSGVO.
248 Hierbei muss es sich um eine Verpflichtung nach dem Recht der EU oder dem Recht des Mitgliedstaats handeln, dem der Verantwortliche unterliegt.
249 Vgl. Art. 17 Abs. 3 lit. (b) DSGVO.
250 Vgl. Art. 17 Abs. 3 lit. (b) DSGVO.
251 Vgl. Art. 17 Abs. 3 lit. (c) DSGVO.
252 Vgl. Art. 17 Abs. 3 lit. (d) DSGVO.
253 Vgl. Art. 17 Abs. 1 lit. (e) DSGVO.

personenbezogener Daten verpflichtet, so muss er zusätzliche Schritte unternehmen. In diesem Fall trifft er unter Berücksichtigung der verfügbaren Technologie und der Implementierungskosten angemessene Maßnahmen, um das Recht der betroffenen Person auf Vergessenwerden umzusetzen. Hierfür muss er weitere Verantwortliche, welche die betroffenen personenbezogenen Daten verarbeiten, darüber informieren, dass eine betroffene Person von ihnen die Löschung aller Links zu diesen personenbezogenen Daten oder von Kopien oder Replikationen dieser personenbezogenen Daten verlangt hat.[254]

e) Recht auf Einschränkung der Verarbeitung, Art. 18 DSGVO

176   Eine betroffene Person kann von einem Verantwortlichen, der ihre personenbezogenen Daten verarbeitet, die Einschränkung der Verarbeitung dieser Daten nach Art. 18 DSGVO verlangen.

177   Das Recht der betroffenen Person, eine Einschränkung ihrer personenbezogenen Daten zu verlangen, ist an das Vorliegen einer der folgenden Voraussetzungen geknüpft:

- **Bestreiten der Richtigkeit**: Der Verantwortliche muss personenbezogene Daten sperren, wenn die betroffene Person ihre Richtigkeit bestritten hat. In diesem Fall muss der Verantwortliche die Daten so lange einschränken, bis er ihre Richtigkeit überprüft hat.[255] Diese Anforderung legt es nahe, Prozesse im Unternehmen zu implementieren, mit denen die Richtigkeit verarbeiteter Daten zeitnah und effizient geprüft werden kann.

- **Unrechtmäßige Verarbeitung**: Daten sind auch dann zu sperren, wenn ihre Verarbeitung unrechtmäßig ist und die betroffene Person die Löschung dieser Daten ablehnt und stattdessen deren Einschränkung verlangt.[256]

- **Rechtsansprüche der betroffenen Person**: Der Verantwortliche muss personenbezogene Daten sperren, wenn er sie für die ursprünglich mit der Verarbeitung verfolgten Zwecke nicht mehr benötigt,[257] die betroffene Person sie jedoch zur Geltendmachung, Ausübung oder Verteidigung von Rechtsansprüchen benötigt.[258]

- **Widerspruch**: Hat die betroffene Person Widerspruch gegen die Verarbeitung ihrer personenbezogenen Daten nach Art. 21 Abs. 1 DSGVO eingelegt,

---

254   Vgl. Erwägungsgrund 66.
255   Vgl. Art. 18 Abs. 1 lit. (a) DSGVO.
256   Vgl. Art. 18 Abs. 1 lit. (b) DSGVO.
257   Grundsätzlich sind personenbezogene Daten zu löschen, wenn sie für die Zwecke, für die sie erhoben oder auf sonstige Weise verarbeitet wurden, nicht mehr notwendig sind, Art. 17 Abs. 1 lit. (a) DSGVO.
258   Vgl. Art. 18 Abs. 1 lit. (c) DSGVO.

darf der Verantwortliche diese Daten grundsätzlich nicht mehr weiter verarbeiten. Er muss die betroffenen Daten so lange sperren, bis feststeht, ob er sie weiter verarbeiten darf. Dies gilt dann nicht, wenn der Verantwortliche zwingende schutzwürdige Gründe für die Verarbeitung nachweisen kann, welche die Interessen, Freiheiten und Grundrechte der betroffenen Person überwiegen oder, wenn die Verarbeitung der Geltendmachung, Ausübung oder Verteidigung von Rechtsansprüchen dient.

Die Einschränkung der Verarbeitung ist gemäß Art. 4 Nr. 3 DSGVO „die Markierung gespeicherter personenbezogener Daten" mit dem Ziel, ihre künftige Verarbeitung einzuschränken. Wurde die Verarbeitung nach Art. 18 Abs. 1 DSGVO eingeschränkt, darf der Verantwortliche die Daten zunächst grundsätzlich nur noch speichern und nicht mehr in sonstiger Weise verarbeiten.   **178**

Beispiel: Erwägungsgrund 67 zeigt recht klar, welche Maßnahmen zur Einschränkung der Verarbeitung Verantwortliche treffen sollen: „Methoden zur Beschränkung der Verarbeitung personenbezogener Daten könnten unter anderem darin bestehen, dass ausgewählte personenbezogenen Daten vorübergehend auf ein anderes Verarbeitungssystem übertragen werden, dass sie für Nutzer gesperrt werden oder dass veröffentliche Daten vorübergehend von einer Website entfernt werden. In automatisierten Dateisystemen[259] sollte die Einschränkung der Verarbeitung grundsätzlich durch technische Mittel so erfolgen, dass die personenbezogenen Daten in keiner Weise weiterverarbeitet werden und nicht verändert werden können. Auf die Tatsache, dass die Verarbeitung der personenbezogenen Daten beschränkt wurde, sollte in dem System unmissverständlich hingewiesen werden."   **179**

Ausnahmen vom Verarbeitungsverbot eingeschränkter Daten gelten in den folgenden, in Art. 18 Abs. 2 DSGVO geregelten Fällen: **180**

- **Einwilligung**: Die betroffene Person hat in die weitere Verarbeitung ihrer gespeicherten Daten eingewilligt.

- **Rechtsansprüche**: Der Verantwortliche darf gesperrte personenbezogene Daten weiter verarbeiten, soweit dies zur Geltendmachung, Ausübung oder Verteidigung von Rechtsansprüchen erforderlich ist.

- **Schutz der Rechte anderer Personen**: Gesperrte personenbezogene Daten dürfen zum Schutz der Rechte anderer natürlicher oder juristischer Personen verarbeitet werden.

---

259 Vgl. zum Begriff des Dateisystems Art. 4 Nr. 6 DSGVO.

• **Wichtiges öffentliches Interesse**: Die Verarbeitung gesperrter personenbezogener Daten ist auch aus Gründen eines wichtigen öffentlichen Interesses der Union oder eines Mitgliedstaats zulässig.

181 Verarbeitet ein Verantwortlicher eingeschränkte personenbezogene Daten auf der Grundlage einer der in Art. 18 Abs. 2 DSGVO genannten Ausnahmen, muss er vor Aufhebung der Einschränkung die betroffene Person hiervon unterrichten, Art. 18 Abs. 3 DSGVO.

f) Recht auf Datenübertragbarkeit, Art. 20 DSGVO

182 Betroffene Personen können verlangen, dass der Verantwortliche ihnen diejenigen personenbezogenen Daten, die sie ihm bereitgestellt haben,[260] in einem strukturierten, gängigen und maschinenlesbaren Format überlässt. Verantwortliche sollen „interoperable Formate (…) entwickeln, die die Datenübertragbarkeit ermöglichen".[261] Betroffene Personen können gemäß Art. 20 Abs. 2 DSGVO auch verlangen, dass der Verantwortliche ihre Daten direkt an einen anderen Verantwortlichen übermittelt, soweit dies technisch machbar ist. Diese Verpflichtung gilt nur, sofern die Verarbeitung mithilfe automatisierter Verfahren erfolgt, Art. 20 Abs. 1 lit. (b) DSGVO. Zudem muss die Verarbeitung dieser personenbezogenen Daten auf einer Einwilligung gemäß Art. 6 Abs. 1 lit. (a) DSGVO, einer Einwilligung in die Verarbeitung besonderer Kategorien personenbezogener Daten nach Art. 9 Abs. 2 lit. (a) DSGVO oder auf einem Vertrag gemäß Art. 6 Abs. 1 lit. (b) DSGVO beruhen. Das Recht auf Datenübertragbarkeit soll nicht gelten, wenn die Verarbeitung auf einer anderen Rechtsgrundlage als ihrer Einwilligung oder eines Vertrags erfolgt.[262]

183 **Praxistipp**: Aus Sicht des Unternehmens empfiehlt es sich, den Wortlaut von Art. 20 Abs. 1 DSGVO genau zu lesen. Das Recht auf Datenübertragbarkeit bezieht sich danach nur auf solche Daten, welche die betroffene Person „einem Verantwortlichen bereitgestellt" hat. Betroffen sind somit nur solche Daten, die die betroffene Person an den Verantwortlichen übermittelt hat.

g) Widerspruchsrecht

184 Betroffene Personen können gegen die Verarbeitung ihrer Daten nach Art. 21 Abs. 1 DSGVO Widerspruch einlegen. Dieses Recht zum Widerspruch betrifft nur Datenverarbeitungen auf der Grundlage von Art. 6 Abs. 1 lit (e) DSGVO

---

260 Vgl. *Jülicher/Röttgen/v. Schönfeld*, ZD 2016, 358, 359.
261 Vgl. Erwägungsgrund 68.
262 Vgl. Erwägungsgrund 68.

zur Wahrnehmung öffentlicher Aufgaben oder von Art. 6 Abs. 1 lit. (f) DSGVO zur Wahrung berechtigter Interessen des Verantwortlichen oder eines Dritten.

Nach der Einlegung eines Widerspruchs darf der Verantwortliche die betroffe-   **185** nen personenbezogenen Daten nicht mehr verarbeiten. Dieses Verarbeitungsverbot gilt dann nicht, wenn der Verantwortliche zwingende schutzwürdige Gründe für die Verarbeitung darlegen kann.[263] Eine weitere Ausnahme von dem Verarbeitungsverbot nach einem Widerspruch liegt vor, wenn eine Verarbeitung Zwecken der Geltendmachung, Ausübung oder Verteidigung von Rechtsansprüchen dient.[264]

Sofern ein Verantwortlicher personenbezogene Daten verarbeitet, um Direkt-   **186** werbung zu betreiben, kann die betroffene Person jederzeit Widerspruch gegen die damit im Zusammenhang stehende Verarbeitung ihrer personenbezogenen Daten einlegen. Dies gilt auch für Profiling,[265] soweit es mit Direktwerbung in Verbindung steht. Widerspricht eine betroffene Person der Verarbeitung ihrer personenbezogenen Daten zu Zwecken der Direktwerbung, so muss die weitere Verarbeitung stets unterbleiben. Eine Abwägung mit den Interessen des Verantwortlichen findet in diesem Fall nicht statt.[266]

h) Automatisierte Entscheidung im Einzelfall (einschließlich Profiling)

Nach Art. 22 Abs. 1 DSGVO haben betroffene Personen das Recht, nicht einer   **187** ausschließlich auf einer automatisierten Verarbeitung beruhenden Entscheidung unterworfen zu werden, die dieser Person gegenüber rechtliche Wirkung entfaltet oder sie in ähnlicher Weise beeinträchtigt.

Beispiele: Art. 22 Abs. 1 DSGVO soll etwa die automatische Ablehnung eines   **188** Online-Kreditantrags oder die Durchführung von Online-Einstellungsverfahren ohne jegliches menschliche Eingreifen unterbinden.[267]

Die Regelung des Art. 22 Abs. 1 DSGVO gilt auch für automatisierte Entschei-   **189** dungen durch Profiling. Nach Art. 4 Nr. 4 DSGVO bezeichnet Profiling „jede Art der automatisierten Verarbeitung personenbezogener Daten, die darin besteht, dass diese personenbezogenen Daten verwendet werden, um bestimmte persönliche Aspekte, die sich auf eine natürliche Person beziehen, zu bewerten, insbesondere um Aspekte bezüglich Arbeitsleistung, wirtschaftliche Lage, Ge-

---

263 Vgl. auch Erwägungsgrund 69.
264 Art. 2 Abs. 1 Satz 2 DSGVO.
265 Vgl. zum Profiling auch Art. 22 DSGVO sowie Art. 4 Nr. 4 DSGVO.
266 Vgl. Erwägungsgrund 70.
267 Erwägungsgrund 71.

sundheit, persönliche Vorlieben, Interessen, Zuverlässigkeit, Verhalten, Aufenthaltsort oder Ortswechsel dieser natürlichen Person zu analysieren oder vorherzusagen".[268]

190   Art. 22 Abs. 2 DSGVO regelt Ausnahmen vom Verbot der automatisierten Entscheidungsfindung. Danach sollen automatisierte Entscheidungen nach Art. 22 Abs. 1 DSGVO ausnahmsweise in folgenden Fällen zulässig sein:

- **Vertragszwecke:** Die Entscheidung ist für den Abschluss oder die Erfüllung eines Vertrags zwischen der betroffenen Person und dem Verantwortlichen erforderlich.[269] Der Verantwortliche muss angemessene Maßnahmen treffen, um die Rechte und Freiheiten der betroffenen Person zu wahren. Zu den zu treffenden Maßnahmen zählen zumindest, dass die betroffene Person fordern kann, dass eine natürliche Person in die Entscheidungsfindung eingreift, ihren eigenen Standpunkt darlegen kann und die getroffene Entscheidung anfechten darf.[270]

- **Rechtsvorschriften:** Die Entscheidung ist zulässig aufgrund von Rechtsvorschriften der Union oder des Mitgliedsstaats, dem der Verantwortliche unterliegt. Diese Rechtsvorschriften müssen angemessene Maßnahmen zur Wahrung der Rechte und Freiheiten sowie der berechtigten Interessen der betroffenen Person enthalten.[271]

- **Einwilligung:** Die automatisierte Entscheidungsfindung erfolgt mit ausdrücklicher Einwilligung der betroffenen Person.[272] Auch hier muss der Verantwortliche nach Art. 22 Abs. 3 DSGVO angemessene Maßnahmen treffen, um die Rechte und Freiheiten der betroffenen Person zu wahren.

191   Besondere Kategorien personenbezogener Daten dürfen in solche automatisierten Entscheidungen nur nach Maßgabe von Art. 22 Abs. 3 DSGVO einbezogen werden.

4. Gemeinsam für Verarbeitungen Verantwortliche

192   Art. 26 DSGVO sieht vor, dass auch zwei oder mehr Unternehmen oder sonstige Stellen gemeinsam für Datenverarbeitungen verantwortlich sein können. Dies ist eine erhebliche Veränderung gegenüber der bisherigen Rechtslage nach dem BDSG. Dieses sah eine gemeinsame Verantwortlichkeit[273] nicht vor.

---

268 Vgl. auch Erwägungsgrund 71.
269 Art. 22 Abs. 2 lit. (a) DSGVO.
270 Vgl. Art. 22 Abs. 3 DSGVO.
271 Art. 22 Abs. 2 lit. (b) DSGVO.
272 Vgl. Art. 7 DSGVO.
273 In der englischen Sprachfassung der DSGVO: „Joint Controllers".

Praxistipp: Diese Veränderung ist deshalb für die Praxis besonders wichtig, **193**
weil sie es ermöglicht, arbeitsteilige Datenverarbeitungen ohne Übermittlungen
vorzunehmen. Beispielsweise ist es Konzernunternehmen künftig erlaubt, in gemeinsamer Verantwortlichkeit personenbezogene Daten zu verarbeiten. Hierfür
müssen sie eine Vereinbarung über die gemeinsame Datenverarbeitung treffen
sowie die weiteren nachstehend geschilderten Vorgaben einhalten.

Legen zwei oder mehr Verantwortliche gemeinsam die Zwecke von Verarbei- **194**
tungen und die Mittel dieser Verarbeitungen fest, sind sie als gemeinsam Verantwortliche im Sinne von Art. 26 Abs. 1 Satz 1 DSGVO zu behandeln. In diesem Fall können betroffene Personen ihre Rechte nach der Verordnung bei und
gegenüber jedem einzelnen der gemeinsam Verantwortlichen geltend machen.[274]

In diesem Falle legen die gemeinsam Verantwortlichen im Rahmen einer Ver- **195**
einbarung[275] in transparenter Form fest, wer von ihnen welche Verpflichtung
nach der DSGVO erfüllt. Dabei müssen die gemeinsam Verantwortlichen insbesondere regeln, wer von ihnen welchen Informationspflichten gemäß Art. 13
und Art. 14 DSGVO nachkommt.[276] Die Vereinbarung muss die jeweiligen tatsächlichen Funktionen und Beziehungen der gemeinsam Verantwortlichen gegenüber den betroffenen Personen gebührend wiedergeben.[277] Hier ist eine klare
Zuteilung der sich aus der DSGVO ergebenden Verantwortlichkeiten erforderlich.[278] Die Vereinbarung kann auch eine zentrale Anlaufstelle für die betroffenen Personen festlegen.[279]

Die Verarbeitung personenbezogener Daten in gemeinsamer Verantwortlichkeit **196**
führt zu zusätzlichen Transparenzpflichten. Die wesentlichen Inhalte der Vereinbarung nach Art. 26 Abs. 1 DSGVO müssen den betroffenen Personen zur
Verfügung gestellt werden.[280] Die Verordnung enthält keine Vorgaben dazu, in
welcher Weise die wesentlichen Inhalte der Vereinbarung den betroffenen Personen zur Verfügung gestellt werden müssen. Dies spricht grundsätzlich dafür,
dass auch eine in angemessener Form erfolgende Unterrichtung im Rahmen

---

274 Vgl. Art. 26 Abs. 3 DSGVO.
275 In der englischen Sprachfassung der DSGVO: „Arrangement".
276 Diese Verpflichtung gilt nicht, sofern und soweit die jeweiligen Aufgaben der Verantwortlichen durch Rechtsvorschriften der Union oder derjenigen Mitgliedstaaten, denen die
   Verantwortlichen unterliegen, festgelegt sind, Art. 26 Abs. 1 Satz 2 DSGVO.
277 Vgl. Art. 26 Abs. 2 Satz 1 DSGVO.
278 Vgl. Erwägungsgrund 79.
279 Vgl. Art. 26 Abs. 1 Satz 3 DSGVO.
280 Vgl. Art. 26 Abs. 2 Satz 2 DSGVO.

von öffentlich gemachten Datenschutzrichtlinien (etwa im Internet) dafür genutzt werden kann, dieser Transparenzpflicht nachzukommen.

197 **Praxistipp**: Sofern mehrere Unternehmen personenbezogene Daten nach Art. 26 DSGVO gemeinsam verarbeiten, sollten Sie auf diesen Umstand im Rahmen ihrer Transparenz- und Informationspflichten nach den Art. 12 ff. DSGVO hinweisen. Dies gilt insbesondere bei der Erfüllung der Informationspflichten bei Erhebung personenbezogener Daten nach den Art. 13 und Art. 14 DSGVO sowie im Rahmen von Auskunftsverlangen nach Art. 15 DSGVO.

198 Im Ergebnis eröffnet Art. 26 DSGVO Unternehmen eine Reihe zusätzlicher Möglichkeiten, die in der Praxis erhebliche Folgen haben können. So lassen sich Funktionsübertragungen beispielsweise künftig gegebenenfalls durch entsprechende Vereinbarungen nach Art. 26 Abs. 1 DSGVO absichern.

199 Die nachstehende Checkliste fasst in knapper Form zusammen, welche Anforderungen gemeinsam Verantwortliche einhalten müssen.

200 **Checkliste: Verarbeitungen durch gemeinsam Verantwortliche nach Art. 26 DSGVO**

  □ **Zweckfestlegung**: Die gemeinsam Verantwortlichen legen miteinander die Zwecke der Verarbeitung fest.[281]

  □ **Auswahl der Mittel**: Ebenso legen die gemeinsam Verantwortlichen die jeweiligen Mittel zur Verarbeitung personenbezogener Daten fest.[282]

  □ **Geltendmachung von Rechten**: Werden personenbezogene Daten von gemeinsam Verantwortlichen verarbeitet, können die betroffenen Personen ihre Rechte gegenüber jedem einzelnen dieser Verantwortlichen geltend machen.[283]

  □ **Vereinbarung zur gemeinsamen Verantwortlichkeit**: Die gemeinsam Verantwortlichen legen in einer Vereinbarung in transparenter Weise fest, welcher Verantwortliche welche Verpflichtungen nach der DSGVO erfüllt. Dies betrifft insbesondere die Betroffenenrechte nach Art. 12 ff. DSGVO, aber auch die sonstigen Pflichten. Hier ist insbesondere an die Dokumentationspflicht nach Art. 24 Abs. 1 DSGVO zu denken. Weitere zu beachtende prozessuale Vorgaben sind etwa das Führen des Verarbeitungsverzeichnisses, die Durchführung von Datenschutz-Folgeabschätzungen oder Löschpflichten. Die Vereinbarung kann eine Anlaufstelle

---

281 Vgl. Art. 26 Abs. 1 DSGVO.
282 Vgl. Art. 26 Abs. 1 DSGVO.
283 Vgl. Art. 26 Abs. 3 DSGVO.

für betroffene Personen angeben. Zudem muss sie die jeweiligen tatsächlichen Funktionen und Beziehungen der gemeinsam Verantwortlichen gegenüber den betroffenen Personen angemessen wiedergeben.[284]

☐ **Zurverfügungstellung der Vereinbarung**: Die gemeinsam für die Verarbeitung Verantwortlichen müssen betroffenen Personen die wesentlichen Inhalte der Vereinbarung nach Art. 26 Abs. 1 DSGVO bekanntmachen.[285]

5. Auftragsverarbeitung

In Art. 28 DSGVO ist die Verarbeitung von Daten im Auftrag des Verantwortlichen geregelt. Die Verarbeitung durch Auftragsdatenverarbeiter[286] war bisher in § 11 BDSG geregelt. Nach Art. 28 Abs. 1 DSGVO muss der Auftragsverarbeiter hinreichende Garantien dafür bieten, dass er geeignete technische und organisatorische Maßnahmen durchführt, personenbezogene Daten im Einklang mit den Anforderungen der DSGVO verarbeitet und den Schutz der Rechte der betroffenen Personen gewährleistet. **201**

Gemäß Art. 82 Abs. 1 DSGVO haftet auch der Auftragsverarbeiter für durch seine Verarbeitung verursachte materielle und immaterielle Schäden. Hier gilt für Auftragsverarbeiter ein anderer Maßstab als für Verantwortliche. Auftragsverarbeiter haften für durch Verarbeitungen verursachte Schäden nur dann, wenn sie den den Auftragsverarbeitern speziell auferlegten Pflichten nicht nachkommen oder wenn sie rechtmäßige Weisungen des Verantwortlichen nicht beachten oder ihnen zuwider handeln.[287] **202**

Die Auftragsverarbeitung erfolgt auf Grundlage eines Vertrages, in dem Gegenstand und Dauer sowie Art und Zweck der Verarbeitung, die Art der personenbezogenen Daten, die Kategorien betroffener Personen und die Rechte und Pflichten des Verantwortlichen festgelegt sind.[288] Angesichts der Nachweispflichten des Verantwortlichen aus Art. 24 Abs. 1 DSGVO[289] wird dem Vertrag **203**

---

284 Vgl. Art. 26 Abs. 1 und 2 DSGVO.
285 Vgl. Art. 26 Abs. 2 DSGVO.
286 Vgl. zum Begriff des Auftragsverarbeiters Art. 4 Nr. 8 DSGVO.
287 Vgl. Art. 82 Abs. 2 Satz 2 DSGVO.
288 Vgl. Art. 28 Abs. 3 Satz 1 DSGVO.
289 Eine vergleichbare Bestimmung für Auftragsverarbeiter sieht die Verordnung nicht vor. Es bleibt allerdings abzuwarten, ob die Rechtsprechung die Beweislastregelung des Art. 24 Abs. 1 DSGVO im Hinblick auf die etwa in Erwägungsgrund 146 geforderte Gewährleistung vollständiger und wirksamer Schadensersatzansprüche nicht letztlich auch auf Auftragsverarbeiter überträgt.

zur Auftragsverarbeitung beim Nachweis der Voraussetzungen der Enthaftung gemäß Art. 82 Abs. 3 DSGVO eine entscheidende Bedeutung zukommen.

204 Die nachstehende Checkliste fasst die nach Art. 28 Abs. 3 lit. (a) bis lit. (h) DSGVO vorgeschriebenen Vertragsinhalte eines Auftragsverarbeitungsvertrags zusammen. Bis zum 25.5.2018 sollten Verantwortliche und Auftragsverarbeiter bestehende und neue Vereinbarungen so gestalten, dass sie den nachstehenden Anforderungen entsprechen. Dies sind natürlich nur datenschutzrechtliche Minimalinhalte, die um weitere Regelungen ergänzt werden müssen.

205 **Checkliste: Vertrag zur Auftragsverarbeitung**

☐ **Gegenstand**: Der Vertrag muss den Gegenstand der Auftragsverarbeitung festlegen.[290]

☐ **Zwecke**: Die Zwecke der Auftragsverarbeitung müssen festgelegt werden.

☐ **Art**: Der Vertrag muss die Art der verarbeiteten personenbezogenen Daten bestimmen.

☐ **Dauer**: Die voraussichtliche Dauer der Auftragsverarbeitung ist festzulegen.

☐ **Betroffene Personen**: Kategorien von betroffenen Personen, deren Daten Gegenstand der Auftragsverarbeitung sind, sind festzuhalten.

☐ **Weisungsgebundenheit**: Der Auftragsverarbeiter darf Daten nur auf dokumentierte Weisung des Verantwortlichen hin verarbeiten.[291]

☐ **Informationspflicht**: Der Auftragsverarbeiter muss den Verantwortlichen bei Ausnahmen von der Weisungspflicht bei Datenverarbeitungen aufgrund von Rechtsvorschriften unterrichten (wenn nicht die einschlägige Rechtsvorschrift eine solche Mitteilung verbietet).[292]

☐ **Vertraulichkeit**: Gewährleistung des Auftragsverarbeiters, dass sich die zur Verarbeitung der personenbezogenen Daten befugten Personen zur Vertraulichkeit verpflichtet haben oder einer angemessenen gesetzlichen Verschwiegenheitspflicht unterliegen.[293]

☐ **Datensicherheit**: Der Auftragsverarbeiter muss alle nach Art. 32 DSGVO vorgeschriebenen Maßnahmen zur Datensicherheit ergreifen.[294]

---

290 Vgl. zu diesen und den folgenden Punkten Art. 28 Abs. 3 DSGVO.
291 Vgl. Art. 28 Abs. 3 lit. (a) DSGVO.
292 Vgl. Art. 28 Abs. 3 lit. (a) DSGVO.
293 Vgl. Art. 28 Abs. 3 lit. (b) DSGVO.
294 Vgl. Art. 28 Abs. 3 lit. (c) DSGVO.

☐ **Unterauftragsverarbeiter**: Der Auftragsverarbeiter darf keine weiteren Unterauftragsverarbeiter ohne vorherige gesonderte oder allgemeine Zustimmung des Verantwortlichen einsetzen. Bei allgemeiner vorheriger Zustimmung gibt es eine Informationspflicht des Auftragsverarbeiters über vorgesehene Änderung im Einzelfall und ein Einspruchsrecht des Verantwortlichen.[295]

☐ **Unterstützung bei Transparenzpflichten**: Regelungen dazu, wie der Auftragsverarbeiter den Verantwortlichen bei der Erfüllung seiner Pflichten in Bezug auf Betroffenenrechte nach Art. 12 bis Art. 22 DSGVO unterstützt.[296]

☐ **Rückgabe oder Löschung**: Der Auftragsverarbeiter muss alle personenbezogenen Daten nach Erbringung der Verarbeitungsleistungen nach Wahl des Verantwortlichen löschen oder zurückgeben, sofern keine Rechtspflichten entgegenstehen.[297]

☐ **Nachweispflichten**: Der Auftragsverarbeiter unterstützt den Verantwortlichen beim Nachweis der Einhaltung der Vorschriften zur Auftragsverarbeitung und stellt dem Verantwortlichen die hierfür erforderlichen Informationen zur Verfügung.[298]

☐ **Kontrollen**: Der Auftragsverarbeiter ermöglicht und unterstützt Überprüfungen und Inspektionen bezüglich der Einhaltung der Vorgaben der DSGVO sowie sonstiger Datenschutzbestimmungen der EU und ihrer Mitgliedstaaten.[299]

☐ **Unterrichtung bei Verstößen**: Der Auftragsverarbeiter informiert den Verantwortlichen unverzüglich, falls er der Auffassung ist, dass eine Weisung gegen die DSGVO oder sonstige Datenschutzbestimmungen der EU oder ihrer Mitgliedstaaten verstößt.[300]

6. Datenaustausch im Konzern

Die DSGVO stellt weniger strenge Anforderungen als das BDSG an die Über- **206** mittlung personenbezogener Daten zwischen Verantwortlichen, die Teil einer Unternehmensgruppe sind. Art. 6 Abs. 1 lit. (f) DSGVO[301] differenziert anders

---

295 Vgl. Art. 28 Abs. 3 lit. (d) DSGVO.
296 Vgl. Art. 28 Abs. 3 lit. (e) DSGVO.
297 Vgl. Art. 28 Abs. 3 lit. (g) DSGVO.
298 Vgl. Art. 28 Abs. 3 lit. (h) DSGVO.
299 Vgl. Art. 28 Abs. 3 lit. (h) DSGVO.
300 Vgl. Art. 28 Abs. 3 a. E. DSGVO.
301 Siehe zum Datenaustausch im Konzern als mögliches berechtigtes Interesse im Erlaubnistatbestand des Art. 6 Abs. 1 lit. (f) DSGVO Rn. 264.

als das BDSG[302] nicht zwischen Datenverarbeitungen für eigene Zwecke und Datenverarbeitungen zur Wahrung berechtigter Interessen Dritter. Die Vorschrift erlaubt die Datenverarbeitung zur Wahrung berechtigter Interessen des Verantwortlichen oder eines Dritten, sofern nicht die Interessen oder Grundrechte und Grundfreiheiten der betroffenen Person überwiegen.

207 **Praxistipp:** Sofern Konzernunternehmen gemeinsam und arbeitsteilig personenbezogene Daten verarbeiten, sollten sie prüfen, ob es in ihrem Fall zweckmäßig ist, eine Vereinbarung über gemeinsame Verarbeitung nach Art. 26 Abs. 1 und Abs. 2 DSGVO abzuschließen. Die Möglichkeit einer gemeinsamen Verantwortlichkeit eröffnet gerade verbundenen Unternehmen einige Optionen.[303]

208 Erwägungsgrund 48 stellt zudem klar, dass Verantwortliche, die Teil einer Unternehmensgruppe sind, ein berechtigtes Interesse haben können, personenbezogene Daten innerhalb der Unternehmensgruppe für interne Verwaltungszwecke zu übermitteln. Dies soll ausdrücklich auch für die Verarbeitung personenbezogener Daten von Kunden und Beschäftigten gelten.

209 **Praxistipp:** Auch bei der Datenübermittlung zwischen Konzernunternehmen sollten Verantwortliche für ein hohes Maß an Transparenz sorgen. Sie sollten daher ihre Mitarbeiter und Kunden darüber informieren, welche personenbezogenen Daten sie für welche Zwecke an andere Konzernunternehmen weitergeben. Je transparenter Unternehmensgruppen betroffene Personen über die gruppeninterne Übermittlung personenbezogener Daten unterrichten, desto eher wird eine Interessenabwägung im Rahmen von Art. 6 Abs. 1 lit. (f) DSGVO zu ihren Gunsten ausfallen.

7. Übermittlung personenbezogener Daten in Drittländer

210 Das vorliegende Kapitel fasst die Vorgaben der DSGVO zur Übermittlung personenbezogener Daten an Empfänger außerhalb der EU beziehungsweise des EWR zusammen. Dabei werden auch die voraussichtlichen datenschutzrechtlichen Auswirkungen des Brexit kurz dargestellt. Auch die wichtigsten praktischen Folgen des zwischen der EU und den USA vereinbarten Abkommens zu Datenübermittlungen nach dem „Privacy Shield" werden hier geschildert.

---

302 Vgl. etwa § 28 Abs. 1 Satz 1 Nr. 2 BDSG und § 28 Abs. 2 Nr. 2b BDSG.
303 Vgl. hierzu Rn. 192 ff.

a) *Voraussetzungen grenzüberschreitender Datenübermittlungen in Drittländer*

Die wesentlichen Strukturen bei der Übermittlung personenbezogener Daten in   **211**
Drittstaaten außerhalb der EU bleiben ähnlich. Wichtige Veränderungen liegen
hierbei vor allem im Detail und in den längerfristigen Folgen der DSGVO.

aa) Allgemeine Anforderungen an Übermittlungen in Drittländer

Grundsätzlich sind Übermittlungen personenbezogener Daten in Drittländer   **212**
außerhalb der EU beziehungsweise des EWR oder an internationale Organisationen[304] nur zulässig, wenn der übermittelnde Verantwortliche oder Auftragsverarbeiter dabei sämtliche Vorgaben des 5. Kapitels der Verordnung[305] einhält,
Art. 44 Satz 1 DSGVO.[306] Bei solchen Übermittlungen darf das durch die
DSGVO gewährleistete Schutzniveau nicht untergraben werden.[307]

Die Erlaubnistatbestände für das Übermitteln personenbezogener Daten sind   **213**
Angemessenheitsbeschlüsse nach Art. 45 DSGVO, geeignete Garantien nach
Art. 46 DSGVO sowie die in Art. 49 DSGVO geregelten Ausnahmen für be-
stimmte Fälle.

bb) Datenübermittlung auf Grundlage eines Angemessenheitsbeschlusses

Wie auch nach der aktuellen Rechtslage dürfen Daten auf der Grundlage eines   **214**
Angemessenheitsbeschlusses der Kommission[308] in Drittländer übermittelt werden, Art. 45 Abs. 1 Satz 1 DSGVO. Bereits in der Vergangenheit hat die EU-
Kommission das Datenschutzniveau einer Reihe von Ländern[309] für angemessen erklärt und Übermittlungen in diese Drittstaaten somit keinen erhöhten Anforderungen unterstellt.

Als Grundlage eines solchen Angemessenheitsbeschlusses muss das jeweilige   **215**
Drittland zum einen über ein angemessenes Datenschutzniveau verfügen. Zum

---

304 Wegen der für die Privatwirtschaft überschaubaren Bedeutung der Übermittlung personenbezogener Daten an internationale Organisationen konzentriert sich die vorliegende
Darstellung auf die Übermittlung in Drittländer.
305 Vgl. Art. 44 ff. DSGVO.
306 Vgl. hierzu auch Erwägungsgrund 101.
307 Vgl. Art. 44 Satz 2 DSGVO.
308 Auch Adäquanzbeschlüsse genannt. Vgl. zum Angemessenheitsbeschluss Erwägungsgründe 103 ff.
309 Bislang hat die Kommission solche Angemessenheitsbeschlüsse für die Schweiz, Teile
von Kanada, Israel, Argentinien, Andorra, Faröer, Guernsey, Isle of Man, Australien,
Neuseeland und Uruguay gefasst. Vgl. hierzu http://ec.europa.eu/justice/data-protection/
international-transfers/adequacy/index_en.htm (zuletzt abgerufen am 11.7.2016).

anderen muss die EU-Kommission einen entsprechenden formellen Angemessenheitsbeschluss gefasst haben.

216 Dies entspricht grundsätzlich der bisherigen Rechtslage. Bereits nach Art. 25 Abs. 6 der Richtlinie 95/46/EG (Datenschutzrichtlinie) konnte die EU-Kommission feststellen, dass ein Drittland über ein angemessenes Datenschutzniveau verfügt.[310] Eine solche Datenübermittlung bedarf keiner besonderen Genehmigung.[311] Bei der Prüfung des von dem Drittland gewährleisteten Schutzniveaus berücksichtigt die Kommission eine Vielzahl von Kriterien.[312]

217 Die Anforderungen an Angemessenheitsbeschlüsse der Kommission sind in der nachstehenden Aufzählung zusammengefasst:

- **Rechtsstaatlichkeit**: Rechtsstaatlichkeit des Drittlands, Achtung der Menschenrechte und Grundfreiheiten.[313]

- **Rechtsvorschriften**: Einschlägige Rechtsvorschriften des Drittlands sowie deren Anwendung.[314]

- **Datenschutzvorschriften**: Datenschutzvorschriften des Drittlands, Berufsregeln und Sicherheitsvorschriften einschließlich Vorschriften für die weitere Übermittlung personenbezogener Daten in ein anderes Drittland.[315]

- **Rechtsprechung**: Rechtsprechung des Drittlands beziehungsweise wirksame und durchsetzbare Rechte der betroffenen Personen.[316]

- **Rechtsbehelfe**: Wirksame verwaltungsrechtliche und gerichtliche Rechtsbehelfe für betroffene Personen, deren Daten in das Drittland übermittelt werden.[317]

- **Aufsichtsbehörden**: Existenz und wirksame Funktionsweise unabhängiger Aufsichtsbehörden im Drittland.[318]

- **Verpflichtungen zum Datenschutz**: Von dem betreffenden Drittland eingegangene internationale Verpflichtungen oder andere Verpflichtungen, die sich aus rechtsverbindlichen Übereinkünften, Instrumenten oder aus der

---

310 Ebenso konnte die Kommission nach dieser Vorschrift feststellen, dass ein Gebiet oder ein Sektor in einem Drittland oder eine internationale Organisation über ein entsprechendes Datenschutzniveau verfügten.
311 Vgl. Art. 45 Abs. 1 Satz 2 DSGVO.
312 Vgl. Art. 45 Abs. 2 DSGVO.
313 Vgl. Art. 45 Abs. 2 lit. (a) DSGVO.
314 Vgl. Art. 45 Abs. 2 lit. (a) DSGVO.
315 Vgl. Art. 45 Abs. 2 lit. (a) DSGVO.
316 Vgl. Art. 45 Abs. 2 lit. (a) DSGVO.
317 Vgl. Art. 45 Abs. 2 lit. (a) DSGVO.
318 Vgl. Art. 45 Abs. 2 lit. (b) DSGVO.

Teilnahme des Drittlands an multilateralen oder regionalen Systemen insbesondere in Bezug auf den Datenschutz ergeben.[319]

Diese Vorgaben gehen über die bislang in Art. 25 Abs. 6 der Datenschutzricht- **218** linie geregelten Anforderungen deutlich hinaus. Das Drittland sollte Garantien für ein Schutzniveau bieten, das dem innerhalb der Union gewährleisteten Schutzniveau der Sache nach gleichwertig ist.[320] Dies legt nahe, dass die Kommission künftig für die Prüfung der Angemessenheit des Datenschutzniveaus im Rahmen eines Adäquanzbeschlusses nach Art. 45 Abs. 3 DSGVO strengere Maßstäbe als bislang anlegen könnte. Allerdings werden bestehende Angemessenheitsbeschlüsse durch die Einführung der Verordnung nicht außer Kraft gesetzt. Vielmehr gelten diese bis auf weiteres fort. Denn von der Kommission auf der Grundlage von Art. 26 Abs. 4 der Datenschutzrichtlinie erlassene Feststellungen bleiben so lange in Kraft, bis die Kommission sie erforderlichenfalls mit einem Beschluss ändert, ersetzt oder aufhebt, Art. 46 Abs. 5 Satz 2 DSGVO.

cc) „Privacy Shield"

Ein Beispiel für einen Adäquanzbeschluss auf der Grundlage von Art. 25 **219** Abs. 6 der Datenschutzrichtlinie ist der sogenannte „Privacy Shield".[321] Die Europäische Kommission hat das entsprechende Abkommen am 12.7.2016 als Rechtsrahmen für den Datentransfer zwischen den USA und der EU in Kraft gesetzt.[322] Der Vorgänger des „Privacy Shield" war das im Jahr 2000 ausgehandelte „Safe Harbor"-Abkommen. Dieses Abkommen hatte der EuGH am 6.10.2015 für unwirksam erklärt und damit außer Kraft gesetzt.[323]

Im Rahmen des nun geschlossenen „Privacy Shield"-Abkommens können sich **220** US-Unternehmen[324] bei der US Federal Trade Commission ab dem 1.8.2016 in eine „Privacy Shield"-Liste eintragen lassen. Damit bestätigen sie, dass sie die

---

319 Vgl. Art. 45 Abs. 2 lit. (c) DSGVO.
320 Erwägungsgrund 104.
321 Siehe zu den Auswirkungen auf die Praxis *Wybitul/Ströbel*, BB-Standpunkt vom 20.7.2016, abrufbar unter: http://betriebs-berater.ruw.de/bb-standpunkte/standpunkte/Privacy-Shield-beschlossen–Was-sind-die-Auswirkungen-auf-die-Praxis-30315 (zuletzt abgerufen 22.7.2016); sowie *Schreiber/Kohm* ZD 2016, 255 ff.
322 Siehe Pressemitteilung der EU-Kommission vom 12.7.2016, IP/16/2461, abrufbar unter: http://europa.eu/rapid/press-release_IP-16-2461_en.htm (zuletzt abgerufen am 22.7.2016, Englisch).
323 EuGH Urteil v. 6.10.2015 – C-362/14, ZD 2015, 549, mit Anmerkung *Spies*.
324 Das Abkommen gilt nur für solche US-Unternehmen, die dem Zuständigkeitsbereich der Federal Trade Commission oder des US-Verkehrsministeriums unterliegen. Davon sind beispielsweise Unternehmen aus dem TK-Sektor, die in den Zuständigkeitsbereich der Federal Communications Commission fallen, nicht erfasst.

sieben im Abkommen näher ausgeführten Prinzipien einhalten.[325] Das Schutzniveau der von „Privacy Shield" vorausgesetzten Prinzipien liegt deutlich über dem Schutzniveau des „Safe Harbor"-Abkommens. Nach dem Abkommen gilt für Übertragungen an ein US-Unternehmen, das sich dem „Privacy Shield" unterworfen hat, das Datenschutzniveau als angemessen. Somit können Daten künftig rechtmäßig auf der Grundlage von Art. 45 DSGVO an diese Unternehmen übertragen werden. Zertifizierte Unternehmen riskieren, wegen unfairen und irreführenden Wettbewerbs belangt zu werden, wenn sie nicht alle Prinzipien des „Privacy Shield" einhalten.

221 **Praxistipp**: Angesichts der öffentlichen Diskussion über das Abkommen ist damit zu rechnen, dass zertifizierte Unternehmen zunächst stark im öffentlichen Fokus stehen werden. Es ist davon auszugehen, dass auch die Aufsichtsbehörden genau überprüfen werden, ob die Vorgaben des „Privacy Shield" von Unternehmen in der Praxis auch tatsächlich eingehalten werden. Daher sollte vor einer möglichen Zertifizierung eine umfassende interne Compliance-Beurteilung vorgenommen werden, ob das Unternehmen den erweiterten Anforderungen des „Privacy Shield" nachkommt.

222 Abzuwarten bleibt, ob der „Privacy Shield" von der Wirtschaft ähnlich gut angenommen wird wie „Safe Harbor". Die erhöhten Datenschutzanforderungen und die Unsicherheit, ob der „Privacy Shield" einer Prüfung durch den EuGH standhalten wird,[326] könnten die Akzeptanz des Abkommens senken.

223 Solange die Kommission das „Privacy Shield"-Abkommen nicht ändert, ersetzt oder aufhebt, bleibt der Beschluss bis auf Weiteres auch nach dem 25.5.2018 in Kraft.[327] Bei künftigen Überprüfungen des durch den „Privacy Shield" gewährleisteten Datenschutzniveaus muss die Kommission dann die Vorgaben des Art. 45 Abs. 2 DSGVO beachten.

---

325 Diese Prinzipien umfassen: Informationspflicht, Wahlmöglichkeit, Verantwortung bei Weitergabe, Sicherheit, Datenintegrität und Zweckgebundenheit, Zugangsrecht sowie Regress, Durchsetzung und Haftung.

326 Erste Äußerungen von Datenschutzaktivisten lassen darauf schließen, dass auch „Privacy Shield" vor dem EuGH angefochten werden wird. Eine ausführliche Untersuchung kam jedoch im März 2016 zu dem Ergebnis, dass die vom EuGH festgelegten Kriterien erfüllt werden (abrufbar unter: http://www.hldataprotection.com/2016/03/articles/international-eu-privacy/hogan-lovells-issues-authoritative-legal-analysis-of-the-eu-u-s-privacy-shield/).

327 Vgl. Art. 46 Abs. 5 Satz 2 DSGVO.

dd) Datenübermittlungen auf der Grundlage geeigneter Garantien nach Art. 45 DSGVO

Außer auf der Grundlage eines Angemessenheitsbeschlusses kann ein Verant- **224**
wortlicher oder Auftragsverarbeiter personenbezogene Daten an ein Drittland
auch auf der Grundlage geeigneter Garantien übermitteln. Hierbei müssen den
betroffenen Personen neben den in Art. 46 Abs. 2 DSGVO aufgezählten Garantien stets durchsetzbare Rechte und wirksame Rechtsbehelfe zum Schutz ihrer
personenbezogenen Daten zur Verfügung stehen.[328] Die in Art. 46 Abs. 2
DSGVO genannten und für Unternehmen relevanten[329] Garantien sind folgende:

- **BCRs**: Verbindliche interne Datenschutzvorschriften nach Art. 47 DSGVO
  (sog. Binding Corporate Rules).[330] Art. 47 DSGVO enthält einen umfangreichen Katalog zum Vorgehen und den Anforderungen an BCRs.

- **Standardvertragsklauseln**: Standarddatenschutzklauseln der Kommission
  (sog. EU-Standardvertragsklauseln – SCCs).[331] Verantwortliche oder Auftragsverarbeiter können die Standard-Datenschutzklauseln auch in umfang-
  reicheren Verträgen verwenden, zum Beispiel in Verträgen zwischen dem
  Auftragsverarbeiter und einem anderen Auftragsverarbeiter.[332] Sie dürfen
  auch weitere Klauseln oder zusätzliche Garantien hinzuzufügen, solange
  diese weder mittelbar noch unmittelbar im Widerspruch zu den Standardvertragsklauseln stehen oder die Grundrechte und Grundfreiheiten der betroffenen Personen beschneiden.[333] Verantwortliche und Auftragsverarbeiter dürfen Standardvertragsklausen insbesondere auch durch vertragliche Verpflichtungen ergänzen, die zusätzliche Garantien bieten.[334]

- **Standardvertragsklauseln der Aufsichtsbehörden**: Von einer Aufsichtsbehörde angenommene Standardvertragsklauseln, die von der Kommission
  genehmigt wurden.[335] Auch hier gibt es die vorstehend zu den Standardvertragsklauseln der Kommission genannte Möglichkeit, weitere Klauseln oder
  zusätzliche Garantien hinzuzufügen.[336]

---

328 Art. 46 Abs. 1 DSGVO.
329 Für Behörden oder öffentliche Stellen in Betracht kommende Garantien sind vorliegend
     mangels praktischer Relevanz für Unternehmen nicht näher dargestellt.
330 Vgl. Art. 46 Abs. 2 lit. (b) DSGVO.
331 Vgl. Art. 46 Abs. 2 lit. (c) DSGVO.
332 Vgl. Erwägungsgrund 109.
333 Vgl. Erwägungsgrund 109.
334 Vgl. Erwägungsgrund 109.
335 Vgl. Art. 46 Abs. 2 lit. (d) DSGVO.
336 Vgl. Erwägungsgrund 109.

- **Verhaltensregeln**: Nach Art. 40 DSGVO genehmigte[337] Verhaltensregeln (sog. Codes of Conduct). Diese Verhaltensregeln müssen durch rechtsverbindliche und durchsetzbare Verpflichtungen zur Anwendung geeigneter Garantien durch den Verantwortlichen oder Auftragsverarbeiter in dem Drittland ergänzt werden. Diese Garantien müssen auch die Rechte der betroffenen Personen umfassen.[338]

- **Zertifizierungen**: Nach Art. 42 DSGVO genehmigte Zertifizierungsmechanismen. Auch diese Zertifizierungen müssen durch rechtsverbindliche und durchsetzbare Verpflichtungen zur Anwendung geeigneter Garantien durch den Verantwortlichen oder Auftragsverarbeiter in dem Drittland ergänzt werden, die auch die Rechte der betroffenen Personen umfassen.[339]

- **Ad-hoc-Verträge**: Vertragsklauseln, die zwischen dem Verantwortlichen oder dem Auftragsverarbeiter in der EU und dem Empfänger der personenbezogenen Daten im Drittland vereinbart werden.[340] Diese sogenannten Ad-hoc-Verträge müssen vorab durch die zuständige Aufsichtsbehörde genehmigt werden. Die Aufsichtsbehörde wendet bei der Genehmigung solcher individuell erstellter Vertragsklauseln das in Art. 63 ff. DSGVO geregelte Kohärenzverfahren an.[341]

ee) Ausnahmen für bestimmte Fälle, Art. 49 DSGVO

225   Sofern für eine Übermittlung personenbezogener Daten in ein Drittland weder ein Angemessenheitsbeschluss nach Art. 45 Abs. 3 DSGVO noch geeignete Garantien nach Art. 46 DSGVO vorliegen, kann die Übermittlung auf Ausnahmen für bestimmte Fälle nach Art. 49 Abs. 1 DSGVO gestützt werden. Die Vorschrift enthält eine abschließende Aufzählung von Ausnahmen, bei deren Vorliegen eine Übermittlung in einen Drittstaat zulässig sein kann:

- **Einwilligung**: Die betroffene Person hat in die Übermittlung ihrer personenbezogenen Daten ausdrücklich eingewilligt. Zuvor muss die betroffene Person im Rahmen der nach Art. 7 DSGVO vorgeschriebenen Information auch über bestehende Risiken derartiger Übermittlungen ohne Vorliegen eines Angemessenheitsbeschlusses oder geeigneter Garantien hingewiesen werden.[342]

---

337 Vgl. zum Vorlage- und Genehmigungsverfahren bei Verhaltensregeln Art. 40 Abs. 5 ff. DSGVO.
338 Vgl. Art. 46 Abs. 2 lit. (e) DSGVO.
339 Vgl. Art. 46 Abs. 2 lit. (f) DSGVO.
340 Vgl. Art. 46 Abs. 3 lit. (a) DSGVO.
341 Vgl. Art. 46 Abs. 4 DSGVO.
342 Vgl. Art. 49 Abs. 1 lit. (a) DSGVO.

- **Vertrag mit der betroffenen Person**: Die Übermittlung ist für die Erfüllung eines Vertrags zwischen der betroffenen Person und dem Verantwortlichen erforderlich. Gleiches gilt auf Antrag der betroffenen Person für die Durchführung vorvertraglicher Maßnahmen.[343]

- **Vertrag im Interesse der betroffenen Person**: Die Übermittlung ist zum Abschluss oder zur Erfüllung eines im Interesse der betroffenen Person geschlossenen Vertrags erforderlich. Dieser Vertrag muss zwischen dem übermittelnden Verantwortlichen und einem Dritten (einer anderen natürlichen oder juristischen Person) geschlossen sein.[344]

- **Wichtiges öffentliches Interesse**: Die Übermittlung ist aus wichtigen Gründen des öffentlichen Interesses erforderlich.[345] Das öffentliche Interesse muss im Unionsrecht oder dem Recht des Mitgliedstaats, dem der Verantwortliche unterliegt, anerkannt sein.[346] Dies betrifft etwa den internationalen Datenaustausch zwischen Wettbewerbs-, Steuer- oder Zollbehörden, zwischen Finanzaufsichtsbehörden oder zwischen für Angelegenheiten der sozialen Sicherheit oder für die öffentliche Gesundheit zuständigen Diensten, beispielsweise im Falle der Umgebungsuntersuchung bei ansteckenden Krankheiten oder zur Verringerung oder Beseitigung des Dopings im Sport.[347]

- **Rechtsansprüche**: Die Übermittlung ist zur Geltendmachung, Ausübung oder Verteidigung von Rechtsansprüchen erforderlich.[348] Gegenüber dem bisherigen deutschen Recht ist dies eine der wenigen wirklich wesentlichen Veränderungen bei der Übermittlung personenbezogener Daten in Drittländer. Denn § 4c Abs. 1 Nr. 4 BDSG schränkte zulässige Übermittlungen auf Zwecke der Geltendmachung, Ausübung oder Verteidigung von Rechtsansprüchen „vor Gericht" ein. Diese Veränderung erweitert den Anwendungsbereich gegenüber dem bisherigen Recht und erlaubt auch die Datenübermittlung im Rahmen behördlicher Verfahren oder sogenannter Pre-Trial-Discoveries[349] beziehungsweise sogenannter E-Discoveries nach angelsächsischen Rechtsordnungen.[350]

---

343 Vgl. Art. 49 Abs. 1 lit. (b) DSGVO.
344 Vgl. Art. 49 Abs. 1 lit. (c) DSGVO.
345 Vgl. Art. 49 Abs. 1 lit. (d) DSGVO.
346 Vgl. Art. 49 Abs. 4 DSGVO.
347 Vgl. Erwägungsgrund 112.
348 Vgl. Art. 47 Abs. 1 lit. (e) DSGVO.
349 Vgl. zu diesem Themenkomplex nach bisherigem Recht etwa *Simitis*, BDSG, 8. Aufl. 2014, § 4c Rn. 21.
350 Diesem Ergebnis steht auch Art. 48 DSGVO nicht entgegen. Die Vorschrift betrifft nicht die Übermittlung von Daten, sondern die Anerkennung oder Vollstreckbarkeit von Gerichtsurteilen oder verwaltungsbehördlichen Entscheidungen eines Drittlandes. Diese

- **Lebenswichtige Interessen**: Die Übermittlung ist zum Schutz lebenswichtiger Interessen der betroffenen Person oder anderer Personen erforderlich.[351] Eine solche Übermittlung ist nur dann zulässig, wenn die betroffene Person aus physischen oder rechtlichen Gründen außerstande ist, ihre Einwilligung abzugeben.

- **Übermittlung aus einem Register**: Die Übermittlung erfolgt aus einem nach dem Recht der Union oder der Mitgliedstaaten zulässigen Register, soweit die rechtlichen Voraussetzungen für die Einsichtnahme in das Register gegeben sind.[352]

ff) Übermittlung zur Wahrung zwingender berechtigter Interessen

226 Eine Neuerung gegenüber dem bisherigen Recht ist auch die Möglichkeit, personenbezogene Daten zur Verwirklichung zwingender berechtigter Interessen des Verantwortlichen in einen Drittstaat zu übermitteln, Art. 49 Abs. 1 UAbs. 2 DSGVO. Allerdings dürfte die praktische Bedeutung dieser Möglichkeit eher überschaubar bleiben, da Übermittlungen nach dieser Vorschrift an ausgesprochen hohe Anforderungen[353] geknüpft sind:

- **Zwingende berechtigte Interessen**: Die Übermittlung muss für Zwecke der Wahrung zwingender berechtigter Interessen erforderlich sein.[354] Der Wortlaut der Vorschrift legt es nahe, hier strikte Maßstäbe anzuwenden. Anders als etwa in Art. 6 Abs. 1 lit. (f) DSGVO ist in Art. 49 Abs. 1 UAbs. 2 DSGVO nicht von berechtigten Interessen, sondern von „zwingenden" berechtigten Interessen die Rede. Zudem erlaubt Art. 49 Abs. 1 UAbs. 2 DSGVO auch keine Übermittlung zur Wahrung zwingender berechtigter Interessen Dritter. Die Vorschrift nennt allein Interessen des Verantwortlichen selbst.[355]

- **Keine überwiegenden entgegenstehenden Interessen**: Die Interessen oder Rechte und Freiheiten der betroffenen Person dürfen die mit der Übermittlung verfolgten Interessen nicht überwiegen.[356] Hier ist eine umfassende Ab-

---

Vorgänge sind nur auf der Grundlage internationaler Übereinkünfte, wie etwa Rechtshilfeabkommen, zulässig.

351 Vgl. Art. 49 Abs. 1 lit. (f) DSGVO.
352 Vgl. Art. 49 Abs. 1 lit. (g) DSGVO. Hier sind auch die Anforderungen nach Art. 49 Abs. 2 DSGVO zu beachten.
353 Vgl. auch Erwägungsgrund 113.
354 Vgl. Art. 49 Abs. 1 UAbs. 2 Satz 1 DSGVO.
355 Anders als Art. 6 Abs. 1 lit. (f) DSGVO, der als möglichen Zweck auch die Verwirklichung berechtigter Interessen Dritter umfasst.
356 Vgl. Art. 49 Abs. 1 UAbs. 2 Satz 1 DSGVO.

wägung der betroffenen Rechtsgüter des Verantwortlichen und der betroffenen Personen nötig.

- **Keine wiederholten Übermittlungen**: Die Übermittlung darf nicht wiederholt erfolgen.[357] Eine regelmäßig erfolgende Übermittlung personenbezogener Daten kann somit nicht auf die Verwirklichung zwingender berechtigter Interessen des Verantwortlichen gestützt werden.

- **Begrenzte Personenzahl**: Die Übermittlung darf nur eine begrenzte Anzahl von Personen betreffen.[358] Die Anzahl der betroffenen Personen muss demnach jedenfalls absehbar sein und darf in Relation zu den verfolgten zwingenden berechtigten Interessen keinesfalls unverhältnismäßig sein.

- **Beurteilung der Übermittlung**: Der Verantwortliche muss vorab die Umstände der Datenübermittlung beurteilen.[359] Diese umfassende Bewertung des Sachverhalts und der Rechtslage muss im Verarbeitungsverzeichnis nach Art. 30 DSGVO dokumentiert werden.[360] Die Durchführung einer Datenschutz-Folgenabschätzung nach Art. 35 DSGVO ist nicht ausdrücklich vorgesehen. Sie ist aber jedenfalls dann vorgeschrieben, wenn die Übermittlung voraussichtlich ein hohes Risiko für die Rechte und Freiheiten der betroffenen Personen zur Folge hat.[361]

- **Garantien**: Der Verantwortliche muss auf der Grundlage der zuvor vorgenommenen Beurteilung geeignete Garantien in Bezug auf den Schutz der zu übermittelnden personenbezogenen Daten vorsehen.[362] Auch diese müssen im Verarbeitungsverzeichnis dokumentiert werden.[363]

- **Information der Aufsichtsbehörde**: Der Verantwortliche muss die zuständige Aufsichtsbehörde von der Übermittlung in Kenntnis setzen.[364]

- **Unterrichtung der betroffenen Personen**: Der Verantwortliche unterrichtet die betroffenen Personen über die Übermittlung und die damit verfolgten zwingenden berechtigten Interessen.[365] Diese Unterrichtung erfolgt zusätzlich zu den der betroffenen Person nach Art. 13 oder nach Art. 14 DSGVO

---

357 Vgl. Art. 49 Abs. 1 UAbs. 2 Satz 1 DSGVO.
358 Vgl. Art. 49 Abs. 1 UAbs. 2 Satz 1 DSGVO.
359 Vgl. Art. 49 Abs. 1 UAbs. 2 Satz 1 DSGVO.
360 Vgl. Art. 49 Abs. 6 DSGVO.
361 Vgl. Art. 35 Abs. 1 Satz 1 DSGVO.
362 Vgl. Art. 49 Abs. 1 UAbs. 2 Satz 1 DSGVO.
363 Vgl. Art. 49 Abs. 6 DSGVO.
364 Vgl. Art. 49 Abs. 1 UAbs. 2 Satz 2 DSGVO.
365 Vgl. Art. 49 Abs. 1 UAbs. 2 Satz 3 DSGVO.

mitgeteilten Informationen.[366] Die Regelung schließt somit eine vorweggenommene Unterrichtung im Rahmen der Erfüllung der Informationspflichten nach Art. 13 oder Art. 14 DSGVO aus.[367]

b) Datenschutzrechtliche Folgen des „Brexit"

227 Der folgende Abschnitt stellt die aus datenschutzrechtlicher Sicht relevanten Auswirkungen eines möglichen Ausscheidens des Vereinigten Königreichs aus der EU dar.

aa) Fortgeltung des bisherigen Rechts

228 In Großbritannien ist der Datenschutz derzeit im Data Protection Act 1998 (DPA 1998) geregelt. Sollte der britische Gesetzgeber bis zum 24.5.2018 keine Neuregelung beschließen, gilt der DPA 1998 zunächst weiter. Eine Neuregelung scheint nach dem derzeitigen Stand höchst unwahrscheinlich. Initiativen für eine Neuregelung gibt es keine.

bb) Rechtskraft der Datenschutzgrundverordnung

229 Ab dem 25.5.2018 gilt auch im Vereinigten Königreich die DSGVO. Diese Aussage beruht auf der wohl mehr als wahrscheinlichen Annahme, dass der Brexit nicht vor diesem Zeitpunkt vollzogen sein wird. In diesem Falle gilt die DSGVO ab dem 25.5.2018 im Vereinigten Königreich und den anderen Mitgliedstaaten unmittelbar und direkt nach Art. 288 Abs. 2 AEUV. Auch hier gilt der europarechtliche Anwendungsvorrang der EU-Verordnung. Der DPA 1998 wird allerdings durch die DSGVO nicht außer Kraft gesetzt. Hierfür wäre eine ausdrückliche Regelung durch den britischen Gesetzgeber notwendig.

cc) Ausscheiden des Vereinigten Königreichs aus der EU („Brexit")

230 Mit dem Austritt aus der EU endet der Anwendungsvorrang der DSGVO für das Vereinigte Königreich. Sofern das Vereinigte Königreich bis dahin den DPA 1998 nicht außer Kraft gesetzt oder durch eine andere Regelung zum Datenschutz ersetzt hat, gilt dann wieder der DPA 1998.

231 Formell betrachtet wird das Vereinigte Königreich mit dem Ausscheiden aus der EU zum datenschutzrechtlichen Drittland. Sofern die EU-Kommission nicht per Angemessenheitsbeschluss (vgl. Art. 45 DSGVO) feststellen sollte, dass das Vereinigte Königreich über ein dem der EU gleichwertiges Daten-

---

366 Vgl. Art. 49 Abs. 1 UAbs. 2 Satz 3 DSGVO.
367 Vgl. zu den Informationspflichten im Rahmen der beabsichtigten Übermittlung in Drittländer Art. 13. Abs. 1 lit. (f) DSGVO sowie Art. 14 Abs. 1 lit. (f) DSGVO.

schutzniveau verfügt, wäre das Vereinigte Königreich datenschutzrechtlich zunächst als Drittland ohne angemessenes Datenschutzniveau zu bewerten. In diesem Falle würden die gleichen Beschränkungen wie bei Datentransfers in die USA oder andere Drittstaaten ohne angemessenes Datenschutzniveau gelten. Dann könnten Gerichte und Datenschutzbehörden ähnliche Anforderungen stellen wie jetzt schon bei der Übermittlung personenbezogener Daten in die USA. Seit dem Safe Harbor-Urteil des Europäischen Gerichtshofs vom 6.10.2105 legen die Datenschutzbehörden hier strenge Maßstäbe an. Personenbezogene Daten dürften dann nur unter den engen Voraussetzungen der Art. 46 ff. DSGVO in das Vereinigte Königreich übermittelt werden. Für die Praxis kommen hier insbesondere Verträge nach Maßgabe der so genannten EU-Standardvertragsklauseln in Betracht.

Grundsätzlich könnten die EU und das Vereinigte Königreich auch bilaterale **232** Regelungen zum Datenschutz vereinbaren. Allerdings müssten die Verhandlungsparteien hier sehr starke Gegensätze überwinden. In der Vergangenheit gab es in Bezug auf den Datenschutz des Vereinigten Königreichs durchaus Kritik von der EU-Kommission.[368] Die Kommissare kritisierten, dass das Vereinigte Königreich europarechtliche Vorgaben zum Datenschutz unzureichend umgesetzt habe. Andererseits wurde der starke EU-Datenschutz im Vereinigten Königreich in der Vergangenheit häufig als überreguliert kritisiert. Auch im Gesetzgebungsverfahren zur DSGVO wurde erhebliche Kritik an den künftigen strengen europäischen Regelungen laut. Ein umfassender Zugang zum Binnenmarkt dürfte (jedenfalls nach dem Inkrafttreten der DSGVO) hingegen auch eine Harmonisierung beim Datenschutz voraussetzen. Es bleibt also abzuwarten, ob sich alternative Regelungen in Form von zwischenstaatlichen Vereinbarungen tatsächlich erzielen lassen.

dd) Praktische Folgen des Brexit

Kurzfristig sind durch den Brexit keine gravierenden Änderungen beim Daten- **233** schutz zu erwarten. Ab Mai 2018 wird es in der gesamten EU ganz erhebliche Änderungen beim Datenschutzrecht geben. Es bleibt offen, ob auch der Gesetzgeber des Vereinigten Königreichs einen ähnlichen Weg beschreitet. Davon, wie sich das Vereinigte Königreich in Bezug auf den Datenschutz positioniert, wird auch abhängen, ob und unter welchen Voraussetzungen personenbezogene Daten von Beschäftigten oder sonstigen Betroffenen aus der EU in das Verei-

---

368 Vgl. z. B. die Presseerklärung der EU-Kommission vom 14.4.2009, IP/09/570, zur Einleitung eines Vertragsverletzungsverfahrens der EU gegen Großbritannien wegen Problemen bei der Umsetzung der EU-Vorschriften zum Datenschutz in der elektronischen Kommunikation. Abrufbar unter: http://europa.eu/rapid/press-release_IP-09-570_de.htm?locale=en (zuletzt abgerufen am 20.7.2016).

nigte Königreich übermittelt werden dürfen. Unternehmen sollten die weitere Entwicklung genau beobachten und bei künftigen Datentransfers entsprechend berücksichtigen. Unabhängig von der Frage eines Verbleibs in der EU, sind Unternehmen gut beraten, die Vorgaben der DSGVO zeitnah umzusetzen. Auch für Unternehmen, die die Vorgaben des kommenden europäischen Datenschutzes nicht unmittelbar umsetzen müssen, kann dies künftige Datentransfers im Konzern deutlich erleichtern. Hierbei ist die exterritoriale Wirkung der DSGVO zu berücksichtigen.

8. Aufsichtsbehörden

234   Die in Art. 51 ff. DSGVO geregelten Vorgaben über die Zuständigkeit und die Zusammenarbeit der Aufsichtsbehörden beinhalten unter anderem sogenannte Kooperations- und Kohärenzvorschriften. Diese sollen ein abgestimmtes und einheitliches Vorgehen der Aufsichtsbehörden für den Datenschutz sicherstellen. Gerade für Unternehmen, die in mehreren europäischen Mitgliedstaaten operieren, kann ein höheres Maß an Einheitlichkeit beim Handeln der Aufsichtsbehörden eine für die Praxis sehr wichtige Veränderung darstellen. Denn die unterschiedlichen Vorgehensweisen nationaler und europäischer Aufsichtsbehörden haben Unternehmen bislang teilweise vor unnötige Herausforderungen gestellt.

235   Grundsätzlich ist jede Aufsichtsbehörde für die Erfüllung ihrer Aufgaben im Hoheitsgebiet ihres eigenen Mitgliedstaats zuständig, Art. 55 Abs. 1 DSGVO. Für grenzüberschreitende Verarbeitungen innerhalb der EU sind demnach mehrere betroffene Behörden[369] zuständig, da sie über mehrere Hoheitsgebiete von Mitgliedstaaten hinweg erfolgen. Hier ist eine Zusammenarbeit zwischen den zuständigen Aufsichtsbehörden zweckmäßig. Diese Kooperation wird von der federführenden Behörde koordiniert. Bei grenzüberschreitenden Verarbeitungen ist die Aufsichtsbehörde der Hauptniederlassung[370] oder der einzigen Niederlassung des Verantwortlichen oder des Auftragsverarbeiters federführend, Art. 56 Abs. 1 DSGVO.

236   Abweichend von der generell vorrangigen Zuständigkeit der federführenden Behörde sind die einzelnen nationalen Aufsichtsbehörden allerdings für solche Beschwerden oder Verstöße zuständig, die Gegenstände betreffen, die ausschließlich mit einer Niederlassung in deren Mitgliedstaat zusammenhängen oder betroffene Personen nur in diesem Mitgliedstaat beeinträchtigen, Art. 56 Abs. 2 DSGVO. In solchen Fällen müssen sich die nationale und die federführende Aufsichtsbehörde untereinander abstimmen, Art. 56 Abs. 3 ff. DSGVO.

---

369 Vgl. zum Begriff der betroffenen Behörde Art. 4 Nr. 22 DSGVO.
370 Vgl. zum Begriff der Hauptniederlassung Art. 4 Nr. 16 DSGVO.

Sofern die federführende Behörde das Verfahren an sich zieht, muss sie das Ko-   **237**
operationsverfahren nach Art. 60 DSGVO einleiten.[371] Dieses Verfahren dient
einem einheitlichen Verfahren der Aufsichtsbehörden. Die federführende Behörde soll in Zusammenarbeit mit den anderen beteiligten Aufsichtsbehörden
einen Konsens erzielen, Art. 60 Abs. 1 DSGVO. Können sich die beteiligten
Aufsichtsbehörden nicht auf ein einheitliches Vorgehen einigen, entscheidet
der Europäische Datenschutzausschuss[372] über den Vorgang, vgl. Art. 65 Abs. 1
DSGVO.

Im Ergebnis kann man die Vorgaben zu einem abgestimmten und einheitlichen   **238**
Vorgehen der Datenschutzbehörden nur begrüßen. Gerade bei der Umsetzung
und Durchsetzung der Vorgaben des Datenschutzes ist ein hohes Maß an Kooperation und Kohärenz erforderlich, um Unternehmen in unterschiedlichen
Mitgliedstaaten gleiche Marktbedingungen zu ermöglichen. Außerdem dürften
die neuen Regelungen zu den Zuständigkeiten der Aufsichtsbehörden für den
Datenschutz künftig dazu führen, dass Entscheidungen der Aufsichtsbehörden
vorhersehbarer werden.

9. Bewertung der Veränderungen durch die DSGVO – Folgen für Unternehmen

Die DSGVO bringt gegenüber dem BDSG erhebliche Veränderungen. Unter-   **239**
nehmen müssen zahlreiche zusätzliche Anforderungen erfüllen. Weitgehend
jede neue Vorgabe ist bußgeldbewehrt. Unternehmen sind gut beraten, die notwendigen Veränderungen gründlich zu planen und zeitnah umzusetzen.

Die notwendigen Anpassungen erfordern vor allem die Überarbeitung von Ar-   **240**
beitsabläufen und einer Vielzahl von Prozessen, IT-Systemen und Strukturen
der Datenverarbeitung. Inhaltliche Schwerpunkte liegen dabei auf Transparenz
und Dokumentation. Gerade bei größeren Unternehmen wird die Einführung
oder Anpassung effektiver Datenschutz-Management-Systeme hierbei eine
zentrale Rolle spielen.

Fazit: **241**

Wichtige neue Grundregeln im EU-Datenschutzrecht, insbesondere:

- **Rechtsnatur der DSGVO: kein Auffanggesetz, sondern Vorrangrege-
  lung,**
- **Globale Anwendung der DSGVO: Marktortprinzip,**

---

371 Art. 56 Abs. 4 DSGVO.
372 Vgl. Art. 68 ff. DSGVO zur Stellung und den Aufgaben des Europäischen Datenschutz-
    ausschusses.

- Haftung auch für immaterielle Schäden und für Auftragsverarbeiter,
- Hohe Bußgelder: bis zu vier Prozent des Umsatzes des Unternehmens.

Erweiterte Pflichten für Unternehmen, mit Schwerpunkt auf folgenden Aspekte:

- Dokumentations- und Nachweispflichten,
- risikobasierter Datenschutz,
- Informationspflichten des Verantwortlichen bei Datenerhebung,
- Datenschutz-Folgenabschätzung anstatt Vorabkontrolle,
- Löschpflichten und Recht auf Vergessenwerden,
- Melde- und Benachrichtigungspflichten bei Datenschutzverletzungen,
- Datenschutz durch Technik und datenschutzrechtliche Voreinstellungen,
- Erstellung eines Verzeichnisses von Verarbeitungstätigkeiten,
- Gewährleistung von Datensicherheit,
- Überwachungspflichten des Datenschutzbeauftragten.

Bestehen umfangreicher Betroffenenrechte, insbesondere:

- Recht auf Auskunft, Recht auf Berichtigung, Recht zur Löschung von Daten, Recht auf Vergessenwerden, Recht auf Einschränkung der Verarbeitung, Recht auf Datenübertragbarkeit,
- Pflichtenaufteilung bei gemeinsam für Verarbeitung Verantwortliche,
- Auftragsverarbeitung,
- Erleichterte Regelungen für Datenaustausch im Konzern,
- Neuerungen bei grenzüberschreitenden Datenübermittlungen,
- Regelungen über Zusammenarbeit mit Aufsichtsbehörden.

V. Erlaubnistatbestände der DSGVO

1. Überblick

Dieses Kapitel beschreibt wesentliche Erlaubnistatbestände der DSGVO. Diese **242** sind vor allem in Art. 6 und Art. 9 DSGVO geregelt. Nach Art. 6 Abs. 1 DSGVO ist die Verarbeitung personenbezogener Daten nur rechtmäßig, wenn eine der in dieser Vorschrift genannten Voraussetzungen erfüllt ist. Diese Regelung konkretisiert das in Art. 5 Abs. 1 lit. (a) DSGVO normierte Rechtmäßigkeitsprinzip. Ein ebensolches Verbot mit Erlaubnisvorbehalt in Bezug auf besondere Kategorien personenbezogener Daten ist in Art. 9 Abs. 1 und Abs. 2 DSGVO vorgesehen. Dies entspricht im Wesentlichen den bereits aus dem BDSG bekannten Strukturen.

a) Datenverarbeitungen nach Art. 6 DSGVO

Datenverarbeitungen sind grundsätzlich verboten, wenn sie nicht die Vorausset- **243** zungen einer datenschutzrechtlichen Erlaubnisnorm (wie etwa Art. 6 Abs. 1 lit. (a) bis lit. (f) DSGVO) erfüllen.

b) Datenverarbeitungen auf der Grundlage von Einwilligungen

Die Anforderungen an wirksame Einwilligungen sind in Art. 7 und Art. 8 **244** DSGVO geregelt. Datenverarbeitungen können nur auf Einwilligungen betroffener Personen gestützt werden, wenn diese den dort geregelten Anforderungen entsprechen. Dies muss der Verantwortliche zudem beweisen können, Art. 7 Abs. 1 DSGVO.

c) Verarbeitung besonderer Kategorien personenbezogener Daten

Art. 9 DSGVO schreibt die Anforderungen an die Verarbeitung besonderer Ka- **245** tegorien personenbezogener Daten vor.[373] Diese Datenkategorie betrifft personenbezogene Daten, aus denen die rassische und ethnische Herkunft, politische Meinungen, religiöse oder weltanschauliche Überzeugungen oder eine Gewerkschaftszugehörigkeit hervorgehen. Ebenfalls betroffen sind genetische Daten, biometrische Daten zur eindeutigen Identifizierung einer Person oder Daten über Gesundheit,[374] Sexualleben oder sexuelle Ausrichtung einer Person.

---

373 Vgl. zu den besonderen Kategorien personenbezogener Daten Erwägungsgründe 51 ff.
374 Vgl. zum Begriff der Gesundheitsdaten Art. 4 Nr. 15 DSGVO.

d) Verarbeitung von Daten über strafrechtliche Verurteilungen und Straftaten

246 Art. 10 DSGVO regelt die Verarbeitung von Daten über strafrechtliche Verurteilungen und Straftaten. Die Verarbeitung personenbezogener Daten über strafrechtliche Verurteilungen und Straftaten oder damit zusammenhängende Sicherungsmaßregeln darf grundsätzlich nur unter behördlicher Aufsicht vorgenommen werden. Die Vorschrift des Art. 10 DSGVO ist richtigerweise eng auszulegen, um berechtigte Compliance-Interessen nicht unangemessen einzuschränken.[375]

e) Besondere Verarbeitungssituationen

247 Die DSGVO sieht eine Reihe von Ausnahmevorschriften vor, die es den Mitgliedstaaten erlauben, Erlaubnistatbestände auch im nationalen Recht zu regeln. So erlaubt es Art. 88 Abs. 1 DSGVO den Mitgliedstaaten, die Datenverarbeitung im Beschäftigungskontext zu regeln.

248 **Praxistipp:** Die Erlaubnistatbestände des Art. 6 Abs. 1 DSGVO sind auf der Basis der Datenschutzprinzipien des Art. 5 Abs. 1 DSGVO auszulegen. So müssen bei der Bestimmung der einzelnen Varianten von Art. 6 Abs. 1 DSGVO insbesondere die Anforderungen der Verarbeitung nach Treu und Glauben, die Zweckbindung und der Grundsatz der Datenminimierung bei sämtlichen in Art. 6 Abs. 1 DSGVO enthaltenen Erlaubnistatbeständen oder bei späteren Zweckänderungen[376] berücksichtigt werden. Im Ergebnis dürfte dies zu weitgehend denselben strengen Anforderungen führen, wie sie deutsche Gericht bereits jetzt anlegen.[377]

2. Erfüllung einer vertraglichen Verpflichtung, Art. 6 Abs. 1 lit. (b) DSGVO

249 Datenverarbeitungen können nach Art. 6 Abs. 1 lit. (b) DSGVO unter anderem dann zulässig sein, wenn sie für Zwecke der Erfüllung eines Vertrags mit der betroffenen Person erforderlich sind.[378]

---

375 *Wybitul/Böhm*, CB 2016, 101 ff., aktualisierte Online-Fassung vom 14.4.2016, S. 7, abrufbar unter: http://hoganlovells-blog.de/2016/07/06/das-neue-eu-datenschutzrecht-folgen-fuer-compliance-und-interne-ermittlungen/.

376 Vgl. Art. 6 Abs. 4 DSGVO.

377 Vgl. z. B. „Spindurteil" des BAG, ZD 2014, 260 m. Anm. *Wybitul/Astor;* BAG zur Zulässigkeit von Torkontrollen, ZD 2014, 256 (m. Anm. *Wybitul*); BGH, NJW 2015, 1525; BAG, ZD 2016, 237.

378 Die Reihenfolge der Darstellung orientiert sich bewusst nicht an dem Aufbau von Art. 6 Abs. 1 DSGVO. Vielmehr sind die nachstehenden Erlaubnistatbestände in der Reihenfol-

a) Erfüllung einer vertraglichen Pflicht

Die Datenverarbeitung muss zum Zweck der Erfüllung eines Vertrags mit der **250** betroffenen Person erfolgen. Diese Zweckbestimmung ist grundsätzlich auszulegen. Typischerweise erfasst dies zunächst Verträge, die zwischen der betroffenen Person und dem Verantwortlichen geschlossen werden. Richtigerweise wird Art. 6 Abs. 1 lit. (b) DSGVO aber auch dann gelten, wenn die betroffene Person nicht selbst Vertragspartei, sondern nur Begünstigte einer Vertragsbeziehung ist, etwa im Rahmen eines Vertrags zu Gunsten Dritter.

Ebenso erfasst Art. 6 Abs. 1 lit. (b) DSGVO die Verarbeitung personenbezoge- **251** ner Daten für Zwecke der Durchführung vorvertraglicher Maßnahmen auf Antrag der betroffenen Person. Im Ergebnis übernimmt Art. 6 Abs. 1 lit. (b) DSGVO damit wesentliche Funktionen des bislang für solche Fallkonstellationen geltenden § 28 Abs. 1 Satz 1 Nr. 1 BDSG.

Im deutschen Recht wird Art. 6 Abs. 1 lit. (b) DSGVO im Arbeitsverhältnis **252** wohl keinen Anwendungsvorrang vor § 32 BDSG entfalten.[379] Denn nach Art. 88 Abs. 1 DSGVO können Mitgliedstaaten für die Datenverarbeitung im Beschäftigungskontext Spezialregelungen erlassen.[380]

b) Sonstige Anforderungen aus Art. 5 DSGVO

Allein die Tatsache, dass der Verantwortliche bei einer geplanten Datenverar- **253** beitung den Zweck der Erfüllung eines Vertrags mit der betroffenen Person verfolgt, reicht noch nicht zur Rechtfertigung dieser Verarbeitung aus. Vielmehr sind auch die Anforderungen der in Art. 5 Abs. 1 DSGVO aufgezählten Datenschutzgrundsätze in die Erlaubnistatbestände des Art. 6 DSGVO hineinzulesen. Insbesondere muss der Verantwortliche die personenbezogenen Daten nach Treu und Glauben und in transparenter Weise verarbeiten.[381]

---

ge ihrer praktischen Relevanz dargestellt. Dementsprechend beschreibt der Überblick beispielsweise erst die Datenverarbeitung zur Erfüllung einer vertraglichen Verpflichtung und beginnt anders als Art. 6 Abs. 1 DSGVO nicht mit der Datenverarbeitung auf der Grundlage von Einwilligungen.

379 Vgl. *Wybitul/Pötters*, ZD 2016, 203, 206 m. w. N.
380 Vgl. zu Datenverarbeitungen im Beschäftigtenkontext Rn. 308 ff.
381 Vgl. Art. 5 Abs. 1 DSGVO.

254 **Checkliste: Datenverarbeitung zur Erfüllung einer rechtlichen Verpflichtung nach Art. 6 Abs. 1 lit. (b) DSGVO**

☐ **Zweckfestlegung**: Erfüllung eines Vertrags mit der betroffenen Person oder Durchführung vorvertraglicher Maßnahmen auf Antrag der betroffenen Person.[382]

☐ **Transparenz**: Die betroffene Person soll erkennen können, für welche vertraglichen Zwecke und in welcher Weise der Verantwortliche ihre personenbezogenen Daten verarbeitet.

☐ **Verarbeitung nach Treu und Glauben ("Fairness")**: Die Interessen und Grundrechte der betroffenen Person müssen im Rahmen der geplanten Datenverarbeitung angemessen berücksichtigt und hinreichend geschützt sein. Auch wenn der Wortlaut von Art. 6 Abs. 1 lit. (b) DSGVO eine Abwägung mit den Grundrechten und Freiheiten der betroffenen Person nicht ausdrücklich vorsieht,[383] wird sich eine solche Interessenabwägung aus den in Art. 5 Abs. 1 DSGVO genannten Prinzipien ergeben.

☐ **Datenminimierung**: Die verarbeiteten personenbezogenen Daten müssen sachlich relevant, dem Zweck angemessen und auf das für die Zwecke der Verarbeitung notwendige Maß beschränkt sein.

☐ **Richtigkeit**: Verarbeitete personenbezogene Daten müssen sachlich richtig und auf dem neuesten Stand sein.

☐ **Speicherbegrenzung**: Der Verantwortliche darf personenbezogene Daten nur so lange speichern, wie dies für die Verwirklichung der vertraglichen Zwecke, für die sie verarbeitet werden, erforderlich ist.

☐ **Dokumentation**: Im Hinblick auf die in Art. 24 Abs. 1 DSGVO angeordnete Beweislastregelung sollte der Verantwortliche auch prüfen, ob und in welcher Form er seine Überlegungen und Maßnahmen dokumentiert, vgl. auch Art. 30 DSGVO.

3. Wahrung berechtigter Interessen, Art. 6 Abs. 1 lit. (f) DSGVO

255 Ebenso wie das bisherige Recht sieht die Verordnung Datenverarbeitungen zur Wahrung berechtigter Interessen vor. Art. 6 Abs. 1 lit. (f) DSGVO erlaubt die Verarbeitung zur Wahrung berechtigter Interessen des Verantwortlichen oder eines Dritten. Dies setzt voraus, dass nicht die Interessen oder Grundrechte und Grundfreiheiten der betroffenen Person, die den Schutz ihrer personenbezogenen Daten erfordern, überwiegen. Bei der Verarbeitung personenbezogener Daten von Kindern gelten dabei besonders hohe Anforderungen.

---

382 Vgl. zu diesen Punkt und den folgenden Art. 5 DSGVO.
383 Anders als etwa Art. 6 Abs. 1 lit. (f) DSGVO.

a) Funktion von Art. 6 Abs. 1 lit. (f) DSGVO

In der Verordnung nimmt Art. 6 Abs. 1 lit. (f) DSGVO eine ähnliche Funktion   **256**
ein wie bislang § 28 Abs. 1 Satz 1 Nr. 2 BDSG. Dabei erlaubt Art. 6 Abs. 1 lit.
(f) DSGVO auch die Verarbeitung für den Zweck der Wahrung berechtigter Interessen Dritter auf der Grundlage einer Interessenabwägung.

b) Interessenabwägung

Verantwortliche müssen im Rahmen der Umsetzung des Prinzips von Treu und   **257**
Glauben nach Art. 5 Abs. 1 lit. (a) DSGVO stets zwischen den durch die geplante Verarbeitung zu wahrenden eigenen Interessen (oder denen eines Dritten)
und den daraus resultierenden Folgen für die betroffenen Personen abwägen.
Hier ist eine umfassende Abwägung der Umstände nötig, die jeweils für oder
gegen eine Datenverarbeitung sprechen.

aa) Vernünftige Erwartungen der betroffenen Person

Bei der für Datenverarbeitungen zum Zwecke der Wahrung berechtigter Inte-   **258**
ressen notwendigen Interessenabwägung sind „die vernünftigen Erwartungen
der betroffenen Person, die auf ihrem Verhältnis zu dem für die Verarbeitung
Verantwortlichen beruhen, zu berücksichtigen".[384] Diese „reasonable expectation of privacy" ist ein wesentlicher Mechanismus der Verordnung.

Im Rahmen der in Art. 6 Abs. 1 lit. (f) DSGVO notwendigen Interessenabwä-   **259**
gung ist auch zu prüfen, „ob eine betroffene Person zum Zeitpunkt der Datenerhebung und angesichts der Umstände, unter denen sie erfolgt, vernünftigerweise absehen kann, dass möglicherweise eine Verarbeitung für diesen Zweck
erfolgen wird".[385]

Praxistipp: Gerade bei Datenverarbeitungen zur Wahrung berechtigter Interes-   **260**
sen ist es für Unternehmen ratsam, betroffene Personen umfassend über die geplante Verarbeitung ihrer personenbezogenen Daten zu informieren. Je transparenter ein Verantwortlicher die betroffenen Personen unterrichtet, desto eher
wird eine Interessenabwägung zu Gunsten der geplanten Datenverarbeitung
ausgehen.

---

384 Erwägungsgrund 47.
385 Erwägungsgrund 47.

bb) Näheverhältnis zwischen betroffener Person und Verantwortlichem

261   Auch die Beziehung zwischen der von der Verarbeitung ihrer personenbezogenen Daten betroffenen Person und dem Verantwortlichen[386] kann bei der Interessenabwägung im Rahmen von Art. 6 Abs. 1 lit. (f) DSGVO maßgeblich sein.

262   **Beispiel**: Ein berechtigtes Interesse kann etwa vorliegen, wenn „eine maßgebliche und angemessene Beziehung zwischen der betroffenen Person und dem Verantwortlichen besteht, z.B. wenn die betroffene Person ein Kunde des Verantwortlichen ist oder in seinen Diensten steht".[387]

cc) Datenverarbeitung für Compliance-Zwecke

263   Die Datenverarbeitung im Rahmen von Compliance-Kontrollen oder internen Compliance-Ermittlungen dürfte künftig weniger Einwänden ausgesetzt sein. Erwägungsgrund 47 stellt klar, dass auch die Verarbeitung personenbezogener Daten für die Verhinderung von Wirtschaftskriminalität ein berechtigtes Interesse der Verantwortlichen darstellen kann.[388]

dd) Datenübermittlungen im Konzern

264   Auch Datenübermittlungen innerhalb von Unternehmensgruppen sind künftig unter erleichterten Voraussetzungen möglich.[389] Erwägungsgrund 48 macht deutlich, dass Verantwortliche innerhalb einer Unternehmensgruppe ein berechtigtes Interesse haben können, personenbezogene Daten innerhalb der Unternehmensgruppe für interne Verwaltungszwecke zu übermitteln. Dies kann insbesondere die Verarbeitung personenbezogener Daten von Kunden und Beschäftigten rechtfertigen. Der Abschluss von Vereinbarungen zur gemeinsamen Verantwortlichkeit nach Art. 26 DSGVO kann den Datentransfer beziehungsweise die gemeinsame Verarbeitung im Konzern praxisgerecht regeln.

ee) Sonstige für die Interessenabwägung relevante Belange

265   Im Ergebnis sind auch sämtliche sonstigen maßgeblichen Umstände und Belange, die für oder gegen die geplante Datenverarbeitung zur Wahrung berechtigter Interessen sprechen, zu berücksichtigen.[390] Nur, wenn die gegen eine Datenver-

---

386 Bzw. auch die mögliche Nähebeziehung zwischen der betroffenen Person und dem Dritten, dessen berechtigte Interessen durch die in Frage stehende Datenverarbeitung gewahrt werden sollen.

387 Erwägungsgrund 47.

388 Vgl. zur Datenverarbeitung für Compliance-Zwecke Rn. 304 ff.

389 Vgl. zu den Datenübermittlungen im Konzern auch Rn. 206 ff.

390 Wie etwa die unternehmerische Freiheit, vgl. Erwägungsgrund 4.

arbeitung sprechenden Umstände überwiegen, muss diese unterbleiben. Dies ergibt sich zum einen bereits aus dem klaren Wortlaut von Art. 6 Abs. 1 lit. (f) DSGVO, aber auch aus Erwägungsgrund 4: „Das Recht auf Schutz der personenbezogenen Daten ist kein uneingeschränktes Recht; es muss im Hinblick auf seine gesellschaftliche Funktion gesehen und unter Wahrung des Verhältnismäßigkeitsprinzips gegen andere Grundrechte abgewogen werden."

Checkliste: Datenverarbeitung zur Wahrung berechtigter Interessen nach Art. 6 Abs. 1 lit. (f) DSGVO   266

☐ **Zweckfestlegung**: Zwecke der Datenverarbeitung sind die Wahrung berechtigter Interessen des für die Verarbeitung Verantwortlichen oder eines Dritten.[391]

☐ **Transparenz**: Die betroffene Person soll erkennen können, für welche berechtigten Interessen und in welcher Weise der Verantwortliche ihre personenbezogenen Daten verarbeitet; gerade die entsprechenden „vernünftigen Erwartungen der betroffenen Person"[392] dürften bei der erforderlichen Interessenabwägung eine entscheidende Rolle spielen.

☐ **Verarbeitung nach Treu und Glauben**: Die Interessen und Grundrechte der betroffenen Person müssen im Rahmen der geplanten Datenverarbeitung angemessen berücksichtigt und hinreichend geschützt sein. Im Rahmen von Datenverarbeitungen nach Art. 6 Abs. 1 lit. (f) DSGVO ist an dieser Stelle insbesondere abzuwägen, ob nicht die Interessen oder Grundrechte und Grundfreiheiten der betroffenen Person überwiegen (Interessenabwägung).

☐ **Datenminimierung**: Die verarbeiteten personenbezogenen Daten müssen sachlich relevant, dem Zweck der Wahrung berechtigter Interessen angemessen und auf das für die Zwecke der Verarbeitung notwendige Maß beschränkt sein.

☐ **Richtigkeit**: Verarbeitete personenbezogene Daten müssen sachlich richtig und auf dem neuesten Stand sein.

☐ **Speicherbegrenzung**: Der Verantwortliche darf personenbezogene Daten nur so lange speichern, wie dies für die Verwirklichung der berechtigten Interessen, für die sie verarbeitet werden, erforderlich ist.

☐ **Dokumentation**: Im Hinblick auf die in Art. 24 Abs. 1 DSGVO angeordnete Beweisregelung sollte der Verantwortliche auch prüfen, ob und in welcher Form er seine Überlegungen und Maßnahmen dokumentiert, vgl. auch Art. 30 DSGVO.

---

391 Vgl. zu diesem Punkt und den folgenden Art. 5 DSGVO.
392 Erwägungsgrund 47.

4. Zweckänderungen, Art. 6 Abs. 4 DSGVO

267 Bei ihrer Erhebung sind die Zwecke, zu denen personenbezogene Daten verarbeitet werden sollen, eindeutig festzulegen, Art. 5 Abs. 1 lit. (b) DSGVO. Grundsätzlich entscheidet dieser festgelegte Zweck über die mögliche Zulässigkeit ihrer weiteren Verarbeitung. Wenn personenbezogene Daten für einen anderen Zweck verarbeitet werden sollen als denjenigen, für den sie erhoben wurden, spricht man von einer Zweckänderung.

268 Bisher waren in Deutschland die Voraussetzungen für die Übermittlung oder Nutzung personenbezogener Daten für einen anderen Zweck vor allem in § 28 Abs. 2 BDSG geregelt. In der Verordnung findet sich diese Regelung in Art. 6 Abs. 4 DSGVO. Auch künftig kann die Verarbeitung personenbezogener Daten für einen anderen Zweck als den, zu dem die Daten erhoben werden, zulässig sein. Voraussetzung hierfür ist, dass die betroffene Person in eine solche Zweckänderung eingewilligt hat oder eine Rechtsvorschrift im Sinne von Art. 23 Abs. 1 lit. (a) bis lit. (j) DSGVO[393] dies erlaubt.

269 Liegt keine dieser beiden Voraussetzungen vor, ist die Verarbeitung zu einem anderen Zweck dann rechtmäßig, wenn dieser mit dem ursprünglichen Zweck vereinbar ist, Art 6 Abs. 4 DSGVO.[394] Dies dürfte der für die Praxis bedeutsamste Anwendungsfall sein. Der Verantwortliche muss die Vereinbarkeit vor der Verarbeitung zum geänderten Zweck prüfen. Kriterien hierfür sind die Verbindung zwischen dem ursprünglichen und dem neuen Zweck, der Kontext der Datenerhebung, die Art der Daten, die möglichen Folgen der beabsichtigten Weiterverarbeitung sowie das Vorhandensein angemessener Garantien. Solche Garantien können etwa in der Verschlüsselung oder Pseudonymisierung personenbezogener Daten liegen. Unternehmen sollten sich zeitnah vor der unmittelbaren Geltung der Verordnung mit ihrer IT-Security-Abteilung abstimmen, um geeignete Maßnahmen zur Sicherstellung der geforderten bzw. zweckmäßigen Datensicherheit umzusetzen.

270 **Praxistipp:** Erwägungsgrund 47 gibt eine wichtige Anwendungshilfe für die Prüfung der Vereinbarkeit einer Zweckänderung. Danach sollen „insbesondere die vernünftigen Erwartungen der betroffenen Person, die auf ihrem Verhältnis zu dem für die Verarbeitung Verantwortlichen beruhen", für die Zulässigkeit einer Zweckänderung nach Art. 6 Abs. 4 DSGVO maßgeblich sein.[395] Diese Anforderung einer „vernünftigen Erwartung" ähnelt der im US-Recht maßgeb-

---

393 Art. 23 DSGVO erlaubt Einschränkungen der Vorgaben der Verordnung für Zwecke öffentlicher Interessen.
394 Vgl. Erwägungsgrund 50.
395 So auch Erwägungsgrund 50.

lichen „reasonable expectation of privacy". Für Unternehmen empfiehlt es sich daher, betroffene Personen bereits im Vorfeld umfassend auf mögliche Zweck-änderungen und in Frage kommende neue Zwecke von Datenverarbeitungen hinzuweisen. Hierfür eignen sich insbesondere die nach Art. 24 Abs. 2 DSGVO vorgeschriebenen Datenschutzrichtlinien.

Will ein Verantwortlicher personenbezogene Daten für andere Zwecke als die- **271** jenigen, für die diese Daten erhoben wurden, verarbeiten, hat er verschiedene Prozesse umzusetzen:

Checkliste: Durchführung einer Zweckänderung **272**

- ☐ **Zweckbestimmung**: In einem ersten Schritt muss der Verantwortliche die beabsichtigten neuen Zwecke der Datenverarbeitung festlegen.
- ☐ **Erlaubnistatbestand**: Es ist zu prüfen, ob die betroffene Person in die Verarbeitung zu den geänderten Zwecken eingewilligt hat, ob die Verarbeitung auf einer Rechtsvorschrift beruht oder ob die neuen Zwecke mit den ursprünglichen Zwecken vereinbar sind. Vgl. zur Vereinbarkeitsprüfung die nachfolgende Checkliste.
- ☐ **Datenschutz-Folgenabschätzung**: Zu prüfen ist, ob die geänderten Zwecke eine Datenschutz-Folgeabschätzung nach Art. 35 DSGVO erforderlich machen. Diese ist gegebenenfalls zunächst durchzuführen.
- ☐ **Löschkonzept**: Im Rahmen der Entwicklung eines Löschkonzepts für die Weiterverarbeitung ist die Speicherdauer festzulegen.
- ☐ **Transparenz**: Weiterhin muss der Verantwortliche seinen Informations-pflichten gemäß Art. 13 Abs. 3 oder Art. 14 Abs. 4 DSGVO nachkommen.
- ☐ **Datenschutz durch Technik und Voreinstellungen**: Es ist zu prüfen, ob die Vorgaben von Art. 25 DSGVO (privacy by design and by default) entsprechend den mit den neuen Zwecken verbundenen Risiken umgesetzt sind.
- ☐ **Datensicherheit**: Festzustellen ist, welche nach Art. 32 DSGVO vorge-schriebenen Maßnahmen zur Datensicherheit nach den mit dem neuen Zweck verbundenen Risiken angemessen sind.
- ☐ **Rechenschaftspflicht**: Abschließend sollte das Unternehmen darauf achten, dass es die genannten Prozesse gemäß Art. 24 Abs. 1 DSGVO dokumentiert.

Kann ein Verantwortlicher die Verarbeitung zu einem geänderten Zweck weder **273** auf eine Einwilligung noch auf eine Rechtsvorschrift stützen, muss er prüfen, ob der neue Zweck mit dem ursprünglichen Zweck vereinbar ist. Dabei hilft folgende Checkliste:

274   **Checkliste: Prüfung der Vereinbarkeit zwischen ursprünglichen und neuen Verarbeitungszwecken**

- ☐ **Verbindung**: Es ist festzustellen, in welcher Verbindung die Zwecke, für welche die personenbezogenen Daten erhoben wurden, und die Zwecke der beabsichtigten Weiterverarbeitung stehen.[396]
- ☐ **Zusammenhang**: Der Zusammenhang, in dem die personenbezogenen Daten erhoben wurden, ist festzustellen. Hier ist insbesondere das Verhältnis zwischen dem Verantwortlichen und den betroffenen Personen zu betrachten.[397]
- ☐ **Art der personenbezogenen Daten**: Es ist einzuordnen, welcher Art die personenbezogenen Daten sind. Dabei ist insbesondere zu klären, ob besondere Kategorien personenbezogener Daten nach Art. 9 DSGVO oder Daten über strafrechtliche Verurteilungen oder Straftaten gemäß Art. 10 DSGVO verarbeitet werden. Je sensitiver personenbezogene Daten sind, desto höher sollten die Anforderungen an die Rechtmäßigkeit von Zweckänderungen in Bezug auf diese Daten sein.[398]
- ☐ **Folgen**: Die möglichen Folgen der beabsichtigten Weiterverarbeitung für die betroffenen Personen sind abzuwägen. Dabei sind neben den Nachteilen auch eventuelle Vorteile der betroffenen Person zu beachten.[399]
- ☐ **Angemessene Garantien**: Es sind angemessene Garantien zum Schutz der von der weiteren Verarbeitung ihrer personenbezogenen Daten betroffenen Personen zu treffen. Dabei ist insbesondere an eine mögliche Verschlüsselung oder Pseudonymisierung zu denken.[400]
- ☐ **Dokumentation**: Im Hinblick auf die in Art. 24 Abs. 1 DSGVO angeordnete Beweisregelung sollte der Verantwortliche auch prüfen, ob und in welcher Form er seine Überlegungen und Maßnahmen dokumentiert, vgl. auch Art. 30 DSGVO.

---

396 Vgl. Art. 6 Abs. 4 lit. (a) DSGVO.
397 Vgl. Art. 6 Abs. 4 lit. (b) DSGVO.
398 Vgl. Art. 6 Abs. 4 lit. (c) DSGVO.
399 Vgl. Art. 6 Abs. 4 lit. (d) DSGVO.
400 Vgl. Art. 6 Abs. 4 lit. (e) DSGVO.

5. Erfüllung einer rechtlichen Verpflichtung, Art. 6 Abs. 1 lit. (c) DSGVO

Die Verarbeitung personenbezogener Daten ist rechtmäßig, wenn die Verarbei-   **275**
tung zur Erfüllung einer rechtlichen Verpflichtung erforderlich ist, welcher der
für die Verarbeitung Verantwortliche unterliegt, Art. 6 Abs. 1 lit. (c) DSGVO.
Die Rechtsgrundlage für solche Verarbeitungen muss den in Art. 6 Abs. 3
DSGVO geregelten Anforderungen entsprechen.

a) Anforderungen an Rechtsvorschriften nach Art. 6 Abs. 3 DSGVO

Rechtsvorschriften im Sinne von Art. 6 Abs. 3 DSGVO können Vorschriften   **276**
der Union oder Rechtsvorschriften der Mitgliedstaaten sein, denen der für die
Verarbeitung Verantwortliche unterliegt. Die Verordnung verlangt dabei nicht,
dass für jede einzelne Verarbeitung ein spezifisches Gesetz erforderlich ist.[401]

aa) Zweckfestlegung, Art. 6 Abs. 3 Satz 2 DSGVO

Die Rechtsvorschrift muss den Zweck der Verarbeitung festlegen, Art. 6 Abs. 3   **277**
Satz 2 DSGVO. Das Unionsrecht, beziehungsweise das Recht der Mitgliedstaaten, muss regeln, für welche Zwecke die Daten verarbeitet werden dürfen.[402]
Hier kommt gerade auf die nationalen Gesetzgeber viel Arbeit zu. Denn zahlreiche einzelstaatliche Bestimmungen enthalten gerade keine spezifischen Regelungen zu Verarbeitungszwecken. Jedenfalls für eine gewisse Übergangszeit
sollten Aufsichtsbehörden und Gerichte daher bei der Auslegung von Art. 6
Abs. 3 DSGVO großzügige Maßstäbe anlegen.

bb) Spezifischere Bestimmungen möglich, Art. 6 Abs. 3 Satz 3 DSGVO

Die jeweilige Rechtsvorschrift kann noch weitere Festlegungen zur Anpassung   **278**
der Anwendung der DSGVO enthalten, Art. 6 Abs. 3 Satz 3 DSGVO.

cc) Ziel der Rechtsvorschrift, Art. 6 Abs. 3 Satz 3 DSGVO

Rechtsvorschriften im Sinne von Art. 6 Abs. 1 lit. (c) DSGVO müssen ein im   **279**
öffentlichen Interesse liegendes Ziel verfolgen. Die Rechtsvorschrift und die
darin angeordnete Verarbeitung personenbezogener Daten müssen in einem angemessenen Verhältnis zu dem verfolgten legitimen Zweck stehen.

---

401 Vgl. Erwägungsgrund 45.
402 Vgl. Erwägungsgrund 45.

6. Lebenswichtiges Interesse, öffentliches Interesse oder Ausübung öffentlicher Gewalt, Art. 6 Abs. 1 lit. (d), (e) DSGVO

280   Art. 6 Abs. 1 lit. (d) und lit. (e) DSGVO sehen daneben noch die Verarbeitung personenbezogener Daten zur Wahrung lebenswichtiger Interessen der betroffenen Person oder anderer Personen sowie zur Wahrnehmung von Aufgaben vor, die im öffentlichen Interesse liegen oder in der Ausübung öffentlicher Gewalt erfolgen. Mangels praktischer Relevanz für Unternehmen werden diese Regelungen in dieser Einführung nicht näher dargestellt.

7. Einwilligung, Art. 6 Abs. 1 lit. (a) DSGVO

281   Die Verordnung erlaubt Datenverarbeitungen auf der Grundlage von Einwilligungen. Art. 6 Abs. 1 lit. (a) DSGVO gestattet das Verarbeiten personenbezogener Daten für einen oder mehrere festgelegte Zwecke, wenn die betroffene Person hierin ausdrücklich eingewilligt hat. Die Bedingungen für Einwilligungen sind in Art. 7 DSGVO geregelt.[403]

a) Anforderungen an Einwilligungen

282   Die Einwilligung sollte durch eine eindeutige Handlung erfolgen, mit der ohne Zwang, für den konkreten Fall, in Kenntnis der Sachlage und unmissverständlich bekundet wird, dass die betroffene Person mit der Verarbeitung ihrer Daten einverstanden ist.[404]

aa) Informiertheit

283   Die betroffene Person muss genau erfassen können, in welche Datenverarbeitungen sie einwilligt und welchen Zwecken diese dienen, Art. 7 Abs. 2 DSGVO. Der Verantwortliche muss stets nachweisen können, dass die betroffene Person bei der Einwilligung ausreichend informiert war, Art. 7 Abs. 1 DSGVO.

bb) Freiwilligkeit

284   Betroffene Personen können Einwilligungen nur ohne Zwang wirksam abgeben, Art. 7 Abs. 4 DSGVO. Die betroffene Person muss dabei eine echte Wahlfreiheit haben. Sie muss zudem in der Lage sein, die Einwilligung zu verweigern oder zurückzuziehen, ohne dass sie hierdurch Nachteile erleidet.[405]

---

403 Zur Einwilligung von Minderjährigen vgl. auch Art. 8 DSGVO.
404 Erwägungsgrund 32.
405 Erwägungsgrund 42.

cc) Eindeutigkeit

Eine Erklärung einer betroffenen Person ist nur dann als wirksame Einwilligung **285**
im Sinne von Art. 7 DSGVO zu bewerten, wenn die betroffene Person ihr Einverständnis mit den beabsichtigten Verarbeitungen eindeutig zu erkennen gibt.
Ein stillschweigendes Einverständnis, standardmäßig angekreuzte Kästchen
(z. B. im Rahmen einer Opt-Out-Wahlmöglichkeit) oder Untätigkeit der betroffenen Person sind daher keine Einwilligung.[406]

dd) Widerruflichkeit

Die betroffene Person kann ihre Einwilligung jederzeit mit Wirkung für die Zu- **286**
kunft widerrufen. Die betroffene Person muss von dem Recht zum Widerruf informiert werden. Der Widerruf muss ebenso einfach wie die Einwilligung selbst
erklärt werden können, Art. 7 Abs. 3 DSGVO.

ee) Einwilligungen von Kindern in Bezug auf Dienste der
    Informationsgesellschaft

Bei Einwilligungen von Kindern in die Verarbeitung ihrer personenbezogenen **287**
Daten in Bezug auf Dienste der Informationsgesellschaft (z. B. Social Media)
gelten die in Art. 8 DSGVO genannten Sonderregeln.

b) Koppelungsverbot bei Einwilligungen

Die Einwilligung nach Art. 7 DSGVO soll durch eine eindeutige Handlung er- **288**
folgen, mit der die betroffene Person ohne Zwang, für den konkreten Fall, in
Kenntnis der Sachlage und unmissverständlich bekundet, dass sie mit der Verarbeitung ihrer personenbezogenen Daten einverstanden ist.[407] Um sicherzustellen, dass die Einwilligung ohne Zwang erfolgt, bildet eine solche im Zweifel
keine taugliche Rechtsgrundlage für eine Verarbeitung, wenn zwischen der betroffenen Person und dem für die Verarbeitung Verantwortlichen ein klares Ungleichgewicht besteht.[408]

Verantwortliche dürfen die Erfüllung eines Vertrags, einschließlich der Erbrin- **289**
gung einer Dienstleistung nicht mehr davon abhängig machen, dass die betroffene Person in Datenverarbeitungen einwilligt, die für die Erfüllung dieses Vertrags nicht erforderlich sind.[409]

---

406 Erwägungsgrund 32.
407 Erwägungsgrund 42.
408 Erwägungsgrund 43.
409 Erwägungsgrund 43.

290 **Praxistipp**: Gerade Art. 7 Abs. 4 DSGVO in Verbindung mit Erwägungsgrund 43 erschweren im Ergebnis das Geschäftsmodell „Dienstleistung gegen Daten" oder andere Vertragsschlüsse, die an Datenverarbeitungen gekoppelt werden, die wiederum mit der eigentlichen Erbringung von Diensten oder sonstigen vertraglichen Leistungen nicht in Zusammenhang stehen. Es ist zu erwarten, dass Aufsichtsbehörden künftig bei auf Einwilligungen beruhenden Geschäftsmodellen besonders genau hinschauen werden. Unternehmen sollten ihre auf Einwilligungen beruhenden Datenverarbeitungsvorgänge im Hinblick auf die neuen Anforderungen analysieren und prüfen, welche Datenverarbeitungen künftig gegebenenfalls auf die Wahrung berechtigter Interessen nach Art. 6 Abs. 1 lit. (f) DSGVO gestützt werden können.

c) Einwilligungen in der Praxis

291 Die Anforderungen an Datenverarbeitungen auf der Grundlage von Einwilligungen werden komplexer und strenger. Sie sind vergleichbar mit den Anforderungen, welche die Praxis an die Zustimmung von Verbrauchern zu AGB entwickelt hat.[410]

292 Insbesondere das in Art. 7 Abs. 4 DSGVO geregelte Koppelungsverbot ist eine klare Verschärfung gegenüber der bisherigen Rechtslage.

293 Die nachstehende Checkliste fasst die für Unternehmen wesentlichen Anforderungen an wirksame Einwilligungen in Stichpunkten zusammen.

294 **Checkliste: Einwilligungen**

- ☐ **Klares Einverständnis**: Eindeutige Einwilligung vorgeschrieben, also durch unmissverständliches Bekunden, dass die betroffene Person mit der Verarbeitung ihrer Daten einverstanden ist.[411]
- ☐ **Einzelfall**: Einwilligung muss konkreten Fall betreffen (keine Pauschaleinwilligung); betroffene Person kann Einwilligung nur in Kenntnis der Sachlage abgeben.
- ☐ **Informiertheit**: Kenntnis der Sachlage setzt zumindest voraus, dass die betroffene Person weiß, wer der Verantwortliche ist und für welche Zwecke ihre personenbezogenen Daten verarbeitet werden sollen.
- ☐ **Angabe von Zwecken**: Wenn eine Verarbeitung mehreren Zwecken dient, muss die Einwilligung für sämtliche Verarbeitungszwecke abgegeben werden.

---

410 Vgl. *Schantz*, NJW 2016, 1841, 1844.
411 Vgl. zu diesem und den nachstehenden Punkten Erwägungsgründe 32, 42 und 43.

- **Form der Einwilligung**: Einwilligungserklärungen sind schriftlich, mündlich oder in elektronischer Form möglich.
- **Ausdrückliche Einwilligung**: Stillschweigen ist keine Einwilligung.
- **Verständlichkeit**: Eine vom Verantwortlichen vorformulierte Einwilligung muss in verständlicher und leicht zugänglicher Form zur Verfügung gestellt werden.
- **Klare Sprache**: Vorformulierte Einwilligungen müssen in klarer und einfacher Sprache gehalten sein und dürfen keine missbräuchlichen Klauseln enthalten.
- **Freiwilligkeit**: Einwilligungen können nur ohne Zwang abgegeben werden. Die betroffene Person muss eine echte Wahlfreiheit haben. Sie muss die Einwilligung verweigern oder widerrufen können, ohne Nachteile zu erleiden.
- **Kein Zwang**: Einwilligungen sind bei klarem Ungleichgewicht unzulässig, also wenn es in Anbetracht aller Umstände im Einzelfall unwahrscheinlich ist, dass die Einwilligung ohne Zwang abgegeben wurde.
- **Koppelungsverbot**: Verantwortliche dürfen Verträge beziehungsweise die Erbringung von Dienstleistungen nicht davon abhängig machen, dass die betroffene Person in die Verarbeitung solcher personenbezogenen Daten einwilligt, die für die Erfüllung des Vertrags nicht erforderlich ist.
- **Elektronische Einwilligung**: Aufforderungen zu Einwilligungen in elektronischer Form müssen in klarer und knapper Form und ohne unnötige Unterbrechungen des Dienstes erfolgen, für dessen Bereitstellung die betroffene Person in die Verarbeitung der Daten einwilligen soll.
- **Widerruf**: Hinweis nötig, dass die betroffene Person ihre Einwilligung jederzeit widerrufen kann, Art. 21 Abs. 4 DSGVO.
- **Dokumentation**: Die Einwilligung in die Verarbeitung der personenbezogenen Daten ist zu dokumentieren.[412]

8. Verarbeitung besonderer Kategorien personenbezogener Daten

Art. 9 Abs. 1 DSGVO untersagt die Verarbeitung personenbezogener Daten, **295** aus denen die rassische und ethnische Herkunft, politische Meinungen, religiöse oder weltanschauliche Überzeugungen oder die Gewerkschaftszugehörigkeit hervorgehen. Die Vorschrift verbietet auch die Verarbeitung genetischer sowie biometrischer Daten zur eindeutigen Identifizierung einer Person und von Daten über Gesundheit oder Sexualleben und die sexuelle Ausrichtung.

---

412 Vgl. Art. 7 Abs. 1 DSGVO.

296 Die besonderen Kategorien personenbezogener Daten werden damit gegenüber dem BDSG um genetische und biometrische Daten erweitert. Daten über Straftaten sind nicht erfasst. Allerdings kann die Verarbeitung dieser Daten nach Art. 10 DSGVO einer behördlichen Aufsicht unterliegen.[413]

a) Erlaubnis zur Verarbeitung besonderer Kategorien personenbezogener Daten

297 Art. 9 Abs. 2 DSGVO regelt Ausnahmen, bei deren Vorliegen die Verarbeitung von besonderen Kategorien personenbezogener Daten zulässig ist. Dies betrifft die in der folgenden Liste genannten Fälle. Bei vielen dieser Erlaubnistatbestände sind zusätzlich unions- oder mitgliedstaatsrechtliche Konkretisierungen vorgesehen. Diese Grundlagen des Unionsrechts oder des Rechts eines Mitgliedstaats müssen dann in angemessenem Verhältnis zu dem verfolgten Ziel stehen. Zudem müssen sie den Wesensgehalt des Rechts auf Datenschutz wahren sowie geeignete und spezifische Maßnahmen zur Wahrung der Grundrechte und Interessen der betroffenen Person vorsehen.

b) Erlaubnistatbestände zur Verarbeitung von Daten nach Art. 9 Abs. 2 DSGVO

☐ **Einwilligung**: Die betroffene Person hat eine wirksame Einwilligung abgegeben, Art. 9 Abs. 2 lit. (a) DSGVO.

☐ **Arbeitsrecht**: Der Verantwortliche übt Rechte aus dem Arbeitsverhältnis oder zu sonstigen Belangen des Arbeitsrechts aus oder erfüllt entsprechende Pflichten, Art. 9 Abs. 2 lit. (b) DSGVO.

☐ **Sozialrecht**: Der Verantwortliche übt Rechte aus, „die aus dem Recht der sozialen Sicherheit und des Sozialschutzes erwachsen", oder erfüllt entsprechende Pflichten, Art. 9 Abs. 2 lit. (b) DSGVO.

☐ **Lebenswichtige Interessen**: Die Verarbeitung ist zum Schutz lebenswichtiger Interessen der betroffenen oder einer anderen natürlichen Person erforderlich. Hier muss die betroffene Person zudem aus physischen oder rechtlichen Gründen außerstande sein, selbst eine Einwilligung abzugeben, Art. 9 Abs. 2 lit. (c) DSGVO.

☐ **„Tendenzbetriebe"**: Die Verarbeitung erfolgt durch eine politisch, weltanschaulich, religiös oder gewerkschaftlich ausgerichtete Stiftung, Vereinigung oder sonstige Organisation ohne Erwerbszweck auf der Grundlage an-

---

413 *Wybitul/Böhm*, CB 2016, 101 ff., aktualisierte Online-Fassung vom 14.4.2016, S. 7, abrufbar unter: http://hoganlovells-blog.de/2016/07/06/das-neue-eu-datenschutzrecht-folgen-fuer-compliance-und-interne-ermittlungen/.

gemessener Garantien und im Rahmen ihrer rechtmäßigen Tätigkeiten, Art. 9 Abs. 2 lit. (d) DSGVO.

☐ **Öffentliche Daten**: Die Verarbeitung bezieht sich auf personenbezogene Daten, die die betroffene Person offensichtlich selbst öffentlich gemacht hat, Art. 9 Abs. 2 lit. (e) DSGVO.

☐ **Rechtsansprüche**: Die Verarbeitung ist zur Geltendmachung, Ausübung oder Verteidigung von Rechtsansprüchen oder bei Handlungen der Gerichte in ihrer gerichtlichen Eigenschaft erforderlich, Art. 9 Abs. 2 lit. (f) DSGVO.

☐ **Öffentliches Interesse**: Die Verarbeitung ist aus Gründen eines wichtigen öffentlichen Interesses auf der Grundlage des Unionsrechts oder des Rechts eines Mitgliedstaats erforderlich, Art. 9 Abs. 2 lit. (g) DSGVO.

☐ **Gesundheitssektor**: Die Verarbeitung ist für Zwecke der Gesundheitsvorsorge oder der Arbeitsmedizin, für die Beurteilung der Arbeitsfähigkeit des Beschäftigten, für die medizinische Diagnostik, die Versorgung oder Behandlung im Gesundheits- oder Sozialbereich oder für die Verwaltung von Systemen und Diensten im Gesundheits- oder Sozialbereich erforderlich. Hier muss eine entsprechende Grundlage im Unionsrecht oder im Recht eines Mitgliedstaats oder in einem Vertrag mit einem Angehörigen eines Gesundheitsberufs vorliegen, Art. 9 Abs. 2 lit. (h) DSGVO.

☐ **Öffentliche Gesundheit**: Die Verarbeitung ist aus Gründen des öffentlichen Interesses im Bereich der öffentlichen Gesundheit erforderlich, Art. 9 Abs. 2 lit. (i) DSGVO.

☐ **Archiv- und Forschungszwecke**: Die Verarbeitung ist für im öffentlichen Interesse liegende Archivzwecke oder für wissenschaftliche und historische Forschungszwecke oder für statistische Zwecke gemäß Art. 89 Abs. 1 DSGVO erforderlich, Art. 9 Abs. 2 lit. (j) DSGVO.

Die Mitgliedstaaten können zudem zusätzliche Bedingungen und Beschränkungen zur Verarbeitung von genetischen, biometrischen oder gesundheitlichen Daten einführen oder aufrechterhalten.[414]   **298**

9. Verarbeitung von Daten über strafrechtliche Verurteilungen und Straftaten, Art. 10 DSGVO

Die Verarbeitung personenbezogener Daten über strafrechtliche Verurteilungen   **299**
und Straftaten oder damit zusammenhängende Sicherungsmaßregeln darf nur unter behördlicher Aufsicht vorgenommen werden. Die Verarbeitung solcher Daten ist dann erlaubt, wenn dies nach dem Unionsrecht oder dem Recht der

---

414 Art. 9 Abs. 4 DSGVO; vgl. auch Erwägungsgrund 53.

Mitgliedstaaten zulässig ist. Solche Rechtsvorschriften müssen angemessene Garantien für die Rechte und Freiheiten der betroffenen Personen vorsehen. Ein umfassendes Register strafrechtlicher Verurteilungen darf nur unter behördlicher Aufsicht geführt werden.[415] Art. 10 DSGVO stellt eine zusätzliche Anforderung zu den sonstigen Vorgaben der DSGVO auf. Auch bei der Verarbeitung von personenbezogenen Daten im Sinne von Art. 10 DSGVO müssen somit zusätzlich die Voraussetzungen eines Erlaubnistatbestandes vorliegen, z. B. nach Art. 6 Abs. 1 lit. (f) DSGVO.

a) Anwendungsbereich von Art. 10 DSGVO

300 Die Vorschrift betrifft die Verarbeitung personenbezogener Daten über strafrechtliche Verurteilungen und Straftaten oder damit zusammenhängende Sicherungsmaßregeln. Solche personenbezogenen Daten sollen grundsätzlich nur unter behördlicher Aufsicht verarbeitet werden.

aa) Strafrechtliche Verurteilungen

301 Nur unter behördlicher Aufsicht sollen zunächst personenbezogene Daten verarbeitet werden, die sich auf strafrechtliche Verurteilungen beziehen. Dies betrifft etwa Informationen über Strafurteile oder Strafbefehle.[416] In Deutschland ist der Umgang mit solchen personenbezogenen Daten vor allem im Bundeszentralregistergesetz (BZRG) geregelt.

bb) Mit Straftaten zusammenhängende Sicherungsmaßregeln

302 Auch Datenverarbeitungen über mit Straftaten zusammenhängende Sicherungsmaßnahmen sollen nach Art. 10 DSGVO grundsätzlich unter behördlicher Aufsicht erfolgen. Dies dürfte sich beispielsweise auf einen Entzug der Fahrerlaubnis als Folge eines Strafverfahrens oder auch auf die Feststellung der besonderen Schuldschwere als Grundlage der Beurteilung einer späteren möglichen Aussetzung der Strafe zur Bewährung beziehen.

cc) Straftaten

303 Art. 10 DSGVO betrifft Daten über Straftaten. Hier ist nach dem Wortlaut der Vorschrift zunächst davon auszugehen, dass die Vorschrift ausschließlich festgestellte Straftaten erfasst. Mögliche oder vermutete strafrechtlich relevante

---

415 *Wybitul/Böhm*, CB 2016, 101 ff., aktualisierte Online-Fassung vom 14.4.2016, S. 7, abrufbar unter: http://hoganlovells-blog.de/2016/07/06/das-neue-eu-datenschutzrecht-folgenfuer-compliance-und-interne-ermittlungen/.
416 Vgl. etwa § 4 Nr. 1 BZRG.

Handlungen fallen nicht unter Art. 10 DSGVO. Weder Compliance-Kontrollen noch unternehmensinterne Ermittlungen müssen künftig grundsätzlich unter behördlicher Aufsicht erfolgen. Die Regelung in Art. 10 DSGVO entspricht wortgleich dem bisherigen Art. 8 Abs. 5 der Datenschutzrichtlinie. Bereits dies zeigt deutlich, dass eine Veränderung gegenüber der bisherigen Rechtslage in Bezug auf die Verarbeitung von Daten, die Straftaten, strafrechtliche Verurteilungen oder Sicherungsmaßregeln betreffen, nicht beabsichtigt ist.

b) Sonderfall: Datenverarbeitung für Compliance-Zwecke

Grundsätzlich sind Datenverarbeitungen für Compliance-Zwecke an den Vorgaben einschlägiger Erlaubnistatbestände, wie etwa Art. 6 Abs. 1 lit. (f) DSGVO zu messen. Die Verarbeitung personenbezogener Daten zur Verhinderung von Straftaten kann ausweislich der Erwägungsgründe der Verordnung durchaus ein berechtigtes Interesse des jeweiligen für die Verarbeitung Verantwortlichen darstellen.[417] Dieses Interesse ist mit dem durch die Compliance-Maßnahme erfolgenden Eingriff in die Rechte und Freiheiten der betroffenen Person abzuwägen. **304**

Soweit der Verantwortliche Arbeitgeber eines betroffenen Beschäftigten ist, eröffnet Art. 88 Abs. 1 DSGVO den Gesetzgebern der Mitgliedstaaten die Möglichkeit, spezifischere Regelungen für Datenverarbeitungen im Beschäftigungskontext zu erlassen.[418] **305**

Richtigerweise werden nur umfassende und systematische Verarbeitungen von festgestellten Straftaten unter den Vorbehalt einer behördlichen Aufsicht gestellt.[419] Dies zeigen auch die einschlägigen Erwägungsgründe recht deutlich. Danach kann die Untersuchung, Aufdeckung und Verfolgung von Straftaten dem Schutz berechtigter Interessen eines Verantwortlichen dienen.[420] **306**

---

417 Erwägungsgrund 47 spricht hier von der Verhinderung von „Betrug". Allerdings wurde zwischen den am Gesetzgebungsverfahren Beteiligten über die englische Fassung verhandelt. Der dort verwendete Begriff „fraud" ist deutlich weiter zu verstehen als ein Betrug im Sinne von § 263 StGB und wird gemeinhin als Synonym für Wirtschaftskriminalität verwendet.

418 Vgl. Erwägungsgrund 8.

419 Vgl. *Wybitul/Böhm*, CB 2016, 101 ff., aktualisierte Online-Fassung vom 14.4.2016, S. 7, abrufbar unter: http://hoganlovells-blog.de/2016/07/06/das-neue-eu-datenschutzrecht-folgen-fuer-compliance-und-interne-ermittlungen/.

420 Vgl. Erwägungsgrund 47.

10. Besondere Verarbeitungssituationen – insbesondere Beschäftigtendatenschutz

307 Die Art. 85 ff. DSGVO enthalten Vorschriften für besondere Verarbeitungssituationen. Die betrifft etwa die Verarbeitung im Rahmen der Meinungsäußerung und der Informationsfreiheit, den Zugang zu öffentlichen Dokumenten oder die Verarbeitung nationaler Kennziffern. Für die Unternehmenspraxis ist vor allem Art. 88 DSGVO relevant.

a) Beschäftigtendatenschutz nach Art. 88 DSGVO

308 Art. 88 DSGVO erlaubt es den Mitgliedsstaaten, einzelstaatliche Sonderregelungen im Beschäftigtendatenschutz zu schaffen. Zudem können auch Kollektivvereinbarungen wie etwa Betriebsvereinbarungen die Verarbeitung personenbezogener Daten im Beschäftigungskontext erlauben. Dies soll dem Umstand Rechnung tragen, dass die DSGVO im Ergebnis teilweise nicht recht zu den Besonderheiten eines Arbeitsverhältnisses passt.[421] So lassen sich die Betroffenenrechte (wie zum Beispiel das Widerspruchsrecht nach Art. 21 DSGVO) nicht durchweg ohne Weiteres auf das Arbeitsverhältnis übertragen. Etwa die betriebswirtschaftliche Planung der Arbeitserbringung oder gesetzliche Aufsichtspflichten nach §§ 30, 130 OWiG erfordern es regelmäßig, dass ein Arbeitgeber die personenbezogenen Daten seiner Mitarbeiter umfangreich verarbeitet.

309 Datenverarbeitungen im Beschäftigtenverhältnis wurden bisher häufig über Einwilligungserklärungen der Mitarbeiter gerechtfertigt. Durch die hohen Anforderungen an die Einwilligung als Rechtfertigungsgrund, insbesondere das Koppelungsverbot aus Art. 7 Abs. 4 DSGVO, wird dies künftig nur noch selten praktikabel sein. Als Erlaubnistatbestände für die Datenverarbeitung im Beschäftigtenverhältnis bleiben nach der DSGVO daher nur die Verarbeitung zur Erfüllung einer rechtlichen Verpflichtung gemäß Art. 6 Abs. 1 lit. (c) DSGVO und die Verarbeitung zur Wahrung berechtigter Interessen gemäß Art. 6 Abs. 1 lit. (f) DSGVO. Bei letzterer ist zu beachten, dass die betroffene Person einer Verarbeitung zur Wahrung berechtigter Interessen nach Art. 21 Abs. 1 DSGVO jederzeit widersprechen kann. Um dem Beschäftigtendatenschutz gebührend Rechnung zu tragen, bedarf es der Öffnungsklausel des Art. 88 Abs. 1 DSGVO zur Schaffung weiterer Erlaubnistatbestände.

---

[421] Vgl. zum deutschen und europäischen Beschäftigtendatenschutz den Überblick von *Taeger/Rose*, BB 2016, 819.

b) Regelung durch Rechtsvorschriften

Die von den Mitgliedstaaten gemäß Art. 88 Abs. 1 DSGVO erlassenen Sonder-   **310**
regelungen müssen dem strengen Anforderungskatalog des Art. 88 Abs. 2
DSGVO entsprechen. In Deutschland ist die Verarbeitung personenbezogener
Daten im Beschäftigtenkontext bereits in § 32 Abs. 1 BDSG geregelt. Durch
diese Regelung sollen nach der Gesetzesbegründung die von der Rechtsprechung entwickelten Grundsätze zum Beschäftigtendatenschutz zusammengefasst werden.[422] Diese von den deutschen Arbeitsgerichten entwickelten Grundsätze zum Beschäftigtendatenschutz sind äußerst streng.[423] Unter Berücksichtigung der restriktiven arbeitsgerichtlichen Rechtsprechung dürfte § 32 BDSG
den Anforderungen von Art. 88 Abs. 2 DSGVO wohl genügen.[424] Sollte der
Bundesgesetzgeber nicht im Rahmen eines Ausführungsgesetzes zur DSGVO
den § 32 BDSG aufheben, gilt dieser aller Voraussicht nach auch nach dem
25.5.2018 fort.

Selbst bei einer Anwendung der in Art. 6 DSGVO und in Art. 9 DSGVO gere-   **311**
gelten Erlaubnistatbestände wird der Arbeitgeber die aus den Grundprinzipien
des Art. 5 Abs. 1 DSGVO folgenden Vorgaben bei der Auslegung des Tatbe-
standsmerkmals der Erforderlichkeit berücksichtigen müssen. Gerade die dort
geregelten Vorgaben der Zweckbindung[425] („geeignet"), der Pflicht zur Datenminimierung[426] („mildestes Mittel") und der Verarbeitung nach Treu und Glauben[427] („angemessen") entsprechen weitgehend den von der deutschen Recht-

---

422 Vgl. BT-Drucks. 16/13657 vom 1.7.2009, S. 20.
423 Vgl. z. B. das sog. „Spindurteil" des BAG, ZD 2014, 260 m. Anm. *Wybitul/Astor*; BAG
zur Zulässigkeit von Torkontrollen, ZD 2014, 256 (m. Anm. *Wybitul*); BAG, ZD 2016,
237.
424 Vgl. etwa *Wybitul/Pötters*, RDV 2016, 1; *Düwell/Brink*, NZA 2016, 665, 667; differenzie-
rend *Gola/Pötters/Thüsing*, RDV 2016, 57, 60; ablehnend *Taeger/Rose*, BB 2016, 819,
830, 831.
425 Art. 5 Abs. 1 lit. (a) DSGVO.
426 Art. 5 Abs. 1 lit. (c) DSGVO. Vgl. auch Erwägungsgrund 39: „Personenbezogene Daten
sollten nur verarbeitet werden dürfen, wenn der Zweck der Verarbeitung nicht in zumutbarer Weise durch andere Mittel erreicht werden kann."
427 Art. 5 Abs. 1 lit. (a) DSGVO – klarer ist hier die englische Sprachfassung, die insofern
den Begriff der „Fairness" verwendet. Sehr deutlich kommt die Anwendung des Verhältnismäßigkeitsgrundsatzes auch in Erwägungsgrund 4 zum Ausdruck: „Die Verarbeitung
personenbezogener Daten sollte im Dienste der Menschheit stehen. Das Recht auf Schutz
der personenbezogenen Daten ist kein uneingeschränktes Recht; es muss im Hinblick auf
seine gesellschaftliche Funktion gesehen und unter Wahrung des Verhältnismäßigkeitsprinzips gegen andere Grundrechte abgewogen werden. Diese Verordnung steht im Einklang mit allen Grundrechten und achtet alle Freiheiten und Grundsätze, die mit der Charta anerkannt wurden und in den Europäischen Verträgen verankert sind, insbesondere
Achtung des Privat- und Familienlebens, der Wohnung und der Kommunikation, Schutz

sprechung bereits in der Vergangenheit aufgestellten Anforderungen. Insofern wird es in Deutschland – anders als in anderen Mitgliedstaaten – nicht zu einer Veränderung des materiellen Abwägungsstandards zwischen den Interessen des Arbeitgebers und des Arbeitnehmers kommen. Insbesondere bringt die Verordnung richtigerweise keine Absenkung der durch das BAG vorgegebenen Standards beim Beschäftigtendatenschutz mit sich.

c) Regelung durch Kollektivvereinbarungen

312 Zu den Regelungsmöglichkeiten gehören laut Art. 88 Abs. 1 DSGVO nicht nur „Rechtsvorschriften", sondern auch „Kollektivvereinbarungen". Somit ist klar, dass es die Vorschrift in Zukunft weiterhin zulässt, dass Arbeitgeber und Betriebsräte im Rahmen von Betriebsvereinbarungen „eigene" Regelungen schaffen können.[428] Art. 88 Abs. 1 DSGVO beinhaltet hierzu einen nicht abschließenden Katalog, für welche Zwecke den Parteien diese Möglichkeit besonders eröffnet ist. Nach bisheriger Rechtslage waren Betriebsvereinbarungen als Erlaubnistatbestände nach § 4 Abs. 1 BDSG (sogenanntes „Verbot mit Erlaubnisvorbehalt") im Sinne von „sonstigen Rechtsvorschriften" möglich.[429] Erforderlich war, dass sich die Erlaubnisvorschrift im Rahmen der Regelungsautonomie der Betriebsparteien bewegte und die den Betriebsparteien gezogenen Regelungsschranken[430] nicht überschritten wurden.[431]

313 Um einen Erlaubnistatbestand nach Art. 88 Abs. 1 DSGVO begründen zu können, müssen auch Betriebsvereinbarungen den Anforderungen des Art. 88 Abs. 2 DSGVO[432] entsprechen.[433] Diese Anforderungen sind im Vergleich zum bisherigem deutschen Recht wesentlich strenger gefasst.

---

personenbezogener Daten, Gedanken-, Gewissens- und Religionsfreiheit, Freiheit der Meinungsäußerung und Informationsfreiheit, unternehmerische Freiheit, Recht auf einen wirksamen Rechtsbehelf und ein faires Verfahren und Vielfalt der Kulturen, Religionen und Sprachen."

428 Vgl. dazu auch Erwägungsgrund 155, der die Möglichkeit der Regelung durch Betriebsvereinbarungen ausdrücklich nennt.

429 BAG, 27.5.1986 – 1 ABR 48/84, NZA 1986, 646; BAG, 30.8.1995 – 1 ABR 4/95, BB 1996, 643.

430 Etwa aus § 75 Abs. 2 BetrVG.

431 Vgl. *Taeger/Rose*, BB 2016, 819, 821.

432 Dieser fordert „geeignete und besondere Maßnahmen zur Wahrung der menschlichen Würde, der berechtigten Interessen und der Grundrechte der betroffenen Person, insbesondere im Hinblick auf die Transparenz der Verarbeitung, die Datenübermittlung innerhalb einer Unternehmensgruppe oder einer Gruppe von Unternehmen und die Überwachungssysteme am Arbeitsplatz".

433 Vgl. zu Betriebsvereinbarungen als Erlaubnis zur Datenverarbeitung *Wybitul*, ZD 2016, 203, 206 ff.

Praxistipp: Arbeitgebern und Betriebsräten ist zu raten, von dieser Regelungs- 314
möglichkeit auch tatsächlich umfassenden Gebrauch zu machen. So können sie
Rechtsunsicherheiten vermeiden und im Gegensatz zu den allgemeinen
DSGVO-Regelungen speziellere rechtliche Vorgaben schaffen, die den Besonderheiten des Arbeitsverhältnisses gerecht werden. Bereits geltende Betriebsvereinbarungen sollten angepasst werden.[434]

*d) Folgen des Anwendungsvorrangs der Verordnung für Informationsrechte
des Betriebsrats*

Aufgrund des Anwendungsvorrangs der DSGVO kann es künftig durchaus 315
dazu kommen, dass Betriebsräte höhere Hürden zu überwinden haben, um den
Arbeitgeber zur Auskunft über personenbezogene Beschäftigtendaten zu veran-
lassen. Zwar sehen beispielsweise §§ 80 Abs. 2, 99 und 102 BetrVG umfangreiche Informationsrechte vor, zu deren Erfüllung der Arbeitgeber dem Betriebsrat
gegebenenfalls umfassend personenbezogene Daten von Arbeitnehmern offenlegen muss.[435] Künftig könnten die Vorschriften der DSGVO als vorrangiger
Rechtsnorm die Anforderungen an Informationsrechte der Betriebsräte durchaus verschärfen. Bislang verdrängte das BetrVG das BDSG, da den Vorschriften
des Datenschutzes insofern nur eine Auffangfunktion zukam.[436]

Künftig gehen hingegen die Vorschriften der Verordnung denen des BetrVG 316
vor. Insofern ist zur Erfüllung betriebsverfassungsrechtlicher Auskunftspflichten des Arbeitgebers künftig zu prüfen, ob die Verarbeitung nach Art. 6 Abs. 1
lit. (c) DSGVO zur Erfüllung einer rechtlichen Pflicht erforderlich ist, welcher
der Verantwortliche unterliegt. Die vom Betriebsrat geltend gemachte Grundlage seines Auskunftsverlangens muss den Anforderungen von Art. 6 Abs. 3
DSGVO entsprechen. Insbesondere muss der Zweck der Verarbeitung in der jeweiligen betriebsverfassungsrechtlichen Rechtsgrundlage gemäß Art. 6 Abs. 3
Satz 2 DSGVO festgelegt sein. Die entsprechende Rechtsgrundlage oder Gesetzgebungsmaßnahme sollte zudem klar und präzise sein und ihre Anwendung
sollte für die Rechtsunterworfenen gemäß der Rechtsprechung des EuGH und
des EGMR vorhersehbar sein.[437] Sofern deutsche Arbeitsgerichte die Anforderungen des Art. 6 Abs. 3 DSGVO künftig nicht ausgesprochen großzügig ausle-

---

434 Siehe zu möglichen Änderungen durch Betriebsvereinbarungen *Wybitul*, ZD 2016, 203,
    207 f.
435 Art. 6 Abs. 1 lit. (c) DSGVO.
436 § 1 Abs. 3 BDSG.
437 Erwägungsgrund 41.

gen, dürfte auf den deutschen Gesetzgeber einige Arbeit zukommen, falls er die derzeitigen Auskunftsrechte von Betriebsräten uneingeschränkt erhalten will.

317 **Fazit:**

- **Grundsatz: Verbot mit Erlaubnisvorbehalt.**
- **Die Erlaubnistatbestände sind**
  - **etwa in Art. 6 Abs. 1 und Art. 9 Abs. 2 DSGVO geregelt,**
  - **auf Basis der Datenschutzprinzipien des Art. 5 Abs. 1 DSGVO auszulegen und**
  - **teilweise durch Öffnungsklauseln innerstaatlichem Recht zugänglich (z. B. Beschäftigtendatenschutz).**
- **Für besondere Kategorien von Daten greifen Sonderbestimmungen: Staffelung der Anforderungen nach Sensibilität der Daten.**

VI. Projektplanung und Checkliste zur Umsetzung der DSGVO im Unternehmen[438]

Die Umsetzung des kommenden EU-Datenschutzrechts ist für Unternehmen **318** mit Aufwand verbunden. Die DSGVO fordert in Art. 24 Abs. 1 und Abs. 2 DSGVO ein den Risiken der im Unternehmen verarbeiteten Daten entsprechendes Datenschutz-Management-System (DMS). Wegen der teilweise gravierenden Haftungsrisiken für Unternehmen und Entscheidungsträger haben Wirtschaftsunternehmen neben der rechtlichen Verpflichtung auch ein massives eigenes Interesse daran, effektive Strukturen und Prozesse zur Umsetzung der Anforderungen der DSGVO zu schaffen.

1. Leitfaden zur Implementierung der DSGVO

Der nachstehende Leitfaden gibt einen ersten Überblick über mögliche Maß- **319** nahmen zur Umsetzung der DSGVO und zu den hierfür nötigen Projektschritten. Der Schwerpunkt des Überblicks liegt dabei auf den praktischen Abläufen und nicht auf der rechtlichen Bewertung der zur Implementierung der DSGVO erforderlichen Schritte.

a) Projektteam

Einer der ersten Prozessschritte zur Umsetzung der Verordnung ist die Zusam- **320** menstellung eines Projektteams sowie bei größeren oder datenintensiven Unternehmen sogar der Aufbau eines Project Management Office. Die Beteiligten sollten die Datenverarbeitungen in den unterschiedlichen betroffenen Bereichen sowie deren Zwecke gut kennen und bereichsspezifische Anforderungen bei der Einführung der DSGVO umsetzen können.

Neben der Datenschutzfunktion und den operativ tätigen Unternehmensberei- **321** chen kommen insbesondere Funktionen aus den Bereichen IT, Personal, Recht, Revision und Compliance in Betracht. Bei der Festlegung der Teilnehmer des Projektteams sollte auch bestimmt werden, wer gegenüber der Unternehmensführung über Anforderungen und Fortgang des Implementierungsprojekts berichtet.

---

[438] Dieser Teil des Buchs beruht auf einem Aufsatz, den der Verfasser und Herr Rechtsanwalt *Dr. Oliver Draf*, LL.M., Datenschutzbeauftragter der Allianz Deutschland AG, im BB 2016, 2101 ff., veröffentlich haben. Der Verfasser dankt Herrn *Dr. Draf* für seine wertvolle Unterstützung.

322 Zudem sollte bei Unternehmensgruppen auch die „konzernweite Brille" bei der Umsetzung sichergestellt sein, d. h. das Projektteam arbeitet auf Konzernebene und stellt so die konzernweit einheitliche Umsetzung der Standards sicher.

323 Die den Anforderungen des Unternehmens (oder des Konzerns) und der jeweiligen Projektphase entsprechende Zusammensetzung des Projektteams sollte kontinuierlich überprüft und bei Bedarf angepasst werden.

b) Festlegung von Projektzielen

324 Die Beteiligten sollten die Ziele und Ergebnisse des Umsetzungsprojekts möglichst konkret und präzise bestimmen. Diese Projektziele sollten auch mit dem Management abgestimmt und freigegeben beziehungsweise bestätigt werden.

c) Ressourcenplanung

325 Die Umsetzung der DSGVO im Unternehmen erfordert gerade bei mittleren und größeren Unternehmen eine durchdachte und professionelle Ressourcenplanung. Dabei gilt es insbesondere, nicht „das Rad neu zu erfinden". Vielmehr sollten Unternehmen unbedingt prüfen, auf welche bereits bestehenden Prozesse, Strukturen und sonstige Ressourcen sie bei der Einführung der DSGVO zurückgreifen können. Zur Einführung eines effektiven Datenschutz-Management-Systems sind eine Vielzahl von Abläufen und Strukturen zu koordinieren. Hier kann es ausgesprochen zweckmäßig sein, gerade in Bezug auf die Projektplanung und deren Steuerung, frühzeitig entsprechende Ressourcen sicherzustellen.

d) Budgetplanung

326 Die Einführung der DSGVO ist ein Projekt von erheblicher (auch finanzieller) Tragweite. Dies gilt sowohl für Geschäftsprozesse als auch für die Software als Supportprozess. Die effektive Implementierung eines nach Art. 24 Abs. 1 DSGVO vorgeschriebenen und auch zur Vermeidung von Haftungsrisiken unumgänglichen Datenschutz-Management-Systems führt zu einem erheblichen Bedarf an personellen, organisatorischen und finanziellen Ressourcen. Bereits vor der Verabschiedung der Verordnung benötigte ein effektives Datenschutzprogramm ein angemessenes Budget. Die Anforderungen an Datenschutz-Management-Systeme steigen mit der Einführung der DSGVO weiter. Daher sollten Budgetfragen bereits am Anfang des Einführungsprojekts angemessen berücksichtigt und über Vorstudien und Teilziele schrittweise präzisiert werden.

327 Bei der Festlegung erforderlicher Budgets sollte das Unternehmen auch die drohenden Bußgelder von bis zu vier Prozent des globalen konzernweiten Umsatzes – sowie bis zu 20 Millionen Euro für Manager und andere für Datenschutzentscheidungen verantwortliche Personen – bedenken. Erfahrungsgemäß ist es zweckmäßig, sich hierzu auch mit anderen Unternehmen in ähnlicher (datenschutzrechtlicher) Gefährdungssituation oder auf der Ebene von Branchenverbänden abzustimmen.

e) Risikoanalyse DSGVO

Gerade aufgrund der erheblich gestiegenen Bußgeld- und Reputationsrisiken   **328** sowie künftig drohender Schadensersatzforderungen betroffener Personen ist eine auf das gesamte Unternehmen und dessen einzelne Bereiche bezogene Risikoanalyse nötig. Dabei sollten bestehende Risiken identifiziert und nach ihrer Eintrittswahrscheinlichkeit und dem Ausmaß nachteiliger Folgen sowie Möglichkeiten zur Risikovermeidung oder -verringerung bewertet werden. Zudem setzen viele Vorschriften der Verordnung eine umfassende Risikoanalyse voraus. Beispielsweise müssen Unternehmen in Bezug auf die zu treffenden technischen und organisatorischen Maßnahmen zur Gewährleistung eines dem Risiko angemessenen Schutzniveaus bei der Datensicherheit die „Eintrittswahrscheinlichkeit und Schwere des Risikos für die Rechte und Freiheiten natürlicher Personen" berücksichtigen, Art. 32 Abs. 1 DSGVO.

Hierbei müssen Unternehmen logisch zwischen den (unmittelbaren) Risiken   **329** für die Rechte und Freiheiten von Personen und den daraus folgenden (mittelbaren) Konsequenzen möglicher Datenschutzverstöße für das Unternehmen selbst trennen. Beides sind Kriterien, die Unternehmen im Rahmen einer auf den Datenschutz bezogenen Risikoanalyse berücksichtigen müssen.

Unternehmen sollten bei der Bewertung der konkret zu berücksichtigenden Ri-   **330** siken insbesondere die nachstehenden Aspekte berücksichtigen:

f) Risiken für betroffene Personen

Ausgangspunkt jeder Risikoanalyse in Bezug auf den Datenschutz sind die   **331** möglichen Auswirkungen einzelner Datenverarbeitungen in Bezug auf von dieser Verarbeitung betroffene Personen. Mögliche Eingriffe in die Rechte und Freiheiten dieser betroffenen Personen sind nach den Kriterien Eintrittswahrscheinlichkeit und zu erwartender Eingriffsintensität näher zu bestimmen.

aa) Mögliche Bußgelder

Berechnung des konkret für das Unternehmen beziehungsweise den Konzern   **332** geltenden Maximalbußgelds pro Verstoß auf der Grundlage des Umsatzes des Vorjahres. Dabei ist auch an eine nach wie vor mögliche Gewinnabschöpfung zu denken, vgl. § 17 Abs. 4 OWiG.

bb) Zivilrechtliche Haftungsrisiken

333 Berücksichtigung der möglichen Geltendmachung auch immaterieller Schäden nach Art. 82 Abs. 1 DSGVO sowie des Risikos von Verbandsklagen nach Art. 80 DSGVO.

cc) Rufschäden

334 Erfahrungsgemäß können Fehler beim Datenschutz zu erheblichen Risiken für die Reputation eines Unternehmens führen. Auch dies ist im Rahmen einer umfassenden Gefährdungsanalyse zu berücksichtigen. Gerade für Kunden gewinnen Fragen des Datenschutzes zunehmend an Bedeutung.

dd) Arbeitsrechtliche Aspekte

335 Unternehmen sollten auch an mögliche Streitigkeiten mit dem Betriebsrat oder einzelnen Arbeitnehmern wegen möglichen Defiziten beim Datenschutz am Arbeitsplatz denken. Bei vielen Unternehmen ist der Datenschutz bei Verhandlungen mit Betriebsräten bereits jetzt ein Dauerthema. Es spricht sehr viel dafür, dass auch Betriebsräte und Gewerkschaften die Bedeutung der DSGVO erkennen und sich intensiver mit Fragen des Datenschutzes im Betrieb befassen werden.

ee) Sonstige Nachteile

336 Neben den vorstehenden Punkten sind auch sonstige mögliche Nachteile, wie etwa die Untersagung einzelner Datenverarbeitungen durch die zuständige Aufsichtsbehörde zu berücksichtigen.

g) Bestandsaufnahme

337 Bei der Umsetzung der Vorgaben der Verordnung sollte das Projektteam gründlich prüfen, auf welche bereits bestehenden Strukturen das Unternehmen aufsetzen kann. Wegen des gegenüber dem BDSG deutlich stärker risikobasierten Ansatzes der Verordnung kommen hier neben der Nutzung bestehender Datenschutzstrukturen insbesondere auch die Übertragung oder Adaption von Prozessen sowie Maßstäben aus Compliance-Management-Systemen und dem Risikomanagement in Betracht.

h) Gap-Analyse

338 Das Unternehmen sollte im Rahmen der Umsetzung der Anforderungen der Verordnung einen strukturierten Abgleich des derzeitigen Ist-Zustands mit dem künftigen Soll-Zustand vornehmen. Auf dieser Grundlage lässt sich bereits eine erste Grobrasterung der einzelnen notwendigen Projektschritte erstellen. Damit ist die Gap-Analyse auch ein wichtiger Baustein in der weiteren Projektplanung, etwa in Bezug auf die Maßnahmen zur Gewährleistung der vorgeschriebenen Transparenz und Dokumentation.

Konkret könnten in einem ersten Schritt der Umsetzung der Gap-Analyse bei- **339** spielsweise alle von der DSGVO betroffenen Organisationseinheiten, Prozesse und rechtlichen Einheiten identifiziert werden.

i) Einbindung Datenschutzbeauftragter

Der Datenschutzbeauftragte übernimmt sowohl bei der Einführung der in der **340** DSGVO geforderten Strukturen als auch beim Betrieb des Datenschutz-Management-Systems eine zentrale Rolle. Nach Art. 38 Abs. 1 DSGVO muss er zudem „ordnungsgemäß und frühzeitig in alle mit dem Schutz personenbezogener Daten zusammenhängenden Fragen eingebunden" sein. Das Unternehmen sollte die Umsetzung dieser Anforderung auch in einer Art. 24 Abs. 1 DSGVO entsprechenden Weise dokumentieren.

j) Datenschutzkommunikation

Viele Unternehmen messen dem Datenschutz nach den Vorgaben der Verord- **341** nung einen höheren Stellenwert zu als nach dem bislang geltenden BDSG. Die Implementierung und der Betrieb effektiver Datenschutz-Management-Strukturen setzen auch ein klares Bekenntnis der Unternehmensführung zum Datenschutz sowie eine unmissverständliche Kommunikation hierzu gegenüber der Belegschaft voraus. Dies umfasst gerade bei größeren Unternehmen auch geeignete Datenschutzrichtlinien.

k) Datenschutztrainings

Die Anforderungen der DSGVO sind komplex und vielfältig. Zur belastbaren **342** Umsetzung der Vorgaben der Verordnung müssen Mitarbeiter gründlich geschult werden, insbesondere vor dem Hintergrund von Art. 24 Abs. 1 und Abs. 2 DSGVO. Ferner fordert Art. 39 Abs. 1 lit. (b) DSGVO ausdrücklich die „Sensibilisierung und Schulung der an den Verarbeitungsvorgängen beteiligten Mitarbeiter" durch den Datenschutzbeauftragten.

Welcher Mitarbeiter auf welche Weise geschult werden muss, hängt von seiner **343** jeweiligen Funktion und von seinen Aufgaben im Unternehmen ab. Dabei sollte das Unternehmen die bei der Einführung und dem späteren Dauerbetrieb eines der DSGVO angemessenen Datenschutz-Management-Systems festgelegten Trainingskonzepte und deren Umsetzung auch in geeigneter Form dokumentieren. Hier bieten sich Branchenlösungen an, um sowohl Kosten zu sparen als auch gegebenenfalls enge finanzielle Umsetzungsrahmen einzuhalten.

l) Datenschutzberatung

344   Der Datenschutzbeauftragte ist verpflichtet, das Unternehmen und die Daten verarbeitenden Beschäftigten in Fragen des Datenschutzes zu beraten, vgl. Art. 39 Abs. 1 lit. (a) DSGVO. Neben der Erfüllung dieser rechtlichen Pflicht ist die Einrichtung einer im Unternehmen gut kommunizierten und akzeptierten Datenschutzberatung ein wichtiges Mittel, um Fehler bei der Verarbeitung personenbezogener Daten und daraus folgende Risiken für das Unternehmen und die beteiligten Entscheidungsträger zu vermeiden.

m) Information und Abstimmung mit den Datenschutzaufsichtsbehörden

345   Nach Art. 39 Abs. 1 lit. (d) DSGVO zählt die Zusammenarbeit mit den Aufsichtsbehörden zu den gesetzlich geregelten Aufgaben des Datenschutzbeauftragten. Beim Auftreten eines Datenschutzverstoßes ist der Verantwortliche nach Art. 33 Abs. 1 DSGVO verpflichtet, die zuständige Aufsichtsbehörde zu informieren, es sei denn dass die Verletzung nicht zu einem Risiko für die Rechte und Freiheiten natürlicher Personen führt. In der Praxis bietet es sich an, dass der Datenschutzbeauftragte diese Information der Aufsichtsbehörde koordiniert und durchführt. In jedem Fall sollten die Zuständigkeiten, Berichtswege und die nötige interne Freigabe für die Kontaktaufnahme mit Datenschutzbehörden im Unternehmen klar geregelt sein.

n) Betriebsrat

346   Betriebsräte haben nach § 80 Abs. 1 Nr. 1 BetrVG über die Einhaltung der Vorschriften zum Schutz der Arbeitnehmer zu wachen. Die DSGVO zählt zu diesen Schutzvorschriften.[439] Aus Arbeitgebersicht empfiehlt es sich dringend, zu Fragen der Umsetzung der Verordnung frühzeitig den Kontakt mit dem Betriebsrat zu suchen. Hier bietet sich gegebenenfalls sogar die Möglichkeit gemeinsamer Schulungen und Workshops an, insbesondere um unnötige Kontroversen bei der Ausgestaltung des Arbeitnehmerdatenschutzes im Rahmen der DSGVO zu vermeiden.

o) Betriebsvereinbarungen

347   Die DSGVO erfordert teilweise erhebliche Anpassungen bei bestehenden Betriebsvereinbarungen. Zudem kann auch der Abschluss neuer Betriebsvereinba-

---

439 Vgl. BAG, NZA 1987, 747; *Kania*, in: Erfurter Kommentar, 16. Aufl., § 80 Rn. 3.

rungen sehr zweckmäßig sein. Erfahrungsgemäß kann es gerade bei Datenschutzfragen beziehungsweise bei Leistungs- und Verhaltenskontrollen nach § 87 Abs. 1 Nr. 6 BetrVG lange dauern, neue Betriebsvereinbarungen unter Dach und Fach zu bringen. Dies sollte das Projektteam bei der zeitlichen Planung des Einführungsprojekts berücksichtigen.

p) Planung der in der DSGVO geforderten Prozesse und Strukturen

Die Verordnung sieht eine ganze Reihe von (teilweise recht komplexen) Abläufen bzw. Strukturen vor, die Unternehmen bis Mitte 2018 umsetzen müssen. Dabei sollte das Projektteam insbesondere die folgenden Anforderungen berücksichtigen und die zu ihrer Umsetzung nötigen Prozesse planen: **348**

– Zweckfestlegung

Bei der erstmaligen Erhebung oder sonstigen Verarbeitung personenbezogener Daten muss das Unternehmen die Zwecke festlegen, für die es diese Daten verarbeitet. Hierfür ist ein strukturierter Prozess erforderlich, der sicherstellt, dass die vorgeschriebene Zweckfestlegung auch tatsächlich vorgenommen und dokumentiert wird. **349**

Viele Unternehmen dokumentieren die Zweckfestlegung beispielsweise im Verarbeitungsverzeichnis und stellen durch entsprechende Kontroll- bzw. Genehmigungsverfahren sicher, dass diese Anforderung im Einzelfall nicht umgangen wird. Das Unternehmen muss die betroffenen Personen über die festgelegten Zwecke der Verarbeitung ihrer personenbezogenen Daten im Rahmen der Informationspflichten nach Art. 13 Abs. 1 lit. (c) oder Art. 14 Abs. 1 lit. (c) DSGVO informieren. **350**

– Zweckänderung

Ebenso wie für die Zweckfestlegung sind auch für mögliche Zweckänderungen klare Prozesse erforderlich. Vgl. zu den Anforderungen für die Verarbeitung personenbezogener Daten für einen anderen als den ursprünglich festgelegten Zweck Art. 6 Abs. 4 DSGVO sowie die Checklisten in Rn. 272 und 274. **351**

– Verarbeitungsverzeichnis

Nach Art. 30 DSGVO müssen Unternehmen ihre Datenverarbeitungen in einem Verarbeitungsverzeichnis dokumentieren. Das Verarbeitungsverzeichnis kann ein wichtiger Baustein im Rahmen einer umfassenden Dokumentation im Sinne von Art. 24 Abs. 1 DSGVO sein.[440] **352**

---

440 Vgl. zum nach Art. 30 DSGVO vorgeschriebenen Verarbeitungsverzeichnis die entsprechender Checklisten in Rn. 142 und 144.

– Datensicherheit

353   Das Unternehmen muss auf der Basis einer Risikoanalyse ein angemessenes Schutzniveau in Bezug auf die Sicherheit der Verarbeitung gewährleisten, vgl. hierzu Art. 32 Abs. 2 DSGVO. Hierbei sollten Unternehmen insbesondere Möglichkeiten zur Pseudonymisierung und Verschlüsselung personenbezogener Daten prüfen, vgl. Art. 32 Abs. 1 lit. (a) DSGVO.[441]

– „Privacy by design and by default"

354   Art. 25 DSGVO verpflichtet Verantwortliche dazu, den vorgeschriebenen Datenschutz auch durch die Gestaltung der von ihnen eingesetzten IT und durch datenschutzfreundliche Voreinstellungen umzusetzen. Unternehmen müssen die Datenschutzgrundsätze nach Art. 5 DSGVO auch durch geeignete technische Maßnahmen umsetzen.

355   Beispiele hierfür sind auf Datenminimierung ausgerichtete IT-Systeme und die möglichst umfassende und frühzeitige Pseudonymisierung personenbezogener Daten. Der Umfang der konkret zu treffenden Maßnahmen beruht auch hier auf einer Risikoanalyse.

– Recht auf Datenübertragbarkeit

356   Unternehmen müssen sicherstellen, dass sie das in Art. 20 DSGVO vorgeschriebene Recht auf Datenübertragbarkeit umsetzen können. Danach können betroffene Personen von Verantwortlichen verlangen, sie betreffende Daten „in einem strukturierten, gängigen und maschinenlesbaren Format" zu erhalten. Nach Art. 20 Abs. 2 DSGVO kann die betroffene Person auch eine direkte Übermittlung an einen anderen Verantwortlichen verlangen, soweit dies technisch machbar ist. Da das Recht auf Datenübertragbarkeit nicht auf Kunden beschränkt ist, sollten sich Verantwortliche künftig auch auf entsprechende Forderungen von Mitarbeitern oder Geschäftspartnern einstellen. Die Umsetzung dieser Anforderung kann in Unternehmen einen erheblichen organisatorischen, technischen und wirtschaftlichen Aufwand erfordern.

– Reaktionsmechanismen auf Datenverletzungen

357   Das Unternehmen muss Maßnahmen zur Verringerung der Folgen einer Verletzung des Schutzes personenbezogener Daten, Strukturen zur Meldung bei der Aufsichtsbehörde und zur gegebenenfalls erforderlichen Benachrichtigung betroffener Personen umsetzen.

– Informationspflichten bei Datenerhebung

358   Insgesamt sieht die DSGVO ein deutlich höheres Maß an Transparenz vor als bislang das BDSG. Gerade für die Information betroffener Personen sollten Un-

---

441 Vgl. zu Prozessen zur Gewährleistung der Datensicherheit die Checkliste in Rn. 148.

ternehmen entsprechende Strukturen und Prozesse schaffen und dokumentieren. So sehen etwa Art. 13 und Art. 14 DSGVO umfassende Mitteilungspflichten bei der Erhebung personenbezogener Daten vor.[442]

– Auskunftsrecht der betroffenen Person

Nach Art. 15 DSGVO haben betroffene Personen künftig umfassendere Auskunftsrechte als bislang nach § 34 BDSG. Unter anderem muss das Unternehmen der betroffenen Person eine Kopie aller personenbezogenen Daten zur Verfügung stellen, die diese Person dem Verantwortlichen bereitgestellt hat. Zur Erfüllung dieser gesetzlichen Anforderung ist eine intensive Einbindung der IT-Verantwortlichen notwendig.

359

– Löschkonzepte

Wie schon nach dem BDSG müssen Unternehmen auch nach der Verordnung angemessene Löschkonzepte erstellen und umsetzen. Hier ist zunächst eine präzise Prüfung der Anforderungen nach Art. 17 DSGVO in Bezug auf die im Unternehmen jeweils verarbeiteten Daten und die damit verfolgten Zwecke geboten. Die DSGVO fordert die Festlegung von Löschfristen oder Löschkonzepten auch an anderer Stelle. Wenn Verantwortliche betroffene Personen über die Erhebung ihrer personenbezogenen Daten informieren, müssen sie die betroffenen Personen auch über die Dauer der Speicherung ihrer Daten unterrichten, vgl. Art. 13 Abs. 2 lit. (a) und Art. 14 Abs. 2 lit. (a) DSGVO. Nur falls eine derart genaue Unterrichtung nicht möglich ist, kann es ausreichen, die Kriterien für die Festlegung dieser Dauer mitzuteilen.

360

– „Recht auf Vergessenwerden"

Sofern Unternehmen personenbezogene Daten veröffentlichen, müssen sie auch sicherstellen, dass sie das in Art. 17 Abs. 2 DSGVO vorgeschriebene „Recht auf Vergessenwerden" („right to be forgotten") umsetzen. Dafür müssen Unternehmen angemessene Maßnahmen treffen, um andere Verantwortliche, die diese öffentlich gemachten Daten verarbeiten, entsprechend über das Vorliegen eines Löschgrundes zu informieren. Die Information anderer Verantwortlicher muss diese davon unterrichten, dass die betroffene Person die Löschung aller Links zu ihren personenbezogenen Daten oder von Kopien dieser Daten verlangt hat. Auch die Umsetzung dieses Rechts in die Praxis erfordert einige Vorbereitung.

361

– Recht auf Einschränkung der Verarbeitung

Betroffene Personen können verlangen, dass der Verantwortliche ihre personenbezogenen Daten nur noch für eingeschränkte Zwecke verarbeitet, sofern eine

362

---

442 Vgl. hierzu die entsprechenden Checklisten in Rn. 110, 115 und 117.

der in Art. 18 Abs. 1 DSGVO aufgezählten Voraussetzungen vorliegt. Auch für die Bearbeitung derartiger Verlangen muss das Unternehmen angemessene Prozesse installieren.

– Widerspruchsrecht

363 Art. 21 DSGVO sieht künftig das Recht betroffener Personen vor, der Verarbeitung ihrer personenbezogenen Daten zu widersprechen. Der Verantwortliche muss die betroffene Person spätestens zum Zeitpunkt der ersten Kommunikation mit ihr auf dieses Widerspruchsrecht hinweisen, Art. 21 Abs. 4 DSGVO. Macht die betroffene Person von ihrem Recht zum Widerspruch Gebrauch, muss das Unternehmen die Daten gegebenenfalls „einschränken"[443] und darf sie bis auf Weiteres nur noch für die in Art. 18 Abs. 2 DSGVO genannten Zwecke verarbeiten. Im Anschluss muss das Unternehmen prüfen, ob die Voraussetzungen eines Verarbeitungsverbots nach Art. 21 Abs. 1 DSGVO vorliegen.

– Recht auf Berichtigung

364 Nach Art. 16 DSGVO kann eine betroffene Person verlangen, dass der Verantwortliche unrichtige personenbezogene Daten über sie berichtigt und gegebenenfalls auch vervollständigt. Dies setzt ein Verfahren voraus, mit dem das Unternehmen überprüfen kann, ob die in Frage stehenden personenbezogenen Daten tatsächlich unrichtig sind.

– Datenschutz-Folgenabschätzung

365 Hat eine geplante Datenverarbeitung voraussichtlich ein hohes Risiko für die Rechte und Freiheiten natürlicher Personen zur Folge, so führt der Verantwortliche vorab eine Folgenabschätzung nach Art. 35 DSGVO durch.

366 Sowohl für die Durchführung der Datenschutz-Folgenabschätzung als auch für die danach gegebenenfalls vorgeschriebene Konsultation mit der Aufsichtsbehörde sollte das Unternehmen entsprechende Verfahren zur ordnungsgemäßen Durchführung und Dokumentation entwickeln. Im Rahmen eines Projekts zur Einführung der DSGVO sollte eine klar strukturierte, konzernweit einheitliche Vorlage für die Durchführung von Datenschutz-Folgenabschätzungen erarbeitet werden.[444]

– Gemeinsam Verantwortliche

367 Sind an einer Datenverarbeitung mehrere Unternehmen beteiligt, sollten die gemeinsamen Verantwortlichen bis zur Geltung der DSGVO eine Vereinbarung gemäß Art. 26 DSGVO treffen. Diese muss die gemeinsamen Zwecke der Verarbeitung beinhalten und die Verantwortlichkeiten nach der DSGVO konkret

---

443 Art. 18 Abs. 1 lit. (d) DSGVO.
444 Vgl. zur Datenschutz-Folgenabschätzung die Checklisten in Rn. 122 und 124.

zuteilen. Die Vereinbarung ist den betroffenen Personen zur Verfügung zu stellen.[445] Gerade für Konzernunternehmen bietet Art. 26 DSGVO die Möglichkeit, gemeinsame Datenverarbeitungen über den Konzern hinweg auf eine rechtlich belastbare Grundlage zu stellen. Von dieser Möglichkeit sollten Unternehmen bei Bedarf umfassend Gebrauch machen.

– Auftragsverarbeitung

Bis zur unmittelbaren Geltung der Verordnung am 25.5.2018 sollten Verant- **368** wortliche sicherstellen, dass die Verträge der von ihnen eingesetzten Auftragsverarbeiter sämtlichen Anforderungen von Art. 28 und Art. 29 DSGVO entsprechen.[446]

– Profiling

Das automatisierte Erstellen von Persönlichkeitsprofilen ist nach Art. 22 **369** DSGVO an hohe Anforderungen geknüpft, sofern betroffene Personen auf der Grundlage ausschließlich automatisierter Verarbeitung „Entscheidungen unterworfen" werden. Unternehmen sollten prüfen, ob und in welcher Form sie Profiling künftig noch einsetzen dürfen.

– Big Data

Die Verordnung gilt auch beim Einsatz von Big Data. Gerade bei weitgehenden **370** Verarbeitungen sehr großer Datenmengen dürfte es für Unternehmen teilweise schwierig werden, die in Art. 13 ff. DSGVO geforderten Transparenzanforderungen sowie die weiteren Vorgaben der Verordnung umzusetzen. Hier sollten Verantwortliche prüfen, in welchen Unternehmensbereichen Big Data überhaupt zum Einsatz kommt und ob gegebenenfalls die Verarbeitung pseudonymisierter oder sogar anonymisierter Daten möglich und zweckmäßig ist.

– Übermittlung von Daten in Drittstaaten

Unternehmen sollten personenbezogene Daten nur dann in Drittstaaten außer- **371** halb der EU ohne angemessenes Datenschutzniveau übermitteln, wenn durch entsprechende Prozesse und Genehmigungsverfahren sichergestellt ist, dass die fraglichen Übermittlungen den Anforderungen der Art. 44 ff. DSGVO entsprechen.

q) Beschwerdemanagement

Die Umsetzung des Rechts auf eingeschränkte Datenverarbeitung und anderer **372** Betroffenenrechte legt es nahe, dass das Unternehmen ein entsprechendes „Beschwerdemanagement" einrichtet, mit dem es auf die Geltendmachung von An-

---

445 Vgl. zur Verarbeitung durch gemeinsam Verantwortliche die Checkliste in Rn. 192 ff.
446 Vgl. zum Vertrag zur Auftragsverarbeitung die Checkliste in Rn. 201 ff.

sprüchen auf Auskunft (Art. 15 DSGVO), Berichtigung (Art. 16 DSGVO), Löschung und „Vergessenwerden" (Art. 17 DSGVO), Einschränkung (Art. 18 DSGVO), Datenübertragung (Art. 20 DSGVO), die Geltendmachung des Widerspruchsrechts (Art. 21 DSGVO) und sonstige Beschwerden reagieren kann.

r) Vertragsmanagement

373 Unternehmen sind gut beraten, bereits geltende und noch abzuschließende Verträge und deren Regelungsinhalte darauf zu prüfen, ob sie den Anforderungen der Verordnung entsprechen oder ob sie angepasst werden müssen. Dies gilt insbesondere für Verträge über Auftragsverarbeitung oder die Übermittlung von personenbezogenen Daten, aber auch für sonstige Verträge, welche die Verarbeitung personenbezogener Daten betreffen.

s) Einwilligungsmanagement

374 Art. 7 DSGVO knüpft vergleichsweise hohe Anforderungen an Einwilligungen betroffener Personen in die Verarbeitung ihrer personenbezogenen Daten. Daher empfiehlt es sich, strukturiert zu prüfen (und zu dokumentieren), an welchen Stellen im Unternehmen personenbezogene Daten derzeit auf der Grundlage von Einwilligungen verarbeitet werden, und die entsprechenden Prozesse und Verarbeitungen von § 4a BDSG auf Art. 7 DSGVO umzustellen.[447]

t) Dokumentation

375 Art. 24 Abs. 1 DSGVO stellt sehr hohe Anforderungen an die Dokumentation bestehender Datenschutz-Prozesse im Unternehmen. Auch wegen der dort vorgesehenen Beweislastregelung sollten Unternehmen ihr Datenschutz-Management-System nebst den damit verbundenen Prozessen und Strukturen umfassend dokumentieren. Andernfalls wird es dem Unternehmen nicht möglich sein, den in Art. 24 Abs. 1 und Art. 5 Abs. 2 DSGVO geforderten Nachweis dafür zu erbringen, dass seine Datenverarbeitungen gemäß der Verordnung erfolgen. Eine Herausforderung für das Umsetzungsprojekt zur Einführung der DSGVO dürfte es sein, die Dokumentationspflicht im Unternehmen beziehungsweise im Konzern und, wo sinnvoll, auch in einzelnen Geschäftsbereichen einheitlich umzusetzen.

376 Die nachstehende Checkliste fasst den vorstehenden Leitfaden stichwortartig zusammen und bietet den für die Umsetzung der DSGVO im Unternehmen Verantwortlichen somit einen Überblick über die erforderlichen einzelnen Prozessschritte.

---

447 Sowie gegebenenfalls auch auf Art. 8 DSGVO. Vgl. zu Einwilligungen die Checkliste in Rn. 294.

Checkliste: Prozessschritte zur Einführung und Umsetzung der DSGVO **377**

- ☐ Projektteam für die Umsetzung der DSGVO
- ☐ Festlegung von Projektzielen
- ☐ Ressourcenplanung für die einzelnen Projektphasen und Teilschritte
- ☐ Budgetplanung
- ☐ Risikoanalyse DSGVO
  - ○ Risiken für betroffene Personen
  - ○ Mögliche Bußgelder
  - ○ Zivilrechtliche Haftungsrisiken
  - ○ Rufschäden
  - ○ Arbeitsrechtliche Aspekte
  - ○ Sonstige Nachteile
- ☐ Bestandsaufnahme bereits vorhandener Datenschutzprozesse
- ☐ Gap-Analyse zwischen Ist-Zustand und Soll-Zustand
- ☐ Einbindung Datenschutzbeauftragter in sämtliche Projektphasen
- ☐ Datenschutzkommunikation im Unternehmen bzw. Konzern
- ☐ Datenschutztrainings
- ☐ Frühzeitige Kommunikation mit dem Betriebsrat
- ☐ Prüfung und Neuverhandlung von Betriebsvereinbarungen
- ☐ Einrichtung einer Datenschutzberatung im Unternehmen
- ☐ Planung der einzelnen in der DSGVO vorausgesetzten Prozesse, z. B.:
  - ○ Zweckfestlegung
  - ○ Zweckänderung
  - ○ Verarbeitungsverzeichnis
  - ○ Datensicherheit
  - ○ „Privacy by design and by default"
  - ○ Recht auf Datenübertragbarkeit
  - ○ Reaktionsmechanismen auf Datenverletzungen
  - ○ Informationspflichten bei Datenerhebung
  - ○ Auskunftsrecht der betroffenen Person
  - ○ Löschkonzepte
  - ○ „Recht auf Vergessenwerden"
  - ○ Recht auf Einschränkung der Verarbeitung
  - ○ Widerspruchsrecht
  - ○ Recht auf Berichtigung
  - ○ Datenschutz-Folgenabschätzung
  - ○ Gemeinsam Verantwortliche
  - ○ Auftragsverarbeitung
  - ○ Prozesse zu Profiling
  - ○ Prozesse zu Big Data
  - ○ Übermittlung von Daten in Drittstaaten

☐ Einrichtung eines effektiven und risikoangemessenen Beschwerdemanagements
☐ Vertragsmanagement
☐ Einwilligungsmanagement
☐ Dokumentation sämtlicher relevanter Prozesse

2. Fazit und Ausblick

378   Die DSGVO bringt erhebliche Veränderungen gegenüber dem bisherigen Recht. Unternehmen sollten die notwendigen Anpassungsprozesse frühzeitig planen und umsetzen. Andernfalls drohen erhebliche Nachteile und Haftungsrisiken.

379   Setzt man dagegen die hier beschriebenen Maßnahmen rechtzeitig und koordiniert um, so kann die zweijährige Umsetzungsfrist durchaus ausreichen, um ein den Vorgaben der Verordnung entsprechendes Datenschutz-Management-System im Unternehmen aufzubauen. Bei der hierfür erforderlichen Projektplanung kann man sich in der Praxis unter anderem an den in diesem Einführungsbuch dargestellten Checklisten orientieren.

380   Unternehmen sind gut beraten, sich auf Branchenebene oder in Verbänden untereinander abzustimmen und gemeinsame Lösungen und Vorgehensweisen zu entwickeln. Dies empfiehlt sich insbesondere im Hinblick auf Verhaltensregeln und Zertifizierungen nach Art. 40 ff. DSGVO. Zudem sollten Verantwortliche und Auftragsverarbeiter auch auf künftige Verlautbarungen der Aufsichtsbehörden achten und die Positionen dieser Behörden bei ihren Entscheidungen berücksichtigen.

381   Gerade größere Unternehmen sollten auch Konzepte für die effektive Verteidigung in möglichen Rechtsstreitigkeiten vorbereiten. Die Risiken für Unternehmen steigen gerade bei Bußgeldern, sonstigen Eingriffsmaßnahmen der Aufsichtsbehörden und Schadensersatzforderungen betroffener Personen deutlich. Aufgrund der Erstattungspflicht auch von Nichtvermögensschäden,[448] der Beweislast des Verantwortlichen[449] und des in Art. 80 DSGVO geregelten Verbandsklagerechts steigt das Risiko zivilrechtlicher Schadensersatzklagen von betroffenen Personen deutlich. Es bleibt abzuwarten, ob beziehungsweise wann betroffene Personen und Verbraucherverbände die Möglichkeiten nutzen, die die DSGVO ihnen zur Verfügung stellt. Unternehmen sollten in jedem Falle auf die durch die Verordnung veränderten Marktbedingungen angemessen vorbereitet sein.

---

448 Art. 82 Abs. 1 DSGVO.
449 Art. 24 Abs. 1 DSGVO.

Anhang 1
Praktiker-Glossar

Angemessenes Datenschutzniveau *Adequate Level of (Data) Protection*

Der Begriff hat mehrere Bedeutungen. Einerseits handelt es sich um einen Fachbegriff des europäischen Datenschutzrechts im Rahmen von Datenübermittlungen. Ein angemessenes Datenschutzniveau im Sinne von Art. 45 DSGVO stellt eine Voraussetzung bei der Übermittlung personenbezogener Daten an einen (Nicht-EU-) Drittstaat oder an eine internationale Organisation dar. Die EU-Kommission bestimmt derzeit per Beschluss, welche Länder ein angemessenes Datenschutzniveau aufweisen (z. B. Schweiz, Argentinien, Teile von Kanada und Israel). Unternehmen können durch geeignete Garantien auch selbst für ein angemessenes Datenschutzniveau sorgen (etwa über das Privacy Shield-Abkommen, durch verbindliche unternehmensinterne Datenschutzvorschriften oder unter Verwendung von EU-Standardvertragsklauseln, vgl. Art. 46 f. DSGVO).

Andererseits wird der Begriff des angemessenen Datenschutzniveaus mehr und mehr auch im Rahmen des betrieblichen Datenschutzmanagements verwendet und beschreibt dort im Sinne des Verhältnismäßigkeitsprinzips das Maß an Aufwand, mit dem die Einhaltung bestimmter datenschutzrechtlicher Regelungen gewährleistet werden sollte, vgl. Art. 32 Abs. 1 DSGVO. Die Angemessenheit bezieht sich dabei auf den datenschutzrechtlichen Gefährdungsmaßstab eines einzelnen Verfahrens, einer Gesellschaft oder eines ganzen Konzernteils, vgl. Art. 24 Abs. 1 DSGVO. Die Sicherstellung eines angemessenen Datenschutzniveaus ist folglich auch Gegenstand des betrieblichen Datenschutzrisikomanagements.

→ Rn. 214, 219 ff., 231 ff.

→ Safe Harbor; Privacy Shield; EU-Standardvertragsklauseln; Datenschutzrisikomanagement; Datenschutzgefährdungsmaßstab.

Anonymisierung *to render anonymous/rendering anonymous*

Anonyme Daten liegen vor, wenn eine natürliche Person gar nicht erst identifiziert wurde und/oder wenn auch unter erheblichem Aufwand eine Identifizierbarkeit der Person nicht möglich ist.

Anonymisieren beschreibt den Verarbeitungsprozess, der dazu führt, dass Informationen keinen Personenbezug mehr aufweisen, vgl. Erwägungsgrund 26. Die Verordnung unterscheidet zwischen anonymisierten und pseudonymisierten Daten, wobei die Verordnung auf anonymisierte Daten nicht anwendbar sein soll, vgl. Erwägungsgrund 26.

Anhang 1 Praktiker-Glossar

→ Rn. 370.

→ Big Data.

Archivierung *(Data) Retention*

Die Archivierung von personenbezogenen Daten bzw. entsprechende Lösch- oder Archivierungskonzepte spielen mittlerweile eine entscheidende Rolle beim betrieblichen Datenschutzmanagement. Die Vorteile einer effizienten Datenhaltung liegen auf der Hand. Aus rechtlicher Sicht gilt, dass gelöschte Daten nicht verloren gehen und damit z. B. gesetzliche Informationspflichten auslösen oder im Rahmen von E-Discovery-Verfahren herausverlangt werden können. In technischer Hinsicht muss berücksichtigt werden, dass eine effiziente Datenhaltung nicht nur die Datenqualität steigert, sondern auch die technische Komplexität der Datenvorhaltung und -verarbeitung verringert. Und nicht zuletzt aus ökonomischer Sicht sollte bedacht werden, dass gelöschte Daten keinen Speicherplatz und u. U. keine Softwarelizenzgebühren mehr kosten und darüber hinaus keiner aufwändigen Pflege, Sicherung und keinem Schutz vor unberechtigtem Zugriff bedürfen. Die Speicherung von Daten hat darüber hinaus rechtliche und praktische Hürden, die einzuhalten und durch die Vorgaben der DSGVO nochmal gestiegen sind. Die DSGVO benennt an verschiedenen Stellen Anforderungen und Begrenzungen für die Speicherung personenbezogener Daten. So ist ein Grundsatz der Verordnung die Speicherbegrenzung. Demnach soll eine Speicherung personenbezogener Daten lediglich so lange möglich sein, wie dies für den Zweck der Verarbeitung erforderlich ist, Art. 5 Abs. 1 lit. (c) DSGVO. Weiterhin bestehen Informationspflichten über den Anlass der Speicherung und deren Dauer, Art. 13 Abs. 2 lit. (a), 14 Abs. 2 lit. (a) DSGVO. Daneben hat die betroffene Person ein Recht auf Löschung der Daten, Art. 17 Abs. 1 DSGVO. Auch muss bei der Speicherung stets ein angemessenes Schutzniveau gewährleistet sein, Art. 32 Abs. 1 DSGVO. Zudem hat die betroffene Person ein Recht auf Berichtigung der vorhandenen Daten gemäß Art. 16 DSGVO. Trotz dieser erheblichen Anforderungen an die Datenspeicherung sträuben sich immer noch viele Unternehmen, nicht mehr benötigte personenbezogene Daten fachgerecht zu entsorgen oder zu anonymisieren. Angemessene Datenlöschkonzepte sollten daher ein elementarer Bestandteil der betrieblichen Datenschutzkonzepte sein, und im Rahmen des betrieblichen Datenschutzmanagements sollte ihre Einhaltung nachhaltig kontrolliert und durchgesetzt werden. Etwaige gesetzliche oder vertragliche Aufbewahrungsfristen (z. B. nach HGB oder AO) müssen bei der Bestimmung der Archivierungsfristen natürlich berücksichtigt werden.

→ Informationsmanagement; Anonymisierung.

Art. 29-(Datenschutz-)Gruppe *Art. 29 (Data Protection) Working Party*

Die Art. 29-(Datenschutz-)Gruppe ist durch die DSGVO abgeschafft und durch den europäischen Datenschutzausschuss (Art. 68 ff. DSGVO) ersetzt worden, vgl. Erwägungsgrund 139.

→ Rn. 52, 237 ff.

→ Europäischer Datenschutzausschuss.

Auftragsverarbeitung *(commissioned) Processing of Personal Data*

Die klassische Datenverarbeitung im Auftrag (häufig auch mit den Akronymen „ADV" oder „DViA" abgekürzt) ist in der heutigen Datenschutzpraxis eine Selbstverständlichkeit. In der Praxis kommt Auftragsverarbeitung unter anderem im Rahmen der externen Lohn- und Gehaltsabrechnung, der Versendung von Briefen über so genannte Letter Shops oder bei der Wartung von IT-Anlagen zum Einsatz.

Vorausgesetzt die formalen und inhaltlichen Anforderungen des Art. 28 DSGVO sind erfüllt, wird die Beauftragung eines Auftragsverarbeiters im Vergleich zur reinen Datenübermittlung an einen Dritten im Datenschutzrecht privilegiert: Lässt ein Unternehmen personenbezogene Daten durch ein Dienstleistungsunternehmen als Auftragsverarbeiter bearbeiten, verbleibt die datenschutzrechtliche Verantwortung im Wesentlichen bei dem beauftragenden Unternehmen. Der Auftragnehmer wird dadurch zu einem integrierten Teil des Auftraggebers. Bei dem Datentransfer an den Auftragnehmer handelt es sich daher nicht um eine Übermittlung an einen Dritten, da der Auftragsverarbeiter nicht Dritter i. S. d. Art. 4 Nr. 10 DSGVO ist. Diese faktische Privilegierung erfordert jedoch gewisse Zugeständnisse der verantwortlichen Stelle. Zunächst ist sie für die sorgfältige Auswahl des Auftragnehmers verantwortlich und muss diesen vorab und dann laufend im Hinblick auf die weisungskonforme Verarbeitung der Daten kontrollieren. Dabei ist naturgemäß ein besonderes Augenmerk auf die technischen und organisatorischen Sicherheitsmaßnahmen beim Auftragnehmer zu legen. Zudem gelten formale Anforderungen: Der Auftragsverarbeitungsvertrag muss schriftlich erfolgen und inhaltlich den Katalog des Art. 28 Abs. 3 lit. (a) bis (h), Abs. 4 DSGVO abdecken. Mindestens drei weitere praktische Aspekte sind zu beachten:

- Zum einen können natürlich auch innerhalb von Konzern- oder Unternehmensgruppenstrukturen solche Verträge abgeschlossen werden. Mangels eines Konzernprivilegs müssen aber auch Schwestergesellschaften wie fremde Unternehmen behandelt werden, etwa im Hinblick auf die laufende Kontrolle der Einhaltung der vertraglichen Verpflichtungen. Allerdings wird die Datenverarbeitung im Konzern insoweit von der DSGVO privilegiert, als hierfür ein berechtigtes Interesse vorliegen kann, vgl. Erwägungsgrund 48.

- Zum anderen muss dieses Werkzeug mit Vorsicht eingesetzt werden. Nicht alle externen Datenverarbeitungen eignen sich als Auftragsverarbeitung. Sobald ein gewisses Maß an eigenem Ermessen beim Auftragnehmer vorliegt, besteht das Risiko, dass es sich um eine Form der sogenannten Funktionsübertragung handelt, für die ein Vertrag nach Art. 28 DSGVO nicht eingesetzt werden kann. Stellt sich das erst später heraus, muss das Unternehmen in der Lage sein, die dann einschlägige echte Übermittlung an einen Dritten datenschutzrechtlich zu legitimieren, um rechtliche Konsequenzen zu vermeiden.
- Weiterhin muss berücksichtigt werden, dass Auftragsverarbeitungen nach Art. 28 DSGVO grundsätzlich nur innerhalb der EU bzw. des EWR eingesetzt werden können. Soll eine Datenverarbeitung in (nicht-europäische) Drittstaaten erfolgen, sind ergänzend die Art. 44 ff. DSGVO für die Übermittlung personenbezogener Daten an Drittländer zu beachten.

→ Rn. 201 ff., 368, 373.

Auskunft (an die betroffene Person) *Provision of Information (to the Data Subject)*

Die Auskunftsrechte der betroffenen Person sind einer der elementaren Bestandteile des Datenschutzrechts. Art. 15 DSGVO sieht daher vor, dass jeder von der Erhebung personenbezogener Daten Betroffene regelmäßig darüber Auskunft verlangen kann, ob personenbezogene Daten zu seiner Person verarbeitet werden und falls ja, welche Daten eine verantwortliche Stelle zu seiner Person gespeichert hat, wo diese herkommen, wozu diese dienen sowie wozu und an wen diese weitergeleitet werden, zu den Einzelheiten vgl. Art. 15 DSGVO. Die Auskunft muss in der Regel unentgeltlich erteilt werden. Hierbei ist für die Praxis zu berücksichtigen, dass mittlerweile Auskunftsansprüche immer häufiger nicht mehr nur aus rein datenschutzrechtlichen Erwägungen gestellt werden. So werden Auskunftsansprüche z. B. vermehrt in familienrechtlichen Streitigkeiten erhoben, um Erbengemeinschaften oder Scheidungsgegnern detaillierten Aufschluss über finanzielle Umstände zu verschaffen oder sogar um im Rahmen von strafrechtlichen Ermittlungen die eigenen Verteidigungspositionen zu optimieren. Auch wenn das nicht gerade dem ursprünglichen Sinn und Zweck der entsprechenden Regelungen entspricht, können sich Unternehmen mangels Beweisbarkeit der dahinterstehenden Motive selten dagegen verwehren. Immerhin existieren auf nationaler Ebene arbeitsgerichtliche Entscheidungen, die die Auskunftsansprüche von Arbeitnehmern etwas begrenzen (etwa LAG Hessen, Urt. v. 29.1.2013). Diese müssen ihr Begehren hinreichend bestimmen und können nicht einfach „ins Blaue hinein" fragen. Ob eine Aufsichtsbehörde dieser Rechtsprechung aber unbedingt folgen wird, ist fraglich. Letztlich kann sie sich auch auf den Standpunkt stellen, dass eine vielleicht allzu pauschale Anfrage lediglich eine weitere Nachfrage gegenüber der betroffenen Person erfordert und folglich nicht pauschal verweigert werden darf. Mit guten Argumenten wird eine verantwortliche

Stelle ein Auskunftsersuchen lediglich in den gesetzlich geregelten Fällen zurückweisen können, etwa wenn die Daten wegen eines überwiegenden Interesses eines Dritten geheim gehalten werden müssen, vgl. etwa Erwägungsgrund 63. Für eine Verweigerung aufgrund eines angeblichen Rechtsmissbrauchs, der zudem nicht mit einem Verweis auf die bloße Menge der zu prüfenden Dokumente begründet werden kann, wäre das Unternehmen jedoch beweispflichtig. Angesichts des operativen und logistischen Aufwands einer Auskunftserteilung gerade für komplexere Verarbeitungsverfahren und der Sanktionsandrohungen in Art. 83 Abs. 5 lit. (b) DSGVO ist eine möglichst effiziente Bearbeitung von derartigen Auskunftsbegehren essenziell. Hierfür hat sich in der Praxis zumindest für eher pauschal gehaltene Ersuchen ein mehrstufiger Prozess bewährt, bei dem der betroffenen Person zunächst allgemeinere Informationen zur Verfügung gestellt werden, auf deren Basis diese dann ihr Begehren konkretisieren kann (Stufenauskunft).

→ Rn. 162 ff.

Bankgeheimnis *Banking Secrecy*

Das Bankgeheimnis (eigentlich Bankkundengeheimnis) besteht aus der Pflicht der Kreditinstitute zur Verschwiegenheit über kundenbezogene Tatsachen und Wertungen, die ihnen aufgrund, aus Anlass oder im Rahmen der Geschäftsverbindung zum Bankkunden bekannt geworden sind und die der Kunde geheim zu halten wünscht.

Kontrovers diskutiert wurde lange Zeit die Frage, ob das Bankgeheimnis nicht den einschlägigen Datenschutzvorschriften unterliege. Der BGH hat hierzu in seinem Urteil vom 27. Februar 2007 ausführlich Stellung genommen. Danach werde das Verhältnis zwischen Datenschutz und Bankgeheimnis maßgeblich von § 1 Abs. 3 Satz 2 BDSG bestimmt, wonach die Verpflichtung zur Wahrung von Berufsgeheimnissen, die nicht auf gesetzlichen Vorschriften beruhen, von den Bestimmungen des BDSG unberührt bleibt. Fraglich ist, ob diese Auffassung des BGH mit Blick auf die DSGVO aufrechterhalten werden kann; die DSGVO enthält nämlich keine dem § 1 Abs. 3 Satz 2 BDSG vergleichbare Spezialitätsregelung. Ob Datenschutz und Bankgeheimnis in Zukunft weiterhin nebeneinander gelten und das Datenschutzrecht im Verhältnis zum Bankgeheimnis als Berufsgeheimnis eine Auffangfunktion hat, bleibt abzuwarten.

Betriebliches Kontinuitätsmanagement (BKM)
Business Continuity Management (BCM)

Beim BKM geht es um die Entwicklung von Strategien, wie das Unternehmen mit Unterbrechungen der kritischen Geschäftsprozesse umgeht, um ernsthafte Schäden oder sogar existentielle Verluste zu vermeiden. Aus Sicht des Datenschutzes geht es damit zunächst um die rechtskonforme Gestaltung dieser Prozesse, etwa im Zusammenhang mit Meldelisten oder Notfallplänen. Es sollte aber nicht vergessen werden, dass datenschutzrechtliche Probleme auch ganz direkte Auswirkungen auf die Geschäftsprozesse des Unternehmens haben können. Eine Untersagungsanordnung der Aufsichtsbehörde kann im Extremfall dazu führen, dass existentielle Verfahren bis auf weiteres eingestellt werden müssen. Das betriebliche Kontinuitätsmanagement sollte daher auch datenschutzrechtliche Risiken berücksichtigen, und das betriebliche Datenschutzmanagement sollte dem angemessen Rechnung tragen, etwa durch eigene Notfallpläne und entsprechend definierte Eskalationsprozesse für Datenschutzvorfälle.

Betriebsrat *Works Council (Workers' Council)*

Betriebsräte haben in Deutschland, Österreich, Frankreich und mit Abstrichen auch in der Schweiz traditionell einen nicht unerheblichen Einfluss auf die Arbeit des betrieblichen Datenschutzbeauftragten. Das Verhältnis zwischen den Beteiligten ist dabei in der Praxis häufig nicht unproblematisch. Der betriebliche Datenschutzbeauftragte ist unabhängig in der Ausübung seiner Tätigkeit im Datenschutz. Hierbei unterliegt er demnach richtigerweise auch nicht der Kontrolle durch den Betriebsrat. Der Betriebsrat wiederum unterliegt im Hinblick auf seine eigene Verarbeitung personenbezogener Daten nach der Rechtsprechung des Bundesarbeitsgerichtes (BAG) nicht dem Einfluss des Datenschutzbeauftragten, sondern kann letztlich nur durch die zuständige Datenschutzaufsicht kontrolliert werden. Es sollte dabei aber nicht vergessen werden, dass der Betriebsrat die Aufgabe hat, die Umsetzung aller die Mitarbeiter schützenden Gesetze und folglich auch der datenschutzrechtlichen Vorgaben im Unternehmen zu überprüfen. Ob die umfassenden bisherigen Informationsrechte des Betriebsrates nach dem BetrVG unter dem Anwendungsvorrang der DSGVO bestehen bleiben, wird davon abhängen, wie ein mögliches Ausführungsgesetz diesbezüglich ausgestaltet sein wird oder wie großzügig die Gerichte Art. 6 Abs. 3 DSGVO auslegen werden. Letztlich haben der Datenschutzbeauftragte und der Betriebsrat beim Datenschutz oft gleichlaufende Interessen, ziehen gewissermaßen am selben Strang. Die Erfahrung lehrt, dass z.B. gemeinsame Appelle an die Belegschaft eine größere Wirkung erzielen als einzelne Sensibilisierungsmaßnahmen. Praktisch relevant ist die Mitwirkung des Betriebsrates aus Sicht des Datenschutzbeauftragten vor allem bei Themen wie der Einführung und Anwendung von technischen Einrichtungen, mit denen eine Leistungs- und Verhaltenskontrolle möglich ist (vgl. § 87 Abs. 1 Nr. 6 BetrVG), sowie wenn betriebliche Datenverarbeitungen durch entsprechende Betriebsvereinbarungen legitimiert werden sollen.

→ Rn. 315 ff., 335, 346, 377.

Betriebsvereinbarung *Works Council Agreement*

Auch unter der DSGVO können Betriebsvereinbarungen gemäß Art. 88 DSGVO i.V.m. Art. 6 Abs. 1 DSGVO geeignete Erlaubnisnormen für den Datenumgang darstellen. Sorgfältig gestaltete Betriebsvereinbarungen können somit – wie bisher – eine Rechtsgrundlage für den zulässigen Umgang mit personenbezogenen Daten von Arbeitnehmern sein. Dabei ist aber in der Praxis einige Vorsicht geboten. Manche im Rahmen von Verhandlungen zwischen Betriebsrat und Arbeitgeber etablierte Herangehensweisen sind datenschutzrechtlich oft unzulässig. Dazu gehört etwa die Überlegung, dem Betriebsrat ganz pauschal dieselben Zugriffsrechte auf bestimmte Anwendungen einzuräumen, die der Arbeitgeber für sich beansprucht. Diese Form von „Waffengleichheit" lässt sich nur dann datenschutzrechtlich darstellen, wenn und soweit sie zur Erfüllung der gesetzlichen Aufgaben des Betriebsrates erforderlich ist. Es obliegt dem Datenschutzbeauftragten, bei Verhandlungen neuer Betriebsvereinbarungen als objektive und unabhängige Instanz aufzutreten und gegebenenfalls mäßigend auf die Vertragsparteien Arbeitgeber und Betriebsrat einzuwirken. Das gilt auf nationaler Ebene umso mehr, seitdem das BAG in einer aktuellen Entscheidung (BAG, NZA 2013, 1433 ff.) klargestellt hat, welche datenschutzrechtlichen Aspekte beim Abschluss von Betriebsvereinbarungen zu berücksichtigen sind. Das BAG hat dabei speziell die Bedeutung des Verhältnismäßigkeitsgrundsatzes hervorgehoben und klargestellt, dass auch betriebsverfassungsrechtliche Vereinbarungen nur solche Regelungen enthalten dürfen, die geeignet, erforderlich und unter Berücksichtigung der gewährleisteten Freiheitsrechte angemessen sind, um den erstrebten Zweck zu erreichen. Anders ausgedrückt: Den Betriebsparteien dürfen keine anderen, gleichermaßen wirksamen und die Persönlichkeitsrechte der Arbeitnehmer weniger einschränkende Mittel zur Verfügung stehen. Das ist insbesondere im Zusammenhang mit Compliance-Maßnahmen praxisrelevant. Die formalen und inhaltlichen Anforderungen an Kollektivvereinbarungen sind dadurch deutlich gestiegen. Diese bereits verhältnismäßig hohen Anforderungen werden voraussichtlich aufgrund der Vorgaben des Art. 88 Abs. 2 DSGVO noch strenger.

→ Rn. 308 ff., 314.

Beweisverwertungsverbot *Exclusion of (illegally obtained) Evidence*

Die Verwendung von Beweisen in strafgerichtlichen Verfahren unterliegt dem Vorbehalt, dass diese rechtskonform erlangt worden sind. Eine entsprechende ausdrückliche Regelung kennt das Zivilverfahrensrecht hingegen nicht. Dennoch nehmen insbesondere die Arbeitsgerichte immer häufiger Beweisverwertungsverbote bei Datenschutzverstößen des Arbeitgebers an. So hat das BAG etwa in einer Entscheidung vom Juni 2013 (BAG, NZA 2014, 143 ff.) wegen eines Verstoßes des Arbeitgebers gegen § 32 Abs. 1 BDSG beim Sammeln von Kündigungsgründen ein Beweisverwertungsverbot angenommen und die in Frage stehende Kündigung daher als unwirksam beurteilt. Korrespondierend zum Beweisverwertungsverbot hat das BAG zudem ein sogenanntes Vortragsverwertungsverbot bei Persönlichkeitsrechtsverletzungen geschaffen. Das Vortragsverwertungsverbot soll den Umstand kompensieren, dass es im Zivilprozess bei unstreitigem Sachvortrag nicht zu einer Beweiserhebung kommt, gleichwohl aber der unstrittige Sachverhalt aufgrund von Persönlichkeitsverletzungen im Prozess nicht verwertet werden darf. In mehreren aktuellen Entscheidungen haben Verstöße gegen datenschutzrechtliche Bestimmungen (insbesondere in Form einer mangelhaften Verhältnismäßigkeitsabwägung bei der Aufdeckung eines Fehlverhaltens eines Arbeitnehmers) zur Unwirksamkeit von Kündigungen geführt. Diese Verwertungsverbote werden bei Verstößen gegen § 32 Abs. 1 BDSG auch unter der Verordnung gemäß Art. 88 Abs. 2 DSGVO voraussichtlich Bestand haben, soweit § 32 BDSG nicht durch ein nationales Ausführungsgesetz aufgehoben wird. Insbesondere interne Ermittlungsprozesse sollten daher datenschutzrechtlich geprüft und ihre Durchführung sorgfältig dokumentiert werden, um im Kündigungsschutzprozess nicht bereits wegen Fehlern beim Datenschutz an einem Beweisverwertungsverbot zu scheitern.

→ Rn. 77, 310.

Big Data *(Big) Data (Analytics)*

Big Data ist ein ebenso vielfältig verwendeter wie oft missverstandener Begriff, der nicht nur im Unternehmen viele Erwartungen weckt, sondern mittlerweile auch die Datenschützer mobilisiert. Es geht dabei gar nicht primär darum, dass Unternehmen immer größere Mengen an Daten verarbeiten können. Dieser Umstand ist schlicht dem technischen Fortschritt geschuldet. Interessanter ist die Frage, wie die Unternehmen diese Daten verarbeiten. Informationen, die traditionell in einem engen Zusammenhang mit ganz konkreten Geschäftsprozessen erhoben und verarbeitet wurden, werden nun unter neuen Gesichtspunkten ausgewertet und analysiert – mit zum Teil überraschenden Ergebnissen. Daten werden in steigendem Maße nicht als Grundlage bestimmter Verfahren betrachtet, sondern als Ressource eigener Art, die für vielfältigste Zwecke verwendet werden kann. Die im Rahmen von Big Data eingesetzten Technologien und die dabei verwendeten Herangehensweisen weisen eine ganz besondere Charakteristik auf. Es geht bei der Datenauswertung nicht mehr so sehr um das Verständnis, warum bestimmte Dinge so sind, wie sie sind, sondern es geht vielmehr darum, zu erkennen, dass sie so sind. In gewisser Weise steht also die empirische und statistische Betrachtung der Realität im Vordergrund. Letztlich lässt sich also das, was unter dem Begriff Big Data zusammengefasst wird, durchaus mit dem vergleichen, was früher Data Mining genannt wurde. Das führt zu der von Datenschützern immer wieder geäußerten Annahme, dass Big Data im Wesentlichen ohne personenbezogene Daten auskommt, also auf Grundlage anonymer Daten durchgeführt werden kann. Das für die Praxis des betrieblichen Datenschutzes vordringlichste Problem ist, dass mit steigender Menge der zur Verfügung stehenden Daten die Möglichkeit einer nachhaltigen Anonymisierung abnimmt. Mittlerweile gibt es Studien, die belegen, dass die (Wieder-)Herstellung eines Personenbezugs unter Einsatz einfacher statistischer Algorithmen oft leichter ist, als das weithin angenommen wird. Insofern liegen nicht anonymisierte, sondern pseudonymisierte Daten vor, für welche die Anforderungen der DSGVO einzuhalten sind. Insbesondere die Einhaltung der Transparenzvorschriften der Art. 13 f. DSGVO und der Auskunftsrechte der betroffenen Personen stellen teils erhebliche Hürden für den Gebrauch von Big Data dar. Das sollte bei der Gestaltung neuer Verarbeitungsverfahren berücksichtigt werden.

→ Rn. 370.

→ Anonymisierung; Pseudonymisierung.

Cloud Computing

Cloud Computing wird mittlerweile seit Jahren unter Datenschützern diskutiert und ist sicherlich kein neuer Aspekt der betrieblichen Datenschutzpraxis mehr. Umso erstaunlicher mutet es an, dass die damit verbundenen Rechtsfragen immer noch nicht wirklich zufriedenstellend aufgearbeitet sind. Technisch ist der Ansatz, Daten über vernetzte Rechner verarbeiten und speichern zu lassen, nicht neu. Letztlich handelt es sich dabei schlicht um Auftragsverarbeitung bzw. um Funktionsübertragungen. Spezifisch ist hierbei lediglich der Grad an Flexibilität, den das heutige Cloud Computing erlaubt. Kunden, die ihre Daten in der Cloud verarbeiten (lassen) und dort speichern, brauchen sich im Wesentlichen nicht mehr um die konkrete technische Ausgestaltung dieser Vorgänge zu kümmern. Sie kaufen sich vereinfacht gesagt Funktionalitäten ein, die unabhängig von der zugrunde liegenden technischen Infrastruktur oder sogar der verwendeten Software erbracht werden. Dieser Umstand führt wiederum auch zu den datenschutzrechtlichen Praxisproblemen, die mit dem Einsatz von Cloud Computing relevant werden. Unternehmen, die keine eigene verteilte Infrastruktur aufgebaut haben (oft als Private Cloud bezeichnet), sondern stattdessen die Flexibilität und vor allem die Skalierbarkeit von weltweit verteilten Servern bzw. Serverfarmen der großen IT-Anbieter (Public Cloud) nutzen wollen, verlieren damit in gewissem Maß den Einfluss auf die konkrete technische Handhabung ihrer Daten. Damit einhergehend besteht eines der zentralen Probleme des Cloud Computing darin, die Integrität und Vertraulichkeit der Datenverarbeitung zu gewährleisten. Während sich das zwar noch durch die Vereinbarung entsprechender Service Level Agreements (SLA) vertraglich gestalten lässt, wird die faktische Kontrollierbarkeit der Einhaltung dieser Vereinbarungen durch den Kunden massiv eingeschränkt. Letzteres führt dann – zumindest im Rahmen der klassischen Auftragsverarbeitung – zu Problemen im Hinblick auf die entsprechenden Vorgaben des Art. 28 DSGVO. Hier bietet die DSGVO dem Cloud-Nutzer neue Möglichkeiten zur Wahrnehmung der Kontrollpflichten in Form der genehmigten Verhaltensregeln oder der Zertifizierung. Verlässt man inhaltlich den Rahmen der Auftragsverarbeitung oder erstreckt sich die Cloud eines Anbieters auf das nicht-europäische Ausland, handelt es sich schließlich schlicht um (im schlimmsten Fall sogar extra-europäische) Datenübermittlungen, deren datenschutzkonforme Gestaltungen die bekannten Probleme aufwirft. In der Praxis sollte der Einsatz von Public Cloud-Lösungen daher nicht nur unter Berücksichtigung technischer oder finanzieller Erwägungen analysiert werden, sondern – unter Federführung des betrieblichen Datenschutzbeauftragten – auch unter datenschutzrechtlichen, regulatorischen und informationssicherheitstechnischen Gesichtspunkten beleuchtet werden. Ansonsten zeigt die Erfahrung, dass die üblicherweise erhofften Kosteneinsparungen und Produktivitätssteigerungen schnell durch regulative Aspekte relativiert werden können. In diesem Atemzug ist auch das Recht auf Datenübertragbarkeit gemäß Art. 20 DSGVO zu nennen, das bei der Nutzung von Cloud Computing mit höherem Aufwand zu wahren ist. Hinzu kommen potenzielle Auswirkungen auf die Reputation des Unternehmens, wenn z. B. durch die Wahl eines US-amerikanischen Anbieters europäische Mitarbeiter- oder Kundendaten unter Umständen in den Einwirkungsbereich von dortigen staatlichen Überwachungsbestimmungen (etwa des US PATRIOT Act oder Foreign Intelligence Surveillance Act (FISA)) oder der hierzulande unüblichen zivilprozessrechtlichen Beweisoffenbarungspflichten (pretrial discovery) geraten.

→ Rn. 87, 224.

→ Pretrial Discovery.

Compliance

Compliance beschreibt die Gesamtheit der Maßnahmen eines Unternehmens zur Vermeidung von Gesetzesübertretungen und sonstiger Maßnahmen zur Vermeidung von Regelverstößen. Die Einführung der DSGVO bedeutet aus Compliance-Gesichtspunkten zunächst ein extrem gesteigertes Bußgeldrisiko, das es bei Gefährdungsanalysen zu berücksichtigen gilt. Diese Gefährdungsanalyse erfordert eine tiefgehende Auseinandersetzung mit den Anforderungen der DSGVO. Effektive Compliance-Strukturen setzen (unter anderem) Kontrollen von Mitarbeitern und Geschäftspartnern voraus, die mit den Persönlichkeitsrechten der betroffenen Personen in Einklang zu bringen sind. Präventive Compliance-Kontrollen dürften gemäß Art. 88 Abs. 2 DSGVO i.V.m. § 32 BDSG als Zwecke der Durchführung des Beschäftigungsverhältnisses zu bewerten sein. Weiterhin können auch Betriebsvereinbarungen als eine Erlaubnisnorm für Compliance-Maßnahmen dienen. Allerdings müssen solche Betriebsvereinbarungen den Anforderungen der DSGVO genügen. Interne Ermittlungen und Compliance-Maßnahmen zur Aufdeckung von Straftaten im Unternehmen müssen künftig über Art. 6 Abs. 1 lit. (f) DSGVO gerechtfertigt werden. Hierfür müsste das Aufklärungsinteresse die Datenverarbeitung rechtfertigen.

→ Rn. 263, 321.

Cookies

Cookies sind im Wesentlichen kleine Textdateien, die beim Surfen im Internet auf die Festplatte des Nutzers geschrieben und auch wieder ausgelesen werden können. Sie dienen der Identifizierung des Nutzers und werden vor allem für das lokale Speichern von seiten- und nutzerspezifischen Einstellungen (z. B. Sprache oder Anmeldeinformationen) sowie zur Dokumentation des Navigationsverhaltens eingesetzt. In der Datenschutzpraxis spielen sie vor allem aufgrund entsprechender Vorgaben des europäischen Datenschutzrechts eine Rolle. Seit Mai 2011 ist die Frist abgelaufen, die für die Umsetzung der Richtlinie 2009/136/EG über den Schutz personenbezogener Daten in der elektronischen Kommunikation (auch „Cookie Richtlinie" genannt) in nationales Recht eingeräumt worden war. Momentan überprüft die Kommission die Richtlinie, um eine Übereinstimmung mit der DSGVO zu gewährleisten. Danach bedarf es zur Verwendung von Cookies grundsätzlich einer Einwilligung des Nutzers. Ohne diese können Cookies im Wesentlichen nur noch in Online-Shops verwendet werden, um bestimmten Nutzern ihre virtuellen Einkaufskörbe zuzuordnen. Beim Einsatz von so genannten Tracking Cookies, die das Surf-Verhalten eines Nutzers auswerten, ist hingegen regelmäßig eine Einwilligung erforderlich. Praktische Probleme ergeben sich vor allem durch den unklaren Wortlaut der Richtlinie. Das hat unter anderem dazu geführt, dass – sofern die EU-Mitgliedstaaten die Bestimmungen überhaupt umgesetzt haben – sehr unterschiedliche Anforderungen an die Einholung dieser Einwilligung gestellt werden. Das bezieht sich vor allem auf die Frage, ob die Nutzer aktiv einwilligen müssen (Opt-in) oder ob es schon ausreichen soll, wenn sie lediglich über ein Anpassen der Einstellungen ihres Internetbrowsers faktisch der Verwendung widersprechen können (Opt-out). Die Mehrheit hat sich zwar für eine Opt-in-Lösung entschieden, die Rechtsunsicherheit bleibt aber groß. Bei der Gestaltung europaweiter Onlineangebote ist dies im Einzelfall zu berücksichtigen. Einig sind die Mitgliedstaaten lediglich in der Forderung, dass Nutzer eindeutig und klar verständlich über den Zweck der Speicherung und Nutzung ihrer Daten informiert werden müssen. Unternehmen müssen also – sofern sie derartige Cookies im Rahmen ihrer Onlineangebote einsetzen – ihre Nutzungsbedingungen und Datenschutzrichtlinien überprüfen und gegebenenfalls anpassen. Bei Onlineangeboten für mehrere Mitgliedstaaten empfiehlt es sich, den Cookie-Einsatz entsprechend dem strengsten Datenschutzniveau zu gestalten.

Anhang 1 Praktiker-Glossar

Data Warehouse

In der Unternehmenspraxis werden Data Warehouses verwendet, um Daten aus unterschiedlichen Quellen zusammenzuführen und in einer Form vorzuhalten, die sie für verschiedenste Auswertungen verfügbar macht. Das Augenmerk liegt dabei auf der langfristigen und möglichst umfassenden Speicherung der Daten. Letztlich ist ein Data Warehouse eine große Datenbank, die Informationen vorhält, die dann mit Big Data Technologien analysiert werden können. Eine datenschutzkonforme Zweckbestimmung ist hierbei zum Zeitpunkt der Erhebung oftmals nicht möglich, denn die vielen denkbaren Analyseszenarien (z. B. Kundenprofitabilitätsauskünfte, Betrugsbekämpfung, Verbesserung von Kundendienstleistungen oder die Vorbereitungen von Produkteinführungen) ergeben sich erst später. Neben den dadurch bestehenden Problemen in Bezug auf den datenschutzrechtlichen Zweckbindungsgrundsatz bestehen darüber hinaus auch ganz praktische Fragen im Hinblick auf die Transparenz der Information der betroffenen Personen und die Beantwortung ihrer Auskunftsbegehren. Für die Praxis wichtig ist eine möglichst genaue Definition des Einsatzzwecks der Datenhaltung, da dadurch die datenschutzrechtliche Legitimation bestimmt wird. Eine zentrale Datenverarbeitung, z. B. zur Betrugsbekämpfung, kann eventuell noch über gesetzliche Erlaubnistatbestände legitimierbar sein. Hinsichtlich einer Kundendatenverarbeitung zu Marketing- oder Absatzförderungszwecken wird dies – etwa ohne eine sehr sorgfältig und spezifisch formulierte Einwilligungserklärung – nicht gelten.

→ Big Data.

Datenminimierung *Data Minimisation*

Datenvermeidung und Datensparsamkeit sind Grundprinzipien des deutschen und europäischen Datenschutzrechts. In der DSGVO werden sie unter dem Begriff der Datenminimierung zusammengefasst, vgl. Art. 5 Abs. 1 lit. (c) DSGVO. Das Prinzip besagt, vereinfacht gesagt, dass immer nur gerade so viele personenbezogene Daten wie unbedingt nötig verarbeitet werden sollen. Soweit das im Einzelfall möglich ist, muss von den Mitteln der Anonymisierung oder Pseudonymisierung Gebrauch gemacht werden. Zur praktischen Umsetzung des Prinzips von Privacy by Design – Privacy by Default sollte dieser Grundsatz so früh wie möglich, also etwa bereits bei der technischen Planung eines Datenverarbeitungsprozesses berücksichtigt werden. In der Praxis hat es sich aber als sinnvoll erwiesen, die wichtigsten Prozesse des Unternehmens nicht nur einmal, sondern in regelmäßigen Abständen wieder auf Einhaltung dieses Prinzips hin zu untersuchen. Oftmals stellt sich im Laufe der Zeit heraus, dass bestimmte erhobene Daten im späteren Verlauf eines Verfahrens tatsächlich keinerlei praktische Relevanz mehr haben. Ohne eine routinemäßige Überprüfung kann es dazu kommen, dass diese Daten dennoch weiterhin verarbeitet werden, ohne dass dem damit verbundenen Risiko ein tatsächlicher Geschäftszweck gegenüberstünde.

→ Rn. 71.

→ Big Data; Privacy by Design – Privacy by Default.

Datenschutzaufsichtsbehörde
Data Protection (supervisory) Authority/Data Regulatory Authority

Neben der bisherigen bereits sprachlich naheliegenden Aufsichtsfunktion kommen den Aufsichtsbehörden unter der DSGVO insbesondere die Öffentlichkeitsarbeit (Art. 57 Abs. 1 lit. (b) DSGVO) und die Unternehmensaufklärung (Art. 57 Abs. 1 lit. (d) DSGVO) zu. Am bedeutendsten für die Praxis dürfte allerdings die Erstellung einer Liste mit klassifizierten Verarbeitungsvorgängen sein, für die eine Datenschutz-Folgenabschätzung nötig ist, Art. 57 Abs. 1 lit. (k) DSGVO. Eine weitere Neuerung ist die alleinige Zuständigkeit einer Aufsichtsbehörde für ein Unternehmen, das in mehreren europäischen Ländern tätig ist, Art. 56 DSGVO. Damit wird die Rechtsunsicherheit, die aufgrund unterschiedlicher Auffassungen verschiedener Aufsichtsbehörden bestehen konnte, vermieden. Aus praktischer Sicht des betrieblichen Datenschutzmanagements darf die Bedeutung eines professionellen Verhältnisses zur zuständigen Aufsichtsbehörde nicht unterschätzt werden. Das gilt umso mehr, als die Zusammenarbeit zwischen den nationalen und sogar den internationalen Aufsichtsbehörden im Datenschutz immer weiter zunimmt. Das Verhältnis zur Aufsichtsbehörde sollte daher im Interesse des Unternehmens gepflegt werden. Dabei ist es mit einem Antrittsbesuch des Datenschutzbeauftragten bei weitem nicht getan. Dieser sollte z. B. auch wissen, welche Mitarbeiter der Behörde für sein Unternehmen oder seine Branche zuständig sind. Er sollte zudem darum bemüht sein, dass diese Behördenvertreter nicht nur das Geschäftsmodell kennen, sondern in angemessener Weise auch über relevante Entwicklungen auf dem Laufenden gehalten werden. Eine persönliche Arbeitsbeziehung erleichtert es dabei, die üblicherweise erkennbaren Kommunikationshemmungen zwischen Aufseher und Beaufsichtigtem zu verringern. Das dient letzten Endes nicht nur der Arbeit des Datenschutzbeauftragten ganz erheblich, der dadurch auch ein Verständnis dafür entwickeln kann, worauf seine Aufsicht üblicherweise Wert legt. Viel wichtiger ist, dass damit auch für Krisenfälle eine professionelle Kommunikationsebene etabliert wird. Der damit verbundene Aufwand ist verhältnismäßig gering, wird sich aber spätestens dann rentieren, wenn es einmal echte Probleme gibt oder das Unternehmen durch eine vorausschauende Kommunikation gegenüber der Aufsicht gerade solche vermeiden kann.

→ Rn. 51, 118.

→ Datenschutz-Folgenabschätzung.

Anhang 1 Praktiker-Glossar

Datenschutz-Folgenabschätzung *Privacy Impact Assessment (PIA)*

Datenschutz-Folgenabschätzungen haben sich bereits unter dem BDSG in vielen großen Unternehmen, aber vor allem in Konzernen und Unternehmensgruppen als ein unverzichtbares Mittel zur zentralen Steuerung des betrieblichen Datenschutzes erwiesen und bewährt. Mit Art. 35 DSGVO schreibt die Verordnung die Durchführung von Datenschutz-Folgenabschätzungen nunmehr zwingend vor. Die Datenschutz-Folgenabschätzung dient – ähnlich wie die Vorabkontrolle im deutschen Datenschutzrecht – der Dokumentation der datenschutzrechtlichen Legitimität eines bestimmten Verfahrens. Diese Dokumentation beinhaltet sowohl eine allgemeine Beschreibung der geplanten Datenverarbeitungsvorgänge, als auch eine angemessen konkrete Beschreibung der Datenschutzrisiken in Bezug auf die Rechte und Freiheiten betroffener Personen sowie die diesbezüglich erforderlichen Datenschutzkontrollen. Darunter können z. B. die Fälle einer automatisierten Verarbeitung besonderer Arten personenbezogener Daten (Art. 9 DSGVO) fallen. Die DSGVO schreibt eine Datenschutz-Folgenabschätzung nunmehr für alle Arten von Daten vor, unter Berücksichtigung der von der Verarbeitung ausgehenden Risiken. Es bleibt abzuwarten, welche Hinweise die Aufsichtsbehörden zur Durchführung der Datenschutz-Folgenabschätzung nach Art. 35 DSGVO in der Zukunft erteilen werden. Erste Anhaltspunkt können aber aus den zur alten Rechtslage ergangenen Hinweisen und Empfehlungen gewonnen werden. So gibt es mit der ISO 22307:2008 („Financial services – Privacy impact assessment") immerhin für eine bestimmte Dienstleistungsbranche einen internationalen Standard zur Durchführung von Datenschutz-Folgenabschätzungen. Dieser lässt sich zwar inhaltlich sicherlich nicht komplett in andere Bereiche übertragen, enthält aber viele wertvolle Anregungen.

→ Rn. 118 ff.

→ ISO 22307: 2008; Konsultationsverfahren.

Datenschutzgefährdungsmaßstab *Privacy Risk Exposure (PRE)*

Der Datenschutzgefährdungsmaßstab ist ein grundlegendes Element des betrieblichen Datenschutzrisikomanagements. Er dient der Einordnung der möglichen Schwere und der Eintrittswahrscheinlichkeit von konkreten Datenschutzverstößen und wird unter Zugrundelegung definierter Datenschutz-Risikoindikatoren ermittelt. Der Datenschutzgefährdungsmaßstab sollte gerade unter Einbezug der erweiterten Dokumentations- und Nachweispflichten der DSGVO sorgfältig dokumentiert und regelmäßig sowie im Falle des Eintritts konkret definierter Ereignisse (engl.: *review triggers*) überprüft werden. Zu diesen Ereignissen können z. B. Gesetzesänderungen, neue Entwicklungen im Rahmen der Datenschutzaufsicht oder relevante Änderungen von einzelnen Verarbeitungsverfahren oder des zugrundeliegenden Geschäftsmodells gehören.

Datenschutzkontrollen *(Data) Privacy Controls*

Datenschutzkontrollen sind ein wichtiges Element des betrieblichen Datenschutzrisikomanagements. Es handelt sich dabei um Risikominderungsmaßnahmen (z. B. technische und organisatorische Maßnahmen im Rahmen der Datensicherheit nach Art. 32 DSGVO, vertragliche Garantien oder Kontrollrechte und sonstige Sicherheitsvorkehrungen und Verfahren), die dafür sorgen, dass die geltenden Regelungen zum Datenschutz im operativen Alltag auch tatsächlich eingehalten werden. Datenschutzkontrollen sollten dabei in einem angemessenen Verhältnis zum angestrebten Schutzzweck stehen. Mögliche Datenschutzkontrollen sind:

- Verschlüsselung von bestimmten Feldern einer Datenbank,

- restriktive Zugriffskontrollen auf bestimmte Datenfelder,

- Löschung von Freitextfeldern in einer Datenbank,

- Vereinbarung der Überlassung von Zugriffsprotokollen durch einen Dienstleister,

- regelmäßige Überprüfung der Zweckbindung und der Datenvermeidung in kurzen Intervallen,

- Sonderschulung der datenverarbeitenden Mitarbeiter in kurzen Abständen,

- zusätzliche Dokumentation der Einholung einer Einwilligung.

Datenschutzleistungskennzahlen *Privacy Key Performance Indicators (PKPI)*

Leistungskennzahlen im Datenschutz wurden in der Unternehmenspraxis lange vernachlässigt. Erst seit kurzem beginnen auch betriebliche Datenschutzbeauftragte, sich nicht mehr nur die allgemeine Frage nach der Effektivität des eigenen Handelns zu stellen, sondern auch den Wunsch zu entwickeln, diese in geeigneter Weise messbar zu machen. Die regelmäßige Erfassung von Datenschutzleistungskennzahlen ist dabei neben dem Einsatz von auf Reifegraden aufgebauten Modellen eine sich immer weiter verbreitende Herangehensweise. Die Herausforderung in der Praxis besteht darin, die richtigen Leistungszahlen zu definieren und diese verlässlich zu messen. Dabei können Datenschutzbeauftragte nicht auf ein Arsenal bewährter Praktiken zurückgreifen, da sich diese noch in ihrer frühen Entwicklung befinden.

Die reine Anzahl von „Datenschutzvorkommnissen" in einem bestimmten Zeitraum ist z. B. schwierig, weil diese kaum trennscharf definiert werden können. Zudem aber kann eine geringe Anzahl durchaus auf eine sehr zurückhaltende Datenschutzaufsicht, auf ein in Datenschutzangelegenheiten eher duldsames und unkritisches Marktumfeld oder letztlich auch einfach auf den Faktor Glück zurückführbar sein. Sie sagt daher nichts über die Effizienz des betrieblichen Datenschutzmanagements oder die Effektivität der in dessen Rahmen eingesetzten Datenschutzkontrollen aus.

Anhang 1 Praktiker-Glossar

Um dies zu messen, bieten sich andere Kennzahlen an. Z.B. kann die durchschnittliche Zeitdauer von der Identifizierung einer datenschutzrechtlichen Unzulänglichkeit in einem Geschäftsprozess bis zu deren Beseitigung (engl.: *time to fix*) als Kennzahl herangezogen werden. Diese Zahl sagt erheblich mehr darüber aus, wie gut die Risikoüberwachung funktioniert und wie tief die Datenschutzorganisation in die Gestaltung der operativen Prozesse des Unternehmens eingebunden ist. Nicht zuletzt kann eine Aussage darüber getroffen werden, wie gut es um die Durchsetzungsfähigkeit und damit auch um die Akzeptanz der Datenschutzorganisation im Unternehmen bestellt ist.

Ein anderes Beispiel lässt sich anhand der Datenschutz-Folgenabschätzungen aufzeigen. Oft wird – wenn überhaupt – lediglich gemessen, wie viele solcher Prüfungen in einem bestimmten Zeitraum durchgeführt worden sind. Dies sagt zwar etwas über die Arbeitsauslastung der Datenschutzorganisation aus, nicht aber darüber, ob dadurch der Datenschutzgefährdungsmaßstab positiv beeinflusst wurde. Aussagekräftiger wäre etwa das Verhältnis der datenschutzrechtlich besonders kritischen Verfahren, die bereits einer Folgenabschätzung unterzogen wurden, zur Gesamtzahl der kritischen Verfahren. Eine weitere geeignete Kennzahl ist das Verhältnis derjenigen Verfahren, bei denen nach Ablauf einer bestimmten Zeitspanne eine erneute Überprüfung durchgeführt wurde, im Verhältnis zur Gesamtzahl der kritischen Verfahren, bei denen bereits eine Datenschutz-Folgenabschätzung durchgeführt wurde. Dafür muss das Unternehmen seine kritischen Verfahren identifizieren und die Durchführung von Datenschutz-Folgenabschätzungen erfassen und dokumentieren.

Die Erfahrungen aus der Praxis zeigen dabei, dass sich die Einführung von Datenschutzleistungskennzahlen häufig als vergleichbar aufwändig darstellt. Dieser Aufwand erweist sich jedoch zu einem späteren Zeitpunkt als sehr wertvolle Investition, etwa wenn es darum geht, die Rentabilität der Datenschutzinvestitionen (engl.: *Return on (Privacy) Investments, ROPI*) zu evaluieren. Datenschutzbeauftragte sind daher gut beraten, sich auch mit diesen Aspekten ihrer Arbeit auseinanderzusetzen.

Datenschutz-Management-System (DMS)
(Data) Privacy Management System (DPMS)

Ein Datenschutz-Management-System (DMS) stellt die Gesamtheit aller dokumentierten und implementierten Regelungen, Prozesse und Maßnahmen dar, mit denen der datenschutzkonforme Umgang mit personenbezogenen Daten im Unternehmen systematisch gesteuert und kontrolliert wird. Mit Inkrafttreten der DSGVO wird die Einführung bzw. Anpassung effektiver Datenschutz-Management-Systeme besonders bei größeren Unternehmen eine besondere Rolle spielen. Aufgabe eines Datenschutz-Management-Systems ist es, die operativen Auswirkungen des betrieblichen Datenschutzrisikomanagements umzusetzen. Darunter ist kein einmaliges Projekt, sondern ein langfristiger, fortlaufender Prozess zu verstehen, in dem durch kontinuierliche Planung, Umsetzung, Überwachung und Verbesserung (engl.: *plan, do, check, act*) eine einheitliche, strukturierte und nachhaltige Durchführung entsprechender Prozesse zum Datenschutzmanagement gewährleistet wird.

Als Zielvorgabe sollte ein DMS nicht nur konkrete Maßnahmen zu Erreichung eines angemessenen Datenschutzniveaus koordinieren, sondern eine Kultur einer proaktiven und koordinierten Datenschutzrisikolenkung innerhalb der Organisation entstehen lassen. Trainings- und Sensibilisierungsmaßnahmen gehören genauso dazu, wie der Aufbau von effektiven Reporting- und Monitoringprozessen. Ein DMS sollte:

- auf bewährten Risikomanagement-Methoden basieren,

- modular aufgebaut sein, verbindliche und optionale Komponenten beinhalten, die auf beliebige nationale Gesetzgebungen heruntergebrochen und auf etablierte Standards (z. B. ISO 29001) abgebildet werden können,

- eine Zusammenarbeit bzw. Integration mit im Unternehmen bereits etablierten Management Systemen vorsehen (z. B. Compliance, Information Security, Financial Risk Management).

Für die Gestaltung eines DMS gibt es mangels einheitlicher Standards viele unterschiedliche Ansätze. Mit der ISO 29100 existiert ein vergleichsweise neuer internationaler Standard, der sich in der Praxis nach und nach etabliert und inhaltlich den klassischen Management-Systemen (etwa Compliance Management oder Informationssicherheits-Management nach ISO 27001) folgt.

Im Interesse einer erleichterten Überprüfbarkeit des Systems kann man sich aber auch von vornehrein an bestehenden Auditstandards orientieren. So bietet etwa der im April 2010 vom Institut der Wirtschaftsprüfer in Deutschland (IDW) veröffentlichte Prüfungsstandard „Grundsätze ordnungsgemäßer Prüfungen von Compliance-Management-Systemen" (IDW PS 980) viele praktisch verwertbare Ansatzpunkte, um ein umfassendes DMS aufzusetzen, das sich dann entsprechend der Vorgaben dieses Prüfungsstandards auditieren ließe. Wesentliche Elemente eines DMS wären dann etwa:

- Datenschutz-Kultur (z. B. Strategie/Mission Statement, Tone from the Top),
- Datenschutz-Ziele (z. B. Privacy Code of Conduct, evtl. BCRs),
- Datenschutz-Organisation (z. B. DSB, zentral und dezentral, Rollen und Verantwortlichkeiten),
- Datenschutz-Risiken (z. B. Datenschutz-Risikomanagement, Überwachung der Gesetzgebung, ggf. aktive Interessenvertretung bei neuen Gesetzgebungsvorhaben),
- Datenschutz-Programm (z. B. laufende Beratung, Richtlinien, Datenschutzhinweise, DViA, TOMs, Umgang mit Betroffenenrechten, Incident Management, Verfahrensverzeichnis, § 42a-Prozesse),

- Datenschutz-Kommunikation (z. B. Schulungen, Awareness-Maßnahmen, Anfragen, externe und interne Kommunikation, Awards),
- Datenschutz-Überwachung und -Verbesserung (z. B. Reporting, Vorabkontrollen/PIAs, Audits, Zertifizierungen, KVP).

Die Effektivität, die Effizienz und damit letztlich die Qualität eines DMS wird in der Praxis immer häufiger durch Datenschutzreifegradmodelle dokumentiert.

→ Datenschutzreifegradmodelle; Informationsmanagement.

Datenschutzreifegradmodelle *(Data) Privacy Maturity Models*

Datenschutz Management Prozesse lassen sich wie alle anderen Prozesse auch im Sinne von Reifegraden bewerten. Die typischen Einstufungen bewegen sich dabei auf einer Wertskala von 0 (nicht umgesetzt) bis 5 (kontinuierlich verbessernd) und lassen sich im Detail wie folgt beschreiben:

Reife-grad	Bezeichnung	Erläuterung
0	Nicht umgesetzt (engl.: *undefined*)	Es sind keine Maßnahmen erkennbar.
1	Formlos umgesetzt (engl.: *ad-hoc*)	Es existieren zwar einzelne Maßnahmen. Ein wirklicher Prozess ist aber kaum organisiert und noch sehr instabil.
2	Geplant und weiterverfolgt (engl.: *repeatable*)	Ein stabiler Prozess existiert und wird in Projekten mit einem Projektmanagement gelebt.
3	Gut definiert (engl.: *defined*)	Ein Prozess ist definiert und es existiert ein Prozessmodell, das eine konsistente Implementierung des Prozesses sicherstellt.
4	Quantitativ – kontrolliert (engl.: *managed*)	Es existieren Prozessmessungen und Prozessdatenanalysen, die für die Weiterentwicklung des Prozesses genutzt werden.
5	Kontinuierlich – verbessernd (engl.: *optimized*)	Das Management ist regelmäßig in die Prozessbewertung und die weitergehende Prozessoptimierung einbezogen.

Solche Reifegradmodelle sollten zumindest für die wichtigsten Datenschutz-Prozesse regelmäßig und unter gleichartiger Bewertung der Anforderungen durchgeführt werden. Als wirklich wertvoll erweist sich dieser Ansatz in aller Regel erst dann, wenn die zu betrachtenden Prozesse in einen Bezug zu konkreten Datenschutzrisiken gesetzt werden und somit transparent definiert wird, in welchen qualitativen Abstufungen konkrete Datenschutzrisiken prozessual angegangen werden sollen.

Datenschutzrenditeanforderung *Return on Privacy Investments (ROPI)*

Die Erfahrungen aus der Praxis lehren, dass sich der betriebliche Datenschutz in den meisten Unternehmen ebenso intensiv wie alle anderen Akteure am latenten Kampf um die begrenzten finanziellen und personellen Ressourcen beteiligen muss. Um den Mehrwert einer guten Datenschutzorganisation für das Unternehmen zu ermitteln und nachvollziehbar zu machen, bietet sich eine Datenschutzrenditebetrachtung an.

Beispiele für eine solche Renditebetrachtung können aus dem Bereich der Informationssicherheit gezogen werden. Dort wurde mit einigem wissenschaftlichen Aufwand der Begriff des Returns on Security Investment (ROSI) geprägt. Abgeleitet von der Berechnung der Kapitalrendite (Return of Investment, ROI), bei der die erwartbaren Erträge in ein Verhältnis mit den dafür notwendigen Investitionen gesetzt werden, wird bei der Berechnung der Rendite der Informationssicherheit der zu erwartende Verlust in ein Verhältnis gesetzt mit den Kosten der diesen Verlust bis zu einem gewissen Grad verhindernden Sicherheitsmaßnahme.

Für das ROPI-Modell gilt grundsätzlich dieselbe Überlegung. Eine Investition in den Datenschutz rechnet sich für ein Unternehmen auf betriebswirtschaftlicher Ebene dann, wenn die negativen wirtschaftlichen Folgen der unterlassenen Investition diese preislich übersteigen. Diese negativen wirtschaftlichen Folgen einer Datenschutzverletzung lassen sich nun mittlerweile dank entsprechender Erfahrungswerte immer besser ganz konkret berechnen. Immer weiter ansteigende und von manchen Datenschutzaufsichtsbehörden immer öfter verhängte Bußgelder addieren sich zu erkennbaren Reputationsschäden und damit oft zu einer nachhaltigen Beschädigung der Marke und zudem zu einem spürbaren Geschäftsverlust, von den erheblichen Aufwänden der rechtlichen Aufarbeitung und der dadurch erforderlich gewordenen massiven Öffentlichkeitsarbeit ganz zu schweigen. Durch die massiv gesteigerten Höchstgrenzen für Bußgelder in der DSGVO werden diese Kosten künftig voraussichtlich noch weiter ansteigen. Begründet man sie nachvollziehbar und addiert diese hypothetischen Werte und multipliziert sie mit dem erwarteten Effizienzgrad, bevor man von ihnen die erwarteten Kosten abzieht, um dann das Ergebnis durch diese Kosten zu teilen, erhält man den erwünschten Wert, der die Kosteneffizienz darstellt.

Anhang 1   Praktiker-Glossar

Beispiel:

Erwarteter Schaden einer unterlassenen Information der Aufsichtsbehörde bei einem relevanten Datenschutzvorfall:	*150.000 EUR/Fall*
Erwartete Eintrittshäufigkeit ohne die geplante Datenschutzkontrolle:	*1 × /Jahr*
Erwartete Eintrittshäufigkeit mit eingeführter Datenschutzkontrolle:	*1 × /alle 3 Jahre*
Kosten der Maßnahme (Aufbau einer zusätzlichen halben Stelle und Schaffung eines internen Reportingprozesses, der eine schnelle datenschutzrechtliche Prüfung der potenziellen Fälle auf Anwendbarkeit von Art. 33, 34 DSGVO hin gewährleistet):	*40.000 EUR/Jahr*

$$ROPI = \frac{(150.000 \, € \cdot 30\%) - 40.000}{40.000} = 112\%$$

Diese Datenschutzkontrolle würde sich also im Ergebnis für das Unternehmen wirtschaftlich lohnen. ROPI ist sicherlich nicht der einzig valide Argumentationsansatz für eine Investition des Unternehmens in einen besseren Datenschutz. Aber in Zeiten, in denen in vielen Unternehmen gerade die finanziellen Ressourcen knapp kalkuliert werden müssen, stellt eine darstellbare gegebene Kosteneffizienz sicherlich kein schlechtes Argument dar.

Datenschutzrisikoindikatoren *Privacy Key Risk Indicators (PKRI)*

Dabei handelt es sich um Kennzahlen, die Aufschluss über die gegenwärtige und zukünftige Risikosituation der Organisation geben. Risikoindikatoren werden sowohl zur Ermittlung des Datenschutzgefährdungsmaßstabs als auch zur Datenschutzrisikoüberwachung eingesetzt. Ihre Erhebung setzt – speziell in Konzernen und Unternehmensgruppen – einheitliche Metriken sowie ein gleichartiges, inhaltlich hinreichend differenziertes und absolut verlässlich funktionierendes Reporting durch alle relevanten Unternehmensbestandteile voraus.

→ Datenschutzgefährdungsmaßstab; Datenschutzrisikoüberwachung.

Datenschutzrisikomanagement *(Data) Privacy Risk Management*

Das Datenschutzrisikomanagement ist ein mittlerweile immer bedeutenderes Element des betrieblichen Risikomanagements. Datenschutzrisiken berühren mehrere klassische Risikokategorien, insbesondere unternehmerische, rechtliche, wirtschaftliche und nicht zuletzt auch reputationsbezogene und sogar operationelle Risiken. Das Datenschutzrisikomanagement muss das Unternehmen dabei unterstützen, zunächst die diesbezüglichen Risiken der Organisation zu identifizieren, zu analysieren und zu bewerten. Im Anschluss daran geht es um die Bewältigung dieser Risiken (durch angemessene Datenschutzkontrollen) und ihre laufende Überwachung (unter Zugrundelegung von entsprechenden Datenschutzrisikoindikatoren).

→ Datenschutzrisikoindikatoren.

Datenschutzrisikoüberwachung *(Data) Privacy Risk Monitoring*

Als Bestandteil des betrieblichen Datenschutzrisikomanagements richtet sich die Datenschutzrisikoüberwachung auf die kontinuierliche Beobachtung der kurz-, mittel- und langfristigen Entwicklung von Datenschutzrisiken und dokumentiert damit zugleich die Effizienz und Effektivität der eingesetzten Datenschutzkontrollen.

Durch Festlegung von Grenzwerten für bestimmte Risikoindikatoren kann dies auch als Teil eines Management-Frühwarnsystems verwendet werden. Hierfür müssen die dafür verwendeten Datenschutzrisikoindikatoren aber bestimmte Mindestanforderungen erfüllen. Zum einen muss eine valide und nachweisbare Kausalverbindung zwischen dem jeweiligen Indikator und einer Realisierung eines potenziellen Datenschutzrisikos bestehen. Zum anderen muss der Indikator verlässlich berechnet werden können, um eine belastbare Basis für darauf aufbauende Entscheidungen zu schaffen. Das erfordert eine ausreichend große Auswahl und Anzahl von Messpunkten. Schließlich muss der jeweilige Indikator auch tatsächlich durch entsprechende Datenschutzkontrollen direkt oder wenigstens indirekt tatsächlich beeinflussbar sein.

→ Datenschutzrisikoindikatoren; Datenschutzkontrollen.

Datenübermittlung (generell) *(Personal) Data Transfer*

Eine Übermittlung von personenbezogenen Daten geschieht, wenn eine verarbeitende Stelle diese entweder durch eigene Weitergabe oder aber durch die Ermöglichung der Einsichtnahme oder des Abrufes durch einen Dritten diesem zukommen lässt. Eine Übermittlung stellt stets eine Verarbeitung dar (vgl. Art. 4 Nr. 2 DSGVO) und bedarf somit immer einer Rechtfertigung durch einen Erlaubnistatbestand.

→ Rn. 18.

Datenübermittlung (grenzüberschreitend)
International (Personal) Data Transfer

Die grenzüberschreitende Datenübermittlung bleibt – nicht zuletzt aufgrund der Komplexität der DSGVO – eine Herausforderung im Bereich des betrieblichen Datenschutzes. Sinnvoll ist dabei zunächst eine Differenzierung zwischen inner-europäischem und extra-europäischem, grenzüberschreitendem Datentransfer:

- Für die Übermittlung von personenbezogenen Daten an Stellen in anderen Mitgliedstaaten entweder der EU oder des Europäischen Wirtschaftsraums (EWR, umfasst die EU-Mitgliedstaaten sowie die verbleibenden EFTA-Mitgliedstaaten Norwegen, Island und Liechtenstein) gelten die allgemeinen Bestimmungen zur Datenübermittlung, wobei dabei stets das Recht desjenigen Staates Anwendung findet, in welchem die verantwortliche Stelle ansässig ist. *Als Beispiel:* Wenn ein in Deutschland ansässiges Unternehmen personenbezogene Daten in andere Länder der EU oder des EWR überträgt, gelten die gleichen Anforderungen wie bei einer Übermittlung solcher Daten zwischen zwei Unternehmen innerhalb Deutschlands.

- Eine Datenübermittlung in sonstige Staaten, etwa die USA, die Schweiz oder China, profitiert nicht vom innerhalb der EU einheitlich geregelten und recht hohen Datenschutzniveau und unterliegt strengeren Anforderungen: Ihre Zulässigkeit steht unter dem Vorbehalt, dass auch im sogenannten Drittland ein angemessenes Datenschutzniveau gewährleistet ist. Hierfür gibt es eine ganze Reihe von Möglichkeiten. Die EU-Kommission kann auf Antrag des Drittlands darüber entscheiden, ob sie ihm aufgrund der dortigen Gesetzeslage, der Rechtsdurchsetzungspraxis und anderer Faktoren ein angemessenes Datenschutzniveau zuerkennt. Derartige Beschlüsse liegen derzeit für eine ganze Reihe von Ländern vor, einschließlich Argentinien, Kanada, Israel und die Kanalinseln. Diese Beschlüsse bleiben auch nach der Geltung der DSGVO bis zu einem entgegenstehenden Beschluss der Kommission bestehen. Darüber hinaus kann – zumindest bei Datentransfer aus der EU oder aus der Schweiz jeweils in die Vereinigten Staaten – der Privacy Shield zum Einsatz kommen. Schließlich gibt es noch die Möglichkeit auf Grundlage geeigneter Garantien, Daten in ein Drittland zu übermitteln. Solche sind etwa BCRs, Standardvertragsklauseln, Verhaltensregeln, Zertifizierungen oder Ad-hoc-Verträge. Zu beachten ist, dass die zuvor genannten Maßnahmen lediglich der Sicherstellung eines angemessenen Datenschutzniveaus im Empfängerland dienen, für sich genommen aber keine Erlaubnisgrundlage für die Verarbeitung bieten. Bei einem Datentransfer in das nicht-europäische Ausland muss daher immer sorgfältig geprüft werden, auf welcher Grundlage die Datenverarbeitung an sich zulässig ist, bevor die grenzüberschreitende Übermittlung durch den Einsatz der beschriebenen Werkzeuge legitimiert wird. Anders gesagt: Nur weil die Muttergesellschaft in den USA sich nach Safe Harbor bzw. deren Nachfolgesystem Privacy Shield hat zertifizieren lassen, heißt das noch lange nicht, dass deswegen bedenkenlos personenbezogene Daten dorthin übermittelt werden dürfen. Wenn es sich etwa um Gesundheitsdaten von Mitarbeitern handelt, für deren Übermittlung an eine andere Stelle sich kein gesetzlicher Erlaubnistatbestand findet, nützt dem Unternehmen die Privacy-Shield-Zertifizierung der Muttergesellschaft wenig.

→ Rn. 210, 219 ff.

→ Privacy Shield.

Datenverlustprävention *Data Loss Leakage (Detection and) Prevention (DLP)*

Spätestens, seitdem spezielle gesetzliche Bestimmungen wie auch die Art. 33, 34 DSGVO im Falle von Datenverlusten umfangreiche und unter Umständen sehr kostspielige Informations- und Benachrichtigungspflichten aufgestellt haben, ist das Thema Datenverlustprävention auch für das betriebliche Datenschutzmanagement relevant. Der Ansatz stammt aus der Informationssicherheit und bezeichnet dort die technischen und organisatorischen Bemühungen, einen ungewollten Datenverlust oder -abfluss zu verhindern. Typischerweise kommen dabei Klassifizierungen in unterschiedlichen Abstufungen (etwa öffentlich, intern, vertraulich oder hochvertraulich) zum Einsatz, die den betroffenen Daten im Zuge des Informationsmanagements mitgegeben werden. Aufgrund dieser Klassifizierungen werden dann Regeln aufgestellt und durch technische Maßnahmen durchgesetzt, die den Zugriff auf Informationen und ihre Verarbeitung oder Übermittlung verbindlich regeln. Dadurch wird erreicht, dass Informationen in Abhängigkeit von ihrem konkreten Schutzbedarf gehandhabt werden. Während also z.B. eine Vorstandspräsentation oder eine VIP-Kundenliste nur an einzelne berechtigte interne Empfänger verschickt und grundsätzlich nicht ausgedruckt werden darf, würde das Ergebnis einer internen Mitarbeiterbefragung immerhin vergleichsweise frei innerhalb des Unternehmens verbreitet werden dürfen. In der Praxis hat es sich etabliert, konkreten Kategorien von Daten standardmäßig bestimmte Klassifizierungen zuzuweisen. In Bezug auf personenbezogene Daten kann das etwa dazu führen, dass diese grundsätzlich eine Mindestklassifizierung etwa als „intern" bekommen, während besondere Arten personenbezogener Daten als mindestens „vertraulich" eingestuft werden. Das schließt nicht aus, dass bestimmte Daten situationsabhängig auf- oder auch abgewertet werden. Dies sichert aber einen gewissen Grundschutz durch die für jede Klassifizierung geltenden Standardregeln. Die standardmäßige Klassifizierung von Informationen hat den weiteren Vorteil, dass die Vergabe von Zugriffsberechtigungen nicht nur datenspezifisch und personenscharf geregelt werden kann. Existiert eine Klassifizierung, lassen sich Informationen zusätzlich oder alternativ auch im Wege von Sicherheitsberechtigungen (engl.: *security clearances*) schützen. Bei diesem aus dem Bereich des Geheimschutzes übernommenen Ansatz wird nicht einer konkreten Datei eine bestimmte Zugriffsberechtigung für einen konkreten Nutzer oder eine bestimmte Nutzergruppe zugesprochen, sondern die Berechtigung des Zugriffs ergibt sich aus der Klassifizierung der Information und der Sicherheitsstufe des Zugreifenden. Ist letztere hoch genug, wird ein Zugriff gestattet, andernfalls aufwändig überwacht und dokumentiert oder sogar ganz verweigert. Diese Art von Zugriffskontrolle kann sich in Situationen bewähren, in denen sehr detaillierte und vielstufige

Zugriffsberechtigungen (bei denen eine Abbildung in Form von definierten Nutzer-gruppen zu aufwändig sein kann) auf eine sehr große Anzahl von Daten (etwa auf Logfiles) angewendet werden müssen.

→ Informationsmanagement; Privacy by Design – Privacy by Default.

Double Opt-In

Der Begriff Double Opt-In hat sich im Zusammenhang mit der Bestellung von Newslettern und anderen elektronisch verfügbaren Informationsmaterialien entwi-ckelt. Diese setzen tatsächlich die zweimalige Zustimmungserklärung des Kunden voraus. Nach dem ersten Erteilen einer Einwilligung durch sein Opt-In erhält dieser dann eine kurze E-Mail, in der sich ein Bestätigungslink befindet, und erst wenn die Einwilligung und die Identität des Kunden auf diesem Wege endgültig bestätigt wor-den sind, darf der Kunde in den Verteiler aufgenommen werden. Der praktische Grund für dieses etwas umständliche Verfahren liegt in der Beweisbarkeit der erteil-ten Einwilligung: Da üblicherweise nur der Inhaber eines E-Mail-Kontos auf eine an dieses Konto geschickte Bestätigungsmail Zugriff hat, kann auch nur er seine E-Mail-Adresse für den Empfang des Newsletters freigeben. Dadurch kann der Ver-sender des Newsletters also beweisen, dass er tatsächlich eine Einwilligung der be-troffenen Person erhalten hat.

→ Einwilligung.

Düsseldorfer Kreis

Der sogenannte Düsseldorfer Kreis ist der Zusammenschluss der obersten Auf-sichtsbehörden für den nicht-öffentlichen Bereich in Deutschland. Mittlerweile ist der Düsseldorfer Kreis ein Gremium der Konferenz der Datenschutzbeauftragten des Bundes und der Länder geworden. Obwohl die Entscheidungen nicht verbind-lich sind, besitzen sie viel Argumentationskraft bei den deutschen Landesbeauftrag-ten für den Datenschutz.

→ Konferenz der Datenschutzbeauftragten des Bundes und der Länder.

Einwilligung *Consent (of the Data Subject)*

Die (informierte) Einwilligung der betroffenen Person ist in der Praxis einer der am häufigsten genutzten Erlaubnistatbestände für eine Datenverarbeitung. Allerdings erweisen sich schon die formalen Wirksamkeitsvoraussetzungen als nicht trivial: Die Einwilligung, geregelt in Art. 6 Abs. 1 lit. (a) i.V.m. Art. 7, Art. 8 DSGVO, muss vor Beginn der Datenerhebung erfolgen und erfordert – von einigen Ausnah-men abgesehen – in der Regel die Schriftform. Pauschalisierte Einwilligungen sind ebenso unzulässig wie solche, die gar keine inhaltliche Eingrenzung aufweisen können. Einwilligungen, die sich auf die Erhebung oder Verarbeitung besonderer Arten personenbezogener Daten richten, müssen diesen Umstand ausdrücklich aufführen (Art. 9 DSGVO). Praktisch problematisch – vor allem im Arbeitsverhältnis – ist die vom Gesetz verlangte Freiwilligkeit der Einwilligung. Die Einwilligung muss auf dem informierten, freien Willen der betroffenen Person beruhen. Zudem ist hier das Koppelungsverbot, welches Art. 7 Abs. 4 DSGVO i.V.m. Erwägungsgrund 43 statuiert, zu beachten. Danach ist eine Einwilligung im Zweifel nicht freiwillig, wenn die Erfüllung einer Dienstleistung von der Einwilligung abhängt. Auch wenn die Freiwilligkeit bei Arbeitnehmern häufig pauschal angezweifelt wird, hat das BAG festgehalten, dass auch im Arbeitsverhältnis eine freiwillige Einwilligung möglich ist (vgl. BAG, ZD 2015, 330). Es bleibt abzuwarten, ob die Gerichte auch im Hinblick auf das nun statuierte Koppelungsverbot bei dieser Rechtsprechung bleiben. Auf individuelle Einwilligungen gestützte Datenverarbeitungen stoßen häufig dort an praktische Grenzen, wo die betroffenen Verfahren zu komplex oder zu technisch werden. Einwilligungstexte unterliegen dem Vorbehalt, dass sie zwar hinreichend transparent, aber inhaltlich so ausführlich sein müssen, dass die betroffene Person eine informierte Entscheidung treffen kann. Dies ist bei komplexen Verfahren kaum möglich bzw. stoßen die Formulierungskünste der Datenschutzbeauftragten hier häufig an ihre Grenzen. Grundsätzlich gilt: Fachbegriffe sollten möglichst vermieden werden. Darüber hinaus ist Transparenz aber nicht nur eine Frage des Aufbaus und der Komplexität des Textes, entscheidend ist vielmehr auch die Länge des Dokuments und nicht zuletzt seine Form und visuelle Aufbereitung; zur Gestaltung von Einwilligungserklärungen siehe die Stellungnahme 15/2011 der Artikel-29-Datenschutzgruppe vom Juli 2011 (WP 187). Der wohl größte Nachteil des Einwilligungsmodells besteht aber in der jederzeitigen Widerrufbarkeit der Einwilligung, vgl. Art. 7 Abs. 3 DSGVO. Schon die reine logistische Abarbeitung von Widerrufen und ihre prompte und auch zukünftig verlässliche Berücksichtigung erfordert einiges an organisatorischen Maßnahmen. Besonders schwierig aber wird die Lage, wenn der Widerruf Einzelner in eine bestimmte Form der Datenverarbeitung die Aufrechterhaltung von parallelen Verarbeitungssystemen erfordert. Widerspricht etwa ein Kunde der Übermittlung und Verarbeitung seiner Daten im Rahmen einer Funktionsübertragung durch einen Dritten, muss das Unternehmen im Zweifelsfall die Daten dort belassen, wo sie sind – und kann manchmal noch nicht einmal die zugrundeliegende Vertragsbeziehung mit dem Kunden aus einem solchen Grund außerordentlich aufkündigen. Unternehmen sind daher häufig bestrebt, ihre Datenverarbeitungen nach (anderen) gesetzlichen Erlaubnistatbeständen zu legitimieren, um diesen Folgen zu entgehen.

→ Rn. 39, 244, 281 ff.

Anhang 1 Praktiker-Glossar

EU-Standardvertragsklauseln
EU Model Clauses or Standard Contractual Clauses (SCC)

Es gibt derzeit zwei Kategorien der von der EU-Kommission entwickelten Musterverträge:

- Die einen wurden zuletzt im Jahre 2010 überarbeitet und gelten für die Übermittlung personenbezogener Daten an Auftragsverarbeiter (wohlbemerkt nicht „Auftragsverarbeiter" im Sinne von Art. 28 DSGVO) in Drittländern. Sie werden daher häufig als „Controller-to-Processor-Klauseln" oder einfach als „C2P-Klauseln" bezeichnet.

- Die anderen stammen aus dem Jahre 2001 und richten sich an Datenübermittlungen, denen keine Auftragsverarbeitung zugrunde liegt. Sie werden daher in der Praxis als „Controller-to-Controller-Klauseln" oder kürzer als „C2C-Klauseln" bezeichnet. Sie wurden oft als unzureichend empfunden. Die EU-Kommission stellte 2004 daher ein zweites Set alternativer Vertragsklauseln an ihre Seite, das von der International Chambers of Commerce (ICC) entwickelt wurde.

Beiden Klauselwerken ist gemein, dass sie eine recht umfangreiche Dokumentation der Datenübermittlung bezüglich ihres Zwecks und Umfangs gewährleisten. Folgende Unterschiede bestehen:

- Die C2P-Klauseln entsprechen inhaltlich eher dem Modell der Auftragsverarbeitung nach dem BDSG und beinhalten demnach Weisungsbefugnisse und Kontrollpflichten auf Seiten des Datenexporteurs und entsprechende Weisungsgebundenheit und Duldungspflichten auf Seiten des Datenimporteurs. Letzterer wird dafür üblicherweise nur nachrangig in die Haftung genommen, solange er sich an die Weisungen des Datenexporteurs hält und seinen Informationspflichten diesem gegenüber nachkommt.

- Demgegenüber stellen die C2C-Klauseln eher auf zwei gesamtschuldnerisch Verantwortliche, aber im Wesentlichen gleichberechtigte Parteien ab und beinhalten daher auch keine Weisungsrechte. Sie basieren im Wesentlichen auf einem Katalog von verbindlichen Datenschutzprinzipien, die der Datenimporteur einzuhalten verspricht und die dadurch ein angemessenes Datenschutzniveau sicherstellen sollen.

Beim Einsatz der Vertragsklauseln ist eines jedoch unbedingt zu beachten: Die Klauselwerke sind nach dem Willen der EU-Kommission als in sich geschlossene Vertragswerke zu betrachten. Ein Austausch von einzelnen Bestimmungen oder ihre nur teilweise Verwendung stellt ihre Wirksamkeit im Zusammenhang mit der Herstellung eines angemessenen Datenschutzniveaus in Frage. Jedoch dürfen weitere Klauseln und Garantien hinzugefügt werden, solange diese nicht im Widerspruch zu den Standardvertragsklauseln stehen oder die Grundrechte oder Grundfreiheiten der betroffenen Person beschneiden, vgl. Erwägungsgrund 109. Gemäß Art. 46 Abs. 2 lit. (c) DSGVO können Standard-Datenschutzklauseln auch weiterhin die Grundlage für Datenübermittlungen in Drittländer bieten. Die aktuell geltenden SCCs bleiben auch ab der Geltung der DSGVO gemäß Art. 46 Abs. 5 Satz 2 DSGVO weiter anwendbar. Es bleibt abzuwarten, ob die Kommission die Standardvertragsklauseln an die neuen Anforderungen durch die DSGVO anpasst.

→ Rn. 224, 231.

Europäischer Datenschutzausschuss *European Data Protection Board*

Mit der DSGVO wurde der europäische Datenschutzausschuss in den Art. 68 ff. DSGVO eingeführt, der die bisherige sogenannte Art. 29-(Datenschutz-)Gruppe ersetzt, vgl. Erwägungsgrund 139. Der Ausschuss hat eine eigene Rechtspersönlichkeit und besteht aus je einem Leiter einer Aufsichtsbehörde der Mitgliedstaaten und dem europäischen Datenschutzbeauftragtem, Art. 68 Abs. 1 und 4 DSGVO. Ist wie in Deutschland in einem Mitgliedstaat mehr als eine Aufsichtsbehörde für die Überwachung der Anwendung der DSGVO zuständig, soll im Einklang mit den Rechtsvorschriften des Mitgliedstaats ein gemeinsamer Vertreter benannt werden. Die EU-Kommission ist berechtigt, an Sitzungen des Ausschusses teilzunehmen. Sie hat allerdings kein Stimmrecht. Der Ausschuss soll die einheitliche Anwendung der Verordnung gewährleisten. Dafür nimmt er insbesondere die folgenden Aufgaben wahr: Abgaben von Stellungnahmen bei bestimmten Maßnahmen der nationalen Aufsichtsbehörden, Abgabe von verbindlichen Beschlüssen zur Streitbeilegung zwischen federführender Behörde und Aufsichtsbehörde sowie bei Meinungsverschiedenheiten über die Zuständigkeit der Aufsichtsbehörden. Daneben kommt dem Datenschutzausschuss eine Beratungsfunktion für die Kommission zu. Von größter Relevanz wird jedoch die Bereitstellung der Leitlinien, Empfehlungen und bewährten Verfahren zur praktischen Umsetzung der Anforderungen der DSGVO sein. Im Ergebnis wird der Datenschutzausschuss die Arbeit der Artikel-29-Datenschutzgruppe weiterführen. Es ist davon auszugehen, dass die bisherigen Meinungen und Beschlüsse der Artikel-29-Datenschutzgruppe aufrechterhalten werden. Anders als die Stellungnahmen und Leitlinien der Artikel-29-Datenschutzgruppe dürften die Stellungnahmen mit Blick auf den Verordnungscharakter der DSGVO bindend sein. Ein vorausschauendes Datenschutzmanagement muss daher nicht nur die einschlägigen gesetzlichen und regulatorischen Entwicklungen verfolgen, sondern auch die Stellungnahmen des Ausschusses im Auge behalten.

→ Rn. 52, 237.

→ Art. 29-(Datenschutz-)Gruppe.

Anhang 1 Praktiker-Glossar

Fernmeldegeheimnis *Telecommunications Secrecy*

Das Fernmeldegeheimnis (in neuerer Terminologie auch Telekommunikationsgeheimnis) ist ein Verbot des unbefugten Abhörens, Unterdrückens, Verwertens oder Entstellens von Fernmelde- (Fernschreib-, Fernsprech-, Funk- und Telegrafen-) Botschaften. Es basiert auf der Telekommunikationsrichtlinie 2002/58/EG. Die Legaldefinition des Fernmeldegeheimnisses findet sich im nationalen Recht in Art. 10 GG, § 88 Abs. 1 Telekommunikationsgesetz (TKG) sowie in § 206 Abs. 5 StGB. Datenschutzrechtlich wird das Fernmeldegeheimnis in der Praxis besonders beim Zugriff auf E-Mails am Arbeitsplatz relevant. Nach wie vor ist höchstrichterlich nicht entschieden, ob der Arbeitgeber bei erlaubter Privatnutzung des betrieblichen E-Mail-Zugangs ein Anbieter von Kommunikationsdiensten ist und somit dem Fernmeldegeheimnis unterliegt. Eine Bindung an das Fernmeldegeheimnis hätte zur Folge, dass dem Arbeitgeber ein Zugriff auf die E-Mails seiner Mitarbeiter, die auf dem Firmenserver gespeichert sind, untersagt ist. Die DSGVO schafft in diesem Zusammenhang zusätzliche Rechtsunsicherheit. Sie beschreibt ihr Verhältnis zur Telekommunikationsrichtlinie und den darauf beruhenden nationalen Regelungen in Erwägungsgrund 173 als noch nicht kohärent. Bis das Verhältnis eindeutig geklärt ist, können Arbeitgeber besagten Zugriff auf E-Mails ihrer Mitarbeiter nur durch Einwilligungen und Betriebsvereinbarungen rechtssicher gewährleisten.

Haftung (des Datenschutzbeauftragten) *Liability (of the Data Protection Officer)*

Die Haftungsrisiken für Datenschutzbeauftragte sind in den letzten Jahren aufgrund der steigenden Komplexität der gesetzlichen Regelungen stetig gestiegen, auch wenn es bislang eher wenige Fälle gibt, in denen Datenschutzbeauftragte für Vorkommnisse in ihrem Zuständigkeitsbereich in Anspruch genommen wurden. Datenschutzbeauftragte sollten sich gleichwohl über ihren eigenen Risikohorizont stets bewusst sein. Dabei gilt zunächst, dass der interne Datenschutzbeauftragte lediglich im Rahmen der üblichen Arbeitnehmerhaftung gegenüber dem Unternehmen haftet, das ihn bestellt hat. Eine unmittelbare Haftung gegenüber den betroffenen Personen besteht grundsätzlich nicht, da Art. 82 DSGVO lediglich Ansprüche gegen die verantwortliche Stelle und/oder den Auftragsverarbeiter beschreibt. Externe Datenschutzbeauftragte haften, sofern nichts anderes vereinbart wurde, dem Unternehmen gegenüber vertragsrechtlich für Vorsatz und jede Form der Fahrlässigkeit. Diese Haftung kann selbstverständlich vertraglich im Rahmen des Zulässigen eingeschränkt werden. Hiervon wird in der Praxis regelmäßig Gebrauch gemacht. Lediglich ein Haftungsausschluss für Vorsatz und grobe Fahrlässigkeit ist danach nicht möglich. Eine unmittelbare Haftung gegenüber den betroffenen Personen besteht in aller Regel aber wohl auch hier nicht. Ob die Gerichte angesichts der nach Art. 39 Abs. 1 lit. (b) DSGVO gesteigerten Überwachungspflichten den Datenschutzbeauftragten künftig straf- und ordnungsrechtlich als „Überwachungsgaranten" ansehen werden, bleibt abzuwarten.

→ Rn. 151 ff.

Heimarbeitsplätze (Telearbeit) *Home Office*

Die Möglichkeit einer flexiblen Gestaltung der Arbeit ist mittlerweile ein selbstverständlicher Wunsch vieler Arbeitnehmer. So sinnvoll Heimarbeit für die Mitarbeiterzufriedenheit auch sein mag, so regelmäßig führen derartige Angebote zu datenschutzrechtlich schwierigen Konstellationen. Zunächst gilt hierfür eine einfache Regel: Werden Mitarbeiter an Heimarbeitsplätzen mit der Erhebung, Verarbeitung oder Nutzung personenbezogener Daten beschäftigt, so muss die verantwortliche Stelle dafür Sorge tragen, dass auch hier das gesetzliche vorgeschriebene Datenschutzniveau gewährleistet ist. Während im Büro verschiedenste Sicherheitsmaßnahmen gewährleisten, dass etwa Zugangs- oder Zugriffskontrollen eingehalten werden, muss sich der Arbeitgeber beim Heimarbeitsplatz an vertragliche Verpflichtungen und nicht zuletzt auf das Verantwortungsgefühl der Mitarbeiter verlassen. Außer den obligatorischen Anweisungen und vertraglichen Vereinbarungen zur Frage, wie Heimarbeitsplätze technisch und sogar baulich ausgestaltet sein müssen, gehören daher in der Praxis auch spezielle Trainings- und Sensibilisierungsmaßnahmen für Heimarbeiter zur Regel. Dabei gilt der Grundsatz, dass die verminderten Sicherheitsangebote der häuslichen Umgebung durch gesteigerte technische und organisatorische Aufwände ausgeglichen werden müssen. Eine „Clean Desk Policy" sollte beim Arbeiten zu Hause selbstverständlich sein und der gefahrträchtige Hin- und Hertransport von Papier zu Gunsten von papierlosen elektronischen Lösungen so weit wie möglich vermieden werden. Technische Lösungen für die Heimarbeit sollten möglichst darauf verzichten, Daten lokal zu speichern oder zu drucken. Zu empfehlen sind virtualisierte Verfahren, bei denen die eigentlichen Daten in der sicheren Netzwerkumgebung des Unternehmens verbleiben. Schließlich sollte klar und eindeutig geregelt werden, welche Arbeiten konkret von zu Hause aus erledigt werden dürfen und welche zwingend im Büro zu erledigen sind. Hierbei spielen insbesondere die Art und damit die Schutzbedürftigkeit der zu verarbeitenden personenbezogenen Daten eine wichtige Rolle. Unter Umständen muss bestimmten Arbeitnehmern die Heimarbeit sogar untersagt werden. Betroffen hiervon sind etwa Mitarbeiter der Personalabteilung, die hauptsächlich BEM-Verfahren betreuen und dafür besonders sensible gesundheitsbezogene Daten im Sinne von Art. 9 und Art. 4 Nr. 15 DSGVO verarbeiten müssen.

Anhang 1 Praktiker-Glossar

Informationsmanagement *Information Management*

Das Informationsmanagement (genauer: Informations- und Kommunikationsmanagement) ist ein betrieblicher Prozess, der von Unternehmensdatenschützern oft massiv in seinen praktischen Auswirkungen für ihre Arbeit unterschätzt wird. In der Wirtschaftsinformatik wird dem Informationsmanagement primär die Aufgabe zugeschrieben, dem Unternehmen Informationen als Produktionsfaktor zu beschaffen und in einer geeigneten Informationsstruktur bereitzustellen. Aber auch für das Datenschutzmanagement ist das Informationsmanagement ein wichtiges Hilfsmittel. Ein gutes Informationsmanagement beinhaltet eine Strukturierung von Daten über ihren gesamten Lebenszyklus, von ihrer Erstellung und Verarbeitung bis zu ihrer Löschung. Dies erleichtert dem DSB die Kontrolle und Überwachung erheblich. Denn aus dem Informationsmanagement leiten sich nicht nur Sicherheitsanforderungen und Löschfristen ab, sondern auch Zugriffsberechtigungen und nicht zuletzt die datenschutzrechtliche Legitimation ihrer Erhebung, Verarbeitung und Nutzung.

→ Datenverlustprävention; Löschkonzept.

Informationspflichten (zugunsten der betroffenen Person)
Information of the Data Subject

Die Information der betroffenen Person nach Art. 13 oder Art. 14 DSGVO dient ebenso wie das Auskunftsrecht dazu, der betroffenen Person die Verarbeitung bewusst zu machen und die Rechtmäßigkeit der Verarbeitung überprüfen zu können, vgl. Erwägungsgrund 63. Sie muss nicht nur aus gesetzlichen Gründen verständlich und klar formuliert sein. Dies ist auch im Interesse des Unternehmens, das schon zum Schutz seiner Reputation seinen Kunden und Mitarbeitern einen respektvollen Umgang mit deren personenbezogenen Daten belegen möchte. Im Rahmen des betrieblichen Datenschutzmanagements sollte nicht lediglich das bloße Vorliegen einer Information oder einer Benachrichtigung geprüft, sondern auch die Effektivität dieser Maßnahme betrachtet werden. Die Art. 13 und Art. 14 DSGVO stellen insoweit eine Reihe von detaillierten, inhaltlichen Vorgaben an die zu erteilenden Informationen auf, die zwingend einzuhalten sind. In der Praxis empfiehlt es sich, einheitliche Mustervorlagen zu gestalten, die die erforderlichen Informationen in knapper, grafisch aufbereiteter Art und Weise darlegen. Um die inhaltliche Komplexität im Griff zu behalten, hat es sich zudem bewährt, einen mehrstufigen Ansatz zu wählen. So kann die betroffene Person selbst entscheiden, wie tief er sich jeweils in die Details eines bestimmten Verfahrens einlesen möchte. Speziell für Internetdienste konnte dabei bisher auf die Stellungnahme 10/2004 der Artikel-29-Datenschutzgruppe zurückgegriffen werden, die insbesondere die Anforderungen an gestufte Benachrichtigungen auf Webseiten erläutert (WP 100).

→ Rn. 109 ff., 195, 350, 358.

ISO 22307:2008

Die ISO 22307 aus dem Jahre 2008 (Financial services – Privacy impact assessment) beschreibt die Datenschutz-Folgenabschätzung im Allgemeinen, definiert die erforderlichen Komponenten und bietet eine informative Anleitung zur Durchführung einer Datenschutz-Folgenabschätzung. Bis die Aufsichtsbehörden ähnliche Richtlinien für die Datenschutz-Folgenabschätzung nach Art. 35 DSGVO geschaffen haben, kann die ISO 22307 als internationaler Standard auch für die Durchführung dieser als Ausgangspunkt genommen werden.

→ Rn. 118 ff.

ISO 29100:2011

Die ISO 29100 aus dem Jahre 2011 beschreibt ein Rahmenwerk für den Schutz von personenbezogenen Daten in Informations- und Kommunikationstechnologie (IKT)-Systemen. Es ist vergleichsweise allgemeiner Natur und stellt organisatorische, technische und verfahrenstechnische Aspekte in einen Datenschutzkontext. Die ISO 29100 soll Unternehmen dabei unterstützen, die für sie relevanten Datenschutzkontrollen im Rahmen der Verarbeitung personenbezogener Daten zu definieren. Sie verwendet daher eine einheitliche Datenschutz-Terminologie, beschreibt die verschiedenen Akteure und ihre Rollen im Rahmen der Verarbeitung von personenbezogenen Daten, erläutert Datenschutzkontrollen und stellt den Bezug zu existierenden Datenschutzregelwerken her. Momentan ist die ISO 29100 nur ein hilfreicher Ansatz zur Gestaltung der betrieblichen Datenschutzprozesse. Im internationalen Umfeld gilt sie aber als eine wertvolle Symbiose aus verschiedensten globalen Datenschutzkonzepten, einschließlich der EU-Richtlinie, den OECD-Datenschutzprinzipien und der Fair Information Practice Principles der amerikanischen Federal Trade Commission (FTC). Eine darauf aufbauende Normierung 29101: 2013 beschreibt bereits die Prinzipien für eine datenschutzkonforme Anwendungsarchitektur und konkrete Schutzziele und weitere Teile dieser neuen Normfamilie sind offenbar in Arbeit und bringen gegebenenfalls irgendwann vielleicht auch eine Zertifizierbarkeit mit sich. Gerade bei der Bestimmung des Stands der Technik nach Art. 32 Abs. 1 DSGVO kann die ISO 29100:2011 als internationaler Standard eine Orientierungshilfe bieten.

Konferenz der Datenschutzbeauftragten des Bundes und der Länder

Die sog. Konferenz der Datenschutzbeauftragten des Bundes und der Länder besteht aus dem Bundesdatenschutzbeauftragten und den Landesdatenschutzbeauftragten der Bundesländer und ist mittlerweile eine stehende Institution. Sie tagt seit 1978 regelmäßig und nimmt zu aktuellen Fragen des Datenschutzes Stellung. Eine Zusammenstellung der Entschließungen der Konferenz findet sich z. B. unter: http://www.bfdi.bund.de/DE/Infothek/Entschliessungen/DSBundLaender/Functions/DSK_table.html.

→ Düsseldorfer Kreis.

Konsultationsverfahren *Prior Consultation Proceeding*

Das Konsultationsverfahren nach Art. 36 DSGVO beschreibt den Abstimmungsprozess zwischen dem Verantwortlichen und der zuständigen Aufsichtsbehörde für Verfahren, die im Rahmen der Datenschutz-Folgenabschätzung vom Verantwortlichen als Verfahren mit einem hohen Risiko für die betroffene Person eingestuft wurden. Die Aufsichtsbehörde erteilt dem Verantwortlichen nach Erhalt seines Ersuchens um Konsultation innerhalb von acht Wochen eine schriftliche Empfehlung zur Risikovermeidung bzw. Risikoreduzierung.

→ Rn. 124, 365 ff.

→ Datenschutzaufsichtsbehörde; Datenschutz-Folgenabschätzung.

Konzerninterne Datenflüsse *Intra-Group Data Transfers*

Abgesehen von den Fällen einer Auftragsverarbeitung (Art. 28 DSGVO) und gemeinsam für die Verarbeitung Verantwortlichen (Art. 26 DSGVO) ist jegliche Übermittlung oder Zurverfügungstellung personenbezogener Daten zwischen einzelnen juristischen Personen innerhalb eines Konzerns oder einer Unternehmensgruppe eine Übermittlung zwischen zwei verantwortlichen Stellen. Erwägungsgrund 48 stellt klar, dass die Übermittlung von personenbezogenen Daten zwischen verschiedenen Verantwortlichen, die Teil einer Unternehmensgruppe sind, von einem berechtigten Interesse gedeckt sein kann, wenn die Übermittlung internen Verwaltungszwecken dient. Jedoch ist Art. 6 Abs. 1 lit. (f) DSGVO als Erlaubnistatbestand für eine große Anzahl an Datenverarbeitungen unpraktikabel, da einer Verarbeitung danach gemäß Art. 21 Abs. 1 DSGVO jederzeit widersprochen werden kann. Daher werden konzerninterne Datenflüsse auch künftig in der Praxis aufwändige Vertragskonstrukte zur Folge haben, die laufend gepflegt und ergänzt werden müssen, um die im Konzern erforderlichen Datenflüsse zu legitimieren. Je nach der Art der Datenübermittlungen sind dabei unterschiedliche Situationen zu unterscheiden:

- Bei konzerninternen Auftragsverarbeitungen können, wenn es nur einen Auftragsverarbeiter (etwa die Konzern-IT-Tochter) gibt und es im Wesentlichen um dieselben Datenverarbeitungen geht, sogenannte Beitrittsmodelle verwendet werden. Dabei wird häufig ein Pilot- oder Rahmenvertrag geschlossen (z. B. zwischen der Muttergesellschaft und dem Auftragsverarbeiter), dem dann die betroffenen Tochtergesellschaften beitreten können. Wenn die Beitritte an einer Stelle gesammelt und archiviert werden, lässt sich so ein vergleichsweise einfaches und effizientes System zur Datenverarbeitung im Konzern schaffen. Wichtig dabei ist, dass die Muttergesellschaft als „Rahmenvertragspartner" ein Vertretungsrecht eingeräumt bekommt, die Beitritte weiterer Tochtergesellschaften im Namen der bereits beigetretenen anzunehmen. Kritisch ist allerdings die Handhabung von Änderungen. Im Unternehmensumfeld kann man dies vertrags- bzw. AGB-rechtlich mit Zustimmungsfiktionen gut lösen (vgl. § 308 Nr. 5 BGB). Die Vertragspartner werden über Vertragsänderungen rechtzeitig informiert unter dem Hinweis, dass bei einem fehlenden Widerspruch gegen die Vertragsanpassung innerhalb angemessener Frist der fehlende Widerspruch als Zustimmung gewertet wird. Für den Fall des Widerspruches sollte ein Kündigungsrecht vorgesehen werden.

- Für konzerninterne Funktionsübertragungen, bei denen keine Auftragsverarbeitung im Sinne von Art. 28 DSGVO begründet wird, sollten ebenfalls entsprechende Verträge zwischen den beteiligten verantwortlichen Stellen geschlossen werden. Diese Vereinbarungen dienen vorrangig der Dokumentation eines angemessenen Schutzes der Interessen der betroffenen Personen etwa im Rahmen einer Interessenabwägung bei der Prüfung berechtigter Interessen nach Art. 6 Abs. 1 lit. (f) DSGVO. Sie beinhalten dementsprechend in aller Regel keine Weisungsbefugnisse. Gleichwohl sollten die bestehenden Zweckbindungen verbindlich in diesen Verträgen geregelt werden, ebenso wie die zu ergreifenden technischen und organisatorischen Maßnahmen. Dass derartigen Vertragskonstrukten Grenzen gesetzt sind, sollte dabei nicht außer Acht gelassen werden.

- Modelle, die diese beiden Ansätze miteinander kombinieren, sind ebenfalls denkbar, werden aber schnell sehr komplex und sind auch nicht beliebig skalierbar. Wesentliches Merkmal ist häufig ein modularer Vertragsaufbau. Grundlage kann z. B. ein zwischen allen Gesellschaften abzuschließender „Rahmenvertrag zur Konzerninternen Datenübermittlung" sein. Solche Rahmenverträge beinhalten Pflichten für Datenübermittler und -empfänger in Bezug auf die Informationssicherheit, den Umgang mit Betroffenenanfragen oder zum Umgang mit Datenpannen. Oftmals werden ergänzend übergeordnete Datenschutz-Prinzipien vereinbart, zu deren Einhaltung sich alle Partien gegenseitig verpflichten. Hierzu können z. B. Mindeststandards bezüglich der datenschutzrechtlichen Qualifizierung der Mitarbeiter gehören, oder Festlegungen zum einheitlichen Datenschutzrisikomanagement. Ein derartiges Fundament kann unter Umständen schon ein hinreichendes Datenschutzniveau herstellen, das wiederum im Rahmen einer Interessenabwägung zur Geltung kommen kann. Hierauf aufbauend können dann Zusatzmodule vereinbart werden, welche die spezifischen Anforderungen einer konzerninternen Auftragsverarbeitung zwischen einzelnen Gesellschaften nach Maßgabe von Art. 28 DSGVO und/oder im Rahmen berechtigter Interessen nach

Art. 6 Abs. 1 lit. (f) DSGVO abbilden (sog. modularer Vertragsaufbau). Da einige hierfür notwendige Regelungen dann schon Bestandteil des zugrundeliegenden Rahmenvertrages sind, können diese Zusatzvereinbarungen darauf verzichten, diese Punkte erneut zu regeln und sich statt dessen auf Aspekte wie Weisungs- und Auditrechte der jeweiligen Auftraggeber oder den Umgang mit Subunternehmern konzentrieren. Die eigentlichen Elemente der konkreten Aufträge (etwa der Gegenstand und die Dauer des Auftrags, der Umfang und die Arten der Datenverarbeitungen sowie ihr spezifischer Zweck) lassen sich schließlich in einzelnen Aufträgen beschreiben. Diese werden sich häufig inhaltlich ähneln, weshalb auch hierfür entsprechende Muster vorbereitet werden können.

Alle drei Gestaltungsvarianten zusammengenommen ermöglichen die rechtskonforme Gestaltung von konzerninternen Datenverarbeitungsvorgängen; die Auftragsverarbeitung gemäß Art. 28 DSGVO kann hiermit abgebildet werden, während gleichzeitig für Funktionsübertragungen in Form des Rahmenvertrags im Paket mit den einzelnen Aufträgen zumindest eine belastbare Basis für eine Interessenabwägung besteht. Gleichwohl darf die rechtliche und nicht zuletzt logistische Komplexität derartiger Lösungen nicht unterschätzt werden, die einem Einsatz solcher Rahmenverträge im Konzern häufig entgegensteht.

→ Rn. 206 ff.

Löschkonzept *(Data) Deletion Schedule*

In der Unternehmenspraxis gehört das Löschen von Daten zu einem der vordringlichsten Probleme der Datenschutzorganisation. Zwar sind Löschkonzepte essentieller Bestandteil von allen Datenschutzkonzepten. Oft genug wird das Thema Löschung aber gar nicht oder nur unzureichend abgebildet. Das hängt auch damit zusammen, dass der Aufwand für die Erstellung eines professionellen Löschkonzeptes häufig unterschätzt wird. Mit Art. 13 Abs. 2 lit. (a) und Art. 14 Abs. 2 lit. (a) DSGVO muss die betroffene Person nunmehr auf die Speicherdauer personenbezogener Daten ausdrücklich hingewiesen werden. Ein solches Löschkonzept ist künftig auch unabdingbar, um dem Grundsatz der Datenminimierung aus Art. 5 Abs. 1 lit. (c) DSGVO nachzukommen. Als hilfreich erweist sich ein methodischer Ansatz, der klare Rollen und Regeln definiert und nachvollziehbare Verantwortlichkeiten zuweist. Insbesondere folgende Aspekte sind im Rahmen eines Löschkonzepts zu regeln:

- nach Datenarten kategorisierte Vorhaltefristen (organisatorische Löschregeln),
- technische Anforderungen an die Löschung bestimmter Daten (technische Löschregeln),
- Verantwortlichkeiten für die Freigabe von Regellöschfristen,

- Verantwortlichkeiten für die Initiierung bzw. Durchführung der Löschung,

- Konkrete Umsetzung, insb. Einbettung in die Unternehmensprozesse und Umfang der Dokumentation,

- Umgang mit Sonderkonstellationen, etwa Beweiserheblichkeit,

- Kontrolle und Durchsetzung der Datenlöschung.

Bei der Erstellung der eigenen Löschkonzepte kann bis zu einem gewissen Grad auf verfügbares Wissen zurückgegriffen werden. Als hilfreich hat sich z. B. eine Leitlinie erwiesen, die 2012 von einer privaten Sicherheitsberatungsfirma als Vorstudie für die Entwicklung einer entsprechenden DIN-Norm erarbeitet wurde („Leitlinie zur Entwicklung eines Löschkonzepts mit Ableitung von Löschfristen für personenbezogene Daten", der letzte Stand vom Februar 2013 ist abrufbar unter https://www.secorvo.de/publikationen/din-leitlinie-loeschkonzept-hammer-schuler-2012.pdf).

→ Datenminimierung.

Meldepflichten *Data Breach Notification*

Die Umsetzung der in den Art. 33 und Art. 34 DSGVO vorgesehenen Informations- und Meldepflichten bei Datenschutzverletzungen (engl.: *breach notification obligations*) erfordern eine systematische Einbettung in die unternehmensinternen Geschäftsprozesse. Vordringlichstes Ziel besteht darin, die Aufsichtsbehörde im Falle von tatsächlichen oder vermuteten Datenverlusten bereits frühzeitig zu informieren und aktiv einzubeziehen. Nur so kann sichergestellt werden, dass die rechtlich durchaus komplexen Voraussetzungen und Anforderungen dieser bußgeldbewehrten Informationspflichten eingehalten werden. Zudem können Datenschützer bei der Sachverhaltsaufklärung wertvolle Unterstützung leisten. Besteht eine Pflicht zur Information von Behörden und/oder betroffenen Personen, müssen vorher aufgesetzte Prozesse greifen und die Einbindung aller betroffenen Interessenträger im Unternehmen sichergestellt werden. Dazu gehört nicht nur die Kommunikationsabteilung, sondern in jedem Fall auch die Rechtsabteilung, unter Umständen das Risikomanagement und – je nach Gestaltung der Governance-Funktionen im Unternehmen – auch noch weitere Fachabteilungen (z. B. Corporate Security oder Business Continuity). In der Praxis beginnt sich die Einrichtung von speziellen Datenschutz-Krisenreaktionsteams (engl.: *Privacy Emergency Response Team (PERT)*) zu etablieren, deren Aufbau, Besetzung und Funktionsweise sich an den klassischen Krisenteams der Informationssicherheit (engl.: *Computer Emergency Response Team (CERT)*) orientiert.

→ Rn. 128 ff.

Anhang 1 Praktiker-Glossar

OECD-(Datenschutz-)Prinzipien *OECD Data Privacy Principles*

Die Organisation für wirtschaftliche Zusammenarbeit und Entwicklung (OECD) entwickelte im Jahre 1980 Prinzipien für den Schutz des Persönlichkeitsbereichs und den grenzüberschreitenden Datenaustausch personenbezogener Daten. Es handelt sich um unverbindliche Empfehlungen, die mangels Verbindlichkeit in der Praxis nur geringe Bedeutung erlangt haben. Zudem gelten sie im Vergleich zur EU-Datenschutzverordnung inhaltlich als überholt. Dennoch werden sie von Konzerndatenschützern immer wieder als Ausgangsbasis für die Gestaltung eigener konzernweiter Datenschutz-Prinzipien herangezogen.

Pretrial Discovery

Die Pretrial Discovery ist ein Beweiserlangungsverfahren aus den USA, bei dem vereinfacht gesagt der (US-amerikanische oder sonstige) Kläger den Beklagten – bevor es zum Prozess gekommen ist – auffordert, ihm Dokumente zu überlassen, die sein Klagebegehren unterstützen. Unabhängig davon, dass Discovery-Verfahren ein bedeutender Bestandteil des US-amerikanischen Prozessrechts sind, besteht für ein betroffenes deutsches Unternehmen zunächst einmal keine zwingende rechtliche Verpflichtung, einem derartigen Gesuch nachzukommen. Deutschland hat das Übereinkommen über die Beweisaufnahme im Ausland in Zivil- oder Handelssachen vom 18. März 1970 (Haager Beweisüberkommen oder HaagBewÜbK) unter Berufung auf Artikel 23 des Übereinkommens ratifiziert. Danach hat jeder Vertragsstaat das Recht, bei der Ratifizierung zu erklären, dass er Rechtshilfeersuche nicht anerkennt, wenn diese „ein Verfahren zum Gegenstand haben, das in den Ländern des ‚Common Law' unter der Bezeichnung ‚pretrial discovery of documents' bekannt ist". Als Konsequenz dieser Erklärung Deutschlands, entsprechen deutsche Gerichte diesbezüglichen Rechtshilfeersuchen aus den USA in der Regel nicht.

Wird eine Pretrial Discovery verweigert, kann dies zum Verlust des Rechtsstreits in den USA führen; es drohen aber auch weitere Sanktionen wie erheblichen Buß- oder Zwangsgelder. Für deutsche Unternehmen, die in den USA tätig sind, spricht daher vieles dafür, einer entsprechenden Aufforderung eines US-Gerichts nachzukommen.

Die Durchführung einer Discovery in Deutschland und Europa ist allerdings mit einer Vielzahl von datenschutzrechtlichen Fragestellungen und nicht unerheblichen Risiken verbunden. Für eine Übermittlung personenbezogener Daten in die USA sind die Art. 44 ff. DSGVO zu beachten, die für die Datenübermittlung ein angemessenes Datenschutzniveau vorschreiben. Aus europäischer Sicht ist ein solches Datenschutzniveau in den USA bislang nicht gewährleistet. Die Datenübermittlung erfordert daher besondere Maßnahmen: Einwilligungen der individuell betroffenen Personen nach Art. 49 Abs. 1 lit. (a) i.V.m. Art. 6 Abs. 1 lit. (a) DSGVO sind in der

Praxis zumeist kein gangbarer Weg. Die Anwendung des Art. 49 Abs. 1 lit. (e) DSGVO, der eine Datenübermittlung insbesondere zur „Geltendmachung, Ausübung oder Verteidigung von Rechtsansprüchen vor Gericht" legitimiert, scheidet ebenfalls häufig aus, weil zumeist weder der Zweckbindungsgrundsatz noch das Erforderlichkeitsprinzip oder die Grundsätze der Datenminimierung nach Art. 5 Abs. 1 lit. (c) DSGVO eingehalten werden können. Die Datenübermittlung kann aber auf Basis der EU-Standard-Vertragsklauseln oder eine Zertifizierung des Klägers und seiner Anwälte nach den Privacy Shield-Prinzipien erfolgen. Auch diese Methoden begegnen jedoch häufig Bedenken. In der Praxis werden die beteiligten Parteien daher meistens versuchen, gemeinsam – unter Beachtung des Datenschutzrechts – einen gangbaren Weg auszuhandeln. Diese Aufgabe wird dabei oftmals dem betrieblichen Datenschutzbeauftragten übertragen.

Privacy by Design – Privacy by Default

„Privacy by Design" bedeutet im Kern „Datenschutz durch Technik". Demnach sollen Datenschutz und Privatsphäre schon bei der Entwicklung von neuen Technik- und Datenverarbeitungsvorgängen beachtet werden. Ziel ist eine möglichst datenschutzfreundliche Gestaltung, d. h. die Grundsätze der Datensparsamkeit und Datenvermeidung sollen bereits in der Planung und Konzeption Berücksichtigung finden. „Privacy by Default" meint hingegen „Datenschutz durch datenschutzfreundliche Voreinstellungen". Der Verantwortliche muss gewährleisten, dass durch die Standardeinstellungen nur die personenbezogenen Daten verarbeitet werden, die für den konkreten Zweck erforderlich sind. Davon betroffen sind etwa der Umfang der erhobenen Daten und ihrer Verarbeitung, ihre Zugänglichkeit, sowie ihre Speicherfrist. Beide Prinzipien sind in Art. 25 DSGVO geregelt. Sie werden sich auf sämtliche Produkte, Prozesse und Systeme in den Unternehmen auswirken und mittelbar auch für die Entwicklung von IT-Verfahren und IT-Produkten Bedeutung haben.

→ Rn. 134.

→ Datenminimierung.

Privacy Shield

Im Februar 2016 haben sich die EU-Kommission und die Vereinigten Staaten auf einen neuen Rahmen für die transatlantische Übermittlung von Daten für kommerzielle Zwecke geeinigt. Dieser Privacy Shield wurde am 12. Juni 2016 in Kraft gesetzt. Das Abkommen stützt sich auf einen Adäquanzbeschluss nach den Art 25, 26 Abs. 4 der europäischen Datenschutzrichtlinie RL 95/46/EG und soll den Schutz der Grundrechte der europäischen Bürger bei der Übermittlung von Daten in die USA gewährleisten. Die bisherige Safe Harbor-Regelung wurde vom EuGH mit Ur-

teil vom 6.10.2015 („Schrems" EuGH, DÖV 2015, 1070) für unwirksam erklärt. Weitere Informationen zum Inhalt und Text des Privacy Shield sind verfügbar unter http://ec.europa.eu/justice/newsroom/data-protection/news/160229_en.html.
→ Rn. 219 ff.
→ Safe Harbor.

Profiling

Unter Profiling versteht die DSGVO jede Art der automatisierten Verarbeitung personenbezogener Daten, die darin besteht, dass diese personenbezogenen Daten verwendet werden, um bestimmte persönliche Aspekte, die sich auf eine natürliche Person beziehen, zu bewerten. Dabei geht es insbesondere darum, Aspekte bezüglich Arbeitsleistung, wirtschaftlicher Lage, Gesundheit, persönlicher Vorlieben, Interessen, Zuverlässigkeit, Verhalten, Aufenthaltsort oder Ortswechsel dieser natürlichen Person zu analysieren oder vorherzusagen, vgl. Art. 4 Nr. 4 DSGVO. Bezogen auf Marketing und Kundenbindungsmaßnahmen wird hierunter aber auch das Datenabbild des Kaufverhaltens eines individuellen Konsumenten verstanden. Die mit dem Kunden durchgeführten Transaktionen werden fortlaufend in einem Datenverarbeitungssystem gespeichert und für Zwecke des Customer-Relationship-Management verwendet. Dies erfolgt durch eine automatisierte Verarbeitung.
→ Rn. 187 ff., 369.

Pseudonymisierung *Pseudonymisation*

Bei der Pseudonymisierung wird der Name oder ein anderes Identifikationsmerkmal durch ein Pseudonym (zumeist eine mehrstellige Buchstaben- oder Zahlenkombination, auch Code genannt) ersetzt, um die Identifizierung der betroffenen Person auszuschließen oder wesentlich zu erschweren. Im Gegensatz zur Anonymisierung bleiben bei der Pseudonymisierung Bezüge verschiedener Datensätze, die auf dieselbe Art pseudonymisiert wurden, erhalten. Die Pseudonymisierung ermöglicht also – unter Zuhilfenahme eines Schlüssels – die Zuordnung von Daten zu einer Person, was ohne diesen Schlüssel nicht oder nur schwer möglich ist, da Daten und Identifikationsmerkmale getrennt sind. Entscheidend ist also, dass eine Zusammenführung von Person und Daten noch möglich ist. Nicht wesentlich erschwert ist andererseits jedoch die Identifikation, wenn als Kennzeichen lediglich Initialen und Geburtsdatum verwendet werden. In der DSGVO kann die Pseudonymisierung etwa bei der Prüfung der Vereinbarkeit einer Zweckänderung als geeignete Garantie einbezogen werden.
→ Rn. 269 ff., 353.
→ Big Data; Anonymisierung.

Safe Harbor

Safe Harbor (englisch für „sicherer Hafen", teilweise auch: Safe Harbor-Abkommen, Safe Harbor-Pakt) ist der Name einer Entscheidung der Europäischen Kommission auf dem Gebiet des Datenschutzrechts aus dem Jahr 2000, aufgrund der es Unternehmen ermöglicht werden sollte, personenbezogene Daten in Übereinstimmung mit der europäischen Datenschutzrichtlinie aus einem Land der Europäischen Union in die USA zu übermitteln. Die Bezeichnung als „Abkommen" rührt daher, dass dieses Vorgehen mit den USA abgesprochen worden war. Die Safe Harbor-Entscheidung ist vom Europäischen Gerichtshof (EuGH) am 6.10.2015 für ungültig erklärt worden („Schrems" EuGH, DÖV 2015, 1070). Neuer Rechtsrahmen für den Datentransfer zwischen der EU und der USA ist nun der sogenannte Privacy Shield.

→ Rn. 210, 219 ff.

→ Privacy Shield.

Scoring

Ein (Kredit-)Score ist ein Zahlenwert auf Basis einer statistischen Analyse, der die Kreditwürdigkeit einer Person repräsentiert. Mit Kreditscoring versuchen Unternehmen die Kreditwürdigkeit von Kunden oder Partnerunternehmen nach einem vorgegebenen Verfahren mehr oder weniger automatisiert zu ermitteln. Scoring unterfällt dem Begriff des Profiling nach der DSGVO und beinhaltet in der Regel eine automatisierte Einzelentscheidung nach Art. 22 DSGVO.

Auf Basis von Kreditnehmer-Merkmalen wie „Kunde seit", „Wohnort", „Beruf", „Sicherheiten" werden Punkte vergeben, diese gewichtet und dann zu einer einzelnen Bonitäts-Note zusammengefasst, um mit diesem Gesamtscore die Kreditvergabe zu erleichtern. Ist die Bonität ausreichend, kann ein Kredit gewährt werden. Scores können allerdings nicht nur zur Kreditentscheidung an sich, sondern auch zur Festlegung von Zinssätzen und Kreditlinien dienen. Motivation ist, Risiken zu vermeiden und auf Basis einer statistisch unterfütterten Methode objektivierte Entscheidungen zu erhalten. Je besser das zugrunde liegende Scoring-Modell die Wirklichkeit abbildet, desto weniger Kreditausfälle wird es geben. Scoring-Modelle und die dort einfließenden Merkmale müssen ständig gepflegt werden. Die konkreten Regeln und Algorithmen einer Punktevergabe und -gewichtung werden „Scorekarte" genannt, nach dem gleichlautenden Begriff aus dem Sport. Es gibt verschiedene Techniken, um geeignete Scorekarten zu entwickeln, wie etwa die Logistische Regression, Diskriminanzanalyse, künstliche neuronale Netze und andere Data-Mining-Methoden.

→ Big Data; Profiling.

Tätigkeitsberichte (der Aufsichtsbehörden) *(DPA) Reports*

Die Tätigkeitsberichte der Aufsichtsbehörden sind für die Datenschutzpraxis extrem wertvolle Quellen. Sie enthalten Antworten auf ganz spezifische Fragen und unterstützen den DSB bei der Auslegung und Interpretation des geltenden Datenschutzrechts durch die Aufsichtsbehörden. Auch wenn aufgrund des föderalen Systems in Deutschland die Sichtweise einer Landesbehörde nicht zwingend von allen anderen geteilt werden muss (und wird), lassen sich aus den Tätigkeitsberichten gleichwohl Anregungen und Interpretationshilfen gewinnen.

Technische und organisatorische Maßnahmen (TOM)
Technical and Organizational (Data) Privacy Controls

Der Begriff der technischen und organisatorischen Maßnahmen fasst die Anforderungen zusammen, die Art. 32 DSGVO mit Blick auf die Datensicherheit aufstellt. Technische und organisatorische Maßnahmen sind Grundelemente einer datenschutzkonformen Organisation des Unternehmens. Sie umfassen die Bereiche Zutrittskontrolle, Zugangskontrolle, Zugriffskontrolle, Weitergabekontrolle, Eingabekontrolle, Auftragskontrolle, Verfügbarkeitskontrolle und die Trennungskontrolle. Die DSGVO verlangt im Gegensatz zum BDSG auch die generelle Berücksichtigung des Stands der Technik. Dieser musste nach der bisherigen Rechtslage nur bei Verschlüsselungsmaßnahmen einbezogen werden. Auch neu ist die erforderliche Berücksichtigung des von dem Datenverarbeitungsverfahren ausgehenden Risikos zur Beeinträchtigung von Persönlichkeits- und Freiheitsrechten bei der Planung und Umsetzung von technischen und organisatorischen Maßnahmen. Die Abschätzung des Risikos ist das Ergebnis einer Datenschutz-Folgenabschätzung. Diese ist vor Inbetriebnahme der Verfahren durchzuführen.

→ Rn. 145 ff.

→ Privacy by Design – Privacy by Default; Datenschutz-Folgenabschätzung.

Verbindliche Unternehmensregeln *Binding Corporate Rules (BCR)*

Verbindliche Unternehmensregeln sind nach Art. 47 DSGVO und den entsprechenden Vorgaben der Artikel-29-Datenschutzgruppe (vgl. Stellungnahmen 154, 153 und 133) in internationalen Konzernen und Unternehmensgruppen eingesetzte Richtlinien, die es ermöglichen, konzernintern personenbezogene Daten unter Einhaltung europäischer Datenschutzgesetze aus der EU in sogenannte Drittstaaten zu exportieren. Dafür muss in Zusammenarbeit mit der für die Unternehmensgruppe primär verantwortlichen Aufsichtsbehörde ein verbindliches Regelwerk erstellt werden, welches ein angemessenes Datenschutzniveau auch in den nicht-europäischen Konzernteilen sicherstellt. Die EU-Kommission hat im April 2013 eine Variante ihrer verbindlichen Unternehmensregelungen vorgestellt, die sich speziell an Auftragsverarbeiter richtet und auch dort einen grenzüberschreitenden Datenverkehr ermöglichen soll (vgl. WP 204). Dieses grundsätzliche Verständnis hat auch unter der DSGVO Geltung. Die Regelungen zu den verbindlichen Unternehmensregeln befinden sich in Art. 47 DSGVO. Demnach stellen nun auch Unternehmensregelungen auf europäischer Ebene eine geeignete Garantie eines ausreichenden Datenschutzniveaus dar. Ein ähnlich gelagertes Kohärenzverfahren ersetzt das bisherige Verfahren der Mutual Recognition. Die Binding Corporate Rules, die durch ein solches Verfahren angenommenen sind, wirken nun gegenüber allen europäischen Datenschutzbehörden. Zudem ist die Übermittlung von Daten nicht mehr von den einzelnen Genehmigungen der Behörden abhängig. Der Anwendungsbereich von Binding Corporate Rules erweitert sich von Unternehmensgruppen auf Auftragsdatenverarbeiter.

→ Rn. 42, 224.

→ Datenübermittlung (grenzüberschreitend).

Vorabkontrolle (früher) *Prior checking*

Der betriebliche Datenschutzbeauftragte hatte nach § 4d Abs. 6 BDSG die Aufgabe, in bestimmten Fällen eine sogenannte Vorabkontrolle durchzuführen. Dies galt insbesondere in den Fällen der Verarbeitung besonders sensitiver Daten oder der Bewertung der Persönlichkeit der betroffenen Person. Mit der DSGVO wird die Vorabkontrolle von der sogenannten Datenschutz-Folgenabschätzung (Art. 35 DSGVO) abgelöst. Ist ein Datenschutzbeauftragter nach Art. 37 DSGVO zu bestellen, ist dieser insbesondere für die Durchführung der Datenschutz-Folgenabschätzung zuständig, vgl. Pflichtenkatalog für den Datenschutzbeauftragten in Art. 39 DSGVO.

→ Datenschutz-Folgenabschätzung.

Anhang 2

Verordnung (EU) 2016/679 des Europäischen Parlaments und des Rates

vom 27. April 2016

zum Schutz natürlicher Personen bei der Verarbeitung personenbezogener Daten, zum freien Datenverkehr und zur Aufhebung der Richtlinie 95/46/EG (Datenschutz-Grundverordnung)

(Text von Bedeutung für den EWR)

DAS EUROPÄISCHE PARLAMENT UND DER RAT DER EUROPÄISCHEN UNION –

gestützt auf den Vertrag über die Arbeitsweise der Europäischen Union, insbesondere auf Artikel 16,

auf Vorschlag der Europäischen Kommission,

nach Zuleitung des Entwurfs des Gesetzgebungsakts an die nationalen Parlamente,

nach Stellungnahme des Europäischen Wirtschafts- und Sozialausschusses[1],

nach Stellungnahme des Ausschusses der Regionen[2],

gemäß dem ordentlichen Gesetzgebungsverfahren[3],

HABEN FOLGENDE VERORDNUNG ERLASSEN:

KAPITEL I
Allgemeine Bestimmungen

Artikel 1
Gegenstand und Ziele

(1) Diese Verordnung enthält Vorschriften zum Schutz natürlicher Personen bei der Verarbeitung personenbezogener Daten und zum freien Verkehr solcher Daten.

---

1 ABl. C 229 vom 31.7.2012, S. 90.
2 ABl. C 391 vom 18.12.2012, S. 127.
3 Standpunkt des Europäischen Parlaments vom 12. März 2014 (noch nicht im Amtsblatt veröffentlicht) und Standpunkt des Rates in erster Lesung vom 8. April 2016 (noch nicht im Amtsblatt veröffentlicht). Standpunkt des Europäischen Parlaments vom 14. April 2016.

(2) Diese Verordnung schützt die Grundrechte und Grundfreiheiten natürlicher Personen und insbesondere deren Recht auf Schutz personenbezogener Daten.

(3) Der freie Verkehr personenbezogener Daten in der Union darf aus Gründen des Schutzes natürlicher Personen bei der Verarbeitung personenbezogener Daten weder eingeschränkt noch verboten werden.

Artikel 2
Sachlicher Anwendungsbereich

(1) Diese Verordnung gilt für die ganz oder teilweise automatisierte Verarbeitung personenbezogener Daten sowie für die nichtautomatisierte Verarbeitung personenbezogener Daten, die in einem Dateisystem gespeichert sind oder gespeichert werden sollen.

(2) Diese Verordnung findet keine Anwendung auf die Verarbeitung personenbezogener Daten

a) im Rahmen einer Tätigkeit, die nicht in den Anwendungsbereich des Unionsrechts fällt,

b) durch die Mitgliedstaaten im Rahmen von Tätigkeiten, die in den Anwendungsbereich von Titel V Kapitel 2 EUV fallen,

c) durch natürliche Personen zur Ausübung ausschließlich persönlicher oder familiärer Tätigkeiten,

d) durch die zuständigen Behörden zum Zwecke der Verhütung, Ermittlung, Aufdeckung oder Verfolgung von Straftaten oder der Strafvollstreckung, einschließlich des Schutzes vor und der Abwehr von Gefahren für die öffentliche Sicherheit.

(3) Für die Verarbeitung personenbezogener Daten durch die Organe, Einrichtungen, Ämter und Agenturen der Union gilt die Verordnung (EG) Nr. 45/2001. Die Verordnung (EG) Nr. 45/2001 und sonstige Rechtsakte der Union, die diese Verarbeitung personenbezogener Daten regeln, werden im Einklang mit Artikel 98 an die Grundsätze und Vorschriften der vorliegenden Verordnung angepasst.

(4) Die vorliegende Verordnung lässt die Anwendung der Richtlinie 2000/31/EG und speziell die Vorschriften der Artikel 12 bis 15 dieser Richtlinie zur Verantwortlichkeit der Vermittler unberührt.

Artikel 3
Räumlicher Anwendungsbereich

(1) Diese Verordnung findet Anwendung auf die Verarbeitung personenbezogener Daten, soweit diese im Rahmen der Tätigkeiten einer Niederlassung eines Verantwortlichen oder eines Auftragsverarbeiters in der Union erfolgt, unabhängig davon, ob die Verarbeitung in der Union stattfindet.

(2) Diese Verordnung findet Anwendung auf die Verarbeitung personenbezogener Daten von betroffenen Personen, die sich in der Union befinden, durch einen nicht in der Union niedergelassenen Verantwortlichen oder Auftragsverarbeiter, wenn die Datenverarbeitung im Zusammenhang damit steht

a) betroffenen Personen in der Union Waren oder Dienstleistungen anzubieten, unabhängig davon, ob von diesen betroffenen Personen eine Zahlung zu leisten ist;

b) das Verhalten betroffener Personen zu beobachten, soweit ihr Verhalten in der Union erfolgt.

(3) Diese Verordnung findet Anwendung auf die Verarbeitung personenbezogener Daten durch einen nicht in der Union niedergelassenen Verantwortlichen an einem Ort, der aufgrund Völkerrechts dem Recht eines Mitgliedstaats unterliegt.

Artikel 4
Begriffsbestimmungen

Im Sinne dieser Verordnung bezeichnet der Ausdruck:

1. „personenbezogene Daten" alle Informationen, die sich auf eine identifizierte oder identifizierbare natürliche Person (im Folgenden „betroffene Person") beziehen; als identifizierbar wird eine natürliche Person angesehen, die direkt oder indirekt, insbesondere mittels Zuordnung zu einer Kennung wie einem Namen, zu einer Kennnummer, zu Standortdaten, zu einer Online-Kennung oder zu einem oder mehreren besonderen Merkmalen, die Ausdruck der physischen, physiologischen, genetischen, psychischen, wirtschaftlichen, kulturellen oder sozialen Identität dieser natürlichen Person sind, identifiziert werden kann;

2. „Verarbeitung" jeden mit oder ohne Hilfe automatisierter Verfahren ausgeführten Vorgang oder jede solche Vorgangsreihe im Zusammenhang mit personenbezogenen Daten wie das Erheben, das Erfassen, die Organisation, das Ordnen, die Speicherung, die Anpassung oder Veränderung, das Auslesen, das Abfragen, die Verwendung, die Offenlegung durch Übermittlung, Verbreitung oder eine andere Form der Bereitstellung, den Abgleich oder die Verknüpfung, die Einschränkung, das Löschen oder die Vernichtung;

3. „Einschränkung der Verarbeitung" die Markierung gespeicherter personenbezogener Daten mit dem Ziel, ihre künftige Verarbeitung einzuschränken;

4. „Profiling" jede Art der automatisierten Verarbeitung personenbezogener Daten, die darin besteht, dass diese personenbezogenen Daten verwendet werden, um bestimmte persönliche Aspekte, die sich auf eine natürliche Person beziehen, zu bewerten, insbesondere um Aspekte bezüglich Arbeitsleistung, wirtschaftliche Lage, Gesundheit, persönliche Vorlieben, Interessen, Zuverlässigkeit, Verhalten, Aufenthaltsort oder Ortswechsel dieser natürlichen Person zu analysieren oder vorherzusagen;

5. „Pseudonymisierung" die Verarbeitung personenbezogener Daten in einer Weise, dass die personenbezogenen Daten ohne Hinzuziehung zusätzlicher Informationen nicht mehr einer spezifischen betroffenen Person zugeordnet werden können, sofern diese zusätzlichen Informationen gesondert aufbewahrt werden und technischen und organisatorischen Maßnahmen unterliegen, die gewährleisten, dass die personenbezogenen Daten nicht einer identifizierten oder identifizierbaren natürlichen Person zugewiesen werden;

6. „Dateisystem" jede strukturierte Sammlung personenbezogener Daten, die nach bestimmten Kriterien zugänglich sind, unabhängig davon, ob diese Sammlung zentral, dezentral oder nach funktionalen oder geografischen Gesichtspunkten geordnet geführt wird;

7. „Verantwortlicher" die natürliche oder juristische Person, Behörde, Einrichtung oder andere Stelle, die allein oder gemeinsam mit anderen über die Zwecke und Mittel der Verarbeitung von personenbezogenen Daten entscheidet; sind die Zwecke und Mittel dieser Verarbeitung durch das Unionsrecht oder das Recht der Mitgliedstaaten vorgegeben, so kann der Verantwortliche beziehungsweise können die bestimmten Kriterien seiner Benennung nach dem Unionsrecht oder dem Recht der Mitgliedstaaten vorgesehen werden;

8. „Auftragsverarbeiter" eine natürliche oder juristische Person, Behörde, Einrichtung oder andere Stelle, die personenbezogene Daten im Auftrag des Verantwortlichen verarbeitet;

9. „Empfänger" eine natürliche oder juristische Person, Behörde, Einrichtung oder andere Stelle, der personenbezogene Daten offengelegt werden, unabhängig davon, ob es sich bei ihr um einen Dritten handelt oder nicht. Behörden, die im Rahmen eines bestimmten Untersuchungsauftrags nach dem Unionsrecht oder dem Recht der Mitgliedstaaten möglicherweise personenbezogene Daten erhalten, gelten jedoch nicht als Empfänger; die Verarbeitung dieser Daten durch die genannten Behörden erfolgt im Einklang mit den geltenden Datenschutzvorschriften gemäß den Zwecken der Verarbeitung;

10. „Dritter" eine natürliche oder juristische Person, Behörde, Einrichtung oder andere Stelle, außer der betroffenen Person, dem Verantwortlichen, dem Auftragsverarbeiter und den Personen, die unter der unmittelbaren Verantwortung des Verantwortlichen oder des Auftragsverarbeiters befugt sind, die personenbezogenen Daten zu verarbeiten;

11. „Einwilligung" der betroffenen Person jede freiwillig für den bestimmten Fall, in informierter Weise und unmissverständlich abgegebene Willensbekundung in Form einer Erklärung oder einer sonstigen eindeutigen bestätigenden Handlung, mit der die betroffene Person zu verstehen gibt, dass sie mit der Verarbeitung der sie betreffenden personenbezogenen Daten einverstanden ist;

12. „Verletzung des Schutzes personenbezogener Daten" eine Verletzung der Sicherheit, die, ob unbeabsichtigt oder unrechtmäßig, zur Vernichtung, zum Verlust, zur Veränderung, oder zur unbefugten Offenlegung von beziehungsweise zum unbefugten Zugang zu personenbezogenen Daten führt, die übermittelt, gespeichert oder auf sonstige Weise verarbeitet wurden;

13. „genetische Daten" personenbezogene Daten zu den ererbten oder erworbenen genetischen Eigenschaften einer natürlichen Person, die eindeutige Informationen über die Physiologie oder die Gesundheit dieser natürlichen Person liefern und insbesondere aus der Analyse einer biologischen Probe der betreffenden natürlichen Person gewonnen wurden;

14. „biometrische Daten" mit speziellen technischen Verfahren gewonnene personenbezogene Daten zu den physischen, physiologischen oder verhaltenstypischen Merkmalen einer natürlichen Person, die die eindeutige Identifizierung dieser natürlichen Person ermöglichen oder bestätigen, wie Gesichtsbilder oder daktyloskopische Daten;

15. „Gesundheitsdaten" personenbezogene Daten, die sich auf die körperliche oder geistige Gesundheit einer natürlichen Person, einschließlich der Erbringung von Gesundheitsdienstleistungen, beziehen und aus denen Informationen über deren Gesundheitszustand hervorgehen;

16. „Hauptniederlassung"

   a) im Falle eines Verantwortlichen mit Niederlassungen in mehr als einem Mitgliedstaat den Ort seiner Hauptverwaltung in der Union, es sei denn, die Entscheidungen hinsichtlich der Zwecke und Mittel der Verarbeitung personenbezogener Daten werden in einer anderen Niederlassung des Verantwortlichen in der Union getroffen und diese Niederlassung ist befugt, diese Entscheidungen umsetzen zu lassen; in diesem Fall gilt die Niederlassung, die derartige Entscheidungen trifft, als Hauptniederlassung;

b) im Falle eines Auftragsverarbeiters mit Niederlassungen in mehr als einem Mitgliedstaat den Ort seiner Hauptverwaltung in der Union oder, sofern der Auftragsverarbeiter keine Hauptverwaltung in der Union hat, die Niederlassung des Auftragsverarbeiters in der Union, in der die Verarbeitungstätigkeiten im Rahmen der Tätigkeiten einer Niederlassung eines Auftragsverarbeiters hauptsächlich stattfinden, soweit der Auftragsverarbeiter spezifischen Pflichten aus dieser Verordnung unterliegt;

17. „Vertreter" eine in der Union niedergelassene natürliche oder juristische Person, die von dem Verantwortlichen oder Auftragsverarbeiter schriftlich gemäß Artikel 27 bestellt wurde und den Verantwortlichen oder Auftragsverarbeiter in Bezug auf die ihnen jeweils nach dieser Verordnung obliegenden Pflichten vertritt;

18. „Unternehmen" eine natürliche und juristische Person, die eine wirtschaftliche Tätigkeit ausübt, unabhängig von ihrer Rechtsform, einschließlich Personengesellschaften oder Vereinigungen, die regelmäßig einer wirtschaftlichen Tätigkeit nachgehen;

19. „Unternehmensgruppe" eine Gruppe, die aus einem herrschenden Unternehmen und den von diesem abhängigen Unternehmen besteht;

20. „verbindliche interne Datenschutzvorschriften" Maßnahmen zum Schutz personenbezogener Daten, zu deren Einhaltung sich ein im Hoheitsgebiet eines Mitgliedstaats niedergelassener Verantwortlicher oder Auftragsverarbeiter verpflichtet im Hinblick auf Datenübermittlungen oder eine Kategorie von Datenübermittlungen personenbezogener Daten an einen Verantwortlichen oder Auftragsverarbeiter derselben Unternehmensgruppe oder derselben Gruppe von Unternehmen, die eine gemeinsame Wirtschaftstätigkeit ausüben, in einem oder mehreren Drittländern;

21. „Aufsichtsbehörde" eine von einem Mitgliedstaat gemäß Artikel 51 eingerichtete unabhängige staatliche Stelle;

22. „betroffene Aufsichtsbehörde" eine Aufsichtsbehörde, die von der Verarbeitung personenbezogener Daten betroffen ist, weil

a) der Verantwortliche oder der Auftragsverarbeiter im Hoheitsgebiet des Mitgliedstaats dieser Aufsichtsbehörde niedergelassen ist,

b) diese Verarbeitung erhebliche Auswirkungen auf betroffene Personen mit Wohnsitz im Mitgliedstaat dieser Aufsichtsbehörde hat oder haben kann oder

c) eine Beschwerde bei dieser Aufsichtsbehörde eingereicht wurde;

23. „grenzüberschreitende Verarbeitung" entweder

a) eine Verarbeitung personenbezogener Daten, die im Rahmen der Tätigkeiten von Niederlassungen eines Verantwortlichen oder eines Auftragsverarbeiters in der Union in mehr als einem Mitgliedstaat erfolgt, wenn der Verantwortliche oder Auftragsverarbeiter in mehr als einem Mitgliedstaat niedergelassen ist, oder

b) eine Verarbeitung personenbezogener Daten, die im Rahmen der Tätigkeiten einer einzelnen Niederlassung eines Verantwortlichen oder eines Auftragsverarbeiters in der Union erfolgt, die jedoch erhebliche Auswirkungen auf betroffene Personen in mehr als einem Mitgliedstaat hat oder haben kann;

24. „maßgeblicher und begründeter Einspruch" einen Einspruch gegen einen Beschlussentwurf im Hinblick darauf, ob ein Verstoß gegen diese Verordnung vorliegt oder ob beabsichtigte Maßnahmen gegen den Verantwortlichen oder den Auftragsverarbeiter im Einklang mit dieser Verordnung steht, wobei aus diesem Einspruch die Tragweite der Risiken klar hervorgeht, die von dem Beschlussentwurf in Bezug auf die Grundrechte und Grundfreiheiten der betroffenen Personen und gegebenenfalls den freien Verkehr personenbezogener Daten in der Union ausgehen;

25. „Dienst der Informationsgesellschaft" eine Dienstleistung im Sinne des Artikels 1 Nummer 1 Buchstabe b der Richtlinie (EU) 2015/1535 des Europäischen Parlaments und des Rates[4];

26. „internationale Organisation" eine völkerrechtliche Organisation und ihre nachgeordneten Stellen oder jede sonstige Einrichtung, die durch eine zwischen zwei oder mehr Ländern geschlossene Übereinkunft oder auf der Grundlage einer solchen Übereinkunft geschaffen wurde.

KAPITEL II
Grundsätze

Artikel 5
Grundsätze für die Verarbeitung personenbezogener Daten

(1) Personenbezogene Daten müssen

a) auf rechtmäßige Weise, nach Treu und Glauben und in einer für die betroffene Person nachvollziehbaren Weise verarbeitet werden („Rechtmäßigkeit, Verarbeitung nach Treu und Glauben, Transparenz");

b) für festgelegte, eindeutige und legitime Zwecke erhoben werden und dürfen nicht in einer mit diesen Zwecken nicht zu vereinbarenden Weise weiterverarbeitet werden; eine Weiterverarbeitung für im öffentlichen Interesse liegende

---

4 Richtlinie (EU) 2015/1535 des Europäischen Parlaments und des Rates vom 9. September 2015 über ein Informationsverfahren auf dem Gebiet der technischen Vorschriften und der Vorschriften für die Dienste der Informationsgesellschaft (ABl. L 241 vom 17.9.2015, S. 1).

Archivzwecke, für wissenschaftliche oder historische Forschungszwecke oder für statistische Zwecke gilt gemäß Artikel 89 Absatz 1 nicht als unvereinbar mit den ursprünglichen Zwecken („Zweckbindung");

c) dem Zweck angemessen und erheblich sowie auf das für die Zwecke der Verarbeitung notwendige Maß beschränkt sein („Datenminimierung");

d) sachlich richtig und erforderlichenfalls auf dem neuesten Stand sein; es sind alle angemessenen Maßnahmen zu treffen, damit personenbezogene Daten, die im Hinblick auf die Zwecke ihrer Verarbeitung unrichtig sind, unverzüglich gelöscht oder berichtigt werden („Richtigkeit");

e) in einer Form gespeichert werden, die die Identifizierung der betroffenen Personen nur so lange ermöglicht, wie es für die Zwecke, für die sie verarbeitet werden, erforderlich ist; personenbezogene Daten dürfen länger gespeichert werden, soweit die personenbezogenen Daten vorbehaltlich der Durchführung geeigneter technischer und organisatorischer Maßnahmen, die von dieser Verordnung zum Schutz der Rechte und Freiheiten der betroffenen Person gefordert werden, ausschließlich für im öffentlichen Interesse liegende Archivzwecke oder für wissenschaftliche und historische Forschungszwecke oder für statistische Zwecke gemäß Artikel 89 Absatz 1 verarbeitet werden („Speicherbegrenzung");

f) in einer Weise verarbeitet werden, die eine angemessene Sicherheit der personenbezogenen Daten gewährleistet, einschließlich Schutz vor unbefugter oder unrechtmäßiger Verarbeitung und vor unbeabsichtigtem Verlust, unbeabsichtigter Zerstörung oder unbeabsichtigter Schädigung durch geeignete technische und organisatorische Maßnahmen („Integrität und Vertraulichkeit");

(2) Der Verantwortliche ist für die Einhaltung des Absatzes 1 verantwortlich und muss dessen Einhaltung nachweisen können („Rechenschaftspflicht").

Artikel 6
Rechtmäßigkeit der Verarbeitung

(1) Die Verarbeitung ist nur rechtmäßig, wenn mindestens eine der nachstehenden Bedingungen erfüllt ist:

a) Die betroffene Person hat ihre Einwilligung zu der Verarbeitung der sie betreffenden personenbezogenen Daten für einen oder mehrere bestimmte Zwecke gegeben;

b) die Verarbeitung ist für die Erfüllung eines Vertrags, dessen Vertragspartei die betroffene Person ist, oder zur Durchführung vorvertraglicher Maßnahmen erforderlich, die auf Anfrage der betroffenen Person erfolgen;

c) die Verarbeitung ist zur Erfüllung einer rechtlichen Verpflichtung erforderlich, der der Verantwortliche unterliegt;

d) die Verarbeitung ist erforderlich, um lebenswichtige Interessen der betroffenen Person oder einer anderen natürlichen Person zu schützen;

e) die Verarbeitung ist für die Wahrnehmung einer Aufgabe erforderlich, die im öffentlichen Interesse liegt oder in Ausübung öffentlicher Gewalt erfolgt, die dem Verantwortlichen übertragen wurde;

f) die Verarbeitung ist zur Wahrung der berechtigten Interessen des Verantwortlichen oder eines Dritten erforderlich, sofern nicht die Interessen oder Grundrechte und Grundfreiheiten der betroffenen Person, die den Schutz personenbezogener Daten erfordern, überwiegen, insbesondere dann, wenn es sich bei der betroffenen Person um ein Kind handelt.

Unterabsatz 1 Buchstabe f gilt nicht für die von Behörden in Erfüllung ihrer Aufgaben vorgenommene Verarbeitung.

(2) Die Mitgliedstaaten können spezifischere Bestimmungen zur Anpassung der Anwendung der Vorschriften dieser Verordnung in Bezug auf die Verarbeitung zur Erfüllung von Absatz 1 Buchstaben c und e beibehalten oder einführen, indem sie spezifische Anforderungen für die Verarbeitung sowie sonstige Maßnahmen präziser bestimmen, um eine rechtmäßig und nach Treu und Glauben erfolgende Verarbeitung zu gewährleisten, einschließlich für andere besondere Verarbeitungssituationen gemäß Kapitel IX.

(3) Die Rechtsgrundlage für die Verarbeitungen gemäß Absatz 1 Buchstaben c und e wird festgelegt durch

a) Unionsrecht oder

b) das Recht der Mitgliedstaaten, dem der Verantwortliche unterliegt.

Der Zweck der Verarbeitung muss in dieser Rechtsgrundlage festgelegt oder hinsichtlich der Verarbeitung gemäß Absatz 1 Buchstabe e für die Erfüllung einer Aufgabe erforderlich sein, die im öffentlichen Interesse liegt oder in Ausübung öffentlicher Gewalt erfolgt, die dem Verantwortlichen übertragen wurde. Diese Rechtsgrundlage kann spezifische Bestimmungen zur Anpassung der Anwendung der Vorschriften dieser Verordnung enthalten, unter anderem Bestimmungen darüber, welche allgemeinen Bedingungen für die Regelung der Rechtmäßigkeit der Verarbeitung durch den Verantwortlichen gelten, welche Arten von Daten verarbeitet werden, welche Personen betroffen sind, an welche Einrichtungen und für welche Zwecke die personenbezogenen Daten offengelegt werden dürfen, welcher Zweckbindung sie unterliegen, wie lange sie gespeichert werden dürfen und welche Verarbeitungsvorgänge und -verfahren angewandt werden dürfen, einschließlich Maßnahmen zur Gewährleistung einer rechtmäßig und nach Treu und Glauben erfolgenden Verarbeitung, wie solche für sonstige besondere Verarbeitungssituationen gemäß Kapitel IX. Das Unionsrecht oder das Recht der Mitgliedstaaten müssen ein im öffentlichen Interesse liegendes Ziel verfolgen und in einem angemessenen Verhältnis zu dem verfolgten legitimen Zweck stehen.

(4) Beruht die Verarbeitung zu einem anderen Zweck als zu demjenigen, zu dem die personenbezogenen Daten erhoben wurden, nicht auf der Einwilligung der betroffenen Person oder auf einer Rechtsvorschrift der Union oder der Mitgliedstaaten, die in einer demokratischen Gesellschaft eine notwendige und verhältnismäßige Maßnahme zum Schutz der in Artikel 23 Absatz 1 genannten Ziele darstellt, so berücksichtigt der Verantwortliche – um festzustellen, ob die Verarbeitung zu einem anderen Zweck mit demjenigen, zu dem die personenbezogenen Daten ursprünglich erhoben wurden, vereinbar ist – unter anderem

a) jede Verbindung zwischen den Zwecken, für die die personenbezogenen Daten erhoben wurden, und den Zwecken der beabsichtigten Weiterverarbeitung,

b) den Zusammenhang, in dem die personenbezogenen Daten erhoben wurden, insbesondere hinsichtlich des Verhältnisses zwischen den betroffenen Personen und dem Verantwortlichen,

c) die Art der personenbezogenen Daten, insbesondere ob besondere Kategorien personenbezogener Daten gemäß Artikel 9 verarbeitet werden oder ob personenbezogene Daten über strafrechtliche Verurteilungen und Straftaten gemäß Artikel 10 verarbeitet werden,

d) die möglichen Folgen der beabsichtigten Weiterverarbeitung für die betroffenen Personen,

e) das Vorhandensein geeigneter Garantien, wozu Verschlüsselung oder Pseudonymisierung gehören kann.

Artikel 7
Bedingungen für die Einwilligung

(1) Beruht die Verarbeitung auf einer Einwilligung, muss der Verantwortliche nachweisen können, dass die betroffene Person in die Verarbeitung ihrer personenbezogenen Daten eingewilligt hat.

(2) Erfolgt die Einwilligung der betroffenen Person durch eine schriftliche Erklärung, die noch andere Sachverhalte betrifft, so muss das Ersuchen um Einwilligung in verständlicher und leicht zugänglicher Form in einer klaren und einfachen Sprache so erfolgen, dass es von den anderen Sachverhalten klar zu unterscheiden ist. Teile der Erklärung sind dann nicht verbindlich, wenn sie einen Verstoß gegen diese Verordnung darstellen.

(3) Die betroffene Person hat das Recht, ihre Einwilligung jederzeit zu widerrufen. Durch den Widerruf der Einwilligung wird die Rechtmäßigkeit der aufgrund der Einwilligung bis zum Widerruf erfolgten Verarbeitung nicht berührt. Die betroffene Person wird vor Abgabe der Einwilligung hiervon in Kenntnis gesetzt. Der Widerruf der Einwilligung muss so einfach wie die Erteilung der Einwilligung sein.

(4) Bei der Beurteilung, ob die Einwilligung freiwillig erteilt wurde, muss dem Umstand in größtmöglichem Umfang Rechnung getragen werden, ob unter anderem die Erfüllung eines Vertrags, einschließlich der Erbringung einer Dienstleistung, von der Einwilligung zu einer Verarbeitung von personenbezogenen Daten abhängig ist, die für die Erfüllung des Vertrags nicht erforderlich sind.

Artikel 8
Bedingungen für die Einwilligung eines Kindes in Bezug auf Dienste der Informationsgesellschaft

(1) Gilt Artikel 6 Absatz 1 Buchstabe a bei einem Angebot von Diensten der Informationsgesellschaft, das einem Kind direkt gemacht wird, so ist die Verarbeitung der personenbezogenen Daten des Kindes rechtmäßig, wenn das Kind das sechzehnte Lebensjahr vollendet hat. Hat das Kind noch nicht das sechzehnte Lebensjahr vollendet, so ist diese Verarbeitung nur rechtmäßig, sofern und soweit diese Einwilligung durch den Träger der elterlichen Verantwortung für das Kind oder mit dessen Zustimmung erteilt wird.

Die Mitgliedstaaten können durch Rechtsvorschriften zu diesen Zwecken eine niedrigere Altersgrenze vorsehen, die jedoch nicht unter dem vollendeten dreizehnten Lebensjahr liegen darf.

(2) Der Verantwortliche unternimmt unter Berücksichtigung der verfügbaren Technik angemessene Anstrengungen, um sich in solchen Fällen zu vergewissern, dass die Einwilligung durch den Träger der elterlichen Verantwortung für das Kind oder mit dessen Zustimmung erteilt wurde.

(3) Absatz 1 lässt das allgemeine Vertragsrecht der Mitgliedstaaten, wie etwa die Vorschriften zur Gültigkeit, zum Zustandekommen oder zu den Rechtsfolgen eines Vertrags in Bezug auf ein Kind, unberührt.

Artikel 9
Verarbeitung besonderer Kategorien personenbezogener Daten

(1) Die Verarbeitung personenbezogener Daten, aus denen die rassische und ethnische Herkunft, politische Meinungen, religiöse oder weltanschauliche Überzeugungen oder die Gewerkschaftszugehörigkeit hervorgehen, sowie die Verarbeitung von

genetischen Daten, biometrischen Daten zur eindeutigen Identifizierung einer natürlichen Person, Gesundheitsdaten oder Daten zum Sexualleben oder der sexuellen Orientierung einer natürlichen Person ist untersagt.

(2) Absatz 1 gilt nicht in folgenden Fällen:

a) Die betroffene Person hat in die Verarbeitung der genannten personenbezogenen Daten für einen oder mehrere festgelegte Zwecke ausdrücklich eingewilligt, es sei denn, nach Unionsrecht oder dem Recht der Mitgliedstaaten kann das Verbot nach Absatz 1 durch die Einwilligung der betroffenen Person nicht aufgehoben werden,

b) die Verarbeitung ist erforderlich, damit der Verantwortliche oder die betroffene Person die ihm bzw. ihr aus dem Arbeitsrecht und dem Recht der sozialen Sicherheit und des Sozialschutzes erwachsenden Rechte ausüben und seinen bzw. ihren diesbezüglichen Pflichten nachkommen kann, soweit dies nach Unionsrecht oder dem Recht der Mitgliedstaaten oder einer Kollektivvereinbarung nach dem Recht der Mitgliedstaaten, das geeignete Garantien für die Grundrechte und die Interessen der betroffenen Person vorsieht, zulässig ist,

c) die Verarbeitung ist zum Schutz lebenswichtiger Interessen der betroffenen Person oder einer anderen natürlichen Person erforderlich und die betroffene Person ist aus körperlichen oder rechtlichen Gründen außerstande, ihre Einwilligung zu geben,

d) die Verarbeitung erfolgt auf der Grundlage geeigneter Garantien durch eine politisch, weltanschaulich, religiös oder gewerkschaftlich ausgerichtete Stiftung, Vereinigung oder sonstige Organisation ohne Gewinnerzielungsabsicht im Rahmen ihrer rechtmäßigen Tätigkeiten und unter der Voraussetzung, dass sich die Verarbeitung ausschließlich auf die Mitglieder oder ehemalige Mitglieder der Organisation oder auf Personen, die im Zusammenhang mit deren Tätigkeitszweck regelmäßige Kontakte mit ihr unterhalten, bezieht und die personenbezogenen Daten nicht ohne Einwilligung der betroffenen Personen nach außen offengelegt werden,

e) die Verarbeitung bezieht sich auf personenbezogene Daten, die die betroffene Person offensichtlich öffentlich gemacht hat,

f) die Verarbeitung ist zur Geltendmachung, Ausübung oder Verteidigung von Rechtsansprüchen oder bei Handlungen der Gerichte im Rahmen ihrer justiziellen Tätigkeit erforderlich,

g) die Verarbeitung ist auf der Grundlage des Unionsrechts oder des Rechts eines Mitgliedstaats, das in angemessenem Verhältnis zu dem verfolgten Ziel steht, den Wesensgehalt des Rechts auf Datenschutz wahrt und angemessene und spezifische Maßnahmen zur Wahrung der Grundrechte und Interessen der betroffenen Person vorsieht, aus Gründen eines erheblichen öffentlichen Interesses erforderlich,

h) die Verarbeitung ist für Zwecke der Gesundheitsvorsorge oder der Arbeitsmedizin, für die Beurteilung der Arbeitsfähigkeit des Beschäftigten, für die medizinische Diagnostik, die Versorgung oder Behandlung im Gesundheits- oder Sozialbereich oder für die Verwaltung von Systemen und Diensten im Gesundheits- oder Sozialbereich auf der Grundlage des Unionsrechts oder des Rechts eines Mitgliedstaats oder aufgrund eines Vertrags mit einem Angehörigen eines Gesundheitsberufs und vorbehaltlich der in Absatz 3 genannten Bedingungen und Garantien erforderlich,

i) die Verarbeitung ist aus Gründen des öffentlichen Interesses im Bereich der öffentlichen Gesundheit, wie dem Schutz vor schwerwiegenden grenzüberschreitenden Gesundheitsgefahren oder zur Gewährleistung hoher Qualitäts- und Sicherheitsstandards bei der Gesundheitsversorgung und bei Arzneimitteln und Medizinprodukten, auf der Grundlage des Unionsrechts oder des Rechts eines Mitgliedstaats, das angemessene und spezifische Maßnahmen zur Wahrung der Rechte und Freiheiten der betroffenen Person, insbesondere des Berufsgeheimnisses, vorsieht, erforderlich, oder

j) die Verarbeitung ist auf der Grundlage des Unionsrechts oder des Rechts eines Mitgliedstaats, das in angemessenem Verhältnis zu dem verfolgten Ziel steht, den Wesensgehalt des Rechts auf Datenschutz wahrt und angemessene und spezifische Maßnahmen zur Wahrung der Grundrechte und Interessen der betroffenen Person vorsieht, für im öffentlichen Interesse liegende Archivzwecke, für wissenschaftliche oder historische Forschungszwecke oder für statistische Zwecke gemäß Artikel 89 Absatz 1 erforderlich.

(3) Die in Absatz 1 genannten personenbezogenen Daten dürfen zu den in Absatz 2 Buchstabe h genannten Zwecken verarbeitet werden, wenn diese Daten von Fachpersonal oder unter dessen Verantwortung verarbeitet werden und dieses Fachpersonal nach dem Unionsrecht oder dem Recht eines Mitgliedstaats oder den Vorschriften nationaler zuständiger Stellen dem Berufsgeheimnis unterliegt, oder wenn die Verarbeitung durch eine andere Person erfolgt, die ebenfalls nach dem Unionsrecht oder dem Recht eines Mitgliedstaats oder den Vorschriften nationaler zuständiger Stellen einer Geheimhaltungspflicht unterliegt.

(4) Die Mitgliedstaaten können zusätzliche Bedingungen, einschließlich Beschränkungen, einführen oder aufrechterhalten, soweit die Verarbeitung von genetischen, biometrischen oder Gesundheitsdaten betroffen ist.

Artikel 10
Verarbeitung von personenbezogenen Daten über strafrechtliche Verurteilungen und Straftaten

Die Verarbeitung personenbezogener Daten über strafrechtliche Verurteilungen und Straftaten oder damit zusammenhängende Sicherungsmaßregeln aufgrund von Artikel 6 Absatz 1 darf nur unter behördlicher Aufsicht vorgenommen werden oder wenn dies nach dem Unionsrecht oder dem Recht der Mitgliedstaaten, das geeignete Garantien für die Rechte und Freiheiten der betroffenen Personen vorsieht, zulässig ist. Ein umfassendes Register der strafrechtlichen Verurteilungen darf nur unter behördlicher Aufsicht geführt werden.

Artikel 11
Verarbeitung, für die eine Identifizierung der betroffenen Person nicht erforderlich ist

(1) Ist für die Zwecke, für die ein Verantwortlicher personenbezogene Daten verarbeitet, die Identifizierung der betroffenen Person durch den Verantwortlichen nicht oder nicht mehr erforderlich, so ist dieser nicht verpflichtet, zur bloßen Einhaltung dieser Verordnung zusätzliche Informationen aufzubewahren, einzuholen oder zu verarbeiten, um die betroffene Person zu identifizieren.

(2) Kann der Verantwortliche in Fällen gemäß Absatz 1 des vorliegenden Artikels nachweisen, dass er nicht in der Lage ist, die betroffene Person zu identifizieren, so unterrichtet er die betroffene Person hierüber, sofern möglich. In diesen Fällen finden die Artikel 15 bis 20 keine Anwendung, es sei denn, die betroffene Person stellt zur Ausübung ihrer in diesen Artikeln niedergelegten Rechte zusätzliche Informationen bereit, die ihre Identifizierung ermöglichen.

KAPITEL III
Rechte der betroffenen Person

Abschnitt 1
Transparenz und Modalitäten

Artikel 12
Transparente Information, Kommunikation und Modalitäten für die Ausübung der Rechte der betroffenen Person

(1) Der Verantwortliche trifft geeignete Maßnahmen, um der betroffenen Person alle Informationen gemäß den Artikeln 13 und 14 und alle Mitteilungen gemäß den Artikeln 15 bis 22 und Artikel 34, die sich auf die Verarbeitung beziehen, in präziser,

transparenter, verständlicher und leicht zugänglicher Form in einer klaren und einfachen Sprache zu übermitteln; dies gilt insbesondere für Informationen, die sich speziell an Kinder richten. Die Übermittlung der Informationen erfolgt schriftlich oder in anderer Form, gegebenenfalls auch elektronisch. Falls von der betroffenen Person verlangt, kann die Information mündlich erteilt werden, sofern die Identität der betroffenen Person in anderer Form nachgewiesen wurde.

(2) Der Verantwortliche erleichtert der betroffenen Person die Ausübung ihrer Rechte gemäß den Artikeln 15 bis 22. In den in Artikel 11 Absatz 2 genannten Fällen darf sich der Verantwortliche nur dann weigern, aufgrund des Antrags der betroffenen Person auf Wahrnehmung ihrer Rechte gemäß den Artikeln 15 bis 22 tätig zu werden, wenn er glaubhaft macht, dass er nicht in der Lage ist, die betroffene Person zu identifizieren.

(3) Der Verantwortliche stellt der betroffenen Person Informationen über die auf Antrag gemäß den Artikeln 15 bis 22 ergriffenen Maßnahmen unverzüglich, in jedem Fall aber innerhalb eines Monats nach Eingang des Antrags zur Verfügung. Diese Frist kann um weitere zwei Monate verlängert werden, wenn dies unter Berücksichtigung der Komplexität und der Anzahl von Anträgen erforderlich ist. Der Verantwortliche unterrichtet die betroffene Person innerhalb eines Monats nach Eingang des Antrags über eine Fristverlängerung, zusammen mit den Gründen für die Verzögerung. Stellt die betroffene Person den Antrag elektronisch, so ist sie nach Möglichkeit auf elektronischem Weg zu unterrichten, sofern sie nichts anderes angibt.

(4) Wird der Verantwortliche auf den Antrag der betroffenen Person hin nicht tätig, so unterrichtet er die betroffene Person ohne Verzögerung, spätestens aber innerhalb eines Monats nach Eingang des Antrags über die Gründe hierfür und über die Möglichkeit, bei einer Aufsichtsbehörde Beschwerde einzulegen oder einen gerichtlichen Rechtsbehelf einzulegen.

(5) Informationen gemäß den Artikeln 13 und 14 sowie alle Mitteilungen und Maßnahmen gemäß den Artikeln 15 bis 22 und Artikel 34 werden unentgeltlich zur Verfügung gestellt. Bei offenkundig unbegründeten oder – insbesondere im Fall von häufiger Wiederholung – exzessiven Anträgen einer betroffenen Person kann der Verantwortliche entweder

a) ein angemessenes Entgelt verlangen, bei dem die Verwaltungskosten für die Unterrichtung oder die Mitteilung oder die Durchführung der beantragten Maßnahme berücksichtigt werden, oder

b) sich weigern, aufgrund des Antrags tätig zu werden.

Der Verantwortliche hat den Nachweis für den offenkundig unbegründeten oder exzessiven Charakter des Antrags zu erbringen.

(6) Hat der Verantwortliche begründete Zweifel an der Identität der natürlichen Person, die den Antrag gemäß den Artikeln 15 bis 21 stellt, so kann er unbeschadet des Artikels 11 zusätzliche Informationen anfordern, die zur Bestätigung der Identität der betroffenen Person erforderlich sind.

(7) Die Informationen, die den betroffenen Personen gemäß den Artikeln 13 und 14 bereitzustellen sind, können in Kombination mit standardisierten Bildsymbolen bereitgestellt werden, um in leicht wahrnehmbarer, verständlicher und klar nachvollziehbarer Form einen aussagekräftigen Überblick über die beabsichtigte Verarbeitung zu vermitteln. Werden die Bildsymbole in elektronischer Form dargestellt, müssen sie maschinenlesbar sein.

(8) Der Kommission wird die Befugnis übertragen, gemäß Artikel 92 delegierte Rechtsakte zur Bestimmung der Informationen, die durch Bildsymbole darzustellen sind, und der Verfahren für die Bereitstellung standardisierter Bildsymbole zu erlassen.

Abschnitt 2
Informationspflicht und Recht auf Auskunft zu personenbezogenen Daten

Artikel 13
Informationspflicht bei Erhebung von personenbezogenen Daten bei der betroffenen Person

(1) Werden personenbezogene Daten bei der betroffenen Person erhoben, so teilt der Verantwortliche der betroffenen Person zum Zeitpunkt der Erhebung dieser Daten Folgendes mit:

a) den Namen und die Kontaktdaten des Verantwortlichen sowie gegebenenfalls seines Vertreters;

b) gegebenenfalls die Kontaktdaten des Datenschutzbeauftragten;

c) die Zwecke, für die die personenbezogenen Daten verarbeitet werden sollen, sowie die Rechtsgrundlage für die Verarbeitung;

d) wenn die Verarbeitung auf Artikel 6 Absatz 1 Buchstabe f beruht, die berechtigten Interessen, die von dem Verantwortlichen oder einem Dritten verfolgt werden;

e) gegebenenfalls die Empfänger oder Kategorien von Empfängern der personenbezogenen Daten und

f) gegebenenfalls die Absicht des Verantwortlichen, die personenbezogenen Daten an ein Drittland oder eine internationale Organisation zu übermitteln, sowie das Vorhandensein oder das Fehlen eines Angemessenheitsbeschlusses der Kommission oder im Falle von Übermittlungen gemäß Artikel 46 oder Artikel 47 oder Artikel 49 Absatz 1 Unterabsatz 2 einen Verweis auf die geeigneten oder angemessenen Garantien und die Möglichkeit, wie eine Kopie von ihnen zu erhalten ist, oder wo sie verfügbar sind.

(2) Zusätzlich zu den Informationen gemäß Absatz 1 stellt der Verantwortliche der betroffenen Person zum Zeitpunkt der Erhebung dieser Daten folgende weitere Informationen zur Verfügung, die notwendig sind, um eine faire und transparente Verarbeitung zu gewährleisten:

a) die Dauer, für die die personenbezogenen Daten gespeichert werden oder, falls dies nicht möglich ist, die Kriterien für die Festlegung dieser Dauer;

b) das Bestehen eines Rechts auf Auskunft seitens des Verantwortlichen über die betreffenden personenbezogenen Daten sowie auf Berichtigung oder Löschung oder auf Einschränkung der Verarbeitung oder eines Widerspruchsrechts gegen die Verarbeitung sowie des Rechts auf Datenübertragbarkeit;

c) wenn die Verarbeitung auf Artikel 6 Absatz 1 Buchstabe a oder Artikel 9 Absatz 2 Buchstabe a beruht, das Bestehen eines Rechts, die Einwilligung jederzeit zu widerrufen, ohne dass die Rechtmäßigkeit der aufgrund der Einwilligung bis zum Widerruf erfolgten Verarbeitung berührt wird;

d) das Bestehen eines Beschwerderechts bei einer Aufsichtsbehörde;

e) ob die Bereitstellung der personenbezogenen Daten gesetzlich oder vertraglich vorgeschrieben oder für einen Vertragsabschluss erforderlich ist, ob die betroffene Person verpflichtet ist, die personenbezogenen Daten bereitzustellen, und welche mögliche Folgen die Nichtbereitstellung hätte und

f) das Bestehen einer automatisierten Entscheidungsfindung einschließlich Profiling gemäß Artikel 22 Absätze 1 und 4 und – zumindest in diesen Fällen – aussagekräftige Informationen über die involvierte Logik sowie die Tragweite und die angestrebten Auswirkungen einer derartigen Verarbeitung für die betroffene Person.

(3) Beabsichtigt der Verantwortliche, die personenbezogenen Daten für einen anderen Zweck weiterzuverarbeiten als den, für den die personenbezogenen Daten erhoben wurden, so stellt er der betroffenen Person vor dieser Weiterverarbeitung Informationen über diesen anderen Zweck und alle anderen maßgeblichen Informationen gemäß Absatz 2 zur Verfügung.

(4) Die Absätze 1, 2 und 3 finden keine Anwendung, wenn und soweit die betroffene Person bereits über die Informationen verfügt.

Artikel 14
Informationspflicht, wenn die personenbezogenen Daten nicht bei der betroffenen Person erhoben wurden

(1) Werden personenbezogene Daten nicht bei der betroffenen Person erhoben, so teilt der Verantwortliche der betroffenen Person Folgendes mit:

a) den Namen und die Kontaktdaten des Verantwortlichen sowie gegebenenfalls seines Vertreters;

b) zusätzlich die Kontaktdaten des Datenschutzbeauftragten;

c) die Zwecke, für die die personenbezogenen Daten verarbeitet werden sollen, sowie die Rechtsgrundlage für die Verarbeitung;

d) die Kategorien personenbezogener Daten, die verarbeitet werden;

e) gegebenenfalls die Empfänger oder Kategorien von Empfängern der personenbezogenen Daten;

f) gegebenenfalls die Absicht des Verantwortlichen, die personenbezogenen Daten an einen Empfänger in einem Drittland oder einer internationalen Organisation zu übermitteln, sowie das Vorhandensein oder das Fehlen eines Angemessenheitsbeschlusses der Kommission oder im Falle von Übermittlungen gemäß Artikel 46 oder Artikel 47 oder Artikel 49 Absatz 1 Unterabsatz 2 einen Verweis auf die geeigneten oder angemessenen Garantien und die Möglichkeit, eine Kopie von ihnen zu erhalten, oder wo sie verfügbar sind.

(2) Zusätzlich zu den Informationen gemäß Absatz 1 stellt der Verantwortliche der betroffenen Person die folgenden Informationen zur Verfügung, die erforderlich sind, um der betroffenen Person gegenüber eine faire und transparente Verarbeitung zu gewährleisten:

a) die Dauer, für die die personenbezogenen Daten gespeichert werden oder, falls dies nicht möglich ist, die Kriterien für die Festlegung dieser Dauer;

b) wenn die Verarbeitung auf Artikel 6 Absatz 1 Buchstabe f beruht, die berechtigten Interessen, die von dem Verantwortlichen oder einem Dritten verfolgt werden;

c) das Bestehen eines Rechts auf Auskunft seitens des Verantwortlichen über die betreffenden personenbezogenen Daten sowie auf Berichtigung oder Löschung oder auf Einschränkung der Verarbeitung und eines Widerspruchsrechts gegen die Verarbeitung sowie des Rechts auf Datenübertragbarkeit;

d) wenn die Verarbeitung auf Artikel 6 Absatz 1 Buchstabe a oder Artikel 9 Absatz 2 Buchstabe a beruht, das Bestehen eines Rechts, die Einwilligung jederzeit zu widerrufen, ohne dass die Rechtmäßigkeit der aufgrund der Einwilligung bis zum Widerruf erfolgten Verarbeitung berührt wird;

e) das Bestehen eines Beschwerderechts bei einer Aufsichtsbehörde;

f) aus welcher Quelle die personenbezogenen Daten stammen und gegebenenfalls ob sie aus öffentlich zugänglichen Quellen stammen;

g) das Bestehen einer automatisierten Entscheidungsfindung einschließlich Profiling gemäß Artikel 22 Absätze 1 und 4 und – zumindest in diesen Fällen – aussagekräftige Informationen über die involvierte Logik sowie die Tragweite und die angestrebten Auswirkungen einer derartigen Verarbeitung für die betroffene Person.

(3) Der Verantwortliche erteilt die Informationen gemäß den Absätzen 1 und 2

a) unter Berücksichtigung der spezifischen Umstände der Verarbeitung der personenbezogenen Daten innerhalb einer angemessenen Frist nach Erlangung der personenbezogenen Daten, längstens jedoch innerhalb eines Monats,

b) falls die personenbezogenen Daten zur Kommunikation mit der betroffenen Person verwendet werden sollen, spätestens zum Zeitpunkt der ersten Mitteilung an sie, oder,

c) falls die Offenlegung an einen anderen Empfänger beabsichtigt ist, spätestens zum Zeitpunkt der ersten Offenlegung.

(4) Beabsichtigt der Verantwortliche, die personenbezogenen Daten für einen anderen Zweck weiterzuverarbeiten als den, für den die personenbezogenen Daten erlangt wurden, so stellt er der betroffenen Person vor dieser Weiterverarbeitung Informationen über diesen anderen Zweck und alle anderen maßgeblichen Informationen gemäß Absatz 2 zur Verfügung.

(5) Die Absätze 1 bis 4 finden keine Anwendung, wenn und soweit

a) die betroffene Person bereits über die Informationen verfügt,

b) die Erteilung dieser Informationen sich als unmöglich erweist oder einen unverhältnismäßigen Aufwand erfordern würde; dies gilt insbesondere für die Verarbeitung für im öffentlichen Interesse liegende Archivzwecke, für wissenschaftliche oder historische Forschungszwecke oder für statistische Zwecke vorbehaltlich der in Artikel 89 Absatz 1 genannten Bedingungen und Garantien oder soweit die in Absatz 1 des vorliegenden Artikels genannte Pflicht voraussichtlich die Verwirklichung der Ziele dieser Verarbeitung unmöglich macht oder ernsthaft beeinträchtigt In diesen Fällen ergreift der Verantwortliche geeignete Maßnahmen zum Schutz der Rechte und Freiheiten sowie der berechtigten Interessen der betroffenen Person, einschließlich der Bereitstellung dieser Informationen für die Öffentlichkeit,

c) die Erlangung oder Offenlegung durch Rechtsvorschriften der Union oder der Mitgliedstaaten, denen der Verantwortliche unterliegt und die geeignete Maßnahmen zum Schutz der berechtigten Interessen der betroffenen Person vorsehen, ausdrücklich geregelt ist oder

d) die personenbezogenen Daten gemäß dem Unionsrecht oder dem Recht der Mitgliedstaaten dem Berufsgeheimnis, einschließlich einer satzungsmäßigen Geheimhaltungspflicht, unterliegen und daher vertraulich behandelt werden müssen.

Artikel 15
Auskunftsrecht der betroffenen Person

(1) Die betroffene Person hat das Recht, von dem Verantwortlichen eine Bestätigung darüber zu verlangen, ob sie betreffende personenbezogene Daten verarbeitet werden; ist dies der Fall, so hat sie ein Recht auf Auskunft über diese personenbezogenen Daten und auf folgende Informationen:

a) die Verarbeitungszwecke;

b) die Kategorien personenbezogener Daten, die verarbeitet werden;

c) die Empfänger oder Kategorien von Empfängern, gegenüber denen die personenbezogenen Daten offengelegt worden sind oder noch offengelegt werden, insbesondere bei Empfängern in Drittländern oder bei internationalen Organisationen;

d) falls möglich die geplante Dauer, für die die personenbezogenen Daten gespeichert werden, oder, falls dies nicht möglich ist, die Kriterien für die Festlegung dieser Dauer;

e) das Bestehen eines Rechts auf Berichtigung oder Löschung der sie betreffenden personenbezogenen Daten oder auf Einschränkung der Verarbeitung durch den Verantwortlichen oder eines Widerspruchsrechts gegen diese Verarbeitung;

f) das Bestehen eines Beschwerderechts bei einer Aufsichtsbehörde;

g) wenn die personenbezogenen Daten nicht bei der betroffenen Person erhoben werden, alle verfügbaren Informationen über die Herkunft der Daten;

h) das Bestehen einer automatisierten Entscheidungsfindung einschließlich Profiling gemäß Artikel 22 Absätze 1 und 4 und – zumindest in diesen Fällen – aussagekräftige Informationen über die involvierte Logik sowie die Tragweite und die angestrebten Auswirkungen einer derartigen Verarbeitung für die betroffene Person.

(2) Werden personenbezogene Daten an ein Drittland oder an eine internationale Organisation übermittelt, so hat die betroffene Person das Recht, über die geeigneten Garantien gemäß Artikel 46 im Zusammenhang mit der Übermittlung unterrichtet zu werden.

(3) Der Verantwortliche stellt eine Kopie der personenbezogenen Daten, die Gegenstand der Verarbeitung sind, zur Verfügung. Für alle weiteren Kopien, die die betroffene Person beantragt, kann der Verantwortliche ein angemessenes Entgelt auf der Grundlage der Verwaltungskosten verlangen. Stellt die betroffene Person den Antrag elektronisch, so sind die Informationen in einem gängigen elektronischen Format zur Verfügung zu stellen, sofern sie nichts anderes angibt.

(4) Das Recht auf Erhalt einer Kopie gemäß Absatz 1b darf die Rechte und Freiheiten anderer Personen nicht beeinträchtigen.

Abschnitt 3
Berichtigung und Löschung

Artikel 16
Recht auf Berichtigung

Die betroffene Person hat das Recht, von dem Verantwortlichen unverzüglich die Berichtigung sie betreffender unrichtiger personenbezogener Daten zu verlangen. Unter Berücksichtigung der Zwecke der Verarbeitung hat die betroffene Person das Recht, die Vervollständigung unvollständiger personenbezogener Daten – auch mittels einer ergänzenden Erklärung – zu verlangen.

Artikel 17
Recht auf Löschung („Recht auf Vergessenwerden")

(1) Die betroffene Person hat das Recht, von dem Verantwortlichen zu verlangen, dass sie betreffende personenbezogene Daten unverzüglich gelöscht werden, und der Verantwortliche ist verpflichtet, personenbezogene Daten unverzüglich zu löschen, sofern einer der folgenden Gründe zutrifft:

a) Die personenbezogenen Daten sind für die Zwecke, für die sie erhoben oder auf sonstige Weise verarbeitet wurden, nicht mehr notwendig.

b) Die betroffene Person widerruft ihre Einwilligung, auf die sich die Verarbeitung gemäß Artikel 6 Absatz 1 Buchstabe a oder Artikel 9 Absatz 2 Buchstabe a stützte, und es fehlt an einer anderweitigen Rechtsgrundlage für die Verarbeitung.

c) Die betroffene Person legt gemäß Artikel 21 Absatz 1 Widerspruch gegen die Verarbeitung ein und es liegen keine vorrangigen berechtigten Gründe für die Verarbeitung vor, oder die betroffene Person legt gemäß Artikel 21 Absatz 2 Widerspruch gegen die Verarbeitung ein.

d) Die personenbezogenen Daten wurden unrechtmäßig verarbeitet.

e) Die Löschung der personenbezogenen Daten ist zur Erfüllung einer rechtlichen Verpflichtung nach dem Unionsrecht oder dem Recht der Mitgliedstaaten erforderlich, dem der Verantwortliche unterliegt.

f) Die personenbezogenen Daten wurden in Bezug auf angebotene Dienste der Informationsgesellschaft gemäß Artikel 8 Absatz 1 erhoben.

(2) Hat der Verantwortliche die personenbezogenen Daten öffentlich gemacht und ist er gemäß Absatz 1 zu deren Löschung verpflichtet, so trifft er unter Berücksichtigung der verfügbaren Technologie und der Implementierungskosten angemessene Maßnahmen, auch technischer Art, um für die Datenverarbeitung Verantwortliche, die die personenbezogenen Daten verarbeiten, darüber zu informieren, dass eine betroffene Person von ihnen die Löschung aller Links zu diesen personenbezogenen Daten oder von Kopien oder Replikationen dieser personenbezogenen Daten verlangt hat.

(3) Die Absätze 1 und 2 gelten nicht, soweit die Verarbeitung erforderlich ist

a) zur Ausübung des Rechts auf freie Meinungsäußerung und Information;

b) zur Erfüllung einer rechtlichen Verpflichtung, die die Verarbeitung nach dem Recht der Union oder der Mitgliedstaaten, dem der Verantwortliche unterliegt, erfordert, oder zur Wahrnehmung einer Aufgabe, die im öffentlichen Interesse liegt oder in Ausübung öffentlicher Gewalt erfolgt, die dem Verantwortlichen übertragen wurde;

c) aus Gründen des öffentlichen Interesses im Bereich der öffentlichen Gesundheit gemäß Artikel 9 Absatz 2 Buchstaben h und i sowie Artikel 9 Absatz 3;

d) für im öffentlichen Interesse liegende Archivzwecke, wissenschaftliche oder historische Forschungszwecke oder für statistische Zwecke gemäß Artikel 89 Absatz 1, soweit das in Absatz 1 genannte Recht voraussichtlich die Verwirklichung der Ziele dieser Verarbeitung unmöglich macht oder ernsthaft beeinträchtigt, oder

e) zur Geltendmachung, Ausübung oder Verteidigung von Rechtsansprüchen.

Artikel 18
Recht auf Einschränkung der Verarbeitung

(1) Die betroffene Person hat das Recht, von dem Verantwortlichen die Einschränkung der Verarbeitung zu verlangen, wenn eine der folgenden Voraussetzungen gegeben ist:

a) die Richtigkeit der personenbezogenen Daten von der betroffenen Person bestritten wird, und zwar für eine Dauer, die es dem Verantwortlichen ermöglicht, die Richtigkeit der personenbezogenen Daten zu überprüfen,

b) die Verarbeitung unrechtmäßig ist und die betroffene Person die Löschung der personenbezogenen Daten ablehnt und stattdessen die Einschränkung der Nutzung der personenbezogenen Daten verlangt;

c) der Verantwortliche die personenbezogenen Daten für die Zwecke der Verarbeitung nicht länger benötigt, die betroffene Person sie jedoch zur Geltendmachung, Ausübung oder Verteidigung von Rechtsansprüchen benötigt, oder

d) die betroffene Person Widerspruch gegen die Verarbeitung gemäß Artikel 21 Absatz 1 eingelegt hat, solange noch nicht feststeht, ob die berechtigten Gründe des Verantwortlichen gegenüber denen der betroffenen Person überwiegen.

(2) Wurde die Verarbeitung gemäß Absatz 1 eingeschränkt, so dürfen diese personenbezogenen Daten – von ihrer Speicherung abgesehen – nur mit Einwilligung der betroffenen Person oder zur Geltendmachung, Ausübung oder Verteidigung von Rechtsansprüchen oder zum Schutz der Rechte einer anderen natürlichen oder juristischen Person oder aus Gründen eines wichtigen öffentlichen Interesses der Union oder eines Mitgliedstaats verarbeitet werden.

(3) Eine betroffene Person, die eine Einschränkung der Verarbeitung gemäß Absatz 1 erwirkt hat, wird von dem Verantwortlichen unterrichtet, bevor die Einschränkung aufgehoben wird.

Artikel 19
Mitteilungspflicht im Zusammenhang mit der Berichtigung oder Löschung personenbezogener Daten oder der Einschränkung der Verarbeitung

Der Verantwortliche teilt allen Empfängern, denen personenbezogenen Daten offengelegt wurden, jede Berichtigung oder Löschung der personenbezogenen Daten oder eine Einschränkung der Verarbeitung nach Artikel 16, Artikel 17 Absatz 1 und Artikel 18 mit, es sei denn, dies erweist sich als unmöglich oder ist mit einem unverhältnismäßigen Aufwand verbunden. Der Verantwortliche unterrichtet die betroffene Person über diese Empfänger, wenn die betroffene Person dies verlangt.

Artikel 20
Recht auf Datenübertragbarkeit

(1) Die betroffene Person hat das Recht, die sie betreffenden personenbezogenen Daten, die sie einem Verantwortlichen bereitgestellt hat, in einem strukturierten, gängigen und maschinenlesbaren Format zu erhalten, und sie hat das Recht, diese Daten einem anderen Verantwortlichen ohne Behinderung durch den Verantwortlichen, dem die personenbezogenen Daten bereitgestellt wurden, zu übermitteln, sofern

a) die Verarbeitung auf einer Einwilligung gemäß Artikel 6 Absatz 1 Buchstabe a oder Artikel 9 Absatz 2 Buchstabe a oder auf einem Vertrag gemäß Artikel 6 Absatz 1 Buchstabe b beruht und

b) die Verarbeitung mithilfe automatisierter Verfahren erfolgt.

(2) Bei der Ausübung ihres Rechts auf Datenübertragbarkeit gemäß Absatz 1 hat die betroffene Person das Recht, zu erwirken, dass die personenbezogenen Daten direkt von einem Verantwortlichen einem anderen Verantwortlichen übermittelt werden, soweit dies technisch machbar ist.

(3) Die Ausübung des Rechts nach Absatz 1 des vorliegenden Artikels lässt Artikel 17 unberührt. Dieses Recht gilt nicht für eine Verarbeitung, die für die Wahrnehmung einer Aufgabe erforderlich ist, die im öffentlichen Interesse liegt oder in Ausübung öffentlicher Gewalt erfolgt, die dem Verantwortlichen übertragen wurde.

(4) Das Recht gemäß Absatz 2 darf die Rechte und Freiheiten anderer Personen nicht beeinträchtigen.

Abschnitt 4
Widerspruchsrecht und automatisierte Entscheidungsfindung im Einzelfall

Artikel 21
Widerspruchsrecht

(1) Die betroffene Person hat das Recht, aus Gründen, die sich aus ihrer besonderen Situation ergeben, jederzeit gegen die Verarbeitung sie betreffender personenbezogener Daten, die aufgrund von Artikel 6 Absatz 1 Buchstaben e oder f erfolgt, Widerspruch einzulegen; dies gilt auch für ein auf diese Bestimmungen gestütztes Profiling. Der Verantwortliche verarbeitet die personenbezogenen Daten nicht mehr, es sei denn, er kann zwingende schutzwürdige Gründe für die Verarbeitung nachweisen, die die Interessen, Rechte und Freiheiten der betroffenen Person überwiegen, oder die Verarbeitung dient der Geltendmachung, Ausübung oder Verteidigung von Rechtsansprüchen.

(2) Werden personenbezogene Daten verarbeitet, um Direktwerbung zu betreiben, so hat die betroffene Person das Recht, jederzeit Widerspruch gegen die Verarbeitung sie betreffender personenbezogener Daten zum Zwecke derartiger Werbung einzulegen; dies gilt auch für das Profiling, soweit es mit solcher Direktwerbung in Verbindung steht.

(3) Widerspricht die betroffene Person der Verarbeitung für Zwecke der Direktwerbung, so werden die personenbezogenen Daten nicht mehr für diese Zwecke verarbeitet.

(4) Die betroffene Person muss spätestens zum Zeitpunkt der ersten Kommunikation mit ihr ausdrücklich auf das in den Absätzen 1 und 2 genannte Recht hingewiesen werden; dieser Hinweis hat in einer verständlichen und von anderen Informationen getrennten Form zu erfolgen.

(5) Im Zusammenhang mit der Nutzung von Diensten der Informationsgesellschaft kann die betroffene Person ungeachtet der Richtlinie 2002/58/EG ihr Widerspruchsrecht mittels automatisierter Verfahren ausüben, bei denen technische Spezifikationen verwendet werden.

(6) Die betroffene Person hat das Recht, aus Gründen, die sich aus ihrer besonderen Situation ergeben, gegen die sie betreffende Verarbeitung sie betreffender personenbezogener Daten, die zu wissenschaftlichen oder historischen Forschungszwecken oder zu statistischen Zwecken gemäß Artikel 89 Absatz 1 erfolgt, Widerspruch einzulegen, es sei denn, die Verarbeitung ist zur Erfüllung einer im öffentlichen Interesse liegenden Aufgabe erforderlich.

Artikel 22
Automatisierte Entscheidungen im Einzelfall einschließlich Profiling

(1) Die betroffene Person hat das Recht, nicht einer ausschließlich auf einer automatisierten Verarbeitung – einschließlich Profiling – beruhenden Entscheidung unterworfen zu werden, die ihr gegenüber rechtliche Wirkung entfaltet oder sie in ähnlicher Weise erheblich beeinträchtigt.

(2) Absatz 1 gilt nicht, wenn die Entscheidung

a) für den Abschluss oder die Erfüllung eines Vertrags zwischen der betroffenen Person und dem Verantwortlichen erforderlich ist,

b) aufgrund von Rechtsvorschriften der Union oder der Mitgliedstaaten, denen der Verantwortliche unterliegt, zulässig ist und diese Rechtsvorschriften angemessene Maßnahmen zur Wahrung der Rechte und Freiheiten sowie der berechtigten Interessen der betroffenen Person enthalten oder

c) mit ausdrücklicher Einwilligung der betroffenen Person erfolgt.

(3) In den in Absatz 2 Buchstaben a und c genannten Fällen trifft der Verantwortliche angemessene Maßnahmen, um die Rechte und Freiheiten sowie die berechtigten Interessen der betroffenen Person zu wahren, wozu mindestens das Recht auf Erwirkung des Eingreifens einer Person seitens des Verantwortlichen, auf Darlegung des eigenen Standpunkts und auf Anfechtung der Entscheidung gehört.

(4) Entscheidungen nach Absatz 2 dürfen nicht auf besonderen Kategorien personenbezogener Daten nach Artikel 9 Absatz 1 beruhen, sofern nicht Artikel 9 Absatz 2 Buchstabe a oder g gilt und angemessene Maßnahmen zum Schutz der Rechte und Freiheiten sowie der berechtigten Interessen der betroffenen Person getroffen wurden.

Abschnitt 5
Beschränkungen

Artikel 23
Beschränkungen

(1) Durch Rechtsvorschriften der Union oder der Mitgliedstaaten, denen der Verantwortliche oder der Auftragsverarbeiter unterliegt, können die Pflichten und Rechte gemäß den Artikeln 12 bis 22 und Artikel 34 sowie Artikel 5, insofern dessen Bestimmungen den in den Artikeln 12 bis 22 vorgesehenen Rechten und Pflichten entsprechen, im Wege von Gesetzgebungsmaßnahmen beschränkt werden, sofern eine solche Beschränkung den Wesensgehalt der Grundrechte und Grundfreiheiten achtet und in einer demokratischen Gesellschaft eine notwendige und verhältnismäßige Maßnahme darstellt, die Folgendes sicherstellt:

a) die nationale Sicherheit;

b) die Landesverteidigung;

c) die öffentliche Sicherheit;

d) die Verhütung, Ermittlung, Aufdeckung oder Verfolgung von Straftaten oder die Strafvollstreckung, einschließlich des Schutzes vor und der Abwehr von Gefahren für die öffentliche Sicherheit;

e) den Schutz sonstiger wichtiger Ziele des allgemeinen öffentlichen Interesses der Union oder eines Mitgliedstaats, insbesondere eines wichtigen wirtschaftlichen oder finanziellen Interesses der Union oder eines Mitgliedstaats, etwa im Währungs-, Haushalts- und Steuerbereich sowie im Bereich der öffentlichen Gesundheit und der sozialen Sicherheit;

f) den Schutz der Unabhängigkeit der Justiz und den Schutz von Gerichtsverfahren;

g) die Verhütung, Aufdeckung, Ermittlung und Verfolgung von Verstößen gegen die berufsständischen Regeln reglementierter Berufe;

h) Kontroll-, Überwachungs- und Ordnungsfunktionen, die dauernd oder zeitweise mit der Ausübung öffentlicher Gewalt für die unter den Buchstaben a bis e und g genannten Zwecke verbunden sind;

i) den Schutz der betroffenen Person oder der Rechte und Freiheiten anderer Personen;

j) die Durchsetzung zivilrechtlicher Ansprüche.

(2) Jede Gesetzgebungsmaßnahme im Sinne des Absatzes 1 muss insbesondere gegebenenfalls spezifische Vorschriften enthalten zumindest in Bezug auf

a) die Zwecke der Verarbeitung oder die Verarbeitungskategorien,

b) die Kategorien personenbezogener Daten,

c) den Umfang der vorgenommenen Beschränkungen,

d) die Garantien gegen Missbrauch oder unrechtmäßigen Zugang oder unrechtmäßige Übermittlung;

e) die Angaben zu dem Verantwortlichen oder den Kategorien von Verantwortlichen,

f) die jeweiligen Speicherfristen sowie die geltenden Garantien unter Berücksichtigung von Art, Umfang und Zwecken der Verarbeitung oder der Verarbeitungskategorien,

g) die Risiken für die Rechte und Freiheiten der betroffenen Personen und

h) das Recht der betroffenen Personen auf Unterrichtung über die Beschränkung, sofern dies nicht dem Zweck der Beschränkung abträglich ist.

KAPITEL IV
Verantwortlicher und Auftragsverarbeiter

Abschnitt 1
Allgemeine Pflichten

Artikel 24
Verantwortung des für die Verarbeitung Verantwortlichen

(1) Der Verantwortliche setzt unter Berücksichtigung der Art, des Umfangs, der Umstände und der Zwecke der Verarbeitung sowie der unterschiedlichen Eintrittswahrscheinlichkeit und Schwere der Risiken für die Rechte und Freiheiten natürlicher Personen geeignete technische und organisatorische Maßnahmen um, um sicherzu-

stellen und den Nachweis dafür erbringen zu können, dass die Verarbeitung gemäß dieser Verordnung erfolgt. Diese Maßnahmen werden erforderlichenfalls überprüft und aktualisiert.

(2) Sofern dies in einem angemessenen Verhältnis zu den Verarbeitungstätigkeiten steht, müssen die Maßnahmen gemäß Absatz 1 die Anwendung geeigneter Datenschutzvorkehrungen durch den Verantwortlichen umfassen.

(3) Die Einhaltung der genehmigten Verhaltensregeln gemäß Artikel 40 oder eines genehmigten Zertifizierungsverfahrens gemäß Artikel 42 kann als Gesichtspunkt herangezogen werden, um die Erfüllung der Pflichten des Verantwortlichen nachzuweisen.

Artikel 25
Datenschutz durch Technikgestaltung und durch datenschutzfreundliche Voreinstellungen

(1) Unter Berücksichtigung des Stands der Technik, der Implementierungskosten und der Art, des Umfangs, der Umstände und der Zwecke der Verarbeitung sowie der unterschiedlichen Eintrittswahrscheinlichkeit und Schwere der mit der Verarbeitung verbundenen Risiken für die Rechte und Freiheiten natürlicher Personen trifft der Verantwortliche sowohl zum Zeitpunkt der Festlegung der Mittel für die Verarbeitung als auch zum Zeitpunkt der eigentlichen Verarbeitung geeignete technische und organisatorische Maßnahmen – wie z. B. Pseudonymisierung – trifft, die dafür ausgelegt sind, die Datenschutzgrundsätze wie etwa Datenminimierung wirksam umzusetzen und die notwendigen Garantien in die Verarbeitung aufzunehmen, um den Anforderungen dieser Verordnung zu genügen und die Rechte der betroffenen Personen zu schützen.

(2) Der Verantwortliche trifft geeignete technische und organisatorische Maßnahmen, die sicherstellen, dass durch Voreinstellung grundsätzlich nur personenbezogene Daten, deren Verarbeitung für den jeweiligen bestimmten Verarbeitungszweck erforderlich ist, verarbeitet werden. Diese Verpflichtung gilt für die Menge der erhobenen personenbezogenen Daten, den Umfang ihrer Verarbeitung, ihre Speicherfrist und ihre Zugänglichkeit. Solche Maßnahmen müssen insbesondere sicherstellen, dass personenbezogene Daten durch Voreinstellungen nicht ohne Eingreifen der Person einer unbestimmten Zahl von natürlichen Personen zugänglich gemacht werden.

(3) Ein genehmigtes Zertifizierungsverfahren gemäß Artikel 42 kann als Faktor herangezogen werden, um die Erfüllung der in den Absätzen 1 und 2 des vorliegenden Artikels genannten Anforderungen nachzuweisen.

Artikel 26
Gemeinsam für die Verarbeitung Verantwortliche

(1) Legen zwei oder mehr Verantwortliche gemeinsam die Zwecke der und die Mittel zur Verarbeitung fest, so sind sie gemeinsam Verantwortliche. Sie legen in einer Vereinbarung in transparenter Form fest, wer von ihnen welche Verpflichtung gemäß dieser Verordnung erfüllt, insbesondere was die Wahrnehmung der Rechte der betroffenen Person angeht, und wer welchen Informationspflichten gemäß den Artikeln 13 und 14 nachkommt, sofern und soweit die jeweiligen Aufgaben der Verantwortlichen nicht durch Rechtsvorschriften der Union oder der Mitgliedstaaten, denen die Verantwortlichen unterliegen, festgelegt sind. In der Vereinbarung kann eine Anlaufstelle für die betroffenen Personen angegeben werden.

(2) Die Vereinbarung gemäß Absatz 1 muss die jeweiligen tatsächlichen Funktionen und Beziehungen der gemeinsam Verantwortlichen gegenüber betroffenen Personen gebührend widerspiegeln. Das wesentliche der Vereinbarung wird der betroffenen Person zur Verfügung gestellt.

(3) Ungeachtet der Einzelheiten der Vereinbarung gemäß Absatz 1 kann die betroffene Person ihre Rechte im Rahmen dieser Verordnung bei und gegenüber jedem einzelnen der Verantwortlichen geltend machen.

Artikel 27
Vertreter von nicht in der Union niedergelassenen Verantwortlichen oder Auftragsverarbeitern

(1) In den Fällen gemäß Artikel 3 Absatz 2 benennt der Verantwortliche oder der Auftragsverarbeiter schriftlich einen Vertreter in der Union.

(2) Die Pflicht gemäß Absatz 1 des vorliegenden Artikels gilt nicht für

a) eine Verarbeitung, die gelegentlich erfolgt, nicht die umfangreiche Verarbeitung besonderer Datenkategorien im Sinne des Artikels 9 Absatz 1 oder die umfangreiche Verarbeitung von personenbezogenen Daten über strafrechtliche Verurteilungen und Straftaten im Sinne des Artikels 10 einschließt und unter Berücksichtigung der Art, der Umstände, des Umfangs und der Zwecke der Verarbeitung voraussichtlich nicht zu einem Risiko für die Rechte und Freiheiten natürlicher Personen führt, oder

b) Behörden oder öffentliche Stellen.

(3) Der Vertreter muss in einem der Mitgliedstaaten niedergelassen sein, in denen die betroffenen Personen, deren personenbezogene Daten im Zusammenhang mit den ihnen angebotenen Waren oder Dienstleistungen verarbeitet werden oder deren Verhalten beobachtet wird, sich befinden.

(4) Der Vertreter wird durch den Verantwortlichen oder den Auftragsverarbeiter beauftragt, zusätzlich zu diesem oder an seiner Stelle insbesondere für Aufsichtsbehörden und betroffene Personen bei sämtlichen Fragen im Zusammenhang mit der Verarbeitung zur Gewährleistung der Einhaltung dieser Verordnung als Anlaufstelle zu dienen.

(5) Die Benennung eines Vertreters durch den Verantwortlichen oder den Auftragsverarbeiter erfolgt unbeschadet etwaiger rechtlicher Schritte gegen den Verantwortlichen oder den Auftragsverarbeiter selbst.

Artikel 28
Auftragsverarbeiter

(1) Erfolgt eine Verarbeitung im Auftrag eines Verantwortlichen, so arbeitet dieser nur mit Auftragsverarbeitern, die hinreichend Garantien dafür bieten, dass geeignete technische und organisatorische Maßnahmen so durchgeführt werden, dass die Verarbeitung im Einklang mit den Anforderungen dieser Verordnung erfolgt und den Schutz der Rechte der betroffenen Person gewährleistet.

(2) Der Auftragsverarbeiter nimmt keinen weiteren Auftragsverarbeiter ohne vorherige gesonderte oder allgemeine schriftliche Genehmigung des Verantwortlichen in Anspruch. Im Fall einer allgemeinen schriftlichen Genehmigung informiert der Auftragsverarbeiter den Verantwortlichen immer über jede beabsichtigte Änderung in Bezug auf die Hinzuziehung oder die Ersetzung anderer Auftragsverarbeiter, wodurch der Verantwortliche die Möglichkeit erhält, gegen derartige Änderungen Einspruch zu erheben.

(3) Die Verarbeitung durch einen Auftragsverarbeiter erfolgt auf der Grundlage eines Vertrags oder eines anderen Rechtsinstruments nach dem Unionsrecht oder dem Recht der Mitgliedstaaten, der bzw. das den Auftragsverarbeiter in Bezug auf den Verantwortlichen bindet und in dem Gegenstand und Dauer der Verarbeitung, Art und Zweck der Verarbeitung, die Art der personenbezogenen Daten, die Kategorien betroffener Personen und die Pflichten und Rechte des Verantwortlichen festgelegt sind. Dieser Vertrag bzw. dieses andere Rechtsinstrument sieht insbesondere vor, dass der Auftragsverarbeiter

a) die personenbezogenen Daten nur auf dokumentierte Weisung des Verantwortlichen – auch in Bezug auf die Übermittlung personenbezogener Daten an ein Drittland oder eine internationale Organisation – verarbeitet, sofern er nicht durch das Recht der Union oder der Mitgliedstaaten, dem der Auftragsverarbeiter unterliegt, hierzu verpflichtet ist; in einem solchen Fall teilt der Auftragsverarbeiter dem Verantwortlichen diese rechtlichen Anforderungen vor der Verarbeitung mit, sofern das betreffende Recht eine solche Mitteilung nicht wegen eines wichtigen öffentlichen Interesses verbietet;

b) gewährleistet, dass sich die zur Verarbeitung der personenbezogenen Daten befugten Personen zur Vertraulichkeit verpflichtet haben oder einer angemessenen gesetzlichen Verschwiegenheitspflicht unterliegen;

c) alle gemäß Artikel 32 erforderlichen Maßnahmen ergreift;

d) die in den Absätzen 2 und 4 genannten Bedingungen für die Inanspruchnahme der Dienste eines weiteren Auftragsverarbeiters einhält;

e) angesichts der Art der Verarbeitung den Verantwortlichen nach Möglichkeit mit geeigneten technischen und organisatorischen Maßnahmen dabei unterstützt, seiner Pflicht zur Beantwortung von Anträgen auf Wahrnehmung der in Kapitel III genannten Rechte der betroffenen Person nachzukommen;

f) unter Berücksichtigung der Art der Verarbeitung und der ihm zur Verfügung stehenden Informationen den Verantwortlichen bei der Einhaltung der in den Artikeln 32 bis 36 genannten Pflichten unterstützt;

g) nach Abschluss der Erbringung der Verarbeitungsleistungen alle personenbezogenen Daten nach Wahl des Verantwortlichen entweder löscht oder zurückgibt, sofern nicht nach dem Unionsrecht oder dem Recht der Mitgliedstaaten eine Verpflichtung zur Speicherung der personenbezogenen Daten besteht;

h) dem Verantwortlichen alle erforderlichen Informationen zum Nachweis der Einhaltung der in diesem Artikel niedergelegten Pflichten zur Verfügung stellt und Überprüfungen – einschließlich Inspektionen –, die vom Verantwortlichen oder einem anderen von diesem beauftragten Prüfer durchgeführt werden, ermöglicht und dazu beiträgt.

Mit Blick auf Unterabsatz 1 Buchstabe h informiert der Auftragsverarbeiter den Verantwortlichen unverzüglich, falls er der Auffassung ist, dass eine Weisung gegen diese Verordnung oder gegen andere Datenschutzbestimmungen der Union oder der Mitgliedstaaten verstößt.

(4) Nimmt der Auftragsverarbeiter die Dienste eines weiteren Auftragsverarbeiters in Anspruch, um bestimmte Verarbeitungstätigkeiten im Namen des Verantwortlichen auszuführen, so werden diesem weiteren Auftragsverarbeiter im Wege eines Vertrags oder eines anderen Rechtsinstruments nach dem Unionsrecht oder dem Recht des betreffenden Mitgliedstaats dieselben Datenschutzpflichten auferlegt, die in dem Vertrag oder anderen Rechtsinstrument zwischen dem Verantwortlichen und dem Auftragsverarbeiter gemäß Absatz 3 festgelegt sind, wobei insbesondere hinreichende Garantien dafür geboten werden muss, dass die geeigneten technischen und organisatorischen Maßnahmen so durchgeführt werden, dass die Verarbeitung entsprechend den Anforderungen dieser Verordnung erfolgt. Kommt der weitere Auftragsverarbeiter seinen Datenschutzpflichten nicht nach, so haftet der erste Auftragsverarbeiter gegenüber dem Verantwortlichen für die Einhaltung der Pflichten jenes anderen Auftragsverarbeiters.

(5) Die Einhaltung genehmigter Verhaltensregeln gemäß Artikel 40 oder eines genehmigten Zertifizierungsverfahrens gemäß Artikel 42 durch einen Auftragsverarbeiter kann als Faktor herangezogen werden, um hinreichende Garantien im Sinne der Absätze 1 und 4 des vorliegenden Artikels nachzuweisen.

(6) Unbeschadet eines individuellen Vertrags zwischen dem Verantwortlichen und dem Auftragsverarbeiter kann der Vertrag oder das andere Rechtsinstrument im Sinne der Absätze 3 und 4 des vorliegenden Artikels ganz oder teilweise auf den in den Absätzen 7 und 8 des vorliegenden Artikels genannten Standardvertragsklauseln beruhen, auch wenn diese Bestandteil einer dem Verantwortlichen oder dem Auftragsverarbeiter gemäß den Artikeln 42 und 43 erteilten Zertifizierung sind.

(7) Die Kommission kann im Einklang mit dem Prüfverfahren gemäß Artikel 87 Absatz 2 Standardvertragsklauseln zur Regelung der in den Absätzen 3 und 4 des vorliegenden Artikels genannten Fragen festlegen.

(8) Eine Aufsichtsbehörde kann im Einklang mit dem Kohärenzverfahren gemäß Artikel 63 Standardvertragsklauseln zur Regelung der in den Absätzen 3 und 4 des vorliegenden Artikels genannten Fragen festlegen.

(9) Der Vertrag oder das andere Rechtsinstrument im Sinne der Absätze 3 und 4 ist schriftlich abzufassen, was auch in einem elektronischen Format erfolgen kann.

(10) Unbeschadet der Artikel 82, 83 und 84 gilt ein Auftragsverarbeiter, der unter Verstoß gegen diese Verordnung die Zwecke und Mittel der Verarbeitung bestimmt, in Bezug auf diese Verarbeitung als Verantwortlicher.

Artikel 29
Verarbeitung unter der Aufsicht des Verantwortlichen oder des Auftragsverarbeiters

Der Auftragsverarbeiter und jede dem Verantwortlichen oder dem Auftragsverarbeiter unterstellte Person, die Zugang zu personenbezogenen Daten hat, dürfen diese Daten ausschließlich auf Weisung des Verantwortlichen verarbeiten, es sei denn, dass sie nach dem Unionsrecht oder dem Recht der Mitgliedstaaten zur Verarbeitung verpflichtet sind.

Artikel 30
Verzeichnis von Verarbeitungstätigkeiten

(1) Jeder Verantwortliche und gegebenenfalls sein Vertreter führen ein Verzeichnis aller Verarbeitungstätigkeiten, die ihrer Zuständigkeit unterliegen. Dieses Verzeichnis enthält sämtliche folgenden Angaben:

a) den Namen und die Kontaktdaten des Verantwortlichen und gegebenenfalls des gemeinsam mit ihm Verantwortlichen, des Vertreters des Verantwortlichen sowie eines etwaigen Datenschutzbeauftragten;

b) die Zwecke der Verarbeitung;

c) eine Beschreibung der Kategorien betroffener Personen und der Kategorien personenbezogener Daten;

d) die Kategorien von Empfängern, gegenüber denen die personenbezogenen Daten offengelegt worden sind oder noch offengelegt werden, einschließlich Empfänger in Drittländern oder internationalen Organisationen;

e) gegebenenfalls Übermittlungen von personenbezogenen Daten an ein Drittland oder an eine internationale Organisation, einschließlich der Angabe des betreffenden Drittlands oder der betreffenden internationalen Organisation, sowie bei den in Artikel 49 Absatz 1 Unterabsatz 2 genannten Datenübermittlungen die Dokumentierung geeigneter Garantien;

f) wenn möglich, die vorgesehenen Fristen für die Löschung der verschiedenen Datenkategorien;

g) wenn möglich, eine allgemeine Beschreibung der technischen und organisatorischen Maßnahmen gemäß Artikel 32 Absatz 1.

(2) Jeder Auftragsverarbeiter und gegebenenfalls sein Vertreter führen ein Verzeichnis zu allen Kategorien von im Auftrag eines Verantwortlichen durchgeführten Tätigkeiten der Verarbeitung, die Folgendes enthält:

a) den Namen und die Kontaktdaten des Auftragsverarbeiters oder der Auftragsverarbeiter und jedes Verantwortlichen, in dessen Auftrag der Auftragsverarbeiter tätig ist, sowie gegebenenfalls des Vertreters des Verantwortlichen oder des Auftragsverarbeiters und eines etwaigen Datenschutzbeauftragten;

b) die Kategorien von Verarbeitungen, die im Auftrag jedes Verantwortlichen durchgeführt werden;

c) gegebenenfalls Übermittlungen von personenbezogenen Daten an ein Drittland oder an eine internationale Organisation, einschließlich der Angabe des betreffenden Drittlands oder der betreffenden internationalen Organisation, sowie bei den in Artikel 49 Absatz 1 Unterabsatz 2 genannten Datenübermittlungen die Dokumentierung geeigneter Garantien;

d) wenn möglich, eine allgemeine Beschreibung der technischen und organisatorischen Maßnahmen gemäß Artikel 32 Absatz 1.

(3) Das in den Absätzen 1 und 2 genannte Verzeichnis ist schriftlich zu führen, was auch in einem elektronischen Format erfolgen kann.

(4) Der Verantwortliche oder der Auftragsverarbeiter sowie gegebenenfalls der Vertreter des Verantwortlichen oder des Auftragsverarbeiters stellen der Aufsichtsbehörde das Verzeichnis auf Anfrage zur Verfügung.

(5) Die in den Absätzen 1 und 2 genannten Pflichten gelten nicht für Unternehmen oder Einrichtungen, die weniger als 250 Mitarbeiter beschäftigen, sofern die von ihnen vorgenommene Verarbeitung nicht ein Risiko für die Rechte und Freiheiten der betroffenen Personen birgt, die Verarbeitung nicht nur gelegentlich erfolgt oder nicht die Verarbeitung besonderer Datenkategorien gemäß Artikel 9 Absatz 1 bzw. die Verarbeitung von personenbezogenen Daten über strafrechtliche Verurteilungen und Straftaten im Sinne des Artikels 10 einschließt.

Artikel 31
Zusammenarbeit mit der Aufsichtsbehörde

Der Verantwortliche und der Auftragsverarbeiter und gegebenenfalls deren Vertreter arbeiten auf Anfrage mit der Aufsichtsbehörde bei der Erfüllung ihrer Aufgaben zusammen.

Abschnitt 2
Sicherheit personenbezogener Daten

Artikel 32
Sicherheit der Verarbeitung

(1) Unter Berücksichtigung des Stands der Technik, der Implementierungskosten und der Art, des Umfangs, der Umstände und der Zwecke der Verarbeitung sowie der unterschiedlichen Eintrittswahrscheinlichkeit und Schwere des Risikos für die Rechte und Freiheiten natürlicher Personen treffen der Verantwortliche und der Auftragsverarbeiter geeignete technische und organisatorische Maßnahmen, um ein dem Risiko angemessenes Schutzniveau zu gewährleisten; diese Maßnahmen schließen unter anderem Folgendes ein:

a) die Pseudonymisierung und Verschlüsselung personenbezogener Daten;

b) die Fähigkeit, die Vertraulichkeit, Integrität, Verfügbarkeit und Belastbarkeit der Systeme und Dienste im Zusammenhang mit der Verarbeitung auf Dauer sicherzustellen;

c) die Fähigkeit, die Verfügbarkeit der personenbezogenen Daten und den Zugang zu ihnen bei einem physischen oder technischen Zwischenfall rasch wiederherzustellen;

d) ein Verfahren zur regelmäßigen Überprüfung, Bewertung und Evaluierung der Wirksamkeit der technischen und organisatorischen Maßnahmen zur Gewährleistung der Sicherheit der Verarbeitung.

(2) Bei der Beurteilung des angemessenen Schutzniveaus sind insbesondere die Risiken zu berücksichtigen, die mit der Verarbeitung verbunden sind, insbesondere durch – ob unbeabsichtigt oder unrechtmäßig – Vernichtung, Verlust, Veränderung oder unbefugte Offenlegung von beziehungsweise unbefugten Zugang zu personenbezogenen Daten, die übermittelt, gespeichert oder auf andere Weise verarbeitet wurden.

(3) Die Einhaltung genehmigter Verhaltensregeln gemäß Artikel 40 oder eines genehmigten Zertifizierungsverfahrens gemäß Artikel 42 kann als Faktor herangezogen werden, um die Erfüllung der in Absatz 1 des vorliegenden Artikels genannten Anforderungen nachzuweisen.

(4) Der Verantwortliche und der Auftragsverarbeiter unternehmen Schritte, um sicherzustellen, dass ihnen unterstellte natürliche Personen, die Zugang zu personenbezogenen Daten haben, diese nur auf Anweisung des Verantwortlichen verarbeiten, es sei denn, sie sind nach dem Recht der Union oder der Mitgliedstaaten zur Verarbeitung verpflichtet.

Artikel 33
Meldung von Verletzungen des Schutzes personenbezogener Daten an die Aufsichtsbehörde

(1) Im Falle einer Verletzung des Schutzes personenbezogener Daten meldet der Verantwortliche unverzüglich und möglichst binnen 72 Stunden, nachdem ihm die Verletzung bekannt wurde, diese der gemäß Artikel 51 zuständigen Aufsichtsbehörde, es sei denn, dass die Verletzung des Schutzes personenbezogener Daten voraussichtlich nicht zu einem Risiko für die Rechte und Freiheiten natürlicher Personen führt. Erfolgt die Meldung an die Aufsichtsbehörde nicht binnen 72 Stunden, so ist ihr eine Begründung für die Verzögerung beizufügen.

(2) Wenn dem Auftragsverarbeiter eine Verletzung des Schutzes personenbezogener Daten bekannt wird, meldet er diese dem Verantwortlichen unverzüglich.

(3) Die Meldung gemäß Absatz 1 enthält zumindest folgende Informationen:

a) eine Beschreibung der Art der Verletzung des Schutzes personenbezogener Daten, soweit möglich mit Angabe der Kategorien und der ungefähren Zahl der betroffenen Personen, der betroffenen Kategorien und der ungefähren Zahl der betroffenen personenbezogenen Datensätze;

b) den Namen und die Kontaktdaten des Datenschutzbeauftragten oder einer sonstigen Anlaufstelle für weitere Informationen;

c) eine Beschreibung der wahrscheinlichen Folgen der Verletzung des Schutzes personenbezogener Daten;

d) eine Beschreibung der von dem Verantwortlichen ergriffenen oder vorgeschla-
genen Maßnahmen zur Behebung der Verletzung des Schutzes personenbezogener Daten und gegebenenfalls Maßnahmen zur Abmilderung ihrer möglichen
nachteiligen Auswirkungen.

(4) Wenn und soweit die Informationen nicht zur gleichen Zeit bereitgestellt werden
können, kann der Verantwortliche diese Informationen ohne unangemessene weitere
Verzögerung schrittweise zur Verfügung stellen.

(5) Der Verantwortliche dokumentiert Verletzungen des Schutzes personenbezogener Daten einschließlich aller im Zusammenhang mit der Verletzung des Schutzes
personenbezogener Daten stehenden Fakten, von deren Auswirkungen und der ergriffenen Abhilfemaßnahmen. Diese Dokumentation muss der Aufsichtsbehörde
die Überprüfung der Einhaltung der Bestimmungen dieses Artikels ermöglichen.

Artikel 34
**Benachrichtigung der von einer Verletzung des Schutzes personenbezogener
Daten betroffenen Person**

(1) Hat die Verletzung des Schutzes personenbezogener Daten voraussichtlich ein
hohes Risiko für die persönlichen Rechte und Freiheiten natürlicher Personen zur
Folge, so benachrichtigt der Verantwortliche die betroffene Person unverzüglich von
der Verletzung.

(2) Die in Absatz 1 genannte Benachrichtigung der betroffenen Person beschreibt in
klarer und einfacher Sprache die Art der Verletzung des Schutzes personenbezogener Daten und enthält zumindest die in Artikel 33 Absatz 3 Buchstaben b, c und d
genannten Informationen und Maßnahmen.

(3) Die Benachrichtigung der betroffenen Person gemäß Absatz 1 ist nicht erforderlich, wenn eine der folgenden Bedingungen erfüllt ist:

a) der Verantwortliche geeignete technische und organisatorische Sicherheitsvorkehrungen getroffen hat und diese Vorkehrungen auf die von der Verletzung betroffenen personenbezogenen Daten angewandt wurden, insbesondere solche,
durch die die personenbezogenen Daten für alle Personen, die nicht zum Zugang
zu den personenbezogenen Daten befugt sind, unzugänglich gemacht werden,
etwa durch Verschlüsselung;

b) der Verantwortliche durch nachfolgende Maßnahmen sichergestellt hat, dass das
hohe Risiko für die Rechte und Freiheiten der betroffenen Personen gemäß Absatz 1 aller Wahrscheinlichkeit nach nicht mehr besteht;

c) dies mit einem unverhältnismäßigen Aufwand verbunden wäre. In diesem Fall
hat stattdessen eine öffentliche Bekanntmachung oder eine ähnliche Maßnahme

zu erfolgen, durch die die betroffenen Personen vergleichbar wirksam informiert werden.

(4) Wenn der Verantwortliche die betroffene Person nicht bereits über die Verletzung des Schutzes personenbezogener Daten benachrichtigt hat, kann die Aufsichtsbehörde unter Berücksichtigung der Wahrscheinlichkeit, mit der die Verletzung des Schutzes personenbezogener Daten zu einem hohen Risiko führt, von dem Verantwortlichen verlangen, dies nachzuholen, oder sie kann mit einem Beschluss feststellen, dass bestimmte der in Absatz 3 genannten Voraussetzungen erfüllt sind.

Abschnitt 3
Datenschutz-Folgenabschätzung und vorherige Konsultation

Artikel 35
Datenschutz-Folgenabschätzung

(1) Hat eine Form der Verarbeitung, insbesondere bei Verwendung neuer Technologien, aufgrund der Art, des Umfangs, der Umstände und der Zwecke der Verarbeitung voraussichtlich ein hohes Risiko für die Rechte und Freiheiten natürlicher Personen zur Folge, so führt der Verantwortliche vorab eine Abschätzung der Folgen der vorgesehenen Verarbeitungsvorgänge für den Schutz personenbezogener Daten durch. Für die Untersuchung mehrerer ähnlicher Verarbeitungsvorgänge mit ähnlich hohen Risiken kann eine einzige Abschätzung vorgenommen werden.

(2) Der Verantwortliche holt bei der Durchführung einer Datenschutz-Folgenabschätzung den Rat des Datenschutzbeauftragten, sofern ein solcher benannt wurde, ein.

(3) Eine Datenschutz-Folgenabschätzung gemäß Absatz 1 ist insbesondere in folgenden Fällen erforderlich:

a) systematische und umfassende Bewertung persönlicher Aspekte natürlicher Personen, die sich auf automatisierte Verarbeitung einschließlich Profiling gründet und die ihrerseits als Grundlage für Entscheidungen dient, die Rechtswirkung gegenüber natürlichen Personen entfalten oder diese in ähnlich erheblicher Weise beeinträchtigen;

b) umfangreiche Verarbeitung besonderer Kategorien von personenbezogenen Daten gemäß Artikel 9 Absatz 1 oder von personenbezogenen Daten über strafrechtliche Verurteilungen und Straftaten gemäß Artikel 10 oder

c) systematische umfangreiche Überwachung öffentlich zugänglicher Bereiche.

(4) Die Aufsichtsbehörde erstellt eine Liste der Verarbeitungsvorgänge, für die gemäß Absatz 1 eine Datenschutz-Folgenabschätzung durchzuführen ist, und veröf-

fentlicht diese. Die Aufsichtsbehörde übermittelt diese Listen dem in Artikel 68 genannten Ausschuss.

(5) Die Aufsichtsbehörde kann des Weiteren eine Liste der Arten von Verarbeitungsvorgängen erstellen und veröffentlichen, für die keine Datenschutz-Folgenabschätzung erforderlich ist. Die Aufsichtsbehörde übermittelt diese Listen dem Ausschuss.

(6) Vor Festlegung der in den Absätzen 4 und 5 genannten Listen wendet die zuständige Aufsichtsbehörde das Kohärenzverfahren gemäß Artikel 63 an, wenn solche Listen Verarbeitungstätigkeiten umfassen, die mit dem Angebot von Waren oder Dienstleistungen für betroffene Personen oder der Beobachtung des Verhaltens dieser Personen in mehreren Mitgliedstaaten im Zusammenhang stehen oder die den freien Verkehr personenbezogener Daten innerhalb der Union erheblich beeinträchtigen könnten.

(7) Die Folgenabschätzung enthält zumindest Folgendes:

a) eine systematische Beschreibung der geplanten Verarbeitungsvorgänge und der Zwecke der Verarbeitung, gegebenenfalls einschließlich der von dem Verantwortlichen verfolgten berechtigten Interessen;

b) eine Bewertung der Notwendigkeit und Verhältnismäßigkeit der Verarbeitungsvorgänge in Bezug auf den Zweck;

c) eine Bewertung der Risiken für die Rechte und Freiheiten der betroffenen Personen gemäß Absatz 1 und

d) die zur Bewältigung der Risiken geplanten Abhilfemaßnahmen, einschließlich Garantien, Sicherheitsvorkehrungen und Verfahren, durch die der Schutz personenbezogener Daten sichergestellt und der Nachweis dafür erbracht wird, dass diese Verordnung eingehalten wird, wobei den Rechten und berechtigten Interessen der betroffenen Personen und sonstiger Betroffener Rechnung getragen wird.

(8) Die Einhaltung genehmigter Verhaltensregeln gemäß Artikel 40 durch die zuständigen Verantwortlichen oder die zuständigen Auftragsverarbeiter ist bei der Beurteilung der Auswirkungen der von diesen durchgeführten Verarbeitungsvorgänge, insbesondere für die Zwecke einer Datenschutz-Folgenabschätzung, gebührend zu berücksichtigen.

(9) Der Verantwortliche holt gegebenenfalls den Standpunkt der betroffenen Personen oder ihrer Vertreter zu der beabsichtigten Verarbeitung unbeschadet des Schutzes gewerblicher oder öffentlicher Interessen oder der Sicherheit der Verarbeitungsvorgänge ein.

(10) Falls die Verarbeitung gemäß Artikel 6 Absatz 1 Buchstabe c oder e auf einer Rechtsgrundlage im Unionsrecht oder im Recht des Mitgliedstaats, dem der Verantwortliche unterliegt, beruht und falls diese Rechtsvorschriften den konkreten Verarbeitungsvorgang oder die konkreten Verarbeitungsvorgänge regeln und bereits im Rahmen der allgemeinen Folgenabschätzung im Zusammenhang mit dem Erlass dieser Rechtsgrundlage eine Datenschutz-Folgenabschätzung erfolgte, gelten die Absätze 1 bis 7 nur, wenn es nach dem Ermessen der Mitgliedstaaten erforderlich ist, vor den betreffenden Verarbeitungstätigkeiten eine solche Folgenabschätzung durchzuführen.

(11) Erforderlichenfalls führt der Verantwortliche eine Überprüfung durch, um zu bewerten, ob die Verarbeitung gemäß der Datenschutz-Folgenabschätzung durchgeführt wird; dies gilt zumindest, wenn hinsichtlich des mit den Verarbeitungsvorgängen verbundenen Risikos Änderungen eingetreten sind.

Artikel 36
Vorherige Konsultation

(1) Der Verantwortliche konsultiert vor der Verarbeitung die Aufsichtsbehörde, wenn aus einer Datenschutz-Folgenabschätzung gemäß Artikel 35 hervorgeht, dass die Verarbeitung ein hohes Risiko zur Folge hätte, sofern der Verantwortliche keine Maßnahmen zur Eindämmung des Risikos trifft.

(2) Falls die Aufsichtsbehörde der Auffassung ist, dass die geplante Verarbeitung gemäß Absatz 1 nicht im Einklang mit dieser Verordnung stünde, insbesondere weil der Verantwortliche das Risiko nicht ausreichend ermittelt oder nicht ausreichend eingedämmt hat, unterbreitet sie dem Verantwortlichen und gegebenenfalls dem Auftragsverarbeiter innerhalb eines Zeitraums von bis zu acht Wochen nach Erhalt des Ersuchens um Konsultation entsprechende schriftliche Empfehlungen und kann ihre in Artikel 58 genannten Befugnisse ausüben. Diese Frist kann unter Berücksichtigung der Komplexität der geplanten Verarbeitung um sechs Wochen verlängert werden. Die Aufsichtsbehörde unterrichtet den Verantwortlichen oder gegebenenfalls den Auftragsverarbeiter über eine solche Fristverlängerung innerhalb eines Monats nach Eingang des Antrags auf Konsultation zusammen mit den Gründen für die Verzögerung. Diese Fristen können ausgesetzt werden, bis die Aufsichtsbehörde die für die Zwecke der Konsultation angeforderten Informationen erhalten hat.

(3) Der Verantwortliche stellt der Aufsichtsbehörde bei einer Konsultation gemäß Absatz 1 folgende Informationen zur Verfügung:

a) gegebenenfalls Angaben zu den jeweiligen Zuständigkeiten des Verantwortlichen, der gemeinsam Verantwortlichen und der an der Verarbeitung beteiligten Auftragsverarbeiter, insbesondere bei einer Verarbeitung innerhalb einer Gruppe von Unternehmen;

b) die Zwecke und die Mittel der beabsichtigten Verarbeitung;

c) die zum Schutz der Rechte und Freiheiten der betroffenen Personen gemäß dieser Verordnung vorgesehenen Maßnahmen und Garantien;

d) gegebenenfalls die Kontaktdaten des Datenschutzbeauftragten;

e) die Datenschutz-Folgenabschätzung gemäß Artikel 35 und

f) alle sonstigen von der Aufsichtsbehörde angeforderten Informationen.

(4) Die Mitgliedstaaten konsultieren die Aufsichtsbehörde bei der Ausarbeitung eines Vorschlags für von einem nationalen Parlament zu erlassende Gesetzgebungsmaßnahmen oder von auf solchen Gesetzgebungsmaßnahmen basierenden Regelungsmaßnahmen, die die Verarbeitung betreffen.

(5) Ungeachtet des Absatzes 1 können Verantwortliche durch das Recht der Mitgliedstaaten verpflichtet werden, bei der Verarbeitung zur Erfüllung einer im öffentlichen Interesse liegenden Aufgabe, einschließlich der Verarbeitung zu Zwecken der sozialen Sicherheit und der öffentlichen Gesundheit, die Aufsichtsbehörde zu konsultieren und deren vorherige Genehmigung einzuholen.

Abschnitt 4
Datenschutzbeauftragter

Artikel 37
Benennung eines Datenschutzbeauftragten

(1) Der Verantwortliche und der Auftragsverarbeiter benennen auf jeden Fall einen Datenschutzbeauftragten, wenn

a) die Verarbeitung von einer Behörde oder öffentlichen Stelle durchgeführt wird, mit Ausnahme von Gerichten, die im Rahmen ihrer justiziellen Tätigkeit handeln,

b) die Kerntätigkeit des Verantwortlichen oder des Auftragsverarbeiters in der Durchführung von Verarbeitungsvorgängen besteht, welche aufgrund ihrer Art, ihres Umfangs und/oder ihrer Zwecke eine umfangreiche regelmäßige und systematische Überwachung von betroffenen Personen erforderlich machen, oder

c) die Kerntätigkeit des Verantwortlichen oder des Auftragsverarbeiters in der umfangreichen Verarbeitung besonderer Kategorien von Daten gemäß Artikel 9 oder von personenbezogenen Daten über strafrechtliche Verurteilungen und Straftaten gemäß Artikel 10 besteht.

(2) Eine Unternehmensgruppe darf einen gemeinsamen Datenschutzbeauftragten ernennen, sofern von jeder Niederlassung aus der Datenschutzbeauftragte leicht erreicht werden kann.

(3) Falls es sich bei dem Verantwortlichen oder dem Auftragsverarbeiter um eine Behörde oder öffentliche Stelle handelt, kann für mehrere solcher Behörden oder Stellen unter Berücksichtigung ihrer Organisationsstruktur und ihrer Größe ein gemeinsamer Datenschutzbeauftragter benannt werden.

(4) In anderen als den in Absatz 1 genannten Fällen können der Verantwortliche oder der Auftragsverarbeiter oder Verbände und andere Vereinigungen, die Kategorien von Verantwortlichen oder Auftragsverarbeitern vertreten, einen Datenschutzbeauftragten benennen; falls dies nach dem Recht der Union oder der Mitgliedstaaten vorgeschrieben ist, müssen sie einen solchen benennen. Der Datenschutzbeauftragte kann für derartige Verbände und andere Vereinigungen, die Verantwortliche oder Auftragsverarbeiter vertreten, handeln.

(5) Der Datenschutzbeauftragte wird auf der Grundlage seiner beruflichen Qualifikation und insbesondere des Fachwissens benannt, das er auf dem Gebiet des Datenschutzrechts und der Datenschutzpraxis besitzt, sowie auf der Grundlage seiner Fähigkeit zur Erfüllung der in Artikel 39 genannten Aufgaben.

(6) Der Datenschutzbeauftragte kann Beschäftigter des Verantwortlichen oder des Auftragsverarbeiters sein oder seine Aufgaben auf der Grundlage eines Dienstleistungsvertrags erfüllen.

(7) Der Verantwortliche oder der Auftragsverarbeiter veröffentlicht die Kontaktdaten des Datenschutzbeauftragten und teilt diese Daten der Aufsichtsbehörde mit.

Artikel 38
Stellung des Datenschutzbeauftragten

(1) Der Verantwortliche und der Auftragsverarbeiter stellen sicher, dass der Datenschutzbeauftragte ordnungsgemäß und frühzeitig in alle mit dem Schutz personenbezogener Daten zusammenhängenden Fragen eingebunden wird.

(2) Der Verantwortliche und der Auftragsverarbeiter unterstützen den Datenschutzbeauftragten bei der Erfüllung seiner Aufgaben gemäß Artikel 39, indem sie die für die Erfüllung dieser Aufgaben erforderlichen Ressourcen und den Zugang zu personenbezogenen Daten und Verarbeitungsvorgängen sowie die zur Erhaltung seines Fachwissens erforderlichen Ressourcen zur Verfügung stellen.

(3) Der Verantwortliche und der Auftragsverarbeiter stellen sicher, dass der Datenschutzbeauftragte bei der Erfüllung seiner Aufgaben keine Anweisungen bezüglich der Ausübung dieser Aufgaben erhält. Der Datenschutzbeauftragte darf von dem Verantwortlichen oder dem Auftragsverarbeiter wegen der Erfüllung seiner Aufgaben nicht abberufen oder benachteiligt werden. Der Datenschutzbeauftragte berichtet unmittelbar der höchsten Managementebene des Verantwortlichen oder des Auftragsverarbeiters.

(4) Betroffene Personen können den Datenschutzbeauftragten zu allen mit der Verarbeitung ihrer personenbezogenen Daten und mit der Wahrnehmung ihrer Rechte gemäß dieser Verordnung im Zusammenhang stehenden Fragen zu Rate ziehen.

(5) Der Datenschutzbeauftragte ist nach dem Recht der Union oder der Mitgliedstaaten bei der Erfüllung seiner Aufgaben an die Wahrung der Geheimhaltung oder der Vertraulichkeit gebunden.

(6) Der Datenschutzbeauftragte kann andere Aufgaben und Pflichten wahrnehmen. Der Verantwortliche oder der Auftragsverarbeiter stellt sicher, dass derartige Aufgaben und Pflichten nicht zu einem Interessenkonflikt führen.

Artikel 39
Aufgaben des Datenschutzbeauftragten

(1) Dem Datenschutzbeauftragten obliegen zumindest folgende Aufgaben:

a) Unterrichtung und Beratung des Verantwortlichen oder des Auftragsverarbeiters und der Beschäftigten, die Verarbeitungen durchführen, hinsichtlich ihrer Pflichten nach dieser Verordnung sowie nach sonstigen Datenschutzvorschriften der Union bzw. der Mitgliedstaaten;

b) Überwachung der Einhaltung dieser Verordnung, anderer Datenschutzvorschriften der Union bzw. der Mitgliedstaaten sowie der Strategien des Verantwortlichen oder des Auftragsverarbeiters für den Schutz personenbezogener Daten einschließlich der Zuweisung von Zuständigkeiten, der Sensibilisierung und Schulung der an den Verarbeitungsvorgängen beteiligten Mitarbeiter und der diesbezüglichen Überprüfungen;

c) Beratung – auf Anfrage – im Zusammenhang mit der Datenschutz-Folgenabschätzung und Überwachung ihrer Durchführung gemäß Artikel 35;

d) Zusammenarbeit mit der Aufsichtsbehörde;

e) Tätigkeit als Anlaufstelle für die Aufsichtsbehörde in mit der Verarbeitung zusammenhängenden Fragen, einschließlich der vorherigen Konsultation gemäß Artikel 36, und gegebenenfalls Beratung zu allen sonstigen Fragen.

(2) Der Datenschutzbeauftragte trägt bei der Erfüllung seiner Aufgaben dem mit den Verarbeitungsvorgängen verbundenen Risiko gebührend Rechnung, wobei er die Art, den Umfang, die Umstände und die Zwecke der Verarbeitung berücksichtigt.

Abschnitt 5
Verhaltensregeln und Zertifizierung

Artikel 40
Verhaltensregeln

(1) Die Mitgliedstaaten, die Aufsichtsbehörden, der Ausschuss und die Kommission fördern die Ausarbeitung von Verhaltensregeln, die nach Maßgabe der Besonderheiten der einzelnen Verarbeitungsbereiche und der besonderen Bedürfnisse von Kleinstunternehmen sowie kleinen und mittleren Unternehmen zur ordnungsgemäßen Anwendung dieser Verordnung beitragen sollen.

(2) Verbände und andere Vereinigungen, die Kategorien von Verantwortlichen oder Auftragsverarbeitern vertreten, können Verhaltensregeln ausarbeiten oder ändern oder erweitern, mit denen die Anwendung dieser Verordnung beispielsweise zu dem Folgenden präzisiert wird:

a) faire und transparente Verarbeitung;

b) die berechtigten Interessen des Verantwortlichen in bestimmten Zusammenhängen;

c) Erhebung personenbezogener Daten;

d) Pseudonymisierung personenbezogener Daten;

e) Unterrichtung der Öffentlichkeit und der betroffenen Personen;

f) Ausübung der Rechte betroffener Personen;

g) Unterrichtung und Schutz von Kindern und Art und Weise, in der die Einwilligung des Trägers der elterlichen Verantwortung für das Kind einzuholen ist;

h) die Maßnahmen und Verfahren gemäß den Artikeln 24 und 25 und die Maßnahmen für die Sicherheit der Verarbeitung gemäß Artikel 32;

i) die Meldung von Verletzungen des Schutzes personenbezogener Daten an Aufsichtsbehörden und die Benachrichtigung der betroffenen Person von solchen Verletzungen des Schutzes personenbezogener Daten;

j) die Übermittlung personenbezogener Daten an Drittländer oder an internationale Organisationen oder

k) außergerichtliche Verfahren und sonstige Streitbeilegungsverfahren zur Beilegung von Streitigkeiten zwischen Verantwortlichen und betroffenen Personen im Zusammenhang mit der Verarbeitung, unbeschadet der Rechte betroffener Personen gemäß den Artikeln 77 und 79.

(3) Zusätzlich zur Einhaltung durch die unter diese Verordnung fallenden Verantwortlichen oder Auftragsverarbeiter können Verhaltensregeln, die gemäß Absatz 5

des vorliegenden Artikels genehmigt wurden und gemäß Absatz 9 des vorliegenden Artikels allgemeine Gültigkeit besitzen, können auch von Verantwortlichen oder Auftragsverarbeitern, die gemäß Artikel 3 nicht unter diese Verordnung fallen, eingehalten werden, um geeignete Garantien im Rahmen der Übermittlung personenbezogener Daten an Drittländer oder internationale Organisationen nach Maßgabe des Artikels 46 Absatz 2 Buchstabe e zu bieten. Diese Verantwortlichen oder Auftragsverarbeiter gehen mittels vertraglicher oder sonstiger rechtlich bindender Instrumente die verbindliche und durchsetzbare Verpflichtung ein, die geeigneten Garantien anzuwenden, auch im Hinblick auf die Rechte der betroffenen Personen.

(4) Die Verhaltensregeln gemäß Absatz 2 des vorliegenden Artikels müssen Verfahren vorsehen, die es der in Artikel 41 Absatz 1 genannten Stelle ermöglichen, die obligatorische Überwachung der Einhaltung ihrer Bestimmungen durch die Verantwortlichen oder die Auftragsverarbeiter, die sich zur Anwendung der Verhaltensregeln verpflichten, vorzunehmen, unbeschadet der Aufgaben und Befugnisse der Aufsichtsbehörde, die nach Artikel 55 oder 56 zuständig ist.

(5) Verbände und andere Vereinigungen gemäß Absatz 2 des vorliegenden Artikels, die beabsichtigen, Verhaltensregeln auszuarbeiten oder bestehende Verhaltensregeln zu ändern oder zu erweitern, legen den Entwurf der Verhaltensregeln bzw. den Entwurf zu deren Änderung oder Erweiterung der Aufsichtsbehörde vor, die nach Artikel 55 zuständig ist. Die Aufsichtsbehörde gibt eine Stellungnahme darüber ab, ob der Entwurf der Verhaltensregeln bzw. der Entwurf zu deren Änderung oder Erweiterung mit dieser Verordnung vereinbar ist und genehmigt diesen Entwurf der Verhaltensregeln bzw. den Entwurf zu deren Änderung oder Erweiterung, wenn sie der Auffassung ist, dass er ausreichende geeignete Garantien bietet.

(6) Wird durch die Stellungnahme nach Absatz 5 der Entwurf der Verhaltensregeln bzw. der Entwurf zu deren Änderung oder Erweiterung genehmigt und beziehen sich die betreffenden Verhaltensregeln nicht auf Verarbeitungtätigkeiten in mehreren Mitgliedstaaten, so nimmt die Aufsichtsbehörde die Verhaltensregeln in ein Verzeichnis auf und veröffentlicht sie.

(7) Bezieht sich der Entwurf der Verhaltensregeln auf Verarbeitungtätigkeiten in mehreren Mitgliedstaaten, so legt die nach Artikel 55 zuständige Aufsichtsbehörde – bevor sie den Entwurf der Verhaltensregeln bzw. den Entwurf zu deren Änderung oder Erweiterung genehmigt – ihn nach dem Verfahren gemäß Artikel 63 dem Ausschuss vor, der zu der Frage Stellung nimmt, ob der Entwurf der Verhaltensregeln bzw. der Entwurf zu deren Änderung oder Erweiterung mit dieser Verordnung vereinbar ist oder – im Fall nach Absatz 3 dieses Artikels – geeignete Garantien vorsieht.

(8) Wird durch die Stellungnahme nach Absatz 7 bestätigt, dass der Entwurf der Verhaltensregeln bzw. der Entwurf zu deren Änderung oder Erweiterung mit dieser Ver-

ordnung vereinbar ist oder – im Fall nach Absatz 3 – geeignete Garantien vorsieht, so übermittelt der Ausschuss seine Stellungnahme der Kommission.

(9) Die Kommission kann im Wege von Durchführungsrechtsakten beschließen, dass die ihr gemäß Absatz 8 übermittelten genehmigten Verhaltensregeln bzw. deren genehmigte Änderung oder Erweiterung allgemeine Gültigkeit in der Union besitzen. Diese Durchführungsrechtsakte werden gemäß dem Prüfverfahren nach Artikel 93 Absatz 2 erlassen.

(10) Die Kommission trägt dafür Sorge, dass die genehmigten Verhaltensregeln, denen gemäß Absatz 9 allgemeine Gültigkeit zuerkannt wurde, in geeigneter Weise veröffentlicht werden.

(11) Der Ausschuss nimmt alle genehmigten Verhaltensregeln bzw. deren genehmigte Änderungen oder Erweiterungen in ein Register auf und veröffentlicht sie in geeigneter Weise.

Artikel 41
Überwachung der genehmigten Verhaltensregeln

(1) Unbeschadet der Aufgaben und Befugnisse der zuständigen Aufsichtsbehörde gemäß den Artikeln 57 und 58 kann die Überwachung der Einhaltung von Verhaltensregeln gemäß Artikel 40 von einer Stelle durchgeführt werden, die über das geeignete Fachwissen hinsichtlich des Gegenstands der Verhaltensregeln verfügt und die von der zuständigen Aufsichtsbehörde zu diesem Zweck akkreditiert wurde.

(2) Eine Stelle gemäß Absatz 1 kann zum Zwecke der Überwachung der Einhaltung von Verhaltensregeln akkreditiert werden, wenn sie

a) ihre Unabhängigkeit und ihr Fachwissen hinsichtlich des Gegenstands der Verhaltensregeln zur Zufriedenheit der zuständigen Aufsichtsbehörde nachgewiesen hat;

b) Verfahren festgelegt hat, die es ihr ermöglichen, zu bewerten, ob Verantwortliche und Auftragsverarbeiter die Verhaltensregeln anwenden können, die Einhaltung der Verhaltensregeln durch die Verantwortlichen und Auftragsverarbeiter zu überwachen und die Anwendung der Verhaltensregeln regelmäßig zu überprüfen;

c) Verfahren und Strukturen festgelegt hat, mit denen sie Beschwerden über Verletzungen der Verhaltensregeln oder über die Art und Weise, in der die Verhaltensregeln von dem Verantwortlichen oder dem Auftragsverarbeiter angewendet werden oder wurden, nachgeht und diese Verfahren und Strukturen für betroffene Personen und die Öffentlichkeit transparent macht, und

d) zur Zufriedenheit der zuständigen Aufsichtsbehörde nachgewiesen hat, dass ihre Aufgaben und Pflichten nicht zu einem Interessenkonflikt führen.

(3) Die zuständige Aufsichtsbehörde übermittelt den Entwurf der Kriterien für die Akkreditierung einer Stelle nach Absatz 1 gemäß dem Kohärenzverfahren nach Artikel 63 an den Ausschuss.

(4) Unbeschadet der Aufgaben und Befugnisse der zuständigen Aufsichtsbehörde und der Bestimmungen des Kapitels VIII ergreift eine Stelle gemäß Absatz 1 vorbehaltlich geeigneter Garantien im Falle einer Verletzung der Verhaltensregeln durch einen Verantwortlichen oder einen Auftragsverarbeiter geeignete Maßnahmen, einschließlich eines vorläufigen oder endgültigen Ausschlusses des Verantwortlichen oder Auftragsverarbeiters von den Verhaltensregeln. Sie unterrichtet die zuständige Aufsichtsbehörde über solche Maßnahmen und deren Begründung.

(5) Die zuständige Aufsichtsbehörde widerruft die Akkreditierung einer Stelle gemäß Absatz 1, wenn die Voraussetzungen für ihre Akkreditierung nicht oder nicht mehr erfüllt sind oder wenn die Stelle Maßnahmen ergreift, die nicht mit dieser Verordnung vereinbar sind.

(6) Dieser Artikel gilt nicht für die Verarbeitung durch Behörden oder öffentliche Stellen.

Artikel 42
Zertifizierung

(1) Die Mitgliedstaaten, die Aufsichtsbehörden, der Ausschuss und die Kommission fördern insbesondere auf Unionsebene die Einführung von datenschutzspezifischen Zertifizierungsverfahren sowie von Datenschutzsiegeln und -prüfzeichen, die dazu dienen, nachzuweisen, dass diese Verordnung bei Verarbeitungsvorgängen von Verantwortlichen oder Auftragsverarbeitern eingehalten wird. Den besonderen Bedürfnissen von Kleinstunternehmen sowie kleinen und mittleren Unternehmen wird Rechnung getragen.

(2) Zusätzlich zur Einhaltung durch die unter diese Verordnung fallenden Verantwortlichen oder Auftragsverarbeiter können auch datenschutzspezifische Zertifizierungsverfahren, Siegel oder Prüfzeichen, die gemäß Absatz 5 des vorliegenden Artikels genehmigt worden sind, vorgesehen werden, um nachzuweisen, dass die Verantwortlichen oder Auftragsverarbeiter, die gemäß Artikel 3 nicht unter diese Verordnung fallen, im Rahmen der Übermittlung personenbezogener Daten an Drittländer oder internationale Organisationen nach Maßgabe von Artikel 46 Absatz 2 Buchstabe f geeignete Garantien bieten. Diese Verantwortlichen oder Auftragsverarbeiter gehen mittels vertraglicher oder sonstiger rechtlich bindender Instrumente die verbindliche und durchsetzbare Verpflichtung ein, diese geeigneten Garantien anzuwenden, auch im Hinblick auf die Rechte der betroffenen Personen.

(3) Die Zertifizierung muss freiwillig und über ein transparentes Verfahren zugänglich sein.

(4) Eine Zertifizierung gemäß diesem Artikel mindert nicht die Verantwortung des Verantwortlichen oder des Auftragsverarbeiters für die Einhaltung dieser Verordnung und berührt nicht die Aufgaben und Befugnisse der Aufsichtsbehörden, die gemäß Artikel 55 oder 56 zuständig sind.

(5) Eine Zertifizierung nach diesem Artikel wird durch die Zertifizierungsstellen nach Artikel 43 oder durch die zuständige Aufsichtsbehörde anhand der von dieser zuständigen Aufsichtsbehörde gemäß Artikel 58 Absatz 3 oder – gemäß Artikel 63 – durch den Ausschuss genehmigten Kriterien erteilt. Werden die Kriterien vom Ausschuss genehmigt, kann dies zu einer gemeinsamen Zertifizierung, dem Europäischen Datenschutzsiegel, führen.

(6) Der Verantwortliche oder der Auftragsverarbeiter, der die von ihm durchgeführte Verarbeitung dem Zertifizierungsverfahren unterwirft, stellt der Zertifizierungsstelle nach Artikel 43 oder gegebenenfalls der zuständigen Aufsichtsbehörde alle für die Durchführung des Zertifizierungsverfahrens erforderlichen Informationen zur Verfügung und gewährt ihr den in diesem Zusammenhang erforderlichen Zugang zu seinen Verarbeitungstätigkeiten.

(7) Die Zertifizierung wird einem Verantwortlichen oder einem Auftragsverarbeiter für eine Höchstdauer von drei Jahren erteilt und kann unter denselben Bedingungen verlängert werden, sofern die einschlägigen Voraussetzungen weiterhin erfüllt werden. Die Zertifizierung wird gegebenenfalls durch die Zertifizierungsstellen nach Artikel 43 oder durch die zuständige Aufsichtsbehörde widerrufen, wenn die Voraussetzungen für die Zertifizierung nicht oder nicht mehr erfüllt werden.

(8) Der Ausschuss nimmt alle Zertifizierungsverfahren und Datenschutzsiegel und -prüfzeichen in ein Register auf und veröffentlicht sie in geeigneter Weise.

Artikel 43
Zertifizierungsstellen

(1) Unbeschadet der Aufgaben und Befugnisse der zuständigen Aufsichtsbehörde gemäß den Artikeln 57 und 58 erteilen oder verlängern Zertifizierungsstellen, die über das geeignete Fachwissen hinsichtlich des Datenschutzes verfügen, nach Unterrichtung der Aufsichtsbehörde – damit diese erforderlichenfalls von ihren Befugnissen gemäß Artikel 58 Absatz 2 Buchstabe h Gebrauch machen kann – die Zertifizierung. Die Mitgliedstaaten stellen sicher, dass diese Zertifizierungsstellen von einer oder beiden der folgenden Stellen akkreditiert werden:

a) der gemäß Artikel 55 oder 56 zuständigen Aufsichtsbehörde;

b) der nationalen Akkreditierungsstelle, die gemäß der Verordnung (EG) Nr. 765/
2008 des Europäischen Parlaments und des Rates[5] im Einklang mit EN-ISO/
IEC 17065/2012 und mit den zusätzlichen von der gemäß Artikel 55 oder 56 zuständigen Aufsichtsbehörde festgelegten Anforderungen benannt wurde.

(2) Zertifizierungsstellen nach Absatz 1 dürfen nur dann gemäß dem genannten Absatz akkreditiert werden, wenn sie

a) ihre Unabhängigkeit und ihr Fachwissen hinsichtlich des Gegenstands der Zertifizierung zur Zufriedenheit der zuständigen Aufsichtsbehörde nachgewiesen
haben;

b) sich verpflichtet haben, die Kriterien nach Artikel 42 Absatz 5, die von der gemäß Artikel 55 oder 56 zuständigen Aufsichtsbehörde oder – gemäß Artikel 63
– von dem Ausschuss genehmigt wurden, einzuhalten;

c) Verfahren für die Erteilung, die regelmäßige Überprüfung und den Widerruf der
Datenschutzzertifizierung sowie der Datenschutzsiegel und -prüfzeichen festgelegt haben;

d) Verfahren und Strukturen festgelegt haben, mit denen sie Beschwerden über Verletzungen der Zertifizierung oder die Art und Weise, in der die Zertifizierung
von dem Verantwortlichen oder dem Auftragsverarbeiter umgesetzt wird oder
wurde, nachgehen und diese Verfahren und Strukturen für betroffene Personen
und die Öffentlichkeit transparent machen, und

e) zur Zufriedenheit der zuständigen Aufsichtsbehörde nachgewiesen haben, dass
ihre Aufgaben und Pflichten nicht zu einem Interessenkonflikt führen.

(3) Die Akkreditierung von Zertifizierungsstellen nach den Absätzen 1 und 2 erfolgt
anhand der Kriterien, die von der gemäß Artikel 55 oder 56 zuständigen Aufsichtsbehörde oder – gemäß Artikel 63 – von dem Ausschuss genehmigt wurden. Im Fall
einer Akkreditierung nach Absatz 1 Buchstabe b des vorliegenden Artikels ergänzen diese Anforderungen diejenigen, die in der Verordnung (EG) Nr. 765/2008 und
in den technischen Vorschriften, in denen die Methoden und Verfahren der Zertifizierungsstellen beschrieben werden, vorgesehen sind.

(4) Die Zertifizierungsstellen nach Absatz 1 sind unbeschadet der Verantwortung,
die der Verantwortliche oder der Auftragsverarbeiter für die Einhaltung dieser Verordnung hat, für die angemessene Bewertung, die der Zertifizierung oder dem Widerruf einer Zertifizierung zugrunde liegt, verantwortlich. Die Akkreditierung wird
für eine Höchstdauer von fünf Jahren erteilt und kann unter denselben Bedingungen

---

5 Verordnung (EG) Nr. 765/2008 des Europäischen Parlaments und des Rates vom 9. Juli
2008 über die Vorschriften für die Akkreditierung und Marktüberwachung im Zusammenhang mit der Vermarktung von Produkten und zur Aufhebung der Verordnung (EWG)
Nr. 339/93 des Rates (ABl. L 218 vom 13.8.2008, S. 30).

verlängert werden, sofern die Zertifizierungsstelle die Anforderungen dieses Artikels erfüllt.

(5) Die Zertifizierungsstellen nach Absatz 1 teilen den zuständigen Aufsichtsbehörden die Gründe für die Erteilung oder den Widerruf der beantragten Zertifizierung mit.

(6) Die Anforderungen nach Absatz 3 des vorliegenden Artikels und die Kriterien nach Artikel 42 Absatz 5 werden von der Aufsichtsbehörde in leicht zugänglicher Form veröffentlicht. Die Aufsichtsbehörden übermitteln diese Anforderungen und Kriterien auch dem Ausschuss. Der Ausschuss nimmt alle Zertifizierungsverfahren und Datenschutzsiegel in ein Register auf und veröffentlicht sie in geeigneter Weise.

(7) Unbeschadet des Kapitels VIII widerruft die zuständige Aufsichtsbehörde oder die nationale Akkreditierungsstelle die Akkreditierung einer Zertifizierungsstelle nach Absatz 1, wenn die Voraussetzungen für die Akkreditierung nicht oder nicht mehr erfüllt sind oder wenn eine Zertifizierungsstelle Maßnahmen ergreift, die nicht mit dieser Verordnung vereinbar sind.

(8) Der Kommission wird die Befugnis übertragen, gemäß Artikel 92 delegierte Rechtsakte zu erlassen, um die Anforderungen festzulegen, die für die in Artikel 42 Absatz 1 genannten datenschutzspezifischen Zertifizierungsverfahren zu berücksichtigen sind.

(9) Die Kommission kann Durchführungsrechtsakte erlassen, mit denen technische Standards für Zertifizierungsverfahren und Datenschutzsiegel und -prüfzeichen sowie Mechanismen zur Förderung und Anerkennung dieser Zertifizierungsverfahren und Datenschutzsiegel und -prüfzeichen festgelegt werden. Diese Durchführungsrechtsakte werden gemäß dem in Artikel 93 Absatz 2 genannten Prüfverfahren erlassen.

KAPITEL V
Übermittlungen personenbezogener Daten an Drittländer oder an internationale Organisationen

Artikel 44
Allgemeine Grundsätze der Datenübermittlung

Jedwede Übermittlung personenbezogener Daten, die bereits verarbeitet werden oder nach ihrer Übermittlung an ein Drittland oder eine internationale Organisation verarbeitet werden sollen, ist nur zulässig, wenn der Verantwortliche und der Auftragsverarbeiter die in diesem Kapitel niedergelegten Bedingungen einhalten und auch die sonstigen Bestimmungen dieser Verordnung eingehalten werden; dies gilt auch für die etwaige Weiterübermittlung personenbezogener Daten durch das betreffende Drittland oder die betreffende internationale Organisation an ein anderes

Drittland oder eine andere internationale Organisation. Alle Bestimmungen dieses Kapitels sind anzuwenden, um sicherzustellen, dass das durch diese Verordnung gewährleistete Schutzniveau für natürliche Personen nicht untergraben wird.

Artikel 45
Datenübermittlung auf der Grundlage eines Angemessenheitsbeschlusses

(1) Eine Übermittlung personenbezogener Daten an ein Drittland oder eine internationale Organisation darf vorgenommen werden, wenn die Kommission beschlossen hat, dass das betreffende Drittland, ein Gebiet oder ein oder mehrere spezifische Sektoren in diesem Drittland oder die betreffende internationale Organisation ein angemessenes Schutzniveau bietet. Eine solche Datenübermittlung bedarf keiner besonderen Genehmigung.

(2) Bei der Prüfung der Angemessenheit des gebotenen Schutzniveaus berücksichtigt die Kommission insbesondere das Folgende:

a) die Rechtsstaatlichkeit, die Achtung der Menschenrechte und Grundfreiheiten, die in dem betreffenden Land bzw. bei der betreffenden internationalen Organisation geltenden einschlägigen Rechtsvorschriften sowohl allgemeiner als auch sektoraler Art – auch in Bezug auf öffentliche Sicherheit, Verteidigung, nationale Sicherheit und Strafrecht sowie Zugang der Behörden zu personenbezogenen Daten – sowie die Anwendung dieser Rechtsvorschriften, Datenschutzvorschriften, Berufsregeln und Sicherheitsvorschriften einschließlich der Vorschriften für die Weiterübermittlung personenbezogener Daten an ein anderes Drittland bzw. eine andere internationale Organisation, die Rechtsprechung sowie wirksame und durchsetzbare Rechte der betroffenen Person und wirksame verwaltungsrechtliche und gerichtliche Rechtsbehelfe für betroffene Personen, deren personenbezogene Daten übermittelt werden,

b) die Existenz und die wirksame Funktionsweise einer oder mehrerer unabhängiger Aufsichtsbehörden in dem betreffenden Drittland oder denen eine internationale Organisation untersteht und die für die Einhaltung und Durchsetzung der Datenschutzvorschriften, einschließlich angemessener Durchsetzungsbefugnisse, für die Unterstützung und Beratung der betroffenen Personen bei der Ausübung ihrer Rechte und für die Zusammenarbeit mit den Aufsichtsbehörden der Mitgliedstaaten zuständig sind, und

c) die von dem betreffenden Drittland bzw. der betreffenden internationalen Organisation eingegangenen internationalen Verpflichtungen oder andere Verpflichtungen, die sich aus rechtsverbindlichen Übereinkünften oder Instrumenten sowie aus der Teilnahme des Drittlands oder der internationalen Organisation an multilateralen oder regionalen Systemen insbesondere in Bezug auf den Schutz personenbezogener Daten ergeben.

(3) Nach der Beurteilung der Angemessenheit des Schutzniveaus kann die Kommission im Wege eines Durchführungsrechtsaktes beschließen, dass ein Drittland, ein Gebiet oder ein oder mehrere spezifische Sektoren in einem Drittland oder eine internationale Organisation ein angemessenes Schutzniveau im Sinne des Absatzes 2 des vorliegenden Artikels bieten. In dem Durchführungsrechtsakt ist ein Mechanismus für eine regelmäßige Überprüfung, die mindestens alle vier Jahre erfolgt, vorzusehen, bei der allen maßgeblichen Entwicklungen in dem Drittland oder bei der internationalen Organisation Rechnung getragen wird. Im Durchführungsrechtsakt werden der territoriale und der sektorale Anwendungsbereich sowie gegebenenfalls die in Absatz 2 Buchstabe b des vorliegenden Artikels genannte Aufsichtsbehörde bzw. genannten Aufsichtsbehörden angegeben. Der Durchführungsrechtsakt wird gemäß dem in Artikel 93 Absatz 2 genannten Prüfverfahren erlassen.

(4) Die Kommission überwacht fortlaufend die Entwicklungen in Drittländern und bei internationalen Organisationen, die die Wirkungsweise der nach Absatz 3 des vorliegenden Artikels erlassenen Beschlüsse und der nach Artikel 25 Absatz 6 der Richtlinie 95/46/EG erlassenen Feststellungen beeinträchtigen könnten.

(5) Die Kommission widerruft, ändert oder setzt die in Absatz 3 des vorliegenden Artikels genannten Beschlüsse im Wege von Durchführungsrechtsakten aus, soweit dies nötig ist und ohne rückwirkende Kraft, soweit entsprechende Informationen – insbesondere im Anschluss an die in Absatz 3 des vorliegenden Artikels genannte Überprüfung – dahingehend vorliegen, dass ein Drittland, ein Gebiet oder ein oder mehrere spezifischer Sektor in einem Drittland oder eine internationale Organisation kein angemessenes Schutzniveau im Sinne des Absatzes 2 des vorliegenden Artikels mehr gewährleistet. Diese Durchführungsrechtsakte werden gemäß dem Prüfverfahren nach Artikel 93 Absatz 2 erlassen.

In hinreichend begründeten Fällen äußerster Dringlichkeit erlässt die Kommission gemäß dem in Artikel 93 Absatz 3 genannten Verfahren sofort geltende Durchführungsrechtsakte.

(6) Die Kommission nimmt Beratungen mit dem betreffenden Drittland bzw. der betreffenden internationalen Organisation auf, um Abhilfe für die Situation zu schaffen, die zu dem gemäß Absatz 5 erlassenen Beschluss geführt hat.

(7) Übermittlungen personenbezogener Daten an das betreffende Drittland, das Gebiet oder einen oder mehrere spezifische Sektoren in diesem Drittland oder an die betreffende internationale Organisation gemäß den Artikeln 46 bis 49 werden durch einen Beschluss nach Absatz 5 des vorliegenden Artikels nicht berührt.

(8) Die Kommission veröffentlicht im *Amtsblatt der Europäischen Union* und auf ihrer Website eine Liste aller Drittländer beziehungsweise Gebiete und spezifischen Sektoren in einem Drittland und aller internationalen Organisationen, für die sie

durch Beschluss festgestellt hat, dass sie ein angemessenes Schutzniveau gewährleisten bzw. nicht mehr gewährleisten.

(9) Von der Kommission auf der Grundlage von Artikel 25 Absatz 6 der Richtlinie 95/46/EG erlassene Feststellungen bleiben so lange in Kraft, bis sie durch einen nach dem Prüfverfahren gemäß den Absätzen 3 oder 5 des vorliegenden Artikels erlassenen Beschluss der Kommission geändert, ersetzt oder aufgehoben werden.

Artikel 46
Datenübermittlung vorbehaltlich geeigneter Garantien

(1) Falls kein Beschluss nach Artikel 45 Absatz 3 vorliegt, darf ein Verantwortlicher oder ein Auftragsverarbeiter personenbezogene Daten an ein Drittland oder eine internationale Organisation nur übermitteln, sofern der Verantwortliche oder der Auftragsverarbeiter geeignete Garantien vorgesehen hat und sofern den betroffenen Personen durchsetzbare Rechte und wirksame Rechtsbehelfe zur Verfügung stehen.

(2) Die in Absatz 1 genannten geeigneten Garantien können, ohne dass hierzu eine besondere Genehmigung einer Aufsichtsbehörde erforderlich wäre, bestehen in

a)   einem rechtlich bindenden und durchsetzbaren Dokument zwischen den Behörden oder öffentlichen Stellen,

b)   verbindlichen internen Datenschutzvorschriften gemäß Artikel 47,

c)   Standarddatenschutzklauseln, die von der Kommission gemäß dem Prüfverfahren nach Artikel 93 Absatz 2 erlassen werden,

d)   von einer Aufsichtsbehörde angenommenen Standarddatenschutzklauseln, die von der Kommission gemäß dem Prüfverfahren nach Artikel 93 Absatz 2 genehmigt wurden,

e)   genehmigten Verhaltensregeln gemäß Artikel 40 zusammen mit rechtsverbindlichen und durchsetzbaren Verpflichtungen des Verantwortlichen oder des Auftragsverarbeiters in dem Drittland zur Anwendung der geeigneten Garantien, einschließlich in Bezug auf die Rechte der betroffenen Personen, oder

f)   einem genehmigten Zertifizierungsmechanismus gemäß Artikel 42 zusammen mit rechtsverbindlichen und durchsetzbaren Verpflichtungen des Verantwortlichen oder des Auftragsverarbeiters in dem Drittland zur Anwendung der geeigneten Garantien, einschließlich in Bezug auf die Rechte der betroffenen Personen.

(3) Vorbehaltlich der Genehmigung durch die zuständige Aufsichtsbehörde können die geeigneten Garantien gemäß Absatz 1 auch insbesondere bestehen in

a) Vertragsklauseln, die zwischen dem Verantwortlichen oder dem Auftragsverarbeiter und dem Verantwortlichen, dem Auftragsverarbeiter oder dem Empfänger der personenbezogenen Daten im Drittland oder der internationalen Organisation vereinbart wurden, oder

b) Bestimmungen, die in Verwaltungsvereinbarungen zwischen Behörden oder öffentlichen Stellen aufzunehmen sind und durchsetzbare und wirksame Rechte für die betroffenen Personen einschließen.

(4) Die Aufsichtsbehörde wendet das Kohärenzverfahren nach Artikel 63 an, wenn ein Fall gemäß Absatz 3 des vorliegenden Artikels vorliegt.

(5) Von einem Mitgliedstaat oder einer Aufsichtsbehörde auf der Grundlage von Artikel 26 Absatz 2 der Richtlinie 95/46/EG erteilte Genehmigungen bleiben so lange gültig, bis sie erforderlichenfalls von dieser Aufsichtsbehörde geändert, ersetzt oder aufgehoben werden. Von der Kommission auf der Grundlage von Artikel 26 Absatz 4 der Richtlinie 95/46/EG erlassene Feststellungen bleiben so lange in Kraft, bis sie erforderlichenfalls mit einem nach Absatz 2 des vorliegenden Artikels erlassenen Beschluss der Kommission geändert, ersetzt oder aufgehoben werden.

Artikel 47
Verbindliche interne Datenschutzvorschriften

(1) Die zuständige Aufsichtsbehörde genehmigt gemäß dem Kohärenzverfahren nach Artikel 63 verbindliche interne Datenschutzvorschriften, sofern diese

a) rechtlich bindend sind, für alle betreffenden Mitglieder der Unternehmensgruppe oder einer Gruppe von Unternehmen, die eine gemeinsame Wirtschaftstätigkeit ausüben, gelten und von diesen Mitgliedern durchgesetzt werden, und dies auch für ihre Beschäftigten gilt,

b) den betroffenen Personen ausdrücklich durchsetzbare Rechte in Bezug auf die Verarbeitung ihrer personenbezogenen Daten übertragen und

c) die in Absatz 2 festgelegten Anforderungen erfüllen.

(2) Die verbindlichen internen Datenschutzvorschriften nach Absatz 1 enthalten mindestens folgende Angaben:

a) Struktur und Kontaktdaten der Unternehmensgruppe oder Gruppe von Unternehmen, die eine gemeinsame Wirtschaftstätigkeit ausüben, und jedes ihrer Mitglieder;

b) die betreffenden Datenübermittlungen oder Reihen von Datenübermittlungen einschließlich der betreffenden Arten personenbezogener Daten, Art und Zweck der Datenverarbeitung, Art der betroffenen Personen und das betreffende Drittland beziehungsweise die betreffenden Drittländer;

219

c) interne und externe Rechtsverbindlichkeit der betreffenden internen Datenschutzvorschriften;

d) die Anwendung der allgemeinen Datenschutzgrundsätze, insbesondere Zweckbindung, Datenminimierung, begrenzte Speicherfristen, Datenqualität, Datenschutz durch Technikgestaltung und durch datenschutzfreundliche Voreinstellungen, Rechtsgrundlage für die Verarbeitung, Verarbeitung besonderer Kategorien von personenbezogenen Daten, Maßnahmen zur Sicherstellung der Datensicherheit und Anforderungen für die Weiterübermittlung an nicht an diese internen Datenschutzvorschriften gebundene Stellen;

e) die Rechte der betroffenen Personen in Bezug auf die Verarbeitung und die diesen offenstehenden Mittel zur Wahrnehmung dieser Rechte einschließlich des Rechts, nicht einer ausschließlich auf einer automatisierten Verarbeitung – einschließlich Profiling – beruhenden Entscheidung nach Artikel 22 unterworfen zu werden sowie des in Artikel 79 niedergelegten Rechts auf Beschwerde bei der zuständigen Aufsichtsbehörde beziehungsweise auf Einlegung eines Rechtsbehelfs bei den zuständigen Gerichten der Mitgliedstaaten und im Falle einer Verletzung der verbindlichen internen Datenschutzvorschriften Wiedergutmachung und gegebenenfalls Schadenersatz zu erhalten;

f) die von dem in einem Mitgliedstaat niedergelassenen Verantwortlichen oder Auftragsverarbeiter übernommene Haftung für etwaige Verstöße eines nicht in der Union niedergelassenen betreffenden Mitglieds der Unternehmensgruppe gegen die verbindlichen internen Datenschutzvorschriften; der Verantwortliche oder der Auftragsverarbeiter ist nur dann teilweise oder vollständig von dieser Haftung befreit, wenn er nachweist, dass der Umstand, durch den der Schaden eingetreten ist, dem betreffenden Mitglied nicht zur Last gelegt werden kann;

g) die Art und Weise, wie die betroffenen Personen über die Bestimmungen der Artikel 13 und 14 hinaus über die verbindlichen internen Datenschutzvorschriften und insbesondere über die unter den Buchstaben d, e und f dieses Absatzes genannten Aspekte informiert werden;

h) die Aufgaben jedes gemäß Artikel 37 benannten Datenschutzbeauftragten oder jeder anderen Person oder Einrichtung, die mit der Überwachung der Einhaltung der verbindlichen internen Datenschutzvorschriften in der Unternehmensgruppe oder Gruppe von Unternehmen, die eine gemeinsame Wirtschaftstätigkeit ausüben, sowie mit der Überwachung der Schulungsmaßnahmen und dem Umgang mit Beschwerden befasst ist;

i) die Beschwerdeverfahren;

j) die innerhalb der Unternehmensgruppe oder Gruppe von Unternehmen, die eine gemeinsame Wirtschaftstätigkeit ausüben, bestehenden Verfahren zur Überprüfung der Einhaltung der verbindlichen internen Datenschutzvorschriften. Derartige Verfahren beinhalten Datenschutzüberprüfungen und Verfahren zur Gewährleistung von Abhilfemaßnahmen zum Schutz der Rechte der betroffenen Person. Die Ergebnisse derartiger Überprüfungen sollten der in Buchstabe h genannten Person oder Einrichtung sowie dem Verwaltungsrat des herrschenden Unternehmens einer Unternehmensgruppe oder der Gruppe von Unternehmen, die eine gemeinsame Wirtschaftstätigkeit ausüben, mitgeteilt werden und sollten der zuständigen Aufsichtsbehörde auf Anfrage zur Verfügung gestellt werden;

k) die Verfahren für die Meldung und Erfassung von Änderungen der Vorschriften und ihre Meldung an die Aufsichtsbehörde;

l) die Verfahren für die Zusammenarbeit mit der Aufsichtsbehörde, die die Befolgung der Vorschriften durch sämtliche Mitglieder der Unternehmensgruppe oder Gruppe von Unternehmen, die eine gemeinsame Wirtschaftstätigkeit ausüben, gewährleisten, insbesondere durch Offenlegung der Ergebnisse von Überprüfungen der unter Buchstabe j genannten Maßnahmen gegenüber der Aufsichtsbehörde;

m) die Meldeverfahren zur Unterrichtung der zuständigen Aufsichtsbehörde über jegliche für ein Mitglied der Unternehmensgruppe oder Gruppe von Unternehmen, die eine gemeinsame Wirtschaftstätigkeit ausüben, in einem Drittland geltenden rechtlichen Bestimmungen, die sich nachteilig auf die Garantien auswirken könnten, die die verbindlichen internen Datenschutzvorschriften bieten, und

n) geeignete Datenschutzschulungen für Personal mit ständigem oder regelmäßigem Zugang zu personenbezogenen Daten.

(3) Die Kommission kann das Format und die Verfahren für den Informationsaustausch über verbindliche interne Datenschutzvorschriften im Sinne des vorliegenden Artikels zwischen Verantwortlichen, Auftragsverarbeitern und Aufsichtsbehörden festlegen. Diese Durchführungsrechtsakte werden gemäß dem Prüfverfahren nach Artikel 93 Absatz 2 erlassen.

Artikel 48
Nach dem Unionsrecht nicht zulässige Übermittlung oder Offenlegung

Jegliches Urteil eines Gerichts eines Drittlands und jegliche Entscheidung einer Verwaltungsbehörde eines Drittlands, mit denen von einem Verantwortlichen oder einem Auftragsverarbeiter die Übermittlung oder Offenlegung personenbezogener Daten verlangt wird, dürfen unbeschadet anderer Gründe für die Übermittlung gemäß diesem Kapitel jedenfalls nur dann anerkannt oder vollstreckbar werden, wenn sie auf eine in Kraft befindliche internationale Übereinkunft wie etwa ein Rechtshilfeabkommen zwischen dem ersuchenden Drittland und der Union oder einem Mitgliedstaat gestützt sind.

Artikel 49
Ausnahmen für bestimmte Fälle

(1) Falls weder ein Angemessenheitsbeschluss nach Artikel 45 Absatz 3 vorliegt noch geeignete Garantien nach Artikel 46, einschließlich verbindlicher interner Datenschutzvorschriften, bestehen, ist eine Übermittlung oder eine Reihe von Übermittlungen personenbezogener Daten an ein Drittland oder an eine internationale Organisation nur unter einer der folgenden Bedingungen zulässig:

a) die betroffene Person hat in die vorgeschlagene Datenübermittlung ausdrücklich eingewilligt, nachdem sie über die für sie bestehenden möglichen Risiken derartiger Datenübermittlungen ohne Vorliegen eines Angemessenheitsbeschlusses und ohne geeignete Garantien unterrichtet wurde,

b) die Übermittlung ist für die Erfüllung eines Vertrags zwischen der betroffenen Person und dem Verantwortlichen oder zur Durchführung von vorvertraglichen Maßnahmen auf Antrag der betroffenen Person erforderlich,

c) die Übermittlung ist zum Abschluss oder zur Erfüllung eines im Interesse der betroffenen Person von dem Verantwortlichen mit einer anderen natürlichen oder juristischen Person geschlossenen Vertrags erforderlich,

d) die Übermittlung ist aus wichtigen Gründen des öffentlichen Interesses notwendig,

e) die Übermittlung ist zur Geltendmachung, Ausübung oder Verteidigung von Rechtsansprüchen erforderlich,

f) die Übermittlung ist zum Schutz lebenswichtiger Interessen der betroffenen Person oder anderer Personen erforderlich, sofern die betroffene Person aus physischen oder rechtlichen Gründen außerstande ist, ihre Einwilligung zu geben,

g) die Übermittlung erfolgt aus einem Register, das gemäß dem Recht der Union oder der Mitgliedstaaten zur Information der Öffentlichkeit bestimmt ist und entweder der gesamten Öffentlichkeit oder allen Personen, die ein berechtigtes Interesse nachweisen können, zur Einsichtnahme offensteht, aber nur soweit die im Recht der Union oder der Mitgliedstaaten festgelegten Voraussetzungen für die Einsichtnahme im Einzelfall gegeben sind.

Falls die Übermittlung nicht auf eine Bestimmung der Artikel 45 oder 46 – einschließlich der verbindlichen internen Datenschutzvorschriften – gestützt werden könnte und keine der Ausnahmen für einen bestimmten Fall gemäß dem ersten Unterabsatz anwendbar ist, darf eine Übermittlung an ein Drittland oder eine internationale Organisation nur dann erfolgen, wenn die Übermittlung nicht wiederholt erfolgt, nur eine begrenzte Zahl von betroffenen Personen betrifft, für die Wahrung der zwingenden berechtigten Interessen des Verantwortlichen erforderlich ist, sofern die Interessen oder die Rechte und Freiheiten der betroffenen Person nicht überwiegen, und der Verantwortliche alle Umstände der Datenübermittlung beurteilt und auf der Grundlage dieser Beurteilung geeignete Garantien in Bezug auf den Schutz personenbezogener Daten vorgesehen hat. Der Verantwortliche setzt die Aufsichtsbehörde von der Übermittlung in Kenntnis. Der Verantwortliche unterrichtet die betroffene Person über die Übermittlung und seine zwingenden berechtigten Interessen; dies erfolgt zusätzlich zu den der betroffenen Person nach den Artikeln 13 und 14 mitgeteilten Informationen.

(2) Datenübermittlungen gemäß Absatz 1 Unterabsatz 1 Buchstabe g dürfen nicht die Gesamtheit oder ganze Kategorien der im Register enthaltenen personenbezogenen Daten umfassen. Wenn das Register der Einsichtnahme durch Personen mit berechtigtem Interesse dient, darf die Übermittlung nur auf Anfrage dieser Personen oder nur dann erfolgen, wenn diese Personen die Adressaten der Übermittlung sind.

(3) Absatz 1 Unterabsatz 1 Buchstaben a, b und c und sowie Absatz 1 Unterabsatz 2 gelten nicht für Tätigkeiten, die Behörden in Ausübung ihrer hoheitlichen Befugnisse durchführen.

(4) Das öffentliche Interesse im Sinne des Absatzes 1 Unterabsatz 1 Buchstabe d muss im Unionsrecht oder im Recht des Mitgliedstaats, dem der Verantwortliche unterliegt, anerkannt sein.

(5) Liegt kein Angemessenheitsbeschluss vor, so können im Unionsrecht oder im Recht der Mitgliedstaaten aus wichtigen Gründen des öffentlichen Interesses ausdrücklich Beschränkungen der Übermittlung bestimmter Kategorien von personenbezogenen Daten an Drittländer oder internationale Organisationen vorgesehen werden. Die Mitgliedstaaten teilen der Kommission derartige Bestimmungen mit.

(6) Der Verantwortliche oder der Auftragsverarbeiter erfasst die von ihm vorgenommene Beurteilung sowie die angemessenen Garantien im Sinne des Absatzes 1 Unterabsatz 2 des vorliegenden Artikels in der Dokumentation gemäß Artikel 30.

Artikel 50
Internationale Zusammenarbeit zum Schutz personenbezogener Daten

In Bezug auf Drittländer und internationale Organisationen treffen die Kommission und die Aufsichtsbehörden geeignete Maßnahmen zur

a) Entwicklung von Mechanismen der internationalen Zusammenarbeit, durch die die wirksame Durchsetzung von Rechtsvorschriften zum Schutz personenbezogener Daten erleichtert wird,

b) gegenseitigen Leistung internationaler Amtshilfe bei der Durchsetzung von Rechtsvorschriften zum Schutz personenbezogener Daten, unter anderem durch

Meldungen, Beschwerdeverweisungen, Amtshilfe bei Untersuchungen und Informationsaustausch, sofern geeignete Garantien für den Schutz personenbezogener Daten und anderer Grundrechte und Grundfreiheiten bestehen,

c) Einbindung maßgeblicher Interessenträger in Diskussionen und Tätigkeiten, die zum Ausbau der internationalen Zusammenarbeit bei der Durchsetzung von Rechtsvorschriften zum Schutz personenbezogener Daten dienen,

d) Förderung des Austauschs und der Dokumentation von Rechtsvorschriften und Praktiken zum Schutz personenbezogener Daten einschließlich Zuständigkeitskonflikten mit Drittländern.

KAPITEL VI
Unabhängige Aufsichtsbehörden

Abschnitt 1
Unabhängigkeit

Artikel 51
Aufsichtsbehörde

(1) Jeder Mitgliedstaat sieht vor, dass eine oder mehrere unabhängige Behörden für die Überwachung der Anwendung dieser Verordnung zuständig sind, damit die Grundrechte und Grundfreiheiten natürlicher Personen bei der Verarbeitung geschützt werden und der freie Verkehr personenbezogener Daten in der Union erleichtert wird (im Folgenden „Aufsichtsbehörde").

(2) Jede Aufsichtsbehörde leistet einen Beitrag zur einheitlichen Anwendung dieser Verordnung in der gesamten Union. Zu diesem Zweck arbeiten die Aufsichtsbehörden untereinander sowie mit der Kommission gemäß Kapitel VII zusammen.

(3) Gibt es in einem Mitgliedstaat mehr als eine Aufsichtsbehörde, so bestimmt dieser Mitgliedstaat die Aufsichtsbehörde, die diese Behörden im Ausschuss vertritt, und führt ein Verfahren ein, mit dem sichergestellt wird, dass die anderen Behörden die Regeln für das Kohärenzverfahren nach Artikel 63 einhalten.

(4) Jeder Mitgliedstaat teilt der Kommission bis spätestens 25. Mai 2018 die Rechtsvorschriften, die er aufgrund dieses Kapitels erlässt, sowie unverzüglich alle folgenden Änderungen dieser Vorschriften mit.

Artikel 52
Unabhängigkeit

(1) Jede Aufsichtsbehörde handelt bei der Erfüllung ihrer Aufgaben und bei der Ausübung ihrer Befugnisse gemäß dieser Verordnung völlig unabhängig.

(2) Das Mitglied oder die Mitglieder jeder Aufsichtsbehörde unterliegen bei der Erfüllung ihrer Aufgaben und der Ausübung ihrer Befugnisse gemäß dieser Verordnung weder direkter noch indirekter Beeinflussung von außen und ersuchen weder um Weisung noch nehmen sie Weisungen entgegen.

(3) Das Mitglied oder die Mitglieder der Aufsichtsbehörde sehen von allen mit den Aufgaben ihres Amtes nicht zu vereinbarenden Handlungen ab und üben während ihrer Amtszeit keine andere mit ihrem Amt nicht zu vereinbarende entgeltliche oder unentgeltliche Tätigkeit aus.

(4) Jeder Mitgliedstaat stellt sicher, dass jede Aufsichtsbehörde mit den personellen, technischen und finanziellen Ressourcen, Räumlichkeiten und Infrastrukturen ausgestattet wird, die sie benötigt, um ihre Aufgaben und Befugnisse auch im Rahmen der Amtshilfe, Zusammenarbeit und Mitwirkung im Ausschuss effektiv wahrnehmen zu können.

(5) Jeder Mitgliedstaat stellt sicher, dass jede Aufsichtsbehörde ihr eigenes Personal auswählt und hat, das ausschließlich der Leitung des Mitglieds oder der Mitglieder der betreffenden Aufsichtsbehörde untersteht.

(6) Jeder Mitgliedstaat stellt sicher, dass jede Aufsichtsbehörde einer Finanzkontrolle unterliegt, die ihre Unabhängigkeit nicht beeinträchtigt und dass sie über eigene, öffentliche, jährliche Haushaltspläne verfügt, die Teil des gesamten Staatshaushalts oder nationalen Haushalts sein können.

Artikel 53
Allgemeine Bedingungen für die Mitglieder der Aufsichtsbehörde

(1) Die Mitgliedstaaten sehen vor, dass jedes Mitglied ihrer Aufsichtsbehörden im Wege eines transparenten Verfahrens ernannt wird, und zwar

– vom Parlament,

– von der Regierung,

– vom Staatsoberhaupt oder

– von einer unabhängigen Stelle, die nach dem Recht des Mitgliedstaats mit der Ernennung betraut wird.

(2) Jedes Mitglied muss über die für die Erfüllung seiner Aufgaben und Ausübung seiner Befugnisse erforderliche Qualifikation, Erfahrung und Sachkunde insbesondere im Bereich des Schutzes personenbezogener Daten verfügen.

(3) Das Amt eines Mitglieds endet mit Ablauf der Amtszeit, mit seinem Rücktritt oder verpflichtender Versetzung in den Ruhestand gemäß dem Recht des betroffenen Mitgliedstaats.

(4) Ein Mitglied wird seines Amtes nur enthoben, wenn es eine schwere Verfehlung begangen hat oder die Voraussetzungen für die Wahrnehmung seiner Aufgaben nicht mehr erfüllt.

Artikel 54
Errichtung der Aufsichtsbehörde

(1) Jeder Mitgliedstaat sieht durch Rechtsvorschriften Folgendes vor:

a) die Errichtung jeder Aufsichtsbehörde;

b) die erforderlichen Qualifikationen und sonstigen Voraussetzungen für die Ernennung zum Mitglied jeder Aufsichtsbehörde;

c) die Vorschriften und Verfahren für die Ernennung des Mitglieds oder der Mitglieder jeder Aufsichtsbehörde;

d) die Amtszeit des Mitglieds oder der Mitglieder jeder Aufsichtsbehörde von mindestens vier Jahren; dies gilt nicht für die erste Amtszeit nach 24. Mai 2016, die für einen Teil der Mitglieder kürzer sein kann, wenn eine zeitlich versetzte Ernennung zur Wahrung der Unabhängigkeit der Aufsichtsbehörde notwendig ist;

e) die Frage, ob und – wenn ja – wie oft das Mitglied oder die Mitglieder jeder Aufsichtsbehörde wiederernannt werden können;

f) die Bedingungen im Hinblick auf die Pflichten des Mitglieds oder der Mitglieder und der Bediensteten jeder Aufsichtsbehörde, die Verbote von Handlungen, beruflichen Tätigkeiten und Vergütungen während und nach der Amtszeit, die mit diesen Pflichten unvereinbar sind, und die Regeln für die Beendigung des Beschäftigungsverhältnisses.

(2) Das Mitglied oder die Mitglieder und die Bediensteten jeder Aufsichtsbehörde sind gemäß dem Unionsrecht oder dem Recht der Mitgliedstaaten sowohl während ihrer Amts- beziehungsweise Dienstzeit als auch nach deren Beendigung verpflichtet, über alle vertraulichen Informationen, die ihnen bei der Wahrnehmung ihrer Aufgaben oder der Ausübung ihrer Befugnisse bekannt geworden sind, Verschwiegenheit zu wahren. Während dieser Amts- beziehungsweise Dienstzeit gilt diese Verschwiegenheitspflicht insbesondere für die von natürlichen Personen gemeldeten Verstößen gegen diese Verordnung.

Abschnitt 2
Zuständigkeit, Aufgaben und Befugnisse

Artikel 55
Zuständigkeit

(1) Jede Aufsichtsbehörde ist für die Erfüllung der Aufgaben und die Ausübung der Befugnisse, die ihr mit dieser Verordnung übertragen wurden, im Hoheitsgebiet ihres eigenen Mitgliedstaats zuständig.

(2) Erfolgt die Verarbeitung durch Behörden oder private Stellen auf der Grundlage von Artikel 6 Absatz 1 Buchstabe c oder e, so ist die Aufsichtsbehörde des betroffenen Mitgliedstaats zuständig. In diesem Fall findet Artikel 56 keine Anwendung.

(3) Die Aufsichtsbehörden sind nicht zuständig für die Aufsicht über die von Gerichten im Rahmen ihrer justiziellen Tätigkeit vorgenommenen Verarbeitungen.

Artikel 56
Zuständigkeit der federführenden Aufsichtsbehörde

(1) Unbeschadet des Artikels 55 ist die Aufsichtsbehörde der Hauptniederlassung oder der einzigen Niederlassung des Verantwortlichen oder des Auftragsverarbeiters gemäß dem Verfahren nach Artikel 60 die zuständige federführende Aufsichtsbehörde für die von diesem Verantwortlichen oder diesem Auftragsverarbeiter durchgeführte grenzüberschreitende Verarbeitung.

(2) Abweichend von Absatz 1 ist jede Aufsichtsbehörde dafür zuständig, sich mit einer bei ihr eingereichten Beschwerde oder einem etwaigen Verstoß gegen diese Verordnung zu befassen, wenn der Gegenstand nur mit einer Niederlassung in ihrem Mitgliedstaat zusammenhängt oder betroffene Personen nur ihres Mitgliedstaats erheblich beeinträchtigt.

(3) In den in Absatz 2 des vorliegenden Artikels genannten Fällen unterrichtet die Aufsichtsbehörde unverzüglich die federführende Aufsichtsbehörde über diese Angelegenheit. Innerhalb einer Frist von drei Wochen nach der Unterrichtung entscheidet die federführende Aufsichtsbehörde, ob sie sich mit dem Fall gemäß dem Verfahren nach Artikel 60 befasst oder nicht, wobei sie berücksichtigt, ob der Verantwortliche oder der Auftragsverarbeiter in dem Mitgliedstaat, dessen Aufsichtsbehörde sie unterrichtet hat, eine Niederlassung hat oder nicht.

(4) Entscheidet die federführende Aufsichtsbehörde, sich mit dem Fall zu befassen, so findet das Verfahren nach Artikel 60 Anwendung. Die Aufsichtsbehörde, die die federführende Aufsichtsbehörde unterrichtet hat, kann dieser einen Beschlussentwurf vorlegen. Die federführende Aufsichtsbehörde trägt diesem Entwurf bei der Ausarbeitung des Beschlussentwurfs nach Artikel 60 Absatz 3 weitestgehend Rechnung.

(5) Entscheidet die federführende Aufsichtsbehörde, sich mit dem Fall nicht selbst zu befassen, so befasst die Aufsichtsbehörde, die die federführende Aufsichtsbehörde unterrichtet hat, sich mit dem Fall gemäß den Artikeln 61 und 62.

(6) Die federführende Aufsichtsbehörde ist der einzige Ansprechpartner der Verantwortlichen oder der Auftragsverarbeiter für Fragen der von diesem Verantwortlichen oder diesem Auftragsverarbeiter durchgeführten grenzüberschreitenden Verarbeitung.

Artikel 57
Aufgaben

(1) Unbeschadet anderer in dieser Verordnung dargelegter Aufgaben muss jede Aufsichtsbehörde in ihrem Hoheitsgebiet

a) die Anwendung dieser Verordnung überwachen und durchsetzen;

b) die Öffentlichkeit für die Risiken, Vorschriften, Garantien und Rechte im Zusammenhang mit der Verarbeitung sensibilisieren und sie darüber aufklären. Besondere Beachtung finden dabei spezifische Maßnahmen für Kinder;

c) im Einklang mit dem Recht des Mitgliedsstaats das nationale Parlament, die Regierung und andere Einrichtungen und Gremien über legislative und administrative Maßnahmen zum Schutz der Rechte und Freiheiten natürlicher Personen in Bezug auf die Verarbeitung beraten;

d) die Verantwortlichen und die Auftragsverarbeiter für die ihnen aus dieser Verordnung entstehenden Pflichten sensibilisieren;

e) auf Anfrage jeder betroffenen Person Informationen über die Ausübung ihrer Rechte aufgrund dieser Verordnung zur Verfügung stellen und gegebenenfalls zu diesem Zweck mit den Aufsichtsbehörden in anderen Mitgliedstaaten zusammenarbeiten;

f) sich mit Beschwerden einer betroffenen Person oder Beschwerden einer Stelle, einer Organisation oder eines Verbandes gemäß Artikel 80 befassen, den Gegenstand der Beschwerde in angemessenem Umfang untersuchen und den Beschwerdeführer innerhalb einer angemessenen Frist über den Fortgang und das Ergebnis der Untersuchung unterrichten, insbesondere, wenn eine weitere Untersuchung oder Koordinierung mit einer anderen Aufsichtsbehörde notwendig ist;

g) mit anderen Aufsichtsbehörden zusammenarbeiten, auch durch Informationsaustausch, und ihnen Amtshilfe leisten, um die einheitliche Anwendung und Durchsetzung dieser Verordnung zu gewährleisten;

h) Untersuchungen über die Anwendung dieser Verordnung durchführen, auch auf der Grundlage von Informationen einer anderen Aufsichtsbehörde oder einer anderen Behörde;

i) maßgebliche Entwicklungen verfolgen, soweit sie sich auf den Schutz personenbezogener Daten auswirken, insbesondere die Entwicklung der Informations- und Kommunikationstechnologie und der Geschäftspraktiken;

j) Standardvertragsklauseln im Sinne des Artikels 28 Absatz 8 und des Artikels 46 Absatz 2 Buchstabe d festlegen;

k) eine Liste der Verarbeitungsarten erstellen und führen, für die gemäß Artikel 35 Absatz 4 eine Datenschutz-Folgenabschätzung durchzuführen ist;

l) Beratung in Bezug auf die in Artikel 36 Absatz 2 genannten Verarbeitungsvorgänge leisten;

m) die Ausarbeitung von Verhaltensregeln gemäß Artikel 40 Absatz 1 fördern und zu diesen Verhaltensregeln, die ausreichende Garantien im Sinne des Artikels 40 Absatz 5 bieten müssen, Stellungnahmen abgeben und sie billigen;

n) die Einführung von Datenschutzzertifizierungsmechanismen und von Datenschutzsiegeln und -prüfzeichen nach Artikel 42 Absatz 1 anregen und Zertifizierungskriterien nach Artikel 42 Absatz 5 billigen;

o) gegebenenfalls die nach Artikel 42 Absatz 7 erteilten Zertifizierungen regelmäßig überprüfen;

p) die Kriterien für die Akkreditierung einer Stelle für die Überwachung der Einhaltung der Verhaltensregeln gemäß Artikel 41 und einer Zertifizierungsstelle gemäß Artikel 43 abfassen und veröffentlichen;

q) die Akkreditierung einer Stelle für die Überwachung der Einhaltung der Verhaltensregeln gemäß Artikel 41 und einer Zertifizierungsstelle gemäß Artikel 43 vornehmen;

r) Vertragsklauseln und Bestimmungen im Sinne des Artikels 46 Absatz 3 genehmigen;

s) verbindliche interne Vorschriften gemäß Artikel 47 genehmigen;

t) Beiträge zur Tätigkeit des Ausschusses leisten;

u) interne Verzeichnisse über Verstöße gegen diese Verordnung und gemäß Artikel 58 Absatz 2 ergriffene Maßnahmen und

v) jede sonstige Aufgabe im Zusammenhang mit dem Schutz personenbezogener Daten erfüllen.

(2) Jede Aufsichtsbehörde erleichtert das Einreichen von in Absatz 1 Buchstabe f genannten Beschwerden durch Maßnahmen wie etwa die Bereitstellung eines Beschwerdeformulars, das auch elektronisch ausgefüllt werden kann, ohne dass andere Kommunikationsmittel ausgeschlossen werden.

(3) Die Erfüllung der Aufgaben jeder Aufsichtsbehörde ist für die betroffene Person und gegebenenfalls für den Datenschutzbeauftragten unentgeltlich.

(4) Bei offenkundig unbegründeten oder – insbesondere im Fall von häufiger Wiederholung – exzessiven Anfragen kann die Aufsichtsbehörde eine angemessene Gebühr auf der Grundlage der Verwaltungskosten verlangen oder sich weigern, aufgrund der Anfrage tätig zu werden. In diesem Fall trägt die Aufsichtsbehörde die Beweislast für den offenkundig unbegründeten oder exzessiven Charakter der Anfrage.

Artikel 58
Befugnisse

(1) Jede Aufsichtsbehörde verfügt über sämtliche folgenden Untersuchungsbefugnisse, die es ihr gestatten,

a) den Verantwortlichen, den Auftragsverarbeiter und gegebenenfalls den Vertreter des Verantwortlichen oder des Auftragsverarbeiters anzuweisen, alle Informationen bereitzustellen, die für die Erfüllung ihrer Aufgaben erforderlich sind,

b) Untersuchungen in Form von Datenschutzüberprüfungen durchzuführen,

c) eine Überprüfung der nach Artikel 42 Absatz 7 erteilten Zertifizierungen durchzuführen,

d) den Verantwortlichen oder den Auftragsverarbeiter auf einen vermeintlichen Verstoß gegen diese Verordnung hinzuweisen,

e) von dem Verantwortlichen und dem Auftragsverarbeiter Zugang zu allen personenbezogenen Daten und Informationen, die zur Erfüllung ihrer Aufgaben notwendig sind, zu erhalten,

f) gemäß dem Verfahrensrecht der Union oder dem Verfahrensrecht des Mitgliedstaats Zugang zu den Geschäftsräumen, einschließlich aller Datenverarbeitungsanlagen und -geräte, des Verantwortlichen und des Auftragsverarbeiters zu erhalten.

(2) Jede Aufsichtsbehörde verfügt über sämtliche folgenden Abhilfebefugnisse, die es ihr gestatten,

a) einen Verantwortlichen oder einen Auftragsverarbeiter zu warnen, dass beabsichtigte Verarbeitungsvorgänge voraussichtlich gegen diese Verordnung verstoßen,

b) einen Verantwortlichen oder einen Auftragsverarbeiter zu verwarnen, wenn er mit Verarbeitungsvorgängen gegen diese Verordnung verstoßen hat,

c) den Verantwortlichen oder den Auftragsverarbeiter anzuweisen, den Anträgen der betroffenen Person auf Ausübung der ihr nach dieser Verordnung zustehenden Rechte zu entsprechen,

d) den Verantwortlichen oder den Auftragsverarbeiter anzuweisen, Verarbeitungsvorgänge gegebenenfalls auf bestimmte Weise und innerhalb eines bestimmten Zeitraums in Einklang mit dieser Verordnung zu bringen,

e) den Verantwortlichen anzuweisen, die von einer Verletzung des Schutzes personenbezogener Daten betroffenen Person entsprechend zu benachrichtigen,

f) eine vorübergehende oder endgültige Beschränkung der Verarbeitung, einschließlich eines Verbots, zu verhängen,

g) die Berichtigung oder Löschung von personenbezogenen Daten oder die Einschränkung der Verarbeitung gemäß den Artikeln 16, 17 und 18 und die Unterrichtung der Empfänger, an die diese personenbezogenen Daten gemäß Artikel 17 Absatz 2 und Artikel 19 offengelegt wurden, über solche Maßnahmen anzuordnen,

h) eine Zertifizierung zu widerrufen oder die Zertifizierungsstelle anzuweisen, eine gemäß den Artikel 42 und 43 erteilte Zertifizierung zu widerrufen, oder die Zertifizierungsstelle anzuweisen, keine Zertifizierung zu erteilen, wenn die Voraussetzungen für die Zertifizierung nicht oder nicht mehr erfüllt werden,

i) eine Geldbuße gemäß Artikel 83 zu verhängen, zusätzlich zu oder anstelle von in diesem Absatz genannten Maßnahmen, je nach den Umständen des Einzelfalls,

j) die Aussetzung der Übermittlung von Daten an einen Empfänger in einem Drittland oder an eine internationale Organisation anzuordnen.

(3) Jede Aufsichtsbehörde verfügt über sämtliche folgenden Genehmigungsbefugnisse und beratenden Befugnisse, die es ihr gestatten,

a) gemäß dem Verfahren der vorherigen Konsultation nach Artikel 36 den Verantwortlichen zu beraten,

b) zu allen Fragen, die im Zusammenhang mit dem Schutz personenbezogener Daten stehen, von sich aus oder auf Anfrage Stellungnahmen an das nationale Parlament, die Regierung des Mitgliedstaats oder im Einklang mit dem Recht des Mitgliedstaats an sonstige Einrichtungen und Stellen sowie an die Öffentlichkeit zu richten,

c) die Verarbeitung gemäß Artikel 36 Absatz 5 zu genehmigen, falls im Recht des Mitgliedstaats eine derartige vorherige Genehmigung verlangt wird,

d) eine Stellungnahme abzugeben und Entwürfe von Verhaltensregeln gemäß Artikel 40 Absatz 5 zu billigen,

e) Zertifizierungsstellen gemäß Artikel 43 zu akkreditieren,

f) im Einklang mit Artikel 42 Absatz 5 Zertifizierungen zu erteilen und Kriterien für die Zertifizierung zu billigen,

g) Standarddatenschutzklauseln nach Artikel 28 Absatz 8 und Artikel 46 Absatz 2 Buchstabe d festzulegen,

h) Vertragsklauseln gemäß Artikel 46 Absatz 3 Buchstabe a zu genehmigen,

i) Verwaltungsvereinbarungen gemäß Artikel 46 Absatz 3 Buchstabe b zu genehmigen,

j) verbindliche interne Vorschriften gemäß Artikel 47 zu genehmigen.

(4) Die Ausübung der der Aufsichtsbehörde gemäß diesem Artikel übertragenen Befugnisse erfolgt vorbehaltlich geeigneter Garantien einschließlich wirksamer gerichtlicher Rechtsbehelfe und ordnungsgemäßer Verfahren gemäß dem Unionsrecht und dem Recht des Mitgliedstaats im Einklang mit der Charta.

(5) Jeder Mitgliedstaat sieht durch Rechtsvorschriften vor, dass seine Aufsichtsbehörde befugt ist, Verstöße gegen diese Verordnung den Justizbehörden zur Kenntnis zu bringen und gegebenenfalls die Einleitung eines gerichtlichen Verfahrens zu betreiben oder sich sonst daran zu beteiligen, um die Bestimmungen dieser Verordnung durchzusetzen.

(6) Jeder Mitgliedstaat kann durch Rechtsvorschriften vorsehen, dass seine Aufsichtsbehörde neben den in den Absätzen 1, 2 und 3 aufgeführten Befugnissen über zusätzliche Befugnisse verfügt. Die Ausübung dieser Befugnisse darf nicht die effektive Durchführung des Kapitels VII beeinträchtigen.

Artikel 59
Tätigkeitsbericht

Jede Aufsichtsbehörde erstellt einen Jahresbericht über ihre Tätigkeit, der eine Liste der Arten der gemeldeten Verstöße und der Arten der getroffenen Maßnahmen nach Artikel 58 Absatz 2 enthalten kann. Diese Berichte werden dem nationalen Parlament, der Regierung und anderen nach dem Recht der Mitgliedstaaten bestimmten Behörden übermittelt. Sie werden der Öffentlichkeit, der Kommission und dem Ausschuss zugänglich gemacht.

KAPITEL VII
Zusammenarbeit und Kohärenz

Abschnitt 1
Zusammenarbeit

Artikel 60
Zusammenarbeit zwischen der federführenden Aufsichtsbehörde und den anderen betroffenen Aufsichtsbehörden

(1) Die federführende Aufsichtsbehörde arbeitet mit den anderen betroffenen Aufsichtsbehörden im Einklang mit diesem Artikel zusammen und bemüht sich dabei, einen Konsens zu erzielen. Die federführende Aufsichtsbehörde und die betroffenen Aufsichtsbehörden tauschen untereinander alle zweckdienlichen Informationen aus.

(2) Die federführende Aufsichtsbehörde kann jederzeit andere betroffene Aufsichtsbehörden um Amtshilfe gemäß Artikel 61 ersuchen und gemeinsame Maßnahmen gemäß Artikel 62 durchführen, insbesondere zur Durchführung von Untersuchun-

gen oder zur Überwachung der Umsetzung einer Maßnahme in Bezug auf einen Verantwortlichen oder einen Auftragsverarbeiter, der in einem anderen Mitgliedstaat niedergelassen ist.

(3) Die federführende Aufsichtsbehörde übermittelt den anderen betroffenen Aufsichtsbehörden unverzüglich die zweckdienlichen Informationen zu der Angelegenheit. Sie legt den anderen betroffenen Aufsichtsbehörden unverzüglich einen Beschlussentwurf zur Stellungnahme vor und trägt deren Standpunkten gebührend Rechnung.

(4) Legt eine der anderen betroffenen Aufsichtsbehörden innerhalb von vier Wochen, nachdem sie gemäß Absatz 3 des vorliegenden Artikels konsultiert wurde, gegen diesen Beschlussentwurf einen maßgeblichen und begründeten Einspruch ein und schließt sich die federführende Aufsichtsbehörde dem maßgeblichen und begründeten Einspruch nicht an oder ist der Ansicht, dass der Einspruch nicht maßgeblich oder nicht begründet ist, so leitet die federführende Aufsichtsbehörde das Kohärenzverfahren gemäß Artikel 63 für die Angelegenheit ein.

(5) Beabsichtigt die federführende Aufsichtsbehörde, sich dem maßgeblichen und begründeten Einspruch anzuschließen, so legt sie den anderen betroffenen Aufsichtsbehörden einen überarbeiteten Beschlussentwurf zur Stellungnahme vor. Der überarbeitete Beschlussentwurf wird innerhalb von zwei Wochen dem Verfahren nach Absatz 4 unterzogen.

(6) Legt keine der anderen betroffenen Aufsichtsbehörden Einspruch gegen den Beschlussentwurf ein, der von der federführenden Aufsichtsbehörde innerhalb der in den Absätzen 4 und 5 festgelegten Frist vorgelegt wurde, so gelten die federführende Aufsichtsbehörde und die betroffenen Aufsichtsbehörden als mit dem Beschlussentwurf einverstanden und sind an ihn gebunden.

(7) Die federführende Aufsichtsbehörde erlässt den Beschluss und teilt ihn der Hauptniederlassung oder der einzigen Niederlassung des Verantwortlichen oder gegebenenfalls des Auftragsverarbeiters mit und setzt die anderen betroffenen Aufsichtsbehörden und den Ausschuss von dem betreffenden Beschluss einschließlich einer Zusammenfassung der maßgeblichen Fakten und Gründe in Kenntnis. Die Aufsichtsbehörde, bei der eine Beschwerde eingereicht worden ist, unterrichtet den Beschwerdeführer über den Beschluss.

(8) Wird eine Beschwerde abgelehnt oder abgewiesen, so erlässt die Aufsichtsbehörde, bei der die Beschwerde eingereicht wurde, abweichend von Absatz 7 den Beschluss, teilt ihn dem Beschwerdeführer mit und setzt den Verantwortlichen in Kenntnis.

(9) Sind sich die federführende Aufsichtsbehörde und die betreffenden Aufsichtsbehörden darüber einig, Teile der Beschwerde abzulehnen oder abzuweisen und bezüglich anderer Teile dieser Beschwerde tätig zu werden, so wird in dieser Angelegen-

heit für jeden dieser Teile ein eigener Beschluss erlassen. Die federführende Aufsichtsbehörde erlässt den Beschluss für den Teil, der das Tätigwerden in Bezug auf den Verantwortlichen betrifft, teilt ihn der Hauptniederlassung oder einzigen Niederlassung des Verantwortlichen oder des Auftragsverarbeiters im Hoheitsgebiet ihres Mitgliedstaats mit und setzt den Beschwerdeführer hiervon in Kenntnis, während die für den Beschwerdeführer zuständige Aufsichtsbehörde den Beschluss für den Teil erlässt, der die Ablehnung oder Abweisung dieser Beschwerde betrifft, und ihn diesem Beschwerdeführer mitteilt und den Verantwortlichen oder den Auftragsverarbeiter hiervon in Kenntnis setzt.

(10) Nach der Unterrichtung über den Beschluss der federführenden Aufsichtsbehörde gemäß den Absätzen 7 und 9 ergreift der Verantwortliche oder der Auftragsverarbeiter die erforderlichen Maßnahmen, um die Verarbeitungstätigkeiten all seiner Niederlassungen in der Union mit dem Beschluss in Einklang zu bringen. Der Verantwortliche oder der Auftragsverarbeiter teilt der federführenden Aufsichtsbehörde die Maßnahmen mit, die zur Einhaltung des Beschlusses ergriffen wurden; diese wiederum unterrichtet die anderen betroffenen Aufsichtsbehörden.

(11) Hat – in Ausnahmefällen – eine betroffene Aufsichtsbehörde Grund zu der Annahme, dass zum Schutz der Interessen betroffener Personen dringender Handlungsbedarf besteht, so kommt das Dringlichkeitsverfahren nach Artikel 66 zur Anwendung.

(12) Die federführende Aufsichtsbehörde und die anderen betroffenen Aufsichtsbehörden übermitteln einander die nach diesem Artikel geforderten Informationen auf elektronischem Wege unter Verwendung eines standardisierten Formats.

Artikel 61
Gegenseitige Amtshilfe

(1) Die Aufsichtsbehörden übermitteln einander maßgebliche Informationen und gewähren einander Amtshilfe, um diese Verordnung einheitlich durchzuführen und anzuwenden, und treffen Vorkehrungen für eine wirksame Zusammenarbeit. Die Amtshilfe bezieht sich insbesondere auf Auskunftsersuchen und aufsichtsbezogene Maßnahmen, beispielsweise Ersuchen um vorherige Genehmigungen und eine vorherige Konsultation, um Vornahme von Nachprüfungen und Untersuchungen.

(2) Jede Aufsichtsbehörde ergreift alle geeigneten Maßnahmen, um einem Ersuchen einer anderen Aufsichtsbehörde unverzüglich und spätestens innerhalb eines Monats nach Eingang des Ersuchens nachzukommen. Dazu kann insbesondere auch die Übermittlung maßgeblicher Informationen über die Durchführung einer Untersuchung gehören.

(3) Amtshilfeersuchen enthalten alle erforderlichen Informationen, einschließlich Zweck und Begründung des Ersuchens. Die übermittelten Informationen werden ausschließlich für den Zweck verwendet, für den sie angefordert wurden.

(4) Die ersuchte Aufsichtsbehörde lehnt das Ersuchen nur ab, wenn

a) sie für den Gegenstand des Ersuchens oder für die Maßnahmen, die sie durchführen soll, nicht zuständig ist oder

b) ein Eingehen auf das Ersuchen gegen diese Verordnung verstoßen würde oder gegen das Unionsrecht oder das Recht der Mitgliedstaaten, dem die Aufsichtsbehörde, bei der das Ersuchen eingeht, unterliegt.

(5) Die ersuchte Aufsichtsbehörde informiert die ersuchende Aufsichtsbehörde über die Ergebnisse oder gegebenenfalls über den Fortgang der Maßnahmen, die getroffen wurden, um dem Ersuchen nachzukommen. Die ersuchte Aufsichtsbehörde erläutert gemäß Absatz 4 die Gründe für die Ablehnung des Ersuchens.

(6) Die ersuchten Aufsichtsbehörden übermitteln die Informationen, um die von einer anderen Aufsichtsbehörde ersucht wurde, in der Regel auf elektronischem Wege unter Verwendung eines standardisierten Formats.

(7) Ersuchte Aufsichtsbehörden verlangen für Maßnahmen, die sie aufgrund eines Amtshilfeersuchens getroffen haben, keine Gebühren. Die Aufsichtsbehörden können untereinander Regeln vereinbaren, um einander in Ausnahmefällen besondere aufgrund der Amtshilfe entstandene Ausgaben zu erstatten.

(8) Erteilt eine ersuchte Aufsichtsbehörde nicht binnen eines Monats nach Eingang des Ersuchens einer anderen Aufsichtsbehörde die Informationen gemäß Absatz 5, so kann die ersuchende Aufsichtsbehörde eine einstweilige Maßnahme im Hoheitsgebiet ihres Mitgliedstaats gemäß Artikel 55 Absatz 1 ergreifen. In diesem Fall wird von einem dringenden Handlungsbedarf gemäß Artikel 66 Absatz 1 ausgegangen, der einen im Dringlichkeitsverfahren angenommenen verbindlichen Beschluss des Ausschuss gemäß Artikel 66 Absatz 2 erforderlich macht.

(9) Die Kommission kann im Wege von Durchführungsrechtsakten Form und Verfahren der Amtshilfe nach diesem Artikel und die Ausgestaltung des elektronischen Informationsaustauschs zwischen den Aufsichtsbehörden sowie zwischen den Aufsichtsbehörden und dem Ausschuss, insbesondere das in Absatz 6 des vorliegenden Artikels genannte standardisierte Format, festlegen. Diese Durchführungsrechtsakte werden gemäß dem in Artikel 93 Absatz 2 genannten Prüfverfahren erlassen.

Artikel 62
Gemeinsame Maßnahmen der Aufsichtsbehörden

(1) Die Aufsichtsbehörden führen gegebenenfalls gemeinsame Maßnahmen einschließlich gemeinsamer Untersuchungen und gemeinsamer Durchsetzungsmaßnahmen durch, an denen Mitglieder oder Bedienstete der Aufsichtsbehörden anderer Mitgliedstaaten teilnehmen.

(2) Verfügt der Verantwortliche oder der Auftragsverarbeiter über Niederlassungen in mehreren Mitgliedstaaten oder werden die Verarbeitungsvorgänge voraussichtlich auf eine bedeutende Zahl betroffener Personen in mehr als einem Mitgliedstaat erhebliche Auswirkungen haben, ist die Aufsichtsbehörde jedes dieser Mitgliedstaaten berechtigt, an den gemeinsamen Maßnahmen teilzunehmen. Die gemäß Artikel 56 Absatz 1 oder Absatz 4 zuständige Aufsichtsbehörde lädt die Aufsichtsbehörde jedes dieser Mitgliedstaaten zur Teilnahme an den gemeinsamen Maßnahmen ein und antwortet unverzüglich auf das Ersuchen einer Aufsichtsbehörde um Teilnahme.

(3) Eine Aufsichtsbehörde kann gemäß dem Recht des Mitgliedstaats und mit Genehmigung der unterstützenden Aufsichtsbehörde den an den gemeinsamen Maßnahmen beteiligten Mitgliedern oder Bediensteten der unterstützenden Aufsichtsbehörde Befugnisse einschließlich Untersuchungsbefugnisse übertragen oder, soweit dies nach dem Recht des Mitgliedstaats der einladenden Aufsichtsbehörde zulässig ist, den Mitgliedern oder Bediensteten der unterstützenden Aufsichtsbehörde gestatten, ihre Untersuchungsbefugnisse nach dem Recht des Mitgliedstaats der unterstützenden Aufsichtsbehörde auszuüben. Diese Untersuchungsbefugnisse können nur unter der Leitung und in Gegenwart der Mitglieder oder Bediensteten der einladenden Aufsichtsbehörde ausgeübt werden. Die Mitglieder oder Bediensteten der unterstützenden Aufsichtsbehörde unterliegen dem Recht des Mitgliedstaats der einladenden Aufsichtsbehörde.

(4) Sind gemäß Absatz 1 Bedienstete einer unterstützenden Aufsichtsbehörde in einem anderen Mitgliedstaat im Einsatz, so übernimmt der Mitgliedstaat der einladenden Aufsichtsbehörde nach Maßgabe des Rechts des Mitgliedstaats, in dessen Hoheitsgebiet der Einsatz erfolgt, die Verantwortung für ihr Handeln, einschließlich der Haftung für alle von ihnen bei ihrem Einsatz verursachten Schäden.

(5) Der Mitgliedstaat, in dessen Hoheitsgebiet der Schaden verursacht wurde, ersetzt diesen Schaden so, wie er ihn ersetzen müsste, wenn seine eigenen Bediensteten ihn verursacht hätten. Der Mitgliedstaat der unterstützenden Aufsichtsbehörde, deren Bedienstete im Hoheitsgebiet eines anderen Mitgliedstaats einer Person Schaden zugefügt haben, erstattet diesem anderen Mitgliedstaat den Gesamtbetrag des Schadenersatzes, den dieser an die Berechtigten geleistet hat.

(6) Unbeschadet der Ausübung seiner Rechte gegenüber Dritten und mit Ausnahme des Absatzes 5 verzichtet jeder Mitgliedstaat in dem Fall des Absatzes 1 darauf, den in Absatz 4 genannten Betrag des erlittenen Schadens anderen Mitgliedstaaten gegenüber geltend zu machen.

(7) Ist eine gemeinsame Maßnahme geplant und kommt eine Aufsichtsbehörde binnen eines Monats nicht der Verpflichtung nach Absatz 2 Satz 2 des vorliegenden Artikels nach, so können die anderen Aufsichtsbehörden eine einstweilige Maßnahme im Hoheitsgebiet ihres Mitgliedstaats gemäß Artikel 55 ergreifen. In diesem Fall wird von einem dringenden Handlungsbedarf gemäß Artikel 66 Absatz 1 ausgegangen, der eine im Dringlichkeitsverfahren angenommene Stellungnahme oder einen im Dringlichkeitsverfahren angenommenen verbindlichen Beschluss des Ausschusses gemäß Artikel 66 Absatz 2 erforderlich macht.

Abschnitt 2
Kohärenz

Artikel 63
Kohärenzverfahren

Um zur einheitlichen Anwendung dieser Verordnung in der gesamten Union beizutragen, arbeiten die Aufsichtsbehörden im Rahmen des in diesem Abschnitt beschriebenen Kohärenzverfahrens untereinander und gegebenenfalls mit der Kommission zusammen.

Artikel 64
Stellungnahme Ausschusses

(1) Der Ausschuss gibt eine Stellungnahme ab, wenn die zuständige Aufsichtsbehörde beabsichtigt, eine der nachstehenden Maßnahmen zu erlassen. Zu diesem Zweck übermittelt die zuständige Aufsichtsbehörde dem Ausschuss den Entwurf des Beschlusses, wenn dieser

a) der Annahme einer Liste der Verarbeitungsvorgänge dient, die der Anforderung einer Datenschutz-Folgenabschätzung gemäß Artikel 35 Absatz 4 unterliegen,

b) eine Angelegenheit gemäß Artikel 40 Absatz 7 und damit die Frage betrifft, ob ein Entwurf von Verhaltensregeln oder eine Änderung oder Ergänzung von Verhaltensregeln mit dieser Verordnung in Einklang steht,

c) der Billigung der Kriterien für die Akkreditierung einer Stelle nach Artikel 41 Absatz 3 oder einer Zertifizierungsstelle nach Artikel 43 Absatz 3 dient,

d) der Festlegung von Standard-Datenschutzklauseln gemäß Artikel 46 Absatz 2 Buchstabe d und Artikel 28 Absatz 8 dient,

e) der Genehmigung von Vertragsklauseln gemäß Artikels 46 Absatz 3 Buchstabe a dient, oder

f) der Annahme verbindlicher interner Vorschriften im Sinne von Artikel 47 dient.

(2) Jede Aufsichtsbehörde, der Vorsitz des Ausschuss oder die Kommission können beantragen, dass eine Angelegenheit mit allgemeiner Geltung oder mit Auswirkungen in mehr als einem Mitgliedstaat vom Ausschuss geprüft wird, um eine Stellungnahme zu erhalten, insbesondere wenn eine zuständige Aufsichtsbehörde den Verpflichtungen zur Amtshilfe gemäß Artikel 61 oder zu gemeinsamen Maßnahmen gemäß Artikel 62 nicht nachkommt.

(3) In den in den Absätzen 1 und 2 genannten Fällen gibt der Ausschuss eine Stellungnahme zu der Angelegenheit ab, die ihm vorgelegt wurde, sofern er nicht bereits eine Stellungnahme zu derselben Angelegenheit abgegeben hat. Diese Stellungnahme wird binnen acht Wochen mit der einfachen Mehrheit der Mitglieder des Ausschusses angenommen. Diese Frist kann unter Berücksichtigung der Komplexität der Angelegenheit um weitere sechs Wochen verlängert werden. Was den in Absatz 1 genannten Beschlussentwurf angeht, der gemäß Absatz 5 den Mitgliedern des Ausschusses übermittelt wird, so wird angenommen, dass ein Mitglied, das innerhalb einer vom Vorsitz angegebenen angemessenen Frist keine Einwände erhoben hat, dem Beschlussentwurf zustimmt.

(4) Die Aufsichtsbehörden und die Kommission übermitteln unverzüglich dem Ausschuss auf elektronischem Wege unter Verwendung eines standardisierten Formats alle zweckdienlichen Informationen, einschließlich – je nach Fall – einer kurzen Darstellung des Sachverhalts, des Beschlussentwurfs, der Gründe, warum eine solche Maßnahme ergriffen werden muss, und der Standpunkte anderer betroffener Aufsichtsbehörden.

(5) Der Vorsitz des Ausschusses unterrichtet unverzüglich auf elektronischem Wege

a) unter Verwendung eines standardisierten Formats die Mitglieder des Ausschusses und die Kommission über alle zweckdienlichen Informationen, die ihm zugegangen sind. Soweit erforderlich stellt das Sekretariat des Ausschusses Übersetzungen der zweckdienlichen Informationen zur Verfügung und

b) je nach Fall die in den Absätzen 1 und 2 genannte Aufsichtsbehörde und die Kommission über die Stellungnahme und veröffentlicht sie.

(6) Die zuständige Aufsichtsbehörde nimmt den in Absatz 1 genannten Beschlussentwurf nicht vor Ablauf der in Absatz 3 genannten Frist an.

(7) Die in Absatz 1 genannte Aufsichtsbehörde trägt der Stellungnahme des Ausschusses weitestgehend Rechnung und teilt dessen Vorsitz binnen zwei Wochen nach Eingang der Stellungnahme auf elektronischem Wege unter Verwendung eines

standardisierten Formats mit, ob sie den Beschlussentwurf beibehalten oder ändern wird; gegebenenfalls übermittelt sie den geänderten Beschlussentwurf.

(8) Teilt die betroffene Aufsichtsbehörde dem Vorsitz des Ausschusses innerhalb der Frist nach Absatz 7 des vorliegenden Artikels unter Angabe der maßgeblichen Gründe mit, dass sie beabsichtigt, der Stellungnahme des Ausschusses insgesamt oder teilweise nicht zu folgen, so gilt Artikel 65 Absatz 1.

Artikel 65
Streitbeilegung durch den Ausschuss

(1) Um die ordnungsgemäße und einheitliche Anwendung dieser Verordnung in Einzelfällen sicherzustellen, erlässt der Ausschuss in den folgenden Fällen einen verbindlichen Beschluss:

a) wenn eine betroffene Aufsichtsbehörde in einem Fall nach Artikel 60 Absatz 4 einen maßgeblichen und begründeten Einspruch gegen einen Beschlussentwurf der federführenden Behörde eingelegt hat oder die federführende Behörde einen solchen Einspruch als nicht maßgeblich oder nicht begründet abgelehnt hat. Der verbindliche Beschluss betrifft alle Angelegenheiten, die Gegenstand des maßgeblichen und begründeten Einspruchs sind, insbesondere die Frage, ob ein Verstoß gegen diese Verordnung vorliegt;

b) wenn es widersprüchliche Standpunkte dazu gibt, welche der betroffenen Aufsichtsbehörden für die Hauptniederlassung zuständig ist;

c) wenn eine zuständige Aufsichtsbehörde in den in Artikel 64 Absatz 1 genannten Fällen keine Stellungnahme des Ausschusses einholt oder der Stellungnahme des Ausschusses gemäß Artikel 64 nicht folgt. In diesem Fall kann jede betroffene Aufsichtsbehörde oder die Kommission die Angelegenheit dem Ausschuss vorlegen.

(2) Der in Absatz 1 genannte Beschluss wird innerhalb eines Monats nach der Befassung mit der Angelegenheit mit einer Mehrheit von zwei Dritteln der Mitglieder des Ausschusses angenommen. Diese Frist kann wegen der Komplexität der Angelegenheit um einen weiteren Monat verlängert werden. Der in Absatz 1 genannte Beschluss wird begründet und an die federführende Aufsichtsbehörde und alle betroffenen Aufsichtsbehörden übermittelt und ist für diese verbindlich.

(3) War der Ausschuss nicht in der Lage, innerhalb der in Absatz 2 genannten Fristen einen Beschluss anzunehmen, so nimmt er seinen Beschluss innerhalb von zwei Wochen nach Ablauf des in Absatz 2 genannten zweiten Monats mit einfacher Mehrheit der Mitglieder des Ausschusses an. Bei Stimmengleichheit zwischen den Mitgliedern des Ausschusses gibt die Stimme des Vorsitzes den Ausschlag.

(4) Die betroffenen Aufsichtsbehörden nehmen vor Ablauf der in den Absätzen 2 und 3 genannten Fristen keinen Beschluss über die dem Ausschuss vorgelegte Angelegenheit an.

(5) Der Vorsitz des Ausschusses unterrichtet die betroffenen Aufsichtsbehörden unverzüglich über den in Absatz 1 genannten Beschluss. Er setzt die Kommission hiervon in Kenntnis. Der Beschluss wird unverzüglich auf der Website des Ausschusses veröffentlicht, nachdem die Aufsichtsbehörde den in Absatz 6 genannten endgültigen Beschluss mitgeteilt hat.

(6) Die federführende Aufsichtsbehörde oder gegebenenfalls die Aufsichtsbehörde, bei der die Beschwerde eingereicht wurde, trifft den endgültigen Beschluss auf der Grundlage des in Absatz 1 des vorliegenden Artikels genannten Beschlusses unverzüglich und spätestens einen Monat, nachdem der Europäische Datenschutzausschuss seinen Beschluss mitgeteilt hat. Die federführende Aufsichtsbehörde oder gegebenenfalls die Aufsichtsbehörde, bei der die Beschwerde eingereicht wurde, setzt den Ausschuss von dem Zeitpunkt, zu dem ihr endgültiger Beschluss dem Verantwortlichen oder dem Auftragsverarbeiter bzw. der betroffenen Person mitgeteilt wird, in Kenntnis. Der endgültige Beschluss der betroffenen Aufsichtsbehörden wird gemäß Artikel 60 Absätze 7, 8 und 9 angenommen. Im endgültigen Beschluss wird auf den in Absatz 1 genannten Beschluss verwiesen und festgelegt, dass der in Absatz 1 des vorliegenden Artikels genannte Beschluss gemäß Absatz 5 auf der Website des Ausschusses veröffentlicht wird. Dem endgültigen Beschluss wird der in Absatz 1 des vorliegenden Artikels genannte Beschluss beigefügt.

Artikel 66
Dringlichkeitsverfahren

(1) Unter außergewöhnlichen Umständen kann eine betroffene Aufsichtsbehörde abweichend vom Kohärenzverfahren nach Artikel 63, 64 und 65 oder dem Verfahren nach Artikel 60 sofort einstweilige Maßnahmen mit festgelegter Geltungsdauer von höchstens drei Monaten treffen, die in ihrem Hoheitsgebiet rechtliche Wirkung entfalten sollen, wenn sie zu der Auffassung gelangt, dass dringender Handlungsbedarf besteht, um Rechte und Freiheiten von betroffenen Personen zu schützen. Die Aufsichtsbehörde setzt die anderen betroffenen Aufsichtsbehörden, den Ausschuss und die Kommission unverzüglich von diesen Maßnahmen und den Gründen für deren Erlass in Kenntnis.

(2) Hat eine Aufsichtsbehörde eine Maßnahme nach Absatz 1 ergriffen und ist sie der Auffassung, dass dringend endgültige Maßnahmen erlassen werden müssen, kann sie unter Angabe von Gründen im Dringlichkeitsverfahren um eine Stellungnahme oder einen verbindlichen Beschluss des Ausschusses ersuchen.

(3) Jede Aufsichtsbehörde kann unter Angabe von Gründen, auch für den dringenden Handlungsbedarf, im Dringlichkeitsverfahren um eine Stellungnahme oder gegebenenfalls einen verbindlichen Beschluss des Ausschusses ersuchen, wenn eine zuständige Aufsichtsbehörde trotz dringenden Handlungsbedarfs keine geeignete Maßnahme getroffen hat, um die Rechte und Freiheiten von betroffenen Personen zu schützen.

(4) Abweichend von Artikel 64 Absatz 3 und Artikel 65 Absatz 2 wird eine Stellungnahme oder ein verbindlicher Beschluss im Dringlichkeitsverfahren nach den Absätzen 2 und 3 binnen zwei Wochen mit einfacher Mehrheit der Mitglieder des Ausschusses angenommen.

Artikel 67
Informationsaustausch

Die Kommission kann Durchführungsrechtsakte von allgemeiner Tragweite zur Festlegung der Ausgestaltung des elektronischen Informationsaustauschs zwischen den Aufsichtsbehörden sowie zwischen den Aufsichtsbehörden und dem Ausschuss, insbesondere des standardisierten Formats nach Artikel 64, erlassen.

Diese Durchführungsrechtsakte werden gemäß dem Prüfverfahren nach Artikel 93 Absatz 2 erlassen.

Abschnitt 3
Europäischer Datenschutzausschuss

Artikel 68
Europäischer Datenschutzausschuss

(1) Der Europäische Datenschutzausschuss (im Folgenden „Ausschuss") wird als Einrichtung der Union mit eigener Rechtspersönlichkeit eingerichtet.

(2) Der Ausschuss wird von seinem Vorsitz vertreten.

(3) Der Ausschuss besteht aus dem Leiter einer Aufsichtsbehörde jedes Mitgliedstaats und dem Europäischen Datenschutzbeauftragten oder ihren jeweiligen Vertretern.

(4) Ist in einem Mitgliedstaat mehr als eine Aufsichtsbehörde für die Überwachung der Anwendung der nach Maßgabe dieser Verordnung erlassenen Vorschriften zuständig, so wird im Einklang mit den Rechtsvorschriften dieses Mitgliedstaats ein gemeinsamer Vertreter benannt.

(5) Die Kommission ist berechtigt, ohne Stimmrecht an den Tätigkeiten und Sitzungen des Ausschusses teilzunehmen. Die Kommission benennt einen Vertreter. Der

Vorsitz des Ausschusses unterrichtet die Kommission über die Tätigkeiten des Ausschusses.

(6) In den in Artikel 65 genannten Fällen ist der Europäische Datenschutzbeauftragte nur bei Beschlüssen stimmberechtigt, die Grundsätze und Vorschriften betreffen, die für die Organe, Einrichtungen, Ämter und Agenturen der Union gelten und inhaltlich den Grundsätzen und Vorschriften dieser Verordnung entsprechen.

Artikel 69
Unabhängigkeit

(1) Der Ausschuss handelt bei der Erfüllung seiner Aufgaben oder in Ausübung seiner Befugnisse gemäß den Artikeln 70 und 71 unabhängig.

(2) Unbeschadet der Ersuchen der Kommission gemäß Artikel 70 Absatz 1 Buchstabe b und Absatz 2 ersucht der Ausschuss bei der Erfüllung seiner Aufgaben oder in Ausübung seiner Befugnisse weder um Weisung noch nimmt er Weisungen entgegen.

Artikel 70
Aufgaben des Ausschusses

(1) Der Ausschuss stellt die einheitliche Anwendung dieser Verordnung sicher. Hierzu nimmt der Ausschuss von sich aus oder gegebenenfalls auf Ersuchen der Kommission insbesondere folgende Tätigkeiten wahr:

a) Überwachung und Sicherstellung der ordnungsgemäßen Anwendung dieser Verordnung in den in den Artikeln 64 und 65 genannten Fällen unbeschadet der Aufgaben der nationalen Aufsichtsbehörden;

b) Beratung der Kommission in allen Fragen, die im Zusammenhang mit dem Schutz personenbezogener Daten in der Union stehen, einschließlich etwaiger Vorschläge zur Änderung dieser Verordnung;

c) Beratung der Kommission über das Format und die Verfahren für den Austausch von Informationen zwischen den Verantwortlichen, den Auftragsverarbeitern und den Aufsichtsbehörden in Bezug auf verbindliche interne Datenschutzvorschriften;

d) Bereitstellung von Leitlinien, Empfehlungen und bewährten Verfahren zu Verfahren für die Löschung gemäß Artikel 17 Absatz 2 von Links zu personenbezogenen Daten oder Kopien oder Replikationen dieser Daten aus öffentlich zugänglichen Kommunikationsdiensten;

e) Prüfung – von sich aus, auf Antrag eines seiner Mitglieder oder auf Ersuchen der Kommission – von die Anwendung dieser Verordnung betreffenden Fragen und Bereitstellung von Leitlinien, Empfehlungen und bewährten Verfahren zwecks Sicherstellung einer einheitlichen Anwendung dieser Verordnung;

f) Bereitstellung von Leitlinien, Empfehlungen und bewährten Verfahren gemäß Buchstabe e des vorliegenden Absatzes zur näheren Bestimmung der Kriterien und Bedingungen für die auf Profiling beruhenden Entscheidungen gemäß Artikel 22 Absatz 2;

g) Bereitstellung von Leitlinien, Empfehlungen und bewährten Verfahren gemäß Buchstabe e des vorliegenden Absatzes für die Feststellung von Verletzungen des Schutzes personenbezogener Daten und die Festlegung der Unverzüglichkeit im Sinne des Artikels 33 Absätze 1 und 2, und zu den spezifischen Umständen, unter denen der Verantwortliche oder der Auftragsverarbeiter die Verletzung des Schutzes personenbezogener Daten zu melden hat;

h) Bereitstellung von Leitlinien, Empfehlungen und bewährten Verfahren gemäß Buchstabe e des vorliegenden Absatzes zu den Umständen, unter denen eine Verletzung des Schutzes personenbezogener Daten voraussichtlich ein hohes Risiko für die Rechte und Freiheiten natürlicher Personen im Sinne des Artikels 34 Absatz 1 zur Folge hat;

i) Bereitstellung von Leitlinien, Empfehlungen und bewährten Verfahren gemäß Buchstabe e des vorliegenden Absatzes zur näheren Bestimmung der in Artikel 47 aufgeführten Kriterien und Anforderungen für die Übermittlungen personenbezogener Daten, die auf verbindlichen internen Datenschutzvorschriften von Verantwortlichen oder Auftragsverarbeitern beruhen, und der dort aufgeführten weiteren erforderlichen Anforderungen zum Schutz personenbezogener Daten der betroffenen Personen;

j) Bereitstellung von Leitlinien, Empfehlungen und bewährten Verfahren gemäß Buchstabe e des vorliegenden Absatzes zur näheren Bestimmung der Kriterien und Bedingungen für die Übermittlungen personenbezogener Daten gemäß Artikel 49 Absatz 1;

k) Ausarbeitung von Leitlinien für die Aufsichtsbehörden in Bezug auf die Anwendung von Maßnahmen nach Artikel 58 Absätze 1, 2 und 3 und die Festsetzung von Geldbußen gemäß Artikel 83;

l) Überprüfung der praktischen Anwendung der unter den Buchstaben e und f genannten Leitlinien, Empfehlungen und bewährten Verfahren;

m) Bereitstellung von Leitlinien, Empfehlungen und bewährten Verfahren gemäß Buchstabe e des vorliegenden Absatzes zur Festlegung gemeinsamer Verfahren für die von natürlichen Personen vorgenommene Meldung von Verstößen gegen diese Verordnung gemäß Artikel 54 Absatz 2;

n) Förderung der Ausarbeitung von Verhaltensregeln und der Einrichtung von datenschutzspezifischen Zertifizierungsverfahren sowie Datenschutzsiegeln und -prüfzeichen gemäß den Artikeln 40 und 42;

o) Akkreditierung von Zertifizierungsstellen und deren regelmäßige Überprüfung gemäß Artikel 43 und Führung eines öffentlichen Registers der akkreditierten Einrichtungen gemäß Artikel 43 Absatz 6 und der in Drittländern niedergelassenen akkreditierten Verantwortlichen oder Auftragsverarbeiter gemäß Artikel 42 Absatz 7;

p) Präzisierung der in Artikel 43 Absatz 3 genannten Anforderungen im Hinblick auf die Akkreditierung von Zertifizierungsstellen gemäß Artikel 42;

q) Abgabe einer Stellungnahme für die Kommission zu den Zertifizierungsanforderungen gemäß Artikel 43 Absatz 8;

r) Abgabe einer Stellungnahme für die Kommission zu den Bildsymbolen gemäß Artikel 12 Absatz 7;

s) Abgabe einer Stellungnahme für die Kommission zur Beurteilung der Angemessenheit des in einem Drittland oder einer internationalen Organisation gebotenen Schutzniveaus einschließlich zur Beurteilung der Frage, ob das Drittland, das Gebiet, ein oder mehrere spezifische Sektoren in diesem Drittland oder eine internationale Organisation kein angemessenes Schutzniveau mehr gewährleistet. Zu diesem Zweck gibt die Kommission dem Ausschuss alle erforderlichen Unterlagen, darunter den Schriftwechsel mit der Regierung des Drittlands, dem Gebiet oder spezifischen Sektor oder der internationalen Organisation;

t) Abgabe von Stellungnahmen im Kohärenzverfahren gemäß Artikel 64 Absatz 1 zu Beschlussentwürfen von Aufsichtsbehörden, zu Angelegenheiten, die nach Artikel 64 Absatz 2 vorgelegt wurden und um Erlass verbindlicher Beschlüsse gemäß Artikel 65, einschließlich der in Artikel 66 genannten Fälle;

u) Förderung der Zusammenarbeit und eines wirksamen bilateralen und multilateralen Austauschs von Informationen und bewährten Verfahren zwischen den Aufsichtsbehörden;

v) Förderung von Schulungsprogrammen und Erleichterung des Personalaustausches zwischen Aufsichtsbehörden sowie gegebenenfalls mit Aufsichtsbehörden von Drittländern oder mit internationalen Organisationen;

w) Förderung des Austausches von Fachwissen und von Dokumentationen über Datenschutzvorschriften und -praxis mit Datenschutzaufsichtsbehörden in aller Welt;

x) Abgabe von Stellungnahmen zu den auf Unionsebene erarbeiteten Verhaltensregeln gemäß Artikel 40 Absatz 9 und

y) Führung eines öffentlich zugänglichen elektronischen Registers der Beschlüsse der Aufsichtsbehörden und Gerichte in Bezug auf Fragen, die im Rahmen des Kohärenzverfahrens behandelt wurden.

(2) Die Kommission kann, wenn sie den Ausschuss um Rat ersucht, unter Berücksichtigung der Dringlichkeit des Sachverhalts eine Frist angeben.

(3) Der Ausschuss leitet seine Stellungnahmen, Leitlinien, Empfehlungen und bewährten Verfahren an die Kommission und an den in Artikel 93 genannten Ausschuss weiter und veröffentlicht sie.

(4) Der Ausschuss konsultiert gegebenenfalls interessierte Kreise und gibt ihnen Gelegenheit, innerhalb einer angemessenen Frist Stellung zu nehmen. Unbeschadet des Artikels 76 macht der Ausschuss die Ergebnisse der Konsultation der Öffentlichkeit zugänglich.

Artikel 71
Berichterstattung

(1) Der Ausschuss erstellt einen Jahresbericht über den Schutz natürlicher Personen bei der Verarbeitung in der Union und gegebenenfalls in Drittländern und internationalen Organisationen. Der Bericht wird veröffentlicht und dem Europäischen Parlament, dem Rat und der Kommission übermittelt.

(2) Der Jahresbericht enthält eine Überprüfung der praktischen Anwendung der in Artikel 70 Absatz 1 Buchstabe l genannten Leitlinien, Empfehlungen und bewährten Verfahren sowie der in Artikel 65 genannten verbindlichen Beschlüsse.

Artikel 72
Verfahrensweise

(1) Sofern in dieser Verordnung nichts anderes bestimmt ist, fasst der Ausschuss seine Beschlüsse mit einfacher Mehrheit seiner Mitglieder.

(2) Der Ausschuss gibt sich mit einer Mehrheit von zwei Dritteln seiner Mitglieder eine Geschäftsordnung und legt seine Arbeitsweise fest.

Artikel 73
Vorsitz

(1) Der Ausschuss wählt aus dem Kreis seiner Mitglieder mit einfacher Mehrheit einen Vorsitzenden und zwei stellvertretende Vorsitzende.

(2) Die Amtszeit des Vorsitzenden und seiner beiden Stellvertreter beträgt fünf Jahre; ihre einmalige Wiederwahl ist zulässig.

Artikel 74
Aufgaben des Vorsitzes

(1) Der Vorsitz hat folgende Aufgaben:

a) Einberufung der Sitzungen des Ausschusses und Erstellung der Tagesordnungen,

b) Übermittlung der Beschlüsse des Ausschusses nach Artikel 65 an die federführende Aufsichtsbehörde und die betroffenen Aufsichtsbehörden,

c) Sicherstellung einer rechtzeitigen Ausführung der Aufgaben des Ausschusses, insbesondere der Aufgaben im Zusammenhang mit dem Kohärenzverfahren nach Artikel 63.

(2) Der Ausschuss legt die Aufteilung der Aufgaben zwischen dem Vorsitzenden und dessen Stellvertretern in seiner Geschäftsordnung fest.

Artikel 75
Sekretariat

(1) Der Ausschuss wird von einem Sekretariat unterstützt, das von dem Europäischen Datenschutzbeauftragten bereitgestellt wird.

(2) Das Sekretariat führt seine Aufgaben ausschließlich auf Anweisung des Vorsitzes des Ausschusses aus.

(3) Das Personal des Europäischen Datenschutzbeauftragten, das an der Wahrnehmung der dem Ausschuss gemäß dieser Verordnung übertragenen Aufgaben beteiligt ist, unterliegt anderen Berichtspflichten als das Personal, das an der Wahrnehmung der dem Europäischen Datenschutzbeauftragten übertragenen Aufgaben beteiligt ist.

(4) Soweit angebracht, erstellen und veröffentlichen der Ausschuss und der Europäische Datenschutzbeauftragte eine Vereinbarung zur Anwendung des vorliegenden Artikels, in der die Bedingungen ihrer Zusammenarbeit festgelegt sind und die für das Personal des Europäischen Datenschutzbeauftragten gilt, das an der Wahrnehmung der dem Ausschuss gemäß dieser Verordnung übertragenen Aufgaben beteiligt ist.

(5) Das Sekretariat leistet dem Ausschuss analytische, administrative und logistische Unterstützung.

(6) Das Sekretariat ist insbesondere verantwortlich für

a) das Tagesgeschäft des Ausschusses,

b) die Kommunikation zwischen den Mitgliedern des Ausschusses, seinem Vorsitz und der Kommission,

c) die Kommunikation mit anderen Organen und mit der Öffentlichkeit,

d) den Rückgriff auf elektronische Mittel für die interne und die externe Kommunikation,

e) die Übersetzung sachdienlicher Informationen,

f) die Vor- und Nachbereitung der Sitzungen des Ausschusses,

g) die Vorbereitung, Abfassung und Veröffentlichung von Stellungnahmen, von Beschlüssen über die Beilegung von Streitigkeiten zwischen Aufsichtsbehörden und von sonstigen vom Ausschuss angenommenen Dokumenten.

Artikel 76
Vertraulichkeit

(1) Die Beratungen des Ausschusses sind gemäß seiner Geschäftsordnung vertraulich, wenn der Ausschuss dies für erforderlich hält.

(2) Der Zugang zu Dokumenten, die Mitgliedern des Ausschusses, Sachverständigen und Vertretern von Dritten vorgelegt werden, wird durch die Verordnung (EG) Nr. 1049/2001 des Europäischen Parlaments und des Rates (21) geregelt.

KAPITEL VIII
Rechtsbehelfe, Haftung und Sanktionen

Artikel 77
Recht auf Beschwerde bei einer Aufsichtsbehörde

(1) Jede betroffene Person hat unbeschadet eines anderweitigen verwaltungsrechtlichen oder gerichtlichen Rechtsbehelfs das Recht auf Beschwerde bei einer Aufsichtsbehörde, insbesondere in dem Mitgliedstaat ihres Aufenthaltsorts, ihres Arbeitsplatzes oder des Orts des mutmaßlichen Verstoßes, wenn die betroffene Person der Ansicht ist, dass die Verarbeitung der sie betreffenden personenbezogenen Daten gegen diese Verordnung verstößt.

(2) Die Aufsichtsbehörde, bei der die Beschwerde eingereicht wurde, unterrichtet den Beschwerdeführer über den Stand und die Ergebnisse der Beschwerde einschließlich der Möglichkeit eines gerichtlichen Rechtsbehelfs nach Artikel 78.

Artikel 78
Recht auf wirksamen gerichtlichen Rechtsbehelf gegen eine Aufsichtsbehörde

(1) Jede natürliche oder juristische Person hat unbeschadet eines anderweitigen verwaltungsrechtlichen oder außergerichtlichen Rechtsbehelfs das Recht auf einen wirksamen gerichtlichen Rechtsbehelf gegen einen sie betreffenden rechtsverbindlichen Beschluss einer Aufsichtsbehörde.

(2) Jede betroffene Person hat unbeschadet eines anderweitigen verwaltungsrechtlichen oder außergerichtlichen Rechtbehelfs das Recht auf einen wirksamen gerichtlichen Rechtsbehelf, wenn die nach den Artikeln 55 und 56 zuständige Aufsichtsbehörde sich nicht mit einer Beschwerde befasst oder die betroffene Person nicht innerhalb von drei Monaten über den Stand oder das Ergebnis der gemäß Artikel 77 erhobenen Beschwerde in Kenntnis gesetzt hat.

(3) Für Verfahren gegen eine Aufsichtsbehörde sind die Gerichte des Mitgliedstaats zuständig, in dem die Aufsichtsbehörde ihren Sitz hat.

(4) Kommt es zu einem Verfahren gegen den Beschluss einer Aufsichtsbehörde, dem eine Stellungnahme oder ein Beschluss des Ausschusses im Rahmen des Kohärenzverfahrens vorangegangen ist, so leitet die Aufsichtsbehörde diese Stellungnahme oder diesen Beschluss dem Gericht zu.

Artikel 79
Recht auf wirksamen gerichtlichen Rechtsbehelf gegen Verantwortliche oder Auftragsverarbeiter

(1) Jede betroffene Person hat unbeschadet eines verfügbaren verwaltungsrechtlichen oder außergerichtlichen Rechtsbehelfs einschließlich des Rechts auf Beschwerde bei einer Aufsichtsbehörde gemäß Artikel 77 das Recht auf einen wirksamen gerichtlichen Rechtsbehelf, wenn sie der Ansicht ist, dass die ihr aufgrund dieser Verordnung zustehenden Rechte infolge einer nicht im Einklang mit dieser Verordnung stehenden Verarbeitung ihrer personenbezogenen Daten verletzt wurden.

(2) Für Klagen gegen einen Verantwortlichen oder gegen einen Auftragsverarbeiter sind die Gerichte des Mitgliedstaats zuständig, in dem der Verantwortliche oder der Auftragsverarbeiter eine Niederlassung hat. Wahlweise können solche Klagen auch bei den Gerichten des Mitgliedstaats erhoben werden, in dem die betroffene Person ihren Aufenthaltsort hat, es sei denn, es handelt sich bei dem Verantwortlichen oder dem Auftragsverarbeiter um eine Behörde eines Mitgliedstaats, die in Ausübung ihrer hoheitlichen Befugnisse tätig geworden ist.

Artikel 80
Vertretung von betroffenen Personen

(1) Die betroffene Person hat das Recht, eine Einrichtung, Organisationen oder Vereinigung ohne Gewinnerzielungsabsicht, die ordnungsgemäß nach dem Recht eines Mitgliedstaats gegründet ist, deren satzungsmäßige Ziele im öffentlichem Interesse liegen und die im Bereich des Schutzes der Rechte und Freiheiten von betroffenen Personen in Bezug auf den Schutz ihrer personenbezogenen Daten tätig ist, zu beauftragen, in ihrem Namen eine Beschwerde einzureichen, in ihrem Namen die in den Artikeln 77, 78 und 79 genannten Rechte wahrzunehmen und das Recht auf Schadensersatz gemäß Artikel 82 in Anspruch zu nehmen, sofern dieses im Recht der Mitgliedstaaten vorgesehen ist.

(2) Die Mitgliedstaaten können vorsehen, dass jede der in Absatz 1 des vorliegenden Artikels genannten Einrichtungen, Organisationen oder Vereinigungen unabhängig von einem Auftrag der betroffenen Person in diesem Mitgliedstaat das Recht hat, bei der gemäß Artikel 77 zuständigen Aufsichtsbehörde eine Beschwerde einzulegen und die in den Artikeln 78 und 79 aufgeführten Rechte in Anspruch zu nehmen, wenn ihres Erachtens die Rechte einer betroffenen Person gemäß dieser Verordnung infolge einer Verarbeitung verletzt worden sind.

Artikel 81
Aussetzung des Verfahrens

(1) Erhält ein zuständiges Gericht in einem Mitgliedstaat Kenntnis von einem Verfahren zu demselben Gegenstand in Bezug auf die Verarbeitung durch denselben Verantwortlichen oder Auftragsverarbeiter, das vor einem Gericht in einem anderen Mitgliedstaat anhängig ist, so nimmt es mit diesem Gericht Kontakt auf, um sich zu vergewissern, dass ein solches Verfahren existiert.

(2) Ist ein Verfahren zu demselben Gegenstand in Bezug auf die Verarbeitung durch denselben Verantwortlichen oder Auftragsverarbeiter vor einem Gericht in einem anderen Mitgliedstaat anhängig, so kann jedes später angerufene zuständige Gericht das bei ihm anhängige Verfahren aussetzen.

(3) Sind diese Verfahren in erster Instanz anhängig, so kann sich jedes später angerufene Gericht auf Antrag einer Partei auch für unzuständig erklären, wenn das zuerst angerufene Gericht für die betreffenden Klagen zuständig ist und die Verbindung der Klagen nach seinem Recht zulässig ist.

Artikel 82
Haftung und Recht auf Schadenersatz

(1) Jede Person, der wegen eines Verstoßes gegen diese Verordnung ein materieller oder immaterieller Schaden entstanden ist, hat Anspruch auf Schadenersatz gegen den Verantwortlichen oder gegen den Auftragsverarbeiter.

(2) Jeder an einer Verarbeitung beteiligte Verantwortliche haftet für den Schaden, der durch eine nicht dieser Verordnung entsprechende Verarbeitung verursacht wurde. Ein Auftragsverarbeiter haftet für den durch eine Verarbeitung verursachten Schaden nur dann, wenn er seinen speziell den Auftragsverarbeitern auferlegten Pflichten aus dieser Verordnung nicht nachgekommen ist oder unter Nichtbeachtung der rechtmäßig erteilten Anweisungen des für die Datenverarbeitung Verantwortlichen oder gegen diese Anweisungen gehandelt hat.

(3) Der Verantwortliche oder der Auftragsverarbeiter wird von der Haftung gemäß Absatz 2 befreit, wenn er nachweist, dass er in keinerlei Hinsicht für den Umstand, durch den der Schaden eingetreten ist, verantwortlich ist.

(4) Ist mehr als ein Verantwortlicher oder mehr als ein Auftragsverarbeiter bzw. sowohl ein Verantwortlicher als auch ein Auftragsverarbeiter an derselben Verarbeitung beteiligt und sind sie gemäß den Absätzen 2 und 3 für einen durch die Verarbeitung verursachten Schaden verantwortlich, so haftet jeder Verantwortliche oder jeder Auftragsverarbeiter für den gesamten Schaden, damit ein wirksamer Schadenersatz für die betroffene Person sichergestellt ist.

(5) Hat ein Verantwortlicher oder Auftragsverarbeiter gemäß Absatz 4 vollständigen Schadenersatz für den erlittenen Schaden gezahlt, so ist dieser Verantwortliche oder Auftragsverarbeiter berechtigt, von den übrigen an derselben Verarbeitung beteiligten für die Datenverarbeitung Verantwortlichen oder Auftragsverarbeitern den Teil des Schadenersatzes zurückzufordern, der unter den in Absatz 2 festgelegten Bedingungen ihrem Anteil an der Verantwortung für den Schaden entspricht.

(6) Mit Gerichtsverfahren zur Inanspruchnahme des Rechts auf Schadenersatz sind die Gerichte zu befassen, die nach den in Artikel 79 Absatz 2 genannten Rechtsvorschriften des Mitgliedstaats zuständig sind.

Artikel 83
Allgemeine Bedingungen für die Verhängung von Geldbußen

(1) Jede Aufsichtsbehörde stellt sicher, dass die Verhängung von Geldbußen gemäß diesem Artikel für Verstöße gegen diese Verordnung gemäß den Absätzen 5 und 6 in jedem Einzelfall wirksam, verhältnismäßig und abschreckend ist.

(2) Geldbußen werden je nach den Umständen des Einzelfalls zusätzlich zu oder anstelle von Maßnahmen nach Artikel 58 Absatz 2 Buchstaben a bis h und i verhängt.

Bei der Entscheidung über die Verhängung einer Geldbuße und über deren Betrag wird in jedem Einzelfall Folgendes gebührend berücksichtigt:

a) Art, Schwere und Dauer des Verstoßes unter Berücksichtigung der Art, des Umfangs oder des Zwecks der betreffenden Verarbeitung sowie der Zahl der von der Verarbeitung betroffenen Personen und des Ausmaßes des von ihnen erlittenen Schadens;

b) Vorsätzlichkeit oder Fahrlässigkeit des Verstoßes;

c) jegliche von dem Verantwortlichen oder dem Auftragsverarbeiter getroffenen Maßnahmen zur Minderung des den betroffenen Personen entstandenen Schadens;

d) Grad der Verantwortung des Verantwortlichen oder des Auftragsverarbeiters unter Berücksichtigung der von ihnen gemäß den Artikeln 25 und 32 getroffenen technischen und organisatorischen Maßnahmen;

e) etwaige einschlägige frühere Verstöße des Verantwortlichen oder des Auftragsverarbeiters;

f) Umfang der Zusammenarbeit mit der Aufsichtsbehörde, um dem Verstoß abzuhelfen und seine möglichen nachteiligen Auswirkungen zu mindern;

g) Kategorien personenbezogener Daten, die von dem Verstoß betroffen sind;

h) Art und Weise, wie der Verstoß der Aufsichtsbehörde bekannt wurde, insbesondere ob und gegebenenfalls in welchem Umfang der Verantwortliche oder der Auftragsverarbeiter den Verstoß mitgeteilt hat;

i) Einhaltung der nach Artikel 58 Absatz 2 früher gegen den für den betreffenden Verantwortlichen oder Auftragsverarbeiter in Bezug auf denselben Gegenstand angeordneten Maßnahmen, wenn solche Maßnahmen angeordnet wurden;

j) Einhaltung von genehmigten Verhaltensregeln nach Artikel 40 oder genehmigten Zertifizierungsverfahren nach Artikel 42 und

k) jegliche anderen erschwerenden oder mildernden Umstände im jeweiligen Fall, wie unmittelbar oder mittelbar durch den Verstoß erlangte finanzielle Vorteile oder vermiedene Verluste.

(3) Verstößt ein Verantwortlicher oder ein Auftragsverarbeiter bei gleichen oder miteinander verbundenen Verarbeitungsvorgängen vorsätzlich oder fahrlässig gegen mehrere Bestimmungen dieser Verordnung, so übersteigt der Gesamtbetrag der Geldbuße nicht den Betrag für den schwerwiegendsten Verstoß.

(4) Bei Verstößen gegen die folgenden Bestimmungen werden im Einklang mit Absatz 2 Geldbußen von bis zu 10 000 000 EUR oder im Fall eines Unternehmens von

bis zu 2% seines gesamten weltweit erzielten Jahresumsatzes des vorangegangenen Geschäftsjahrs verhängt, je nachdem, welcher der Beträge höher ist:

a) die Pflichten der Verantwortlichen und der Auftragsverarbeiter gemäß den Artikeln 8, 11, 25 bis 39, 42 und 43;

b) die Pflichten der Zertifizierungsstelle gemäß den Artikeln 42 und 43;

c) die Pflichten der Überwachungsstelle gemäß Artikel 41 Absatz 4.

(5) Bei Verstößen gegen die folgenden Bestimmungen werden im Einklang mit Absatz 2 Geldbußen von bis zu 20 000 000 EUR oder im Fall eines Unternehmens von bis zu 4% seines gesamten weltweit erzielten Jahresumsatzes des vorangegangenen Geschäftsjahrs verhängt, je nachdem, welcher der Beträge höher ist:

a) die Grundsätze für die Verarbeitung, einschließlich der Bedingungen für die Einwilligung, gemäß den Artikeln 5, 6, 7 und 9;

b) die Rechte der betroffenen Person gemäß den Artikeln 12 bis 22;

c) die Übermittlung personenbezogener Daten an einen Empfänger in einem Drittland oder an eine internationale Organisation gemäß den Artikeln 44 bis 49;

d) alle Pflichten gemäß den Rechtsvorschriften der Mitgliedstaaten, die im Rahmen des Kapitels IX erlassen wurden;

e) Nichtbefolgung einer Anweisung oder einer vorübergehenden oder endgültigen Beschränkung oder Aussetzung der Datenübermittlung durch die Aufsichtsbehörde gemäß Artikel 58 Absatz 2 oder Nichtgewährung des Zugangs unter Verstoß gegen Artikel 58 Absatz 1.

(6) Bei Nichtbefolgung einer Anweisung der Aufsichtsbehörde gemäß Artikel 58 Absatz 2 werden im Einklang mit Absatz 2 des vorliegenden Artikels Geldbußen von bis zu 20 000 000 EUR oder im Fall eines Unternehmens von bis zu 4% seines gesamten weltweit erzielten Jahresumsatzes des vorangegangenen Geschäftsjahrs verhängt, je nachdem, welcher der Beträge höher ist.

(7) Unbeschadet der Abhilfebefugnisse der Aufsichtsbehörden gemäß Artikel 58 Absatz 2 kann jeder Mitgliedstaat Vorschriften dafür festlegen, ob und in welchem Umfang gegen Behörden und öffentliche Stellen, die in dem betreffenden Mitgliedstaat niedergelassen sind, Geldbußen verhängt werden können.

(8) Die Ausübung der eigenen Befugnisse durch eine Aufsichtsbehörde gemäß diesem Artikel muss angemessenen Verfahrensgarantien gemäß dem Unionsrecht und dem Recht der Mitgliedstaaten, einschließlich wirksamer gerichtlicher Rechtsbehelfe und ordnungsgemäßer Verfahren, unterliegen.

(9) Sieht die Rechtsordnung eines Mitgliedstaats keine Geldbußen vor, kann dieser Artikel so angewandt werden, dass die Geldbuße von der zuständigen Aufsichtsbe-

hörde in die Wege geleitet und von den zuständigen nationalen Gerichten verhängt wird, wobei sicherzustellen ist, dass diese Rechtsbehelfe wirksam sind und die gleiche Wirkung wie die von Aufsichtsbehörden verhängten Geldbußen haben. In jeden Fall müssen die verhängten Geldbußen wirksam, verhältnismäßig und abschreckend sein. Die betreffenden Mitgliedstaaten teilen der Kommission bis zum 25. Mai 2018 die Rechtsvorschriften mit, die sie aufgrund dieses Absatzes erlassen, sowie unverzüglich alle späteren Änderungsgesetze oder Änderungen dieser Vorschriften.

Artikel 84
Sanktionen

(1) Die Mitgliedstaaten legen die Vorschriften über andere Sanktionen für Verstöße gegen diese Verordnung – insbesondere für Verstöße, die keiner Geldbuße gemäß Artikel 83 unterliegen – fest und treffen alle zu deren Anwendung erforderlichen Maßnahmen. Diese Sanktionen müssen wirksam, verhältnismäßig und abschreckend sein.

(2) Jeder Mitgliedstaat teilt der Kommission bis zum 25. Mai 2018 die Rechtsvorschriften, die er aufgrund von Absatz 1 erlässt, sowie unverzüglich alle späteren Änderungen dieser Vorschriften mit.

KAPITEL IX
Vorschriften für besondere Verarbeitungssituationen

Artikel 85
Verarbeitung und Freiheit der Meinungsäußerung und Informationsfreiheit

(1) Die Mitgliedstaaten bringen durch Rechtsvorschriften das Recht auf den Schutz personenbezogener Daten gemäß dieser Verordnung mit dem Recht auf freie Meinungsäußerung und Informationsfreiheit, einschließlich der Verarbeitung zu journalistischen Zwecken und zu wissenschaftlichen, künstlerischen oder literarischen Zwecken, in Einklang.

(2) Für die Verarbeitung, die zu journalistischen Zwecken oder zu wissenschaftlichen, künstlerischen oder literarischen Zwecken erfolgt, sehen die Mitgliedstaaten Abweichungen oder Ausnahmen von Kapitel II (Grundsätze), Kapitel III (Rechte der betroffenen Person), Kapitel IV (Verantwortlicher und Auftragsverarbeiter), Kapitel V (Übermittlung personenbezogener Daten an Drittländer oder an internationale Organisationen), Kapitel VI (Unabhängige Aufsichtsbehörden), Kapitel VII (Zusammenarbeit und Kohärenz) und Kapitel IX (Vorschriften für besondere Verarbeitungssituationen) vor, wenn dies erforderlich ist, um das Recht auf Schutz der personenbezogenen Daten mit der Freiheit der Meinungsäußerung und der Informationsfreiheit in Einklang zu bringen.

(3) Jeder Mitgliedstaat teilt der Kommission die Rechtsvorschriften, die er aufgrund von Absatz 2 erlassen hat, sowie unverzüglich alle späteren Änderungsgesetze oder Änderungen dieser Vorschriften mit.

Artikel 86
Verarbeitung und Zugang der Öffentlichkeit zu amtlichen Dokumenten

Personenbezogene Daten in amtlichen Dokumenten, die sich im Besitz einer Behörde oder einer öffentlichen Einrichtung oder einer privaten Einrichtung zur Erfüllung einer im öffentlichen Interesse liegenden Aufgabe befinden, können von der Behörde oder der Einrichtung gemäß dem Unionsrecht oder dem Recht des Mitgliedstaats, dem die Behörde oder Einrichtung unterliegt, offengelegt werden, um den Zugang der Öffentlichkeit zu amtlichen Dokumenten mit dem Recht auf Schutz personenbezogener Daten gemäß dieser Verordnung in Einklang zu bringen.

Artikel 87
Verarbeitung der nationalen Kennziffer

Die Mitgliedstaaten können näher bestimmen, unter welchen spezifischen Bedingungen eine nationale Kennziffer oder andere Kennzeichen von allgemeiner Bedeutung Gegenstand einer Verarbeitung sein dürfen. In diesem Fall darf die nationale Kennziffer oder das andere Kennzeichen von allgemeiner Bedeutung nur unter Wahrung geeigneter Garantien für die Rechte und Freiheiten der betroffenen Person gemäß dieser Verordnung verwendet werden.

Artikel 88
Datenverarbeitung im Beschäftigungskontext

(1) Die Mitgliedstaaten können durch Rechtsvorschriften oder durch Kollektivvereinbarungen spezifischere Vorschriften zur Gewährleistung des Schutzes der Rechte und Freiheiten hinsichtlich der Verarbeitung personenbezogener Beschäftigtendaten im Beschäftigungskontext, insbesondere für Zwecke der Einstellung, der Erfüllung des Arbeitsvertrags einschließlich der Erfüllung von durch Rechtsvorschriften oder durch Kollektivvereinbarung en festgelegten Pflichten, des Managements, der Planung und der Organisation der Arbeit, der Gleichheit und Diversität am Arbeitsplatz, der Gesundheit und Sicherheit am Arbeitsplatz, des Schutzes des Eigentums der Arbeitgeber oder der Kunden sowie für Zwecke der Inanspruchnahme der mit der Beschäftigung zusammenhängenden individuellen oder kollektiven Rechte und Leistungen und für Zwecke der Beendigung des Beschäftigungsverhältnisses vorsehen.

(2) Diese Vorschriften umfassen angemessene und besondere Maßnahmen zur Wahrung der menschlichen Würde, der berechtigten Interessen und der Grundrechte der betroffenen Person, insbesondere im Hinblick auf die Transparenz der Verarbeitung, die Übermittlung personenbezogener Daten innerhalb einer Unternehmensgruppe oder einer Gruppe von Unternehmen, die eine gemeinsame Wirtschaftstätigkeit ausüben, und die Überwachungssysteme am Arbeitsplatz.

(3) Jeder Mitgliedstaat teilt der Kommission bis zum 25. Mai 2018 die Rechtsvorschriften, die er aufgrund von Absatz 1 erlässt, sowie unverzüglich alle späteren Änderungen dieser Vorschriften mit.

Artikel 89
Garantien und Ausnahmen in Bezug auf die Verarbeitung zu im öffentlichen Interesse liegenden Archivzwecken, zu wissenschaftlichen oder historischen Forschungszwecken und zu statistischen Zwecken

(1) Die Verarbeitung zu im öffentlichen Interesse liegenden Archivzwecken, zu wissenschaftlichen oder historischen Forschungszwecken oder zu statistischen Zwecken unterliegt geeigneten Garantien für die Rechte und Freiheiten der betroffenen Person gemäß dieser Verordnung. Mit diesen Garantien wird sichergestellt, dass technische und organisatorische Maßnahmen bestehen, mit denen insbesondere die Achtung des Grundsatzes der Datenminimierung gewährleistet wird. Zu diesen Maßnahmen kann die Pseudonymisierung gehören, sofern es möglich ist, diese Zwecke auf diese Weise zu erfüllen. In allen Fällen, in denen diese Zwecke durch die Weiterverarbeitung, bei der die Identifizierung von betroffenen Personen nicht oder nicht mehr möglich ist, erfüllt werden können, werden diese Zwecke auf diese Weise erfüllt.

(2) Werden personenbezogene Daten zu wissenschaftlichen oder historischen Forschungszwecken oder zu statistischen Zwecken verarbeitet, können vorbehaltlich der Bedingungen und Garantien gemäß Absatz 1 des vorliegenden Artikels im Unionsrecht oder im Recht der Mitgliedstaaten insoweit Ausnahmen von den Rechten gemäß der Artikel 15, 16, 18 und 21 vorgesehen werden, als diese Rechte voraussichtlich die Verwirklichung der spezifischen Zwecke unmöglich machen oder ernsthaft beeinträchtigen und solche Ausnahmen für die Erfüllung dieser Zwecke notwendig sind.

(3) Werden personenbezogene Daten für im öffentlichen Interesse liegende Archivzwecke verarbeitet, können vorbehaltlich der Bedingungen und Garantien gemäß Absatz 1 des vorliegenden Artikels im Unionsrecht oder im Recht der Mitgliedstaaten insoweit Ausnahmen von den Rechten gemäß der Artikel 15, 16, 18, 19, 20 und 21 vorgesehen werden, als diese Rechte voraussichtlich die Verwirklichung der spe-

zifischen Zwecke unmöglich machen oder ernsthaft beeinträchtigen und solche Ausnahmen für die Erfüllung dieser Zwecke notwendig sind.

(4) Dient die in den Absätzen 2 und 3 genannte Verarbeitung gleichzeitig einem anderen Zweck, gelten die Ausnahmen nur für die Verarbeitung zu den in diesen Absätzen genannten Zwecken.

Artikel 90
Geheimhaltungspflichten

(1) Die Mitgliedstaaten können die Befugnisse der Aufsichtsbehörden im Sinne des Artikels 58 Absatz 1 Buchstaben e und f.gegenüber den Verantwortlichen oder den Auftragsverarbeitern, die nach Unionsrecht oder dem Recht der Mitgliedstaaten oder nach einer von den zuständigen nationalen Stellen erlassenen Verpflichtung dem Berufsgeheimnis oder einer gleichwertigen Geheimhaltungspflicht unterliegen, regeln, soweit dies notwendig und verhältnismäßig ist, um das Recht auf Schutz der personenbezogenen Daten mit der Pflicht zur Geheimhaltung in Einklang zu bringen. Diese Vorschriften gelten nur in Bezug auf personenbezogene Daten, die der Verantwortliche oder der Auftragsverarbeiter bei einer Tätigkeit erlangt oder erhoben hat, die einer solchen Geheimhaltungspflicht unterliegt.

(2) Jeder Mitgliedstaat teilt der Kommission bis zum 25. Mai 2018 die Vorschriften mit, die er aufgrund von Absatz 1 erlässt, und setzt sie unverzüglich von allen weiteren Änderungen dieser Vorschriften in Kenntnis.

Artikel 91
Bestehende Datenschutzvorschriften von Kirchen und religiösen Vereinigungen oder Gemeinschaften

(1) Wendet eine Kirche oder eine religiöse Vereinigung oder Gemeinschaft in einem Mitgliedstaat zum Zeitpunkt des Inkrafttretens dieser Verordnung umfassende Regeln zum Schutz natürlicher Personen bei der Verarbeitung an, so dürfen diese Regeln weiter angewandt werden, sofern sie mit dieser Verordnung in Einklang gebracht werden.

(2) Kirchen und religiöse Vereinigungen oder Gemeinschaften, die gemäß Absatz 1 umfassende Datenschutzregeln anwenden, unterliegen der Aufsicht durch eine unabhängige Aufsichtsbehörde, die spezifischer Art sein kann, sofern sie die in Kapitel VI niedergelegten Bedingungen erfüllt.

KAPITEL X
Delegierte Rechtsakte und Durchführungsrechtsakte

Artikel 92
Ausübung der Befugnisübertragung

(1) Die Befugnis zum Erlass delegierter Rechtsakte wird der Kommission unter den in diesem Artikel festgelegten Bedingungen übertragen.

(2) Die Befugnis zum Erlass delegierter Rechtsakte gemäß Artikel 12 Absatz 8 und Artikel 43 Absatz 8 wird der Kommission auf unbestimmte Zeit ab dem 24. Mai 2016 übertragen.

(3) Die Befugnisübertragung gemäß Artikel 12 Absatz 8 und Artikel 43 Absatz 8 kann vom Europäischen Parlament oder vom Rat jederzeit widerrufen werden. Der Beschluss über den Widerruf beendet die Übertragung der in diesem Beschluss angegebenen Befugnis. Er wird am Tag nach seiner Veröffentlichung im Amtsblatt der Europäischen Union oder zu einem im Beschluss über den Widerruf angegebenen späteren Zeitpunkt wirksam. Die Gültigkeit von delegierten Rechtsakten, die bereits in Kraft sind, wird von dem Beschluss über den Widerruf nicht berührt.

(4) Sobald die Kommission einen delegierten Rechtsakt erlässt, übermittelt sie ihn gleichzeitig dem Europäischen Parlament und dem Rat.

(5) Ein delegierter Rechtsakt, der gemäß Artikel 12 Absatz 8 und Artikel 43 Absatz 8 erlassen wurde, tritt nur in Kraft, wenn weder das Europäische Parlament noch der Rat innerhalb einer Frist von drei Monaten nach Übermittlung dieses Rechtsakts an das Europäische Parlament und den Rat Einwände erhoben haben oder wenn vor Ablauf dieser Frist das Europäische Parlament und der Rat beide der Kommission mitgeteilt haben, dass sie keine Einwände erheben werden. Auf Veranlassung des Europäischen Parlaments oder des Rates wird diese Frist um drei Monate verlängert.

Artikel 93
Ausschussverfahren

(1) Die Kommission wird von einem Ausschuss unterstützt. Dieser Ausschuss ist ein Ausschuss im Sinne der Verordnung (EU) Nr. 182/2011.

(2) Wird auf diesen Absatz Bezug genommen, so gilt Artikel 5 der Verordnung (EU) Nr. 182/2011.

(3) Wird auf diesen Absatz Bezug genommen, so gilt Artikel 8 der Verordnung (EU) Nr. 182/2011 in Verbindung mit deren Artikel 5.

KAPITEL XI
Schlussbestimmungen

Artikel 94
Aufhebung der Richtlinie 95/46/EG

(1) Die Richtlinie 95/46/EG wird mit Wirkung vom 25. Mai 2018 aufgehoben.

(2) Verweise auf die aufgehobene Richtlinie gelten als Verweise auf die vorliegende Verordnung. Verweise auf die durch Artikel 29 der Richtlinie 95/46/EG eingesetzte Gruppe für den Schutz von Personen bei der Verarbeitung personenbezogener Daten gelten als Verweise auf den kraft dieser Verordnung errichteten Europäischen Datenschutzausschuss.

Artikel 95
Verhältnis zur Richtlinie 2002/58/EG

Diese Verordnung erlegt natürlichen oder juristischen Personen in Bezug auf die Verarbeitung in Verbindung mit der Bereitstellung öffentlich zugänglicher elektronischer Kommunikationsdienste in öffentlichen Kommunikationsnetzen in der Union keine zusätzlichen Pflichten auf, soweit sie besonderen in der Richtlinie 2002/58/EG festgelegten Pflichten unterliegen, die dasselbe Ziel verfolgen.

Artikel 96
Verhältnis zu bereits geschlossenen Übereinkünften

Internationale Übereinkünfte, die die Übermittlung personenbezogener Daten an Drittländer oder internationale Organisationen mit sich bringen, die von den Mitgliedstaaten vor dem 24. Mai 2016 abgeschlossen wurden und die im Einklang mit dem vor diesem Tag geltenden Unionsrecht stehen, bleiben in Kraft, bis sie geändert, ersetzt oder gekündigt werden.

Artikel 97
Berichte der Kommission

(1) Bis zum 25. Mai 2020 und danach alle vier Jahre legt die Kommission dem Europäischen Parlament und dem Rat einen Bericht über die Bewertung und Überprüfung dieser Verordnung vor. Die Berichte werden öffentlich gemacht.

(2) Im Rahmen der Bewertungen und Überprüfungen nach Absatz 1 prüft die Kommission insbesondere die Anwendung und die Wirkungsweise

a) des Kapitels V über die Übermittlung personenbezogener Daten an Drittländer oder an internationale Organisationen insbesondere im Hinblick auf die gemäß Artikel 45 Absatz 3 der vorliegenden Verordnung erlassenen Beschlüsse sowie die gemäß Artikel 25 Absatz 6 der Richtlinie 95/46/EG erlassenen Feststellungen,

b) des Kapitels VII über Zusammenarbeit und Kohärenz.

(3) Für den in Absatz 1 genannten Zweck kann die Kommission Informationen von den Mitgliedstaaten und den Aufsichtsbehörden anfordern.

(4) Bei den in den Absätzen 1 und 2 genannten Bewertungen und Überprüfungen berücksichtigt die Kommission die Standpunkte und Feststellungen des Europäischen Parlaments, des Rates und anderer einschlägiger Stellen oder Quellen.

(5) Die Kommission legt erforderlichenfalls geeignete Vorschläge zur Änderung dieser Verordnung vor und berücksichtigt dabei insbesondere die Entwicklungen in der Informationstechnologie und die Fortschritte in der Informationsgesellschaft.

Artikel 98
Überprüfung anderer Rechtsakte der Union zum Datenschutz

Die Kommission legt gegebenenfalls Gesetzgebungsvorschläge zur Änderung anderer Rechtsakte der Union zum Schutz personenbezogener Daten vor, damit ein einheitlicher und kohärenter Schutz natürlicher Personen bei der Verarbeitung sichergestellt wird. Dies betrifft insbesondere die Vorschriften zum Schutz natürlicher Personen bei der Verarbeitung solcher Daten durch die Organe, Einrichtungen, Ämter und Agenturen der Union und zum freien Verkehr solcher Daten.

Artikel 99
Inkrafttreten und Anwendung

(1) Diese Verordnung tritt am zwanzigsten Tag nach ihrer Veröffentlichung im Amtsblatt der Europäischen Union in Kraft.

(2) Sie gilt ab dem 25. Mai 2018.

Diese Verordnung ist in allen ihren Teilen verbindlich und gilt unmittelbar in jedem Mitgliedstaat.

Geschehen zu Brüssel am 27. April 2016.

Im Namen des Europäischen Parlaments
Der Präsident
M. SCHULZ

Im Namen des Rates
Die Präsidentin
J.A. HENNIS-PLASSCHAERT

Sachregister

Die Zahlen verweisen auf die Randnummern.